中国高等学校信息管理
与信息系统专业规划教材

信息系统与商业创新

刘　鹏　主　编
郑大庆　曾庆丰　副主编
吴继兰　李艳红
竹宇光　张庆华　参　编

清華大學出版社
北　京

内容简介

本书从商业创新的视角，对信息系统的演化和内涵进行了介绍，讨论了信息系统与商业创新的相互促进，并通过对最常见的信息系统的分析，使读者能够详尽地了解信息系统的应用及对应的信息技术支持，以及信息系统对商业创新的影响。最后，还针对信息系统的建设、安全及隐私等问题进行了讨论。

本书弱化了计算机硬件、软件、网络、数据库和开发技术等非计算机、信息管理与信息系统等专业人士无须重点掌握的知识的介绍，通过大量案例，让读者能够直观地理解信息技术、信息系统、商业创新的内涵和应用，从而进一步理解在信息时代的商业创新。

本书定位于普通高校的通识课程教材，是普通高校财经类及其他文科类专业本科生学习信息系统与商业创新、管理信息系统、信息管理、创新创业等相关课程的参考教材。本书也适用于普通高校非信息管理与信息系统等专业的理工科学生阅读，还可作为需要了解信息系统与商业创新相关知识的管理人员的参考读物。

图书在版编目(CIP)数据

信息系统与商业创新/刘鹏主编. —北京：清华大学出版社，2017（2021.9重印）
（中国高等学校信息管理与信息系统专业规划教材）
ISBN 978-7-302-46929-2

Ⅰ. ①信… Ⅱ. ①刘… Ⅲ. ①信息系统—应用—商业模式—创造性思维—研究 Ⅳ. ①F71

中国版本图书馆 CIP 数据核字(2017)第 075315 号

责任编辑：黄 芝 李 晔
封面设计：迷底书装
责任校对：梁 毅
责任印制：杨 艳

出版发行：清华大学出版社
网　　址：http://www.tup.com.cn，http://www.wqbook.com
地　　址：北京清华大学学研大厦 A 座　　**邮　　编**：100084
社 总 机：010-62770175　　**邮　　购**：010-83470235
投稿与读者服务：010-62776969，c-service@tup.tsinghua.edu.cn
质量反馈：010-62772015，zhiliang@tup.tsinghua.edu.cn
课件下载：http://www.tup.com.cn，010-83470236
印 装 者：北京九州迅驰传媒文化有限公司
经　　销：全国新华书店
开　　本：185mm×260mm　　**印　　张**：21.25　　**字　　数**：519 千字
版　　次：2017 年 7 月第 1 版　　**印　　次**：2021 年 9 月第 4 次印刷
印　　数：2301～2600
定　　价：49.00 元

产品编号：068390-01

前言

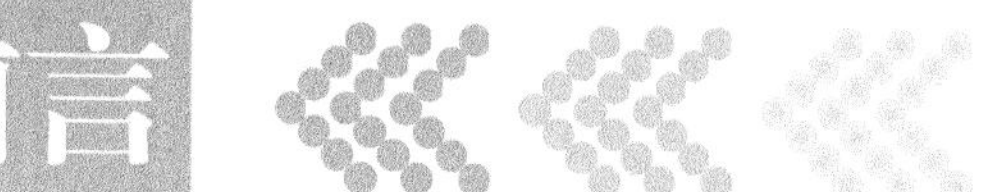

持续的信息技术创新潮流正在改变着整个传统的商业世界，信息技术与信息系统已经渗透到现代企业运营中的每一个环节，无论是研发、生产、运营、财务、市场营销还是管理决策等活动都离不开信息系统的支持，信息系统在企业的发展过程中扮演了非常重要的角色。人们也越来越渴望深入了解企业应如何应用信息技术与信息系统来实现组织目标。因此，近年来围绕信息系统相关知识的教材与课程的建设蓬勃发展，各类信息系统教材层出不穷。但我们发现，目前已经出版的各类信息系统教材主要是面向信息管理与信息系统类专业学生所编写，还没有专门针对经济管理以及人文类等专业学生而编写的信息系统教材，而这类学生学习信息系统知识的需求在日益增大。

与此同时，随着信息技术应用越来越成熟，信息系统逐渐成为了企业运行的基础设施，企业只有通过利用信息系统来驱动商业创新才能获得竞争优势。特别是在网络经济环境下，信息系统与商业创新的关系更加紧密了。因此，与之前的大部分信息系统教材不同的是，本书主要围绕信息系统如何引发商业创新的角度来展开讨论各类信息系统应用，在包含基本信息系统相关知识的基础上，对较为抽象的信息技术应用细节和信息系统功能结构等内容则不再深入介绍，让不同专业背景的学生更好地聚焦讨论商业创新案例，进而理解信息系统的潜能，提升其数字化驱动的商业创新思维能力。基于此目的，我们尝试编写了本书。

本书主要由三篇组成：第一篇介绍信息系统和商业创新的基本内涵、基本概念和基本原理，探讨信息系统与商业创新的关系，以及基本分析框架。这部分内容的主要目的是让学生理解信息系统驱动商业创新的逻辑，主要由本书的前 3 章组成。第二篇介绍现代商业中常见的信息系统应用，及其驱动商业创新的方法与模式，包括事务处理系统、决策支持系统、企业资源计划、供应链管理、电子商务、互联网时代的金融创新。这一篇除了对各类信息系统本身特征的分析外，还提供了大量商业创新案例素材，可以让学生更加深入地理解信息系统驱动商业创新的一般规律。这部分内容由本书的第 4 章到第 9 章组成。第三篇内容是如何构建信息系统，以及如何应对所面临的安全与隐私问题。这部分内容由本书的第 10 到第 12 章组成。

本书由刘鹏担任主编，郑大庆和曾庆丰担任副主编。其中第 1 章和第 8 章由曾庆丰编写；第 2 章和第 3 章由郑大庆编写；第 4 章和第 5 章由李艳红编写；第 6 章和第 7 章由吴继兰编写；第 9 章由张庆华编写；第 10 章由竹宇光编写；第 11 章和第 12 章由刘鹏编写。最后全书由刘鹏负责定稿。

本书从最初的构思到最终的成型，得到上海财经大学教务处、通识教育中心的协助和支持；本书最终得以顺利出版，要特别感谢清华大学出版社老师们的大力支持，是他们耐心、仔细而又高效的工作，才使本书能够在较短时间内与读者见面。

本书在编写的过程中，借鉴了大量国内外比较经典的信息系统教材及相关的资料文献，编写组成员也把这些重要的参考资料文献罗列在相关章节的参考文献中。

本书的内容组织和编写形式本身也是一次创新，加上作者水平有限，书中肯定还有不少需要进一步完善和商榷的地方，恳请广大读者批评指正，以便在再版时进一步改正。

编写组全体成员

2016年12月于上海财经大学

目录

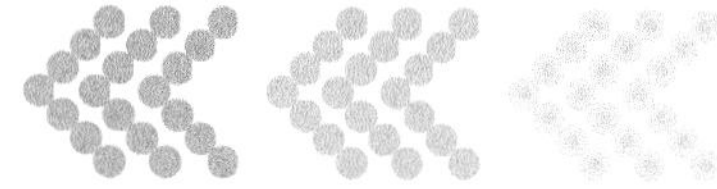

第二篇　系统应用与创新

第一篇　信息系统与技术

第1章 万物互联的信息时代

本章学习目标

- 了解信息时代的主要特征。
- 了解信息系统如何引发商业创新。
- 了解信息技术与信息系统未来发展趋势。

开篇案例

一个物联网系统的创新应用

车联网融合汽车、通信、IT领域前沿技术，被誉为21世纪汽车业的第三次革命。行业已经基本度过了起步期，尤其在发达国家市场，用户规模和服务内容在未来几年内将以较快的速度发展。中国是全球最大的汽车生产国，也是最大的汽车消费国。2015年中国汽车保有量已超过1.5亿辆，为全球第二，仅次于美国，预计2020年将会超过2亿辆。

2009年10月安吉星来到中国并正式推出服务，引领着我国车载信息服务系统的发展，让我国消费者亲密接触并体验其先进的技术和个性化的服务理念。截至2012年5月，安吉星所拥有的中国用户总数已经超过45万；安吉星提供"全程音控领航"服务的总数已经超过1380多万，安吉星"实时路况导航"成为用户最受欢迎的功能。上海安吉星信息服务有限公司董事总经理戴安娜(Diane Jurgens)表示："安吉星始终在传递对于车载信息服务的深层次解读，那就是打造以消费者为导向的互联汽车生活。"

安吉星服务不断完善和拓展。2013年，安吉星"实时路况导航"升级为默认服务，"全音控免提电话"使用率攀升两成，正式推出全新"电子眼提醒"服务等。在2013年11月广州国际车展上，安吉星推出了两项全新的服务。首先是"医疗协助"服务，在车辆发生碰撞或用户主动按键求助之后，安吉星客服顾问将会在用户需要医疗救援的情况下，将电话转接给专业的医疗救援服务管理机构。同时，专业的医疗救援服务管理机构也提供全科医生在线医疗救援咨询，并及时与120急救中心联系，协调救护车尽快出车并到达事故位置，不仅强化了安吉星的安全安防优势，安吉星目前还是国内第一家推出医疗救援咨询服务的车载信息服务提供商，为上海通用车主提供更安全的行车保障。第二项服务是基于"云技术"打造的"音控电话云助手"服务，这将彻底宣告"凭号码拨号"时代的终结，使安吉星全音控免提电话的服务水平得到跃升，并进一步降低了用户开车时使用手机的可能性。

作为安吉星的三大服务平台之一，安吉星手机应用在经历近3年的推陈出新与不断完善之后，目前所提供的服务已经可以涵盖安吉星用户的基本日常所需，“我的车辆位置”与“社交分享”服务无疑成为了安吉星手机应用的最大亮点。

秉承以客户为导向的服务理念，上海安吉星通过尖端的信息集成技术，不断系统升级，扩充功能，为中国用户提供了语音平台、手机应用、安全安防三大核心板块的服务，包括碰撞自动求助、紧急救援协助、安全气囊爆开自动求助、车况检测报告、车载信息手机应用、实时按需检测、爱心援助路人、被盗车辆定位、被盗车辆启动限制、远程车门应急开启、车停位置提示、路边救援协助、全音控免提电话、兴趣点向导、全程音控领航、目的地设置协助、实时路况按需查询等19项随车服务。

安吉星在不断地更新技术和服务内容，这些努力不断得到用户的认同和接受。至2013年9月底，安吉星用户数量突破60万。目前，安吉星已迈入稳步增长的发展阶段。截至2014年12月底，安吉星在中国大陆地区的活跃用户量已突破80万；安吉星呼叫中心平均每月接到的用户电话量高达275万通；安吉星手机应用的用户量已达到23万，使用频率也已突破1760万次。

2015年7月1日，上海安吉星发布了全新的服务套餐，将原有的6款套餐简化为4款，并有单项服务的叠加购买，以更人性化、更灵活、更专属的服务理念，为用户带来全新的车载互联体验。上海安吉星此次发布的新套餐是根据用户的需求和消费习惯来设计和制定的。这也表明了安吉星对中国市场一直保持的高度重视和始终以满足用户需求为核心的企业理念。

本章开篇描述了通用汽车车联网信息系统安吉星案例。近年来，除了传统的以计算机为基础的网络信息系统外，还有大量的新兴信息技术快速发展，包括物联网、移动互联网、云计算等新兴技术带我们进入了一个万物互联的信息世界。人类社会从工业经济时代进入了网络经济时代。信息时代有哪些重要特征，以及信息技术是如何驱动商业创新与发展的，都需要我们进行深入的思考与探究。

1.1 无处不在的信息系统

自从世界第一台电子计算机于1946年诞生以来，现代信息技术(Information Technology，IT)以人们难以想象的速度迅猛发展，成为人类社会与经济发展的强大推动力。信息技术已日益成为人们生活和工作中息息相关的一个重要部分，它不仅成为个人获取信息的重要方式，也成为了所有企业和组织处理信息的最重要工具。可以说，信息技术的发展让信息系统在整个社会中无处不在。

1.1.1 信息技术

信息技术是指一切与数字化、通信、信息处理有关的技术及其应用。现代信息技术包括计算机、现代通信技术、遥感遥测技术、数据采集技术、3D扫描与打印技术等各种技术，其中以计算机技术为代表。而信息系统则是信息技术在各行各业中应用所形成的一个解决方案，可以说信息技术是构建信息系统的基础。我们知道，信息技术也是在不断发展的，因此，在理解信息系统前，我们需要了解一下信息技术的发展与演变历程。

1. 信息技术发展简史

人类通信历史很悠久。远古时期，人们通过简单的语言、壁画等方式交换信息。千百年

来，人们用语言、图符、钟鼓、烟火、竹简、纸书、烽火狼烟、飞鸽、驿马等传递信息。现在还有一些国家的原始部落，保留着击鼓鸣号的古老通信方式。现代社会中交警的指挥手语、航海的旗语等是古老通信方式发展的结果。这些信息传递的基本方都是依靠人的视觉与听觉。信息技术发展的历程：

第一次信息技术革命是语言的使用，发生在距今约 35 000～50 000 年前。

第二次信息技术革命是文字的创造，大约在公元前 3500 年出现了文字。文字的创造——这是信息第一次打破时间、空间的限制。例如甲骨文记载商朝的社会生产状况和阶级关系，文字可考的历史从商朝开始。

第三次信息技术的革命是印刷的发明，印刷术的发明约在公元 1040 年，我国开始使用活字印刷技术(欧洲人 1451 年开始使用印刷技术)。汉朝以前使用竹木简或帛做书材料，直到东汉(公元 105 年)蔡伦改进造纸术，这种纸叫“蔡侯纸”。从后唐到后周，封建政府雕版刊印了儒家经书，这是我国官府大规模印书的开始。

第四次信息革命是电报、电话、广播和电视的发明和普及应用。

19 世纪中叶以后，随着电报、电话的发明，电磁波的发现，通信领域产生了根本性的变革，实现了金属导线上电脉冲传递信息及通过电磁波来进行无线通信。

电磁波的发现产生了巨大影响，实现了信息的无线电传播，其他的无线电技术也如雨后春笋般涌现：1920 年，美国无线电专家康拉德在匹兹堡建立了世界上第一家商业无线电广播电台，从此广播事业在世界各地蓬勃发展，收音机、电视为人们了解时事新闻提供了方便的途径。1933 年，法国人克拉维尔建立了英法之间的第一条商用微波无线电线路，推动了无线电技术的进一步发展。静电复印机、磁性录音机、雷达、激光器都是信息技术史上的重要发明。

第五次信息技术革命是始于 20 世纪 60 年代，其标志是电子计算机的普及应用及计算机与现代通信技术的有机结合。随着电子技术的发展，军事与科研领域迫切需要解决的计算工具也大大得到改进，1946 年，由美国宾夕法尼亚大学研制的第一台电子计算机诞生了。随后，计算机技术得到飞速发展，这标志着人类由工业社会向信息社会快速发展。这五次信息技术革命汇总见表 1-1。

表 1-1　信息技术五次革命

发展阶段	信息技术核心应用	主要特点	发生时间
第一次革命	语言的产生和使用	较远距离的传递	20 万年以前
第二次革命	文字的创造与使用	信息的存储、传递的能力超越时空	公元前 3500 年
第三次革命	造纸术和印刷术的发明和应用	信息量大存储、及时交流、广泛传播	公元 1040 年
第四次革命	电报、电话、广播、电视的发明和普及应用	提高传递的效率，突破时空限制	电话 1875 年； 电报 1933 年
第五次革命	计算机和网络的普及应用	处理、传递速度和普及应用程度以惊人的速度变化	计算机 1943 年

2. 现代计算机技术的发展

从计算机技术性能角度来看，计算机发展经历了五个阶段：电子管计算机(1946—1957 年)、晶体管计算机(1957—1964 年)、中小规模集成电路计算机(1964—1971 年)、大规模和超大规模集成电路计算机(1971 年至今)。这四个发展阶段主要是依据计算机中央处理器(CPU)所采纳的元器件不同来划分的。

如果从计算机技术应用角度来看，可以把计算机技术发展历程分为5个阶段，每个阶段体现出了不同的计算能力配置以及基础设施构成要素（见图1-1）。这5个阶段分别为通用主机及小型计算机、个人计算机、客户机/服务器网络、企业计算、云计算及移动计算。

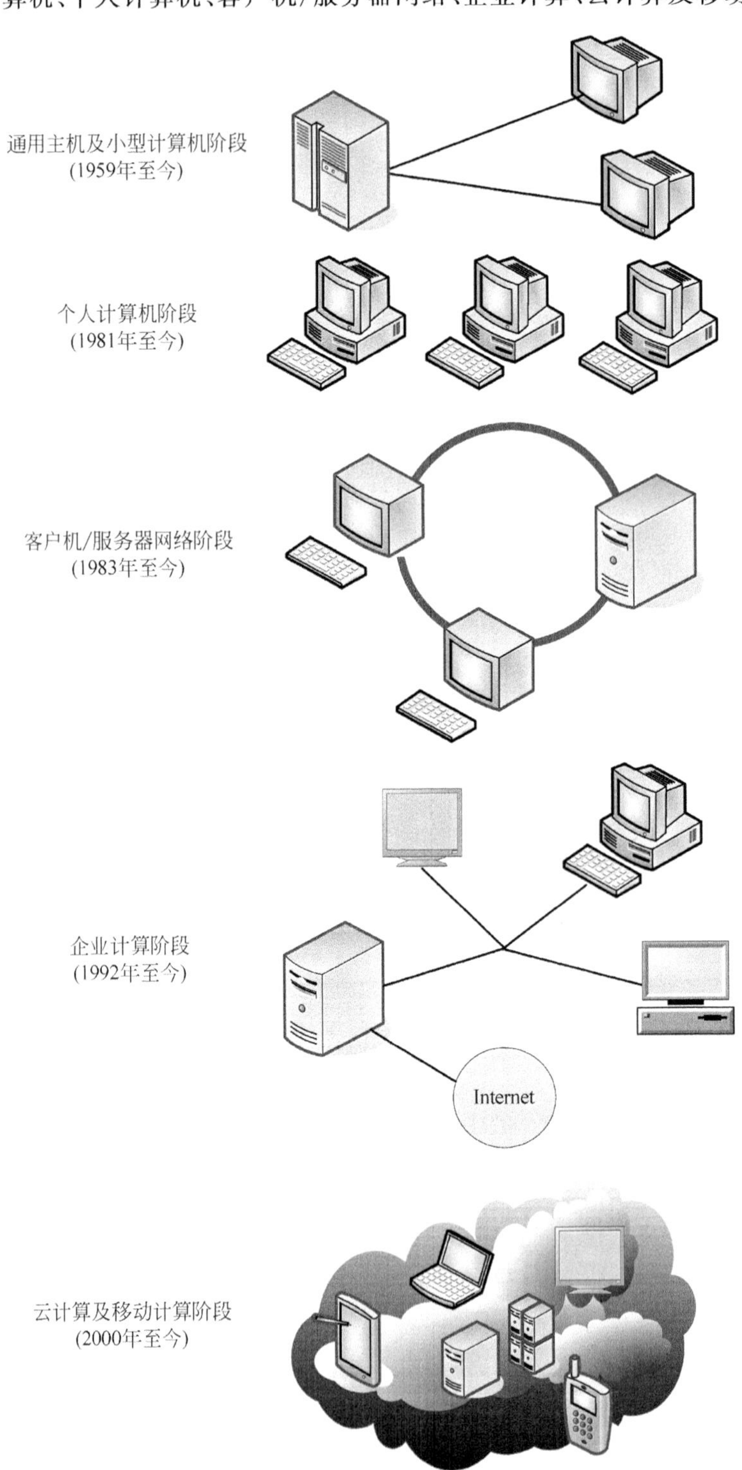

图1-1 计算机发展阶段

图 1-1 给出了代表 IT 基础设施 5 个发展阶段特征的典型计算机配置。

1）通用主机及小型计算机阶段（1959 年至今）

1959 年，IBM 1401 和 7090 晶体管计算机的出现，标志着主机型计算机开始得以广泛的商业应用。1965 年，IBM 推出的 IBM 360 系列，使得主机型计算机（mainframe）真正为人们所认识。IBM 360 是第一款拥有强大的操作系统的商用计算机，在其高级型号的机型中，可以提供分时、多任务、虚拟内存等功能。IBM 在主机型计算机领域处于领导地位。主机型计算机拥有非常强大的功能，能够支持数千个远程终端通过专用通信协议和数据线与中央主机远程连接。

这一阶段采用高度集中的计算模式。计算机系统都是由专业的程序员和系统操作员集中控制（通常在组织的数据中心）。各种基础设施几乎都由（硬、软件）同一生产商提供。

这种模式直到 1965 年数据设备公司（DEC）推出了小型计算机（minicomputer）后才得以改变。DEC 生产的小型计算机功能强大（如 PDP-11 以及后来的 VAX 系列），但价格远远低于 IBM 的主机，这使得分散式的计算模式成为可能。这种模式可以按照独立部门或业务部门的特殊需求来定制，而不必通过分时方式来共享一台大型主机。近年来，这种小型计算机发展成为了中型计算机或中型服务器，成为了网络的一个组成部分。

2）个人计算机阶段（1981 年至今）

尽管第一批真正的个人计算机（PC）如施乐公司（Xerox）的 Alto、MITS 公司的 Altair 8800、苹果公司的 Apple Ⅰ和 Apple Ⅱ等最早出现在 20 世纪 70 年代，但这些计算机并没有得到普遍的应用。通常认为，1981 年 IBM PC 的出现标志着个人计算机时代的开始，这是因为 IBM PC 在美国的企业中第一次得到了普遍应用。这种计算机起初使用基于文本命令的 DOS 操作系统，后来发展为使用 Windows 操作系统的 Wintel PC 计算机（使用 Windows 操作系统以及 Intel 微处理器的个人计算机），成为了标准的桌面个人计算机。2012 年，全球大约有 12 亿台个人计算机，每年约要销售 3 亿台。其中，有 90%的运行 Windows 版本的操作系统，10%的运行 Macintosh OS。随着 iPhone 和安卓（Android）设备销售量的提升，Wintel 作为主流计算平台的地位逐渐衰退。目前，全球智能手机保有量约为 40 亿部，其中大部分用户用它来访问因特网。

随着在 20 世纪 80 年代和 90 年代初期个人计算机的普及，涌现出了大量的个人桌面软件工具，如文字处理软件、电子制表软件、电子演示软件，以及小型数据管理软件等，这些软件在个人用户和企业用户中都得到了广泛应用。此时的个人计算机都还是独立的系统，直到 20 世纪 90 年代个人计算机操作系统的进一步发展，才具备了将孤立的个人计算机连接成网络的能力。

3）客户机/服务器网络阶段（1983 年至今）

在客户机/服务器计算（client/server computing）中，被称为客户机（client）的台式机或便携电脑通过网络与功能强大的服务器（server）连接在一起，服务器向客户机提供各种服务和计算能力。计算机的处理任务分配在这两类设备上完成。客户机主要作为输入的用户终端，服务器主要对共享数据进行处理和存储、提供网页，或者管理网络活动。“服务器”一词具有两方面的含义：一方面指应用软件，另一方面指用于运行网络软件的计算机物理设备。服务器可以是一台主机。但今天大多数服务器是具有更强大功能的个人计算机，它们使用较便宜的 Intel 芯片，通常在一个计算机机箱或者服务器槽架中内置多个处理器。

最简单的客户机/服务器网络由客户机通过网络与服务器连接而成，两类计算机具有不同的处理分工。这种架构称为两层客户机/服务器架构（two-tiered client/server architecture）。虽然在很多小型企业中可以见到这种简单两层架构的客户机/服务器网络，但大多数企业采用的是更为复杂的多层客户机/服务器架构（multitiered client/server architecture），通常称为 N 层客户机/服务器架构。在多层客户机/服务器架构中，整个网络的工作负荷根据所请求的服务类型在各个不同层次上的服务器中均衡（见图 1-2）。

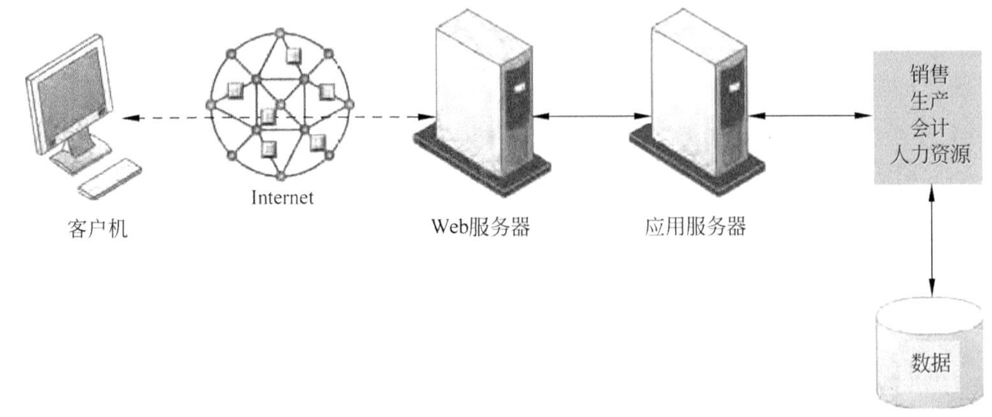

图 1-2　多层客户机/服务器网络（N 层）

在一个多层客户机/服务器网络中，客户机的服务请求由不同层次上的服务器来处理。例如，在第一层，Web 服务器负责响应服务请求向客户机提供 Web 页面。Web 服务器软件对存储的 Web 页面进行定位和管理。如果客户机请求访问企业系统（如查询产品清单或价格），这一请求就会由应用服务器处理。应用服务器软件处理在用户和企业后台业务系统之间的所有应用操作。应用服务器可以与 Web 服务器放在同一台计算机上，也可以放在专用的计算机上。

客户机/服务器架构使得企业可以将计算任务分散到一些较便宜的小型计算机上，比采用集中处理的主机系统成本大大降低，其结果使得企业的计算能力和应用软件急剧增长。

4）企业计算阶段（1992 年至今）

20 世纪 90 年代初期，企业开始应用一些网络标准和软件工具将其分散的网络和应用进行整合，形成覆盖整个企业的基础设施。1995 年以后，当因特网发展成为可靠的通信环境之后，企业开始应用传输控制协议/网间协议（Transmission Control Protocol/Internet Protocol，TCP/IP）作为连接分散的局域网的网络标准。

随之形成的 IT 基础设施把不同的计算机硬件和较小的计算机网络连接成了一个覆盖整个企业的网络，使得信息可以在组织内部以及不同组织之间自由流动。不同类型的计算机硬件，包括主机、服务器、个人计算机及移动设备等都可以连接起来，还可以进一步与公共基础设施，如公用电话网、因特网和公共网络服务等相连接。企业基础设施同样需要软件的支持，来把分散的应用连接起来，使数据能够在企业内部的各业务部门之间自由传输。

5）云计算及移动计算阶段（2000 年至今）

因特网带宽的提升推动了客户机/服务器模式更进一步向着被称为“云计算模式”的方向发展。云计算（Cloud computing）指通过网络（通常是因特网）访问计算资源共享池的一

种计算模式。计算资源包括计算机、存储、应用和服务。这些"云"计算资源可以以按需使用的方式从任何联网的设备和位置来访问。现今,云计算是发展最快的计算形式,2012 年企业花费在公有云服务上的费用达到 1090 亿美元,预计到 2016 年末将达 2070 亿美元(Gartner,2012)。

成千上万的计算机被安置于云数据中心。随着个人和企业的计算方式逐渐转向移动平台,它们可以被台式机、便携电脑、平板电脑、娱乐设备、智能手机以及其他连接到因特网上的客户端设备所访问。IBM、惠普(HP)、戴尔(Dell)和亚马逊(Amazon)等公司都建立了庞大的可扩展的云计算中心,向那些想在远程维持其 IT 基础设施的企业提供计算能力、数据存储和高速因特网连接服务。谷歌(Google)、微软(Microsoft)、SAP、Oracle 和 Salesforce.com 等软件生产商以销售服务的方式通过因特网交付其应用软件服务。

3. 摩尔定律与梅特卡夫定律

现代计算机技术的快速发展,源自于计算机处理能力、内存芯片、存储设备、通信和网络软硬件以及软件设计等方面的巨大发展,使得计算机的计算能力呈指数上升,而成本却呈指数下降的趋势。而反映计算技术这种发展速度有两个非常著名的定律,就是摩尔定律和梅特卡夫定律。

1) 摩尔定律

Fairchild 半导体研究与开发实验室,是早期的一家集成电路板生产商。1965 年,时任该实验室主任的戈登·摩尔预言半导体芯片上集成的元件数量每年翻一番,这个论断随后成为著名的摩尔定律的基础。摩尔后来把芯片处理速率的增长修订为每两年翻一番。

摩尔定律后来被人们从不同角度来解读。它至少有 3 种说法,但其中没有任何一种是摩尔本人的表述:

(1) 微处理器的处理能力每 18 个月翻一番;

(2) 计算机的计算能力每 18 个月翻一番;

(3) 计算成本每 18 个月下降一半。

微处理器中集成的晶体管数量呈指数上升,计算能力也随之呈指数上升,但计算成本却呈指数下降,这种趋势有望得以延续。芯片制造商在不断使芯片组成元件的尺寸变小。今天晶体管的大小已远远不能用人的发丝来相比,而是更接近于细菌的大小。

毫无疑问,摩尔定律对整个世界意义深远。不过,随着晶体管电路逐渐接近性能极限,这一定律将会走到尽头。摩尔定律何时失效?专家们对此众说纷纭。早在 1995 年在芝加哥举行信息技术国际研讨会上,美国科学家和工程师杰克·基尔比表示,5 纳米处理器的出现或将终结摩尔法则。中国科学家和未来学家周海中在此次研讨会上预言,由于纳米技术的快速发展,30 年后摩尔定律很可能就会失效。2012 年,日裔美籍理论物理学家加来道雄在接受智囊网站采访时称:"在 10 年左右的时间内,我们将看到摩尔法则崩溃。"前不久,摩尔本人认为这一定律到 2020 年的时候就会黯然失色。一些专家指出,即使摩尔法则寿终正寝,信息技术前进的步伐也不会变慢。

2) 梅特卡夫定律

摩尔定律说明了为什么今天的计算资源如此充足。但是,为什么人们还需要更多的计算资源和存储空间呢？网络经济学和因特网的发展给出了一些答案。

梅特卡夫定律(Metcalfe's Law)常常与摩尔定律相提并论，如果说摩尔定律是信息科学的发展规律，那么梅特卡夫定律就是网络技术的发展规律。以太网局域网技术的发明者梅特卡夫(Robert Metcalfe)在1970年指出，网络的价值或能力随着网络中成员数量的增加而以指数形式增长。梅特卡夫等人指出，当越来越多的人加入到网络中来，就会出现规模报酬递增(increasing returns to scale)效应。如果网络成员数量线性增加，整个网络的价值将呈指数增长，并且可以随着网络成员数量的增加而持续增长。数字网络使得实际连接和潜在连接的网络成员数量成倍增长，其社会价值与商业价值驱动了人们对信息技术的需求不断增长。

梅特卡夫定律背后的理论，亦即所谓网络的外部性效果(Network Externalty)：使用者愈多对原来的使用者而言，不仅其效果不会如一般经济财产(人愈多分享愈少)，其效用反而会愈大。大体而言，摩尔定律加上产业合流现象形成企业信息化，梅特卡夫定律再把信息化的企业，以网络外部性的乘数效果加以联结，终于造就一个规模可与实体世界相媲美、充满了无数商机及成长潜力惊人的全球化电子商务市场。

1.1.2 信息系统的产生与发展

信息系统(Information Systems，IS)是一个不断发展的新型学科，在学科发展早期，信息系统在商业环境下一般称为管理信息系统，信息系统的概念随着人们对信息技术应用的认识也在不断更新，对于信息系统的定义已有很多种。

1. 理解信息系统概念

从技术角度来看，信息系统定义为由若干相互连接的部件组成的，对组织中的信息进行收集(或检索)、处理、存储和发布的系统，用于支持组织制定决策和管理控制。除了决策支持、协调和控制外，信息系统还可以协助管理者和员工分析问题、复杂对象的可视化和创造新的产品。从技术角度信息系统的基本功能结构如图1-3所示。

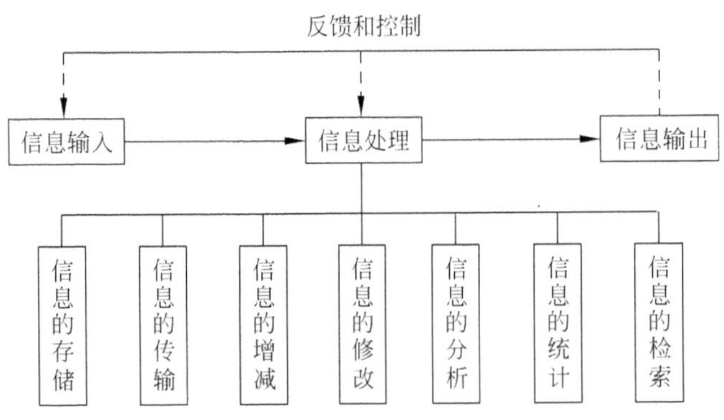

图1-3 从技术角度看信息系统功能结构

组织是信息系统应用的载体，为了全面理解信息系统，我们必须更广泛地了解信息系统的组织、管理和信息技术维度，及它们解决商业环境中的挑战和问题的能力。除了从系统的技术维度以外还从系统的管理和组织维度来理解信息系统，我们把这种理解看作是信息系统文化。比较而言，计算机文化主要关注于信息技术知识。

因此，从商业角度来看，信息系统定义为企业应对外部环境挑战时的基于信息技术的组织和管理解决方案。也即信息系统是由技术、组织、管理三个维度组成的，如图 1-4 所示。

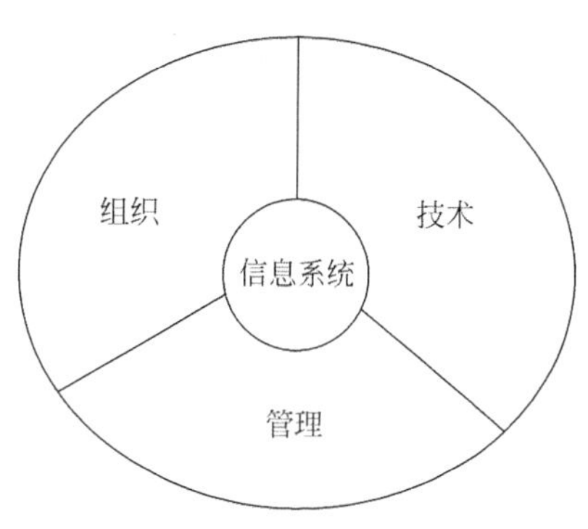

图 1-4 信息系统三维度

对于信息系统概念，我们将在第 2 章中进行更加详细的阐述。

2. 信息系统发展

第一台电子计算机于 1946 年问世，几十年来，信息系统经历了由单机到网络，由低级到高级，由电子数据处理系统（EDPS）到管理信息系统（MIS）、再到决策支持系统（DSS）和商务智能系统（BI），由数据处理到智能处理的过程。这个发展过程大致经历了以下几个阶段。

1）电子数据处理系统

电子数据处理系统（Electronic Data Processing System，EDPS）的特点是数据处理的计算机化，目的是提高数据处理的效率。从发展阶段来看，它可分为单项数据处理阶段（20 世纪 50 年代中期到 60 年代中期）和综合数据处理阶段（20 世纪 60 年代中期到 70 年代初期）。

单项数据处理是电子数据处理的初级阶段，主要是用计算机代替部分手动劳动，进行一些简单的单项数据处理工作，如工资计算、统计产量等。1954 年，通用电气公司利用计算机进行工资计算成为基于计算机的企业信息系统应用的开端。

利用计算机进行数据处理，计算机就被用到了企业信息管理之中，由此产生了最早的管理软件，即最简单的信息系统。

在综合数据处理阶段的计算机技术有了很大发展，出现了大容量直接存取的外存储器，同时一台计算机能够带动若干终端，可以对多个过程的有关业务数据进行综合处理。这就给若干分散的单个计算机数据处理终端用联机方式进行综合处理提供了可能，这时各类信息报告系统应运而生，即按事先规定的要求提供各类状态报告。此阶段的数据处理方式是以实时操作为主，并能随机地对数据进行存取和处理（即把输入数据从发生地直接输入到计算机，经运算后输出的数据直接传送给用户）。

2）管理信息系统

管理信息系统（Management Information System，MIS）是一个由人、计算机及其他外围设备等组成的能进行信息的收集、传递、存储、加工、维护和使用的系统。它是一门新兴的科学，其主要任务是最大限度地利用现代计算机及网络通信技术加强企业信息管理，通过对企业拥有的人力、物力、财力、设备、技术等资源的调查了解，建立正确的数据，加工处理并编制成各种信息资料及时提供给管理人员，以便进行正确的决策，不断提高企业的管理水平和经济效益。目前，企业的计算机网络已成为企业进行技术改造及提高企业管理水平的重要手段。

管理信息系统最大的特点是高度集中，能将组织中的数据和信息集中起来，进行快速处理，统一使用。管理信息系统的另一个特点是利用定量化的科学管理方法，通过预测、计划优化、管理、调节和控制等手段来支持决策。

完善的 MIS 具有以下 4 个标准：确定的信息需求、信息的可采集与可加工、可以通过程序为管理人员提供信息、可以对信息进行管理。具有统一规划的数据库是MIS成熟的重要标志,它象征着MIS是软件工程的产物。通过MIS实现信息增值,用数学模型统计分析数据,实现辅助决策。MIS是发展变化的,MIS有生命周期。

MIS的开发必须具有一定的科学管理工作基础。只有在合理的管理体制、完善的规章制度、稳定的生产秩序、科学的管理方法和准确的原始数据的基础上,才能进行MIS的开发。因此,为适应MIS的开发需求,企业管理工作必须逐步完善以下工作:管理工作的程序化,各部门都有相应的作业流程;管理业务的标准化,各部门都有相应的作业规范;报表文件的统一化,固定的内容、周期、格式;数据资料的完善化和代码化。

3) 决策支持系统和商务智能

决策支持系统(Decision-Support Systems,DSS)是辅助决策者通过数据、模型和知识,以人机交互方式进行半结构化或非结构化决策的计算机应用系统。它是管理信息系统(MIS)向更高一级发展而产生的先进信息管理系统。它为决策者提供分析问题、建立模型、模拟决策过程和方案的环境,调用各种信息资源和分析工具,帮助决策者提高决策水平和质量。

DSS的概念是在20世纪70年代提出的,并且在80年代获得发展。它的产生基于以下原因:传统的管理信息系统(MIS)没有给企业带来巨大的效益,人在管理中的积极作用要得到发挥;人们对信息处理规律认识提高,面对不断变化的环境需求,要求更高层次的系统来直接支持决策;计算机应用技术的发展为DSS提供了物质基础。

企业中还有提供信息来支持管理决策的商务智能系统。商务智能(Business Intelligence,BI)是一个现代术语,包括一系列用来组织、分析和提供数据访问的数据和软件工具,以帮助管理者和其他企业用户做出更明智的决策。商务智能可满足所有层级管理和决策需要,可以用于监督监测、控制管理、决策制定和行政事务等工作。

1.1.3 信息时代的到来

信息时代,企业的竞争优势取决于信息的运用能力,其次才是传统经济生产要素的人力、资本及土地。信息技术的应用能力已经成为现代企业竞争获胜的最重要因素。

以因特网为核心的信息技术的发展促使整个经济体系由传统的工业经济转向以信息和知识为基础的服务经济。如今,信息技术渗透到了社会各行各业,世界真正进入了信息时代,信息时代意味着我们的企业所处的商业环境也发生了根本性的变化:顾客需求瞬息万变,技术创新不断加速,产品生命周期不断缩短,市场竞争日趋激烈,全球一体化加剧成型。企业在这样一个环境中生存与发展,面临的管理越来越复杂,经济信息化,市场全球化,管理的业务已非手工系统所能应付,而应对这些挑战,企业纷纷寻求通过开发实施各种信息系统来提升自身的管理能力和服务水平,以获取持续的竞争能力。

毫无疑问,现代企业、政府以及学校等组织的有效运营都离不开信息系统的支持,各企业、组织的领导们无不强调信息系统的重要性,每年数以亿计的资金投入到全世界各企业、组织的信息系统建设中,如何应用信息系统来驱动创新成为所有组织所关注的重要问题。

1.2 信息系统引发商业创新

世界著名的管理学家彼得·德鲁克曾经说过:企业经营最基本的,也是赖以生存的两个功能是创新和市场营销。在越来越激烈的市场竞争中,企业只有依靠不断进行产品和服

务的创新才能立于不败之地。信息技术和信息系统成为了现代企业创新的引擎。

1.2.1　什么是创新

什么是创新？目前一般公认的是早在1912年美籍奥地利经济学家约瑟夫·熊彼特提出的创新定义。熊彼特在他发表的"经济学理论"中从经济学角度首次提出了这一概念并进行了阐述，指出创新就是建立一种新的生产函数，是企业家对生产要素的新组合，其中任何要素的变化都会导致生产函数的变化从而推动经济的发展。

熊彼特在其著作中同时提出了创新的5种来源，包括：引进一种新产品、采用新的生产方式、开辟新的市场、开辟和利用新的原材料、采用新的组织形式。熊彼特的创新概念包含的范围很广，如涉及技术性变化的创新及非技术性变化的组织创新。到20世纪60年代，新技术革命的迅猛发展。美国经济学家华尔特·罗斯托提出了"起飞"六阶段理论，对"创新"的概念发展为"技术创新"，把"技术创新"提高到"创新"的主导地位。

进入21世纪，在信息技术的推动下知识社会的形成及其对技术创新的影响进一步被认识，科学界进一步反思对创新的认识：技术创新是一个科技、经济一体化过程，是技术进步与应用创新"双螺旋结构"(创新双螺旋)共同作用催生的产物，而且知识社会条件下以需求为导向、以人为本的创新2.0模式进一步得到关注。《复杂性科学视野下的科技创新》在对科技创新复杂性分析基础上，指出了技术创新是各创新主体、创新要素交互复杂作用下的一种复杂涌现现象，是技术进步与应用创新的"双螺旋结构"共同演进的产物；信息通信技术的融合与发展推动了社会形态的变革，催生了知识社会，使得传统的实验室边界逐步"融化"，进一步推动了科技创新模式的嬗变。要完善科技创新体系急需构建以用户为中心、以需求为驱动、以社会实践为舞台的共同创新、开放创新的应用创新平台，通过创新双螺旋结构的呼应与互动形成有利于创新涌现的创新生态，打造以人为本的创新2.0模式。《创新2.0：知识社会环境下的创新民主化》进一步对面向知识社会的下一代创新，即创新2.0模式进行了分析，将创新2.0总结为以用户创新、大众创新、开放创新、共同创新为特点的，强化用户参与、以人为本的创新民主化。

1.2.2　信息系统如何驱动商业创新

信息系统的基本核心思想即是IT使能的创新(IT-enabled Innovation)，即信息系统的开发和使用过程就是IT使能的创新过程，即信息系统如何驱动商业创新的过程。

1. 信息系统驱动企业全面创新

现代信息技术的一个最重要特征就是有非常强的信息处理能力，世界上运算速度最快的超级计算机已达每秒1000万亿次，而企业的运行每时每刻都面临着大量的信息需要进行处理。所以，管理信息系统在企业中的广泛应用就极大地提高了企业信息处理能力，进而显著地提升企业的生产经营效率。

可以看到，几乎每一家企业都在运用信息系统来支持完成生产经营活动。例如，连锁零售企业运用信息系统来完成收银业务、了解库存水平、自动充货等；生产制造企业利用信息系统来帮助确定生产计划、物料计划以及订货计划，并且可以通过电子数据交换来订购货物，他们还利用信息系统来帮助设计产品和控制生产活动；银行等金融机构通过信息系统来完成存取款和信贷业务，并且利用工作组软件来帮助信息在组织内部自动流动；网上商店利用信息系统来进行网上销售和配送。政府、学校和其他的组织也广泛使用信息系统帮助他们管理组织内部的信息,以更好地完成组织的业务活动。

人们也越来越认识到信息技术与信息系统不再只是简单的公文流转和办公效率的提升,更重要的是,信息系统能促进企业的创新。因此,人们在谈到信息系统时不可避免地要谈到创新,随着信息技术的发展以及互联网的变革,超级计算力的普遍应用以及资源整合所带来的巨大力量将为企业创新带来良好的发展机遇。

宝洁是美国著名的世界500强日用品公司,它以产品创新而闻名于世。为了提升产品研发能力,宝洁开发实施了基于内部网络和互联网的信息系统来连接公司全球28个地点的8000名科学家,组成了科学家研发网络组织,大大提高了公司的研发产出率。此外,宝洁公司还实施了产品生命管理(Product Lifetime Management,PLM)系统来支持产品研发的整个过程,取得了非常好的效果。正如哈佛商学院的一位教授所说:"IT可以降低研发试验费用,从而加快创新过程并使你比以前重复更多的次数。"信息技术与信息系统应用成为了管理遍布各地的研发队伍、日益复杂的创新流程的利器。基于网络的信息系统应用,不仅仅是优化了企业的业务管理流程,也驱动了宝洁研发模式的创新,从内部研发模式走向了开放式研发模式。

案例:互联网驱动研发模式的创新——宝洁公司的成功应用

从工业经济时代进入到如今的网络经济时代,创新不只是来自于企业内部,企业的上下游客户、消费者,甚至是不相关的外部力量都可能成为智慧的支持,成为企业创新的源泉。

从传统的"封闭式创新(Closed Innovation)"转向互联网时代的"开放式创新(Open Innovation)",越来越多的跨国企业在寻找新的发展模式。美国宝洁公司的"C+D"(Connect and Develop,联发)模式就是企业开放式在线创新平台的成功实践者,它的成功无疑对国内企业界采纳和运营开放式在线创新平台具有较大的借鉴价值。

1. 宝洁的开放式在线创新平台产生背景——从"研发"转向"联发"

20世纪90年代末,宝洁陷入了哈佛商学院教授克莱曼克里斯坦森所说的《创新者的困境》。克里斯坦森认为,越是成熟的大企业,越容易被新进入市场的小企业逼上绝路,并最终陷入困境。传统的封闭式创新模式使宝洁的研发难以为公司提供持续有力的支持,但没有什么办法改变。

直到2000年,雷富礼被任命为宝洁公司新的CEO,而此时的宝洁正深陷困境。雷富礼上任后,第一件事就是大刀阔斧地整顿宝洁的研发部门。摆在雷富礼面前的是一道难题:要么重整研发部门,让宝洁拥有旺盛的创造力;要么削减研发成本。

在公司的其他高管看来,这是一个二选一的问题。但雷富礼却认为,可以做到二者兼而有之。于是,他提出了"开放式创新"的概念,将宝洁的心脏——研发(Research&Develop)改名为联发(Connect Develop),即打开公司围墙,联合外部松散的非宝洁员工组成群体智慧,按照消费者的需求进行有目的的创新,然后再通过技术信息平台,让各项创新提案在全球范围内得到最优的配置。

在雷富礼眼中,宝洁公司不只是拥有9000多名研发人员,他把散落在世界各地的大约180万名研发人员也看作自己的员工,如此一来,宝洁就拥有了180.9万名研发人员。"企业外部也许恰好有人知道如何解决你的企业所面临的特殊问题,或者能够比你更好地把握现在你面临的机遇。你必须找到他们,找到一种和他们合作的机会。"雷富礼说。当时,他制

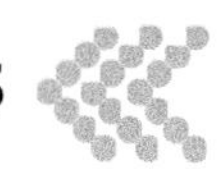

定的目标是到 2010 年引入 50%以上的外部创新，但是在 2006 年时，就已经实现了既定目标；并且，“由于从外部引入了更多的高端产品和技术思想，宝洁公司的研发成功率提高了 85%。”

在此背景下，宝洁在 2007 年创建了企业开放式在线创新平台“联系＋发展”(Connect＋Develop，以下简称 C＋D)，图 1-5 是其中文开放式在线创新平台。

图 1-5 宝洁的企业开放式在线创新平台

事实上，对于宝洁来说，从传统意义上的产品“研发”走向借助外部力量的“联发”，正是刚刚卸任的宝洁 CEO 雷富礼试图打破企业围墙的一大尝试，而宝洁也希望能借助互联网凝聚社会的智慧，通过“开放式创新”来打破大公司的创新困境。

2. 宝洁开放式在线创新平台运营情况分析

在“C＋D”理念下，宝洁需要解决的第一个问题是：如何将自己的需求告知散布在世界各地的研发人员？起初，宝洁找到一家类似于创意集市的网站，在上面发布寻找解决办法的信息，之后就可以得到回应。虽然这已经令宝洁获得了许多外部的创新方案，但宝洁同时也发现：这种方法存在一些缺陷。由于只是宝洁单项的、订单式的沟通，外部潜在的合作伙伴如果想跟拥有庞大组织结构的宝洁沟通，通路并不顺畅。例如，外部的研发人员如果拥有一项美白面膜的专利配方，既想让这款面膜投入市场，但又苦于没有资金，并且不愿花太多精力在经营品牌或生意上，那他应该怎么办呢？他又如何跟宝洁沟通呢？

为此，宝洁在 2007 年自己建立了“C＋D”英文网站，这实际上相当于宝洁的创新资产集市。在这里，你可以浏览宝洁的需求及创新成果。若手上的创新成果刚好符合宝洁的需求，便可以根据提示提交方案，并在 8 周内获得回复。在未收到回复前，你可以随时登录系统查询方案审核情况。这种模式推出后，得到了积极响应，网站在上线后一年半，就收到了来自全球各地的 3700 多个创新方案。

然而，这些方案大多来自英语国家。这时，宝洁又发现，语言成为很多创新资产所有者参与“C＋D”的障碍。于是，在 2009 年 3 月 26 日，“C＋D”中文网站正式启动。3 个月后，注册访问量已经超过 2 万，有效的创新方案达到了 129 个，其中不乏有望与宝洁达成合作的创新方案。每一天，宝洁都会对创新方案进行筛选，并在承诺的时间内回复。而对那些满足要求的创新方案，再安排专业人员进行审核，并在遴选通过后与提交者确定合作细节。图 1-6 是开放式在线创新平台需求互动页面。

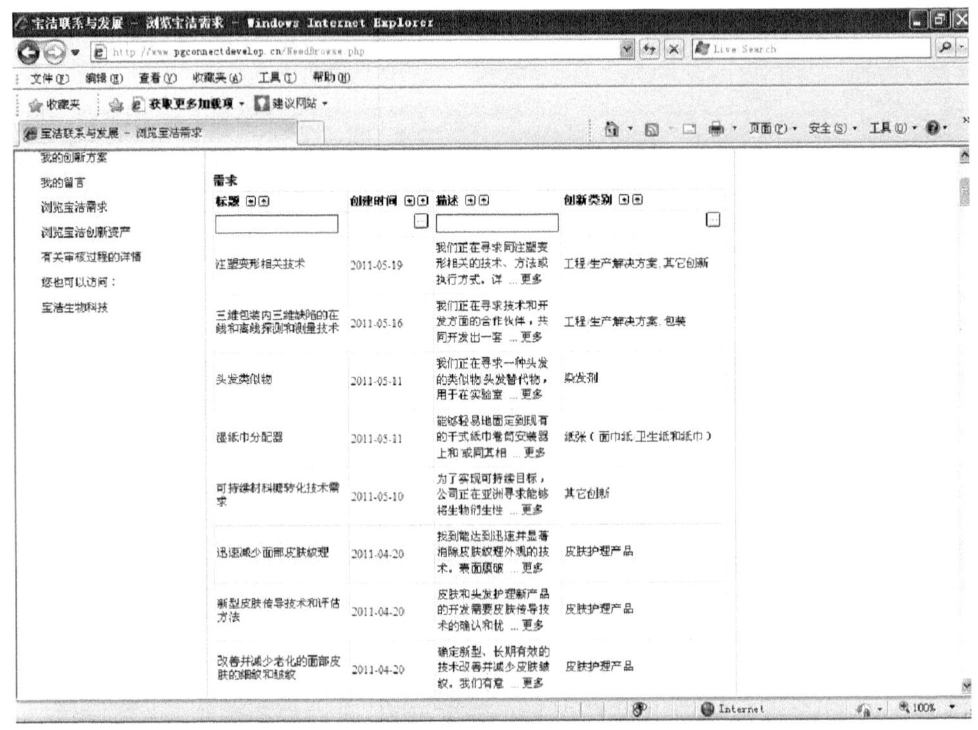

图 1-6 企业开放式在线创新平台需求互动页面

中科院昆明动植物所的刘存宝，就是宝洁这一创新活动的参与者之一。如今，他已养成经常上“C+D”网站的习惯，“看看宝洁又有什么最新需求，有了这个网站，庞大的宝洁变得不再遥不可及，随时随地都可以向宝洁展示自己的才华。”刘存宝表示，他的团队通过仿生学的创新，从两栖类动物中分离了 100 个以上生物多肽，并证实这些生物多肽是再好不过的具有抗微生物和抗氧化功能的天然材料，从而获得了宝洁 2009 年微生物技术创新大赛的金奖。

“开放式在线创新平台”给宝洁带来的利益：2004—2008 年，公司的研发投入不断增加，而这些投入占销售额比例反而从 3.1%降低到 2.6%。

除了征求创新方案外，宝洁也会在这个网站上出售自己的专利，这同样也是雷富礼的创意。雷富礼在 20 世纪 90 年代末宝洁的一次内部调查中发现，公司投入了 15 亿美元研发资金，研制出了约 2.7 万项专利，但其中只有 10%用在了企业的产品上。于是，雷富礼决定把那些宝洁用不到的好点子放到“创意集市”，让它们在合适的地方实现价值，同时也能为宝洁带来可见的获利。“如果你正在寻找获得许可使用宝洁的商标、技术等其他创新资产的机会，登录这个网站，很可能就会找到和宝洁合作的商机，将共同的生意做到世界各地。”

实行开放式创新以来，宝洁的研发生产力提高了近 60%，创新成功率提高两倍多，而创新成本下降了 20%。曾经暮气沉沉的宝洁公司如今成为了全球最具创新能力的企业之一。

我们看到，信息技术与信息系统的发展，正在从技术、管理、组织多个维度创新影响，包括业务流程、产品与服务、商业模式、企业战略等商业方面的创新，表1-2总结分析了部分信息技术与信息系统驱动商业创新的情况。

表1-2　信息系统对企业多维度的创新影响

变　化	企业影响
技术	
云计算平台成为一个主要的创新商业领域	互联网上灵活的计算机群开始代替传统的公司计算机执行任务。软件即服务(SaaS)作为一种互联网服务模式，使大部分商业应用转移到互联网上
大数据	企业需要新的数据管理工具获取、存储和分析海量的数据，并从中洞悉业务规律。这些海量数据来源于网络流量、电子邮件、社会化媒体内容以及机器(传感器)
作为企业系统，移动数字平台开始与PC平台竞争	苹果手机和安卓移动设备能下载海量的应用程序来支持协作、基于本地的服务以及与同事间的沟通。小型的平板电脑如iPad、Google Nexus和Kindle Fire，威胁着传统的笔记本电脑在个人和企业计算中的地位
管理	
管理者采用在线协作技术和社会化网络软件改进协调、协作和知识共享	Google Apps、Google Sites、Microsoft Windows SharePoint Services和IBM Lotus Connections被全球1亿多商务人士用于支持博客、项目管理、在线会议、个人资料、社会化书签和网络社区
商务智能应用加速	更强大的数据分析和交互界面给管理者提供实时的绩效信息，用于提高管理决策水平
虚拟会议猛增	管理者采用电话视频会议和网络会议技术，减少出差时间和成本，并改善合作与决策
组织	
社会化商务	企业利用社会化网络平台(包括Facebook、Twitter和企业内部社交工具)加强与员工、客户和供应商的联系。员工在网络社区上通过博客、wikis、电子邮件和即时消息工具沟通
远程办公普及化	互联网、无线便携机、智能手机和平板电脑使更多的人远离传统的办公室工作。55%的美国企业拥有远程办公软件
共同创造企业价值	企业价值的来源从产品转向解决方案和经验、从内部资源转向供应商网络以及和客户的协作。供应链和产品开发呈现出更多的全球化和协作性特点；客户互动帮助公司定义新产品和服务

2. 信息系统驱动商业创新的框架

随着信息系统与企业结合越来越紧密，一个企业能否可持续地健康发展很大程度上依赖于它的信息系统创新应用。也就是说，信息系统在企业中已经不再扮演辅助的角色，在企业中的战略作用不断增强，很大程度上决定了企业的竞争能力。

信息系统创新应用成为创造企业间战略差异性的催化剂，它创造了过去不存在的可能性和选择机会。那些在其他人之前看到和利用这些可能性的公司能够在市场上实现差异化，进而获得经济回报。例如，美国戴尔(Dell)计算机公司充分利用基于网络的直销战略，在很短的时间就成长为行业的领头羊；世界500强第一的沃尔玛(WalMart)利用基于卫星的信息系统来运营和管理公司分布在全球各地的业务，信息系统有效地支持了沃尔玛的全球化经营战略。同样，国内企业也有许多利用信息技术来获取企业竞争力的例子。招商银行就充分利用网络银行建立了自己与四大国有银行竞争的差异化战略，获得了巨大的成功；阿里巴巴公司利用因特网建立B2B电子商务市场，现已成长为全球最大的B2B电子商务公司。这些实际的例子证明信息系统在现代企业战略中起到越来越重要的作用。

从上面信息系统驱动商业创新案例可以看出，信息系统已经对现代企业驱动着各个层面的创新，企业的生存与发展已经离不开信息系统的创新应用，信息系统使企业能够从运营、产品、商业模式、战略、管理等多个维度来创新，信息系统驱动商业创新可以总结成一个一般的框架，如图1-7所示。

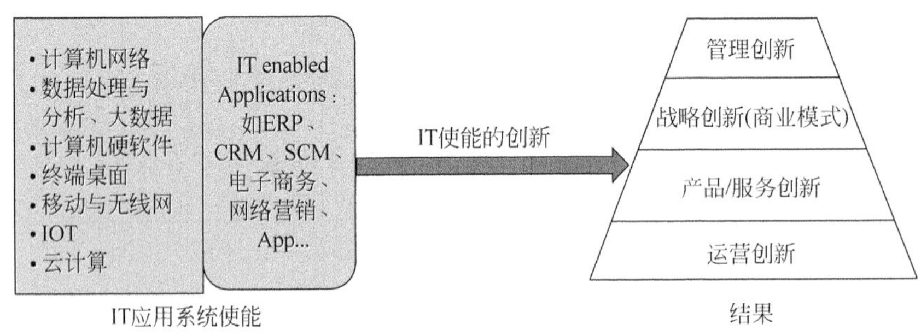

图1-7　信息系统驱动商业创新框架

从上述创新框架可以看出，信息技术与现代企业各种信息系统应用与企业商业各个维度的创新都是紧密相关的。本书后面章节将对这些信息系统驱动商业创新应用展开详细的分析与介绍。

1.3　信息技术与信息系统继续引领未来

信息技术的快速发展与信息系统的广泛应用正深入影响着人类社会的发展。新的技术层出不穷，信息技术与信息系统将继续引领人类的未来。

1.3.1　信息技术引领未来

2013年麦肯锡全球研究所(McKinsey Global Institute)发布研究报告，公布未来12项可能改变生活、企业与全球经济的颠覆性科技(disruptive technologies)，这些技术有望在2025年带来14万亿至33万亿美元的经济效益。研究报告从100种技术中挑选出12项经济效益最高的技术，然后分析这些技术可能的应用方式，以及可创造的价值，并以经济效益排名。报告估计2025年全球经济产出为100万亿美元。这12项技术如图1-8所示。

从麦肯锡公司公布的未来影响人类发展的12项颠覆性技术中可以看到，与信息技术有关的有：移动互联网、知识型工作自动化技术、物联网、云计算技术、3D打印技术、先进机器人，有一半是跟信息技术相关的。因此，信息技术与信息系统应用将在未来继续引领社会经济的发展。

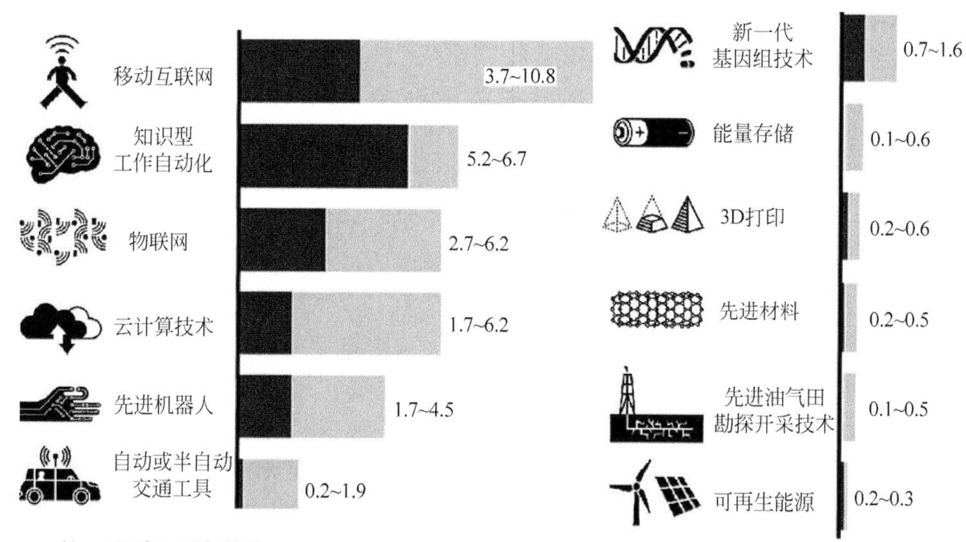

图 1-8　麦肯锡：未来十年 12 项颠覆性技术

1.3.2　从信息技术到数字技术

人类文明经历了从石器时代到信息时代的变迁。随着当今信息的爆发性增长和科学技术的突破，人类文明正从信息时代向数据科技时代飞速变革。与数据技术相关的新兴技术主要是大数据、云计算、人工智能等技术。

1. 大数据技术

大数据(big data)指无法在一定时间范围内用常规软件工具进行捕捉、管理和处理的数据集合，是需要新处理模式才能具有更强的决策力、洞察发现力和流程优化能力的海量、高增长率和多样化的信息资产。

在维克托·迈尔-舍恩伯格及肯尼斯·库克耶编写的《大数据时代》中，大数据指不用随机分析法(抽样调查)这样的捷径，而采用所有数据进行分析处理。大数据的 5V 特点(IBM 提出)：Volume(大量)、Velocity(高速)、Variety(多样)、Value(低价值密度)、Veracity(真实性)。

大数据技术的战略意义不在于掌握庞大的数据信息，而在于对这些含有意义的数据进行专业化处理。换言之，如果把大数据比作一种产业，那么这种产业实现赢利的关键在于提高对数据的“加工能力”，通过“加工”实现数据的“增值”。

从技术上看，大数据与云计算的关系就像一枚硬币的正反面一样密不可分。大数据无法用单台的计算机进行处理，必须采用分布式架构。它的特色在于对海量数据进行分布式数据挖掘。但它必须依托云计算的分布式处理、分布式数据库和云存储、虚拟化技术。

大数据需要特殊的技术，以有效地处理大量的非结构化实时数据。适用于大数据的技术，包括大规模并行处理(MPP)数据库、数据挖掘、分布式文件系统、分布式数据库、云计算平台、互联网和可扩展的存储系统。

2. 云计算技术

云计算(cloud computing)是继个人计算机变革和互联网变革之后的第三次 IT 浪潮，

也是中国战略性新兴产业的重要组成部分。通过整合网络计算、存储、软件内容等资源,云计算可以实现随时获取、按需使用、随时扩展、按使用付费等功能。

云计算是基于互联网的相关服务的增加、使用和交付模式,通常涉及通过互联网来提供动态易扩展且经常是虚拟化的资源。云是网络和互联网的一种比喻说法。过去在图中往往用云来表示电信网,后来也用来表示互联网和底层基础设施的抽象。因此,云计算甚至可以让你体验每秒 10 万亿次的运算能力,拥有这么强大的计算能力可以模拟核爆炸、预测气候变化和市场发展趋势。用户通过电脑、笔记本、手机等方式接入数据中心,按自己的需求进行运算。云计算是将计算分布在大量的分布式计算机上,而非本地计算机或远程服务器中,企业数据中心的运行将与互联网更相似。这使得企业能够将资源切换到需要的应用上,根据需求访问计算机和存储系统。

3. 人工智能技术

人工智能(Artificial Intelligence)是研究、开发用于模拟、延伸和扩展人的智能的理论、方法、技术及应用系统的一门新的技术科学。人工智能是计算机科学的一个分支,它企图了解智能的实质,并生产出一种新的能与人类智能相似的方式做出反应的智能机器,该领域的研究包括机器人、语言识别、图像识别、自然语言处理和专家系统等。人工智能从诞生以来,理论和技术日益成熟,应用领域也不断扩大,可以设想,未来人工智能带来的科技产品,将会是人类智慧的"容器"。

人工智能是研究使计算机来模拟人的某些思维过程和智能行为(如学习、推理、思考、规划等)的学科,主要包括计算机实现智能的原理、制造类似于人脑智能的计算机,使计算机能实现更高层次的应用。人工智能将涉及计算机科学、心理学、哲学和语言学等学科。可以说几乎是自然科学和社会科学的所有学科,其范围已远远超出了计算机科学的范畴,人工智能与思维科学的关系是实践和理论的关系,人工智能是处于思维科学的技术应用层次,是它的一个应用分支。从思维观点看,人工智能不仅限于逻辑思维,也要考虑形象思维、灵感思维这样才能促进人工智能的突破性的发展。数学常被认为是多种学科的基础科学,数学也进入语言、思维领域,人工智能学科也必须借用数学工具。数学不仅在标准逻辑、模糊数学等范围发挥作用,数学进入人工智能学科,它们将互相促进从而更快地发展。

从上可知,信息技术(IT)到数字技术(DT)产生了许多新的应用技术,如何驱动企业在数字化世界进行商业创新是信息系统未来的主要任务。

本章小结

我们已经进入到万物互联的信息时代,现代企业、政府以及学校等组织的有效运营都离不开信息系统的支持。因此,认识与学习信息系统的相关知识对我们每个人都是非常重要的。

本章首先介绍了信息技术、信息系统的基本概念与发展历程,认识到信息系统是一个不断发展的新学科,从技术角度看,信息系统基本功能结构是信息输入、信息存储、信息处理、信息传输和信息输出,这是我们认识信息系统的基础。从商业角度看,信息系统是在企业面临环境挑战时基于信息技术的组织与管理解决方案。从商业视角让我们更为全面地理解信息系统与组织的关系提供了帮助,这也是本书对信息系统的阐释。

创新是人类不断向前发展的唯一途径,信息系统本质就是驱动商业创新。本章归纳分

析了信息系统驱动商业创新的方法与途径，已经通过一个框架很好地解释了信息系统与商业创新的关系。最后，本章分析了未来信息技术与信息系统的发展趋势，从信息技术(IT)到数字技术(DT)是未来信息系统应用基础的一个重要演变。

习题

1. 信息技术是什么？
2. 现代计算机发展经历了哪几个阶段？
3. 如何从技术角度理解信息系统？
4. 如何从商业角度理解信息系统？
5. 信息时代的主要特征是什么？
6. 什么是创新？创新的五种来源有哪些？
7. 信息系统是如何驱动商业创新的？请阐述信息系统驱动商业创新的框架。
8. 信息技术与信息系统是如何从技术、管理、组织变革现代商业的？
9. 如何理解未来十年 12 项颠覆性技术？
10. 信息技术与信息系统未来有哪些发展趋势？

参考文献

[1] 肯尼斯·C. 劳顿(Kenneth C. Laudon). 管理信息系统(原书第 13 版). 黄丽华 等 译. 北京：机械工业出版社，2015.
[2] 詹姆斯·A. 奥布赖恩(James A. O'Brien)，乔治·M. 马拉卡斯. 管理信息系统. 第 15 版. 叶强 等 译. 北京：中国人民大学出版社，2012.
[3] 哈格，卡明斯. 信息时代的管理信息系统(原书第 8 版). 严建援 等 译. 北京：机械工业出版社，2015.
[4] 刘兰娟. 管理信息系统. 上海：上海财经大学出版社，2012.
[5] 熊彼特. 经济发展理论. 北京：中国画报出版社，2012.

第 2 章　从商业视角看信息系统——不只是技术

本章学习目标

- 信息系统是什么？如何描述信息系统？
- 信息系统的学科内涵是什么？
- 信息系统在企业经营管理中的作用是什么？

开 篇 案 例

Cars 公司的 IT 基础设施促进业务快速发展

如果你在网上搜索过汽车信息或购买汽车，那么你可能已经接触过 Cars.com 网站了（见图 2-1）。Cars.com(http://www.cars.com)是一家成立于 1998 年的公司，它是一家备受赞誉的在线购车网站，成为网上购车一族的首选。它拥有比较齐全的价格信息、汽车图片、汽车饰品、图片比照工具以及大量新车和二手车的库存信息，同时可以提供经验丰富的购买者和专家的意见，指导购车者选择自己合适的汽车。购车族可以通过参照它提供的售车信息，进行反复比较，最终买到称心如意的汽车。

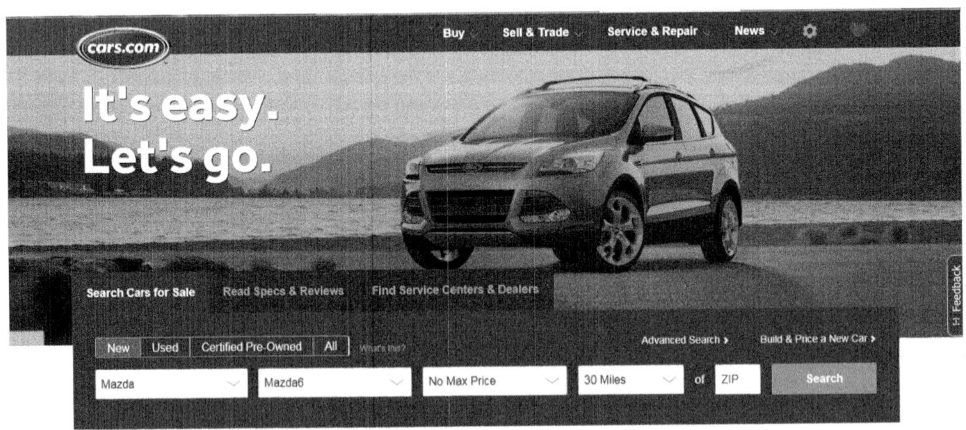

图 2-1　Cars.com 公司的门户网

这样看来，Cars.com公司销售业绩突飞猛进也在情理之中。2008年，Cars.com的销售创下行业最高纪录，汽车交易量位居行业首位。然而，由于它采用的技术都是随机配置的，而且这些技术已经使用了十几年，无法承担过多的任务，因此，信息系统落后使其雄心勃勃的商业策略和扩展需求一度受阻。Cars.com使用的是多个版本的Linux操作系统，甚至包括今天已经不再被支持的AGT Linux版本。同时，日益老化的惠普计算机和装有BEA Java程序的太阳微系统处理器都成为公司发展的瓶颈。公司的技术部总监曼尼·蒙迪拉诺(Manny Montejano)称，"我们不仅从多个卖家那里购买了各种技术，而且还买了其软件程序的多个版本。"结果，Cars.com的信息系统部门在整个公司遗留系统和程序上花费了大量时间，而并没有去开发业务发展亟须的新程序。

Cars.com的管理层与Perficient信息技术顾问部门联手合作，决定更新公司的整个信息技术基础设施，以更好地实现未来的业务目标。Cars.com的这个项目于2007年1月开始着手实施，以IBM平台和SOA(面向服务的体系架构)为标准建设公司的信息技术基础设施；IBM Websphere应用程序可在4个IBM Power系列的服务器上运行，同时采用IBM版UNIX操作系统，其中IBM Power系列服务器使用的是AIX版的P5芯片套装。由于IBM服务器具有功耗低、冷却快和对空间要求不高的特点，Cars.com极大地降低了建造数据中心的成本。

Cars.com服务器使用的应用程序是使用Java程序编写。IBM的信息服务器将商家和用户的数据进行汇总，与公司的应用程序整合在一起。Cars.com的存储目录中有几百万条售车信息，客户可按照条件进行精确搜索。IBM的推理软件可以帮助Cars.com的程序设计员快速编写、升级和测试Java应用程序，在SOA操作环境下，公司利用即插即用技术可以更快地建立和开发新的应用程序与服务项目。

如今，Cars.com在新信息技术基础设施上的投资已经得到了丰厚的回报，公司的系统更新能力得到加强，信息系统部门承担业务项目增多。例如，新的基础设施使公司有能力加入到美国橄榄球超级碗大赛的商业广告行列中，因为它现在使用的操作系统能够处理比赛中插播2个30秒广告的点击高峰。新的基础设施还使Cars.com成为雅虎汽车频道上二手车清单和私人卖家列表服务的独家供应商。仅2007年一年，它的零售业务量就增加了40%。另外，它每个月都要处理270万辆的库存汽车，接待数以百万的网络访客，还要和各种各样的经销商打交道，这一切都表明，新的信息技术基础设施在公司业务发展中发挥着十分重要的作用。

Cars.com在网络零售业务上有着令人羡慕的业绩，可惜的是技术过时，甚至难以更新升级，使公司的远期发展目标和日常运作无法顺利进行。管理层认为最好的解决方案就是使用新的计算机硬件和软件技术代替过时的计算机基础设施，并且最好使用统一的IBM技术标准。

Cars.com公司商业模式的基础是它的技术支撑。它的技术基础提供了搜索和比较的功能、估价工具、行业专家咨询服务、车辆和中介的评价信息、中介联系信息和地址，还包括汽车的库存信息和汽车本相关的信息。Cars.com的首要目标是追求用户的完美的体验，而这其中Cars.com公司的应用系统管理团队负责管控这个分布式的技术体系，一部分人员负责关于应用程序数据的收集、监控和分析。他们负责根据需要从实际环境中收集收据，并把这些数据从生产环境中抽取出来，存储在测试环境中进行分析，从而为公司的业务发展提供支持。

通过上面的案例,我们知道硬件和软件投资在提高企业效益方面所发挥的重要作用,但是,信息系统是否就仅仅理解为计算机呢？或者,信息系统是否就仅仅理解为信息技术(IT)呢？

在上面的案例中,我们讨论了 Cars.com 公司应用信息系统应对所面临的商业挑战,甚至是创新了做生意的方式,对整个汽车销售行业都产生了深刻的影响。在这样的过程中,不但有具体的技术应用,而且也涉及了人员的配置、新的工作流程设置,甚至是企业战略的变革,因此信息系统不只是技术,还涉及了其他的众多方面。以下将从信息系统的结构、内涵和作用的角度,加深对信息系统的认识。

2.1 解读信息系统结构

关于信息系统这一概念的探讨一直没有结束过,而且随着社会进步和技术发展,信息系统的概念得到了不断深化。本节将从信息系统内涵的角度阐述信息系统的概念。

2.1.1 信息系统的定义及信息的特征

信息系统的内涵非常丰富,并且与信息的概念有着密切的联系,以下将对信息系统及信息的特征做详细阐释。

1. 信息系统的定义

在此之前的章节中,我们已经使用过信息系统和信息技术这两个术语,但是并没有给出明确的定义。信息技术(Information Technology,IT)包括企业用于实现业务目标的所有硬件和软件,不仅包括计算机、存储设备和手持移动设备,还包括软件、办公系统以及大公司常用的众多计算机程序,相对而言,信息系统的概念比较复杂,需要从技术、组织和管理的视角来理解。

信息系统(information systems)从技术角度是指由若干相互连接的部件组成的,收集(或检索)、处理、存储和发布组织的信息的系统,用于支持组织制定决策协调和管理控制。除了决策支持、协调和控制外,信息系统还可以协助管理者和员工分析问题、进行复杂对象的可视化和创造新产品。

信息系统包含组织内或组织所处环境的重要人员、地点和事件的信息。信息(Information)是指被转化为对人有意义和有用的数据,是包含上下文语境的数据；相对而言,数据(Data)则是指尚未被整理成被人们理解和使用的形式之前的表示,是指发生于组织或组织所处环境中的原始事实的符号串；知识(Knowledge)是对情境的理解、意识、认知、识别,以及对其复杂性的把握。知识是基于某一角度的信息整合形成的一种观点,这种观点是基于对模式(例如,由其他信息和经验形成的趋势)的承认和解释。知识的获取涉及许多复杂的过程：感知、交流、分析、推理等,它可能是关于理论的,也可能是关于实践的。知识是构成人类智慧的最根本因素。

举一个简单的例子区分信息、数据、知识。超市收银台扫描产品的条形码获得了一条购买数据——一瓶 15 元的酸奶,瓶上标明了酸奶的价格、容量、成分和保质期等。单拿“15”来说,它是一个数值型数据,因为没有上下文语境,所以没有任何意义,但加上“一瓶酸奶的价格”这个上下文后,“15”就变成这瓶酸奶的价格,它就成为一个有意义的信息。接下来,我们发现酸奶的成分中标有双歧杆菌,同时知道它是肠道有益菌,这两个信息经过分析处理就得

到一个知识——“常吃酸奶有益于肠道健康”。

数据、信息和知识的关系就蕴含在上面的概念表述中，总结如下：信息是一种特殊类型的数据，数据是信息的基本构成元素；知识是一种特殊类型的信息，信息是知识的基本构成元素；信息和知识本质上都是数据，数据是信息和知识的基本构成元素和基础，数据、信息和知识的区别如图 2-2 所示。

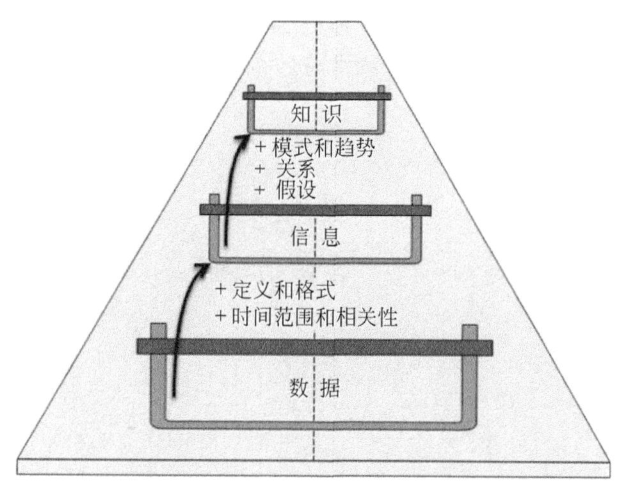

图 2-2　数据、信息和知识的区别

商务智能(Business intelligence，BI)是一种知识聚合——有关你的客户、竞争对手、商业合作伙伴、竞争环境以及内部运作的知识——它使你有能力做出有效的、重大的、通常是战略上的商业决策。

2. 信息的特征

智能和知识的质量是很关键的因素。不同内容范畴中知识资产的质量意义不一样。以下讨论信息的一些其他特征。这些特征对于信息质量而言非常重要。

时效性——信息的时间维度包括如下两个方面：

(1) 需要时能否及时获得信息。例如你正准备进行一场股票交易，你需要获得即时的股票价格信息。

(2) 是否是你需要的时期或者时间段的信息。今天某一时点的销售量是否是你需要的，对于一些重要的决定，你更需要其他相关信息——昨天的销售额、最近几周的销售额、上周同一天的销售额、去年同一天的销售额等。

空间性——如果需要时不能获得信息，那么它对你没有任何价值。理想状态下，信息发生时你所处的地点并不重要。IT 技术可以帮你获取信息资源，而无须受到地理位置的限制，例如远程办公、虚拟工作室、移动电话会议等，这样你就能够在任何地方即时获取所需要的信息。

形式性——信息的形式包括如下两个方面：

(1) 信息是否以最合适的形式展现，如声音、文本、录像、仿真、图像或者其他。不同情况下，信息质量的高低取决于信息的格式和你能够方便地使用它。

(2) 信息是否准确。把信息看作一个实物产品。如果是一个次品，它的质量就低，因为你根本不能用，信息也一样。这就是无用输入/无用输出(Garbage-In Garbage-Out，

GIGO)。如果在你决策时获取的信息是错误的形式,那你更可能做出一个糟糕的决定。

有效性——有效性与信息形式性的第二个方面非常相似。有效性强调信息的可靠性。信息遍布于因特网上,但它来自于一个可靠的信息源么?网络上的信息太多没有经过质量控制或者是有效性确认就处理了,因此你有必要质疑它的有效性。

3. 组织内部信息的流动

在组织内部,必须重视信息,视其为一种资源或者资产。信息必须是可组织的、可管理的、可有效传播的。在组织内部,信息一般沿着四个方向流动,如图 2-3 所示。

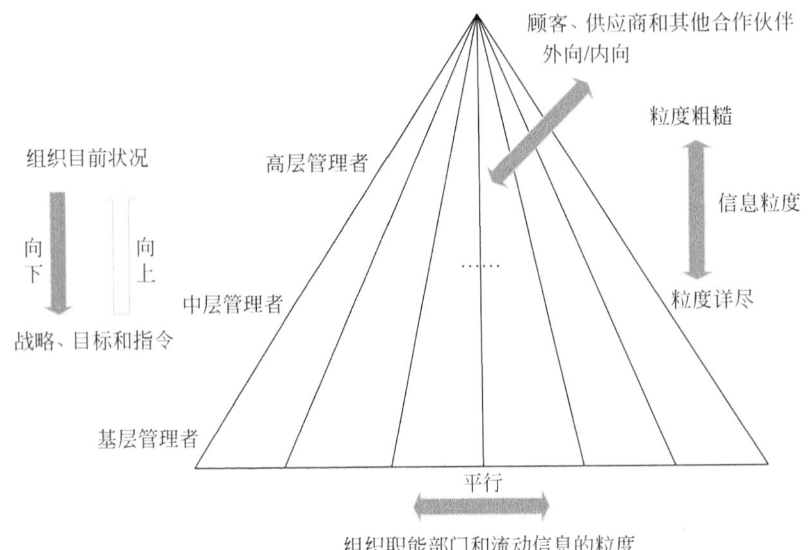

图 2-3　组织的信息流动和流动信息的粒度

向上流动(upward):信息向上流动(或者说是向上流动的信息)描述了基于日常事务处理的组织的当前状态。例如,当一项销售活动发生时,信息来源于组织最基层,然后,通过各个不同管理层次向上流动。信息传递过程中表现出信息粒度逐渐凝练。信息粒度(information granularity)是指信息详尽性的程度范围。在组织最底层信息表现为细粒度,因为员工需要详细具体的信息才能开展工作,而在组织较高层,信息以某种方式逐渐变得更凝练和概括。例如战略制定者仅需要年销售额数据而不是每一笔销售的详细信息。

向下流动(downward):源自较高管理层的战略、目标和指令等信息向较低层次的流动。组织的上层制定组织发展战略;中层根据战略制定运行策略;较低层负责具体运作信息处理。

平行流动(horizontal):信息平行流动是基于各个职能业务部门和工作小组之间进行的。信息平行流动的目的就是消除"右手不知道左手在干什么"的尴尬情况。组织中各部门间相互了解彼此相关的部门的工作运营情况。一般地,公司的每个人需要知道与其工作相关的所有信息(私人、私密的信息除外)。

向外/向内流动(outward/inward):向外/向内流动的信息包括与顾客、供应商、经销商和其他商业伙伴交流的信息。这些信息才是电子商务的关键。当今,所有组织都不是孤立的,信息顺畅地向内/向外流动可以创造竞争优势。

信息的另一个组织维度是描述信息的内容。信息描述可能是内部的或是外部的,客观

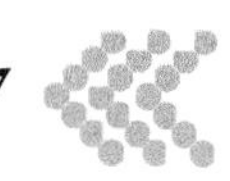

的或是主观的，也可能是兼而有之的。内部信息主要描述组织内特定业务的内容，外部信息主要是描述了组织所处的环境，客观信息定量描述了那些已知的事物，主观信息则是试图描述还不为人知的事物。设想一家银行正面临着对购房贷款采取哪种利率的决定。它将应用内部信息（多少顾客有能力购买房产）、外部信息（其他银行的利率是多少）、客观信息（当前基准利率是多少）、主观信息（未来基准利率会怎样变化）。其他银行提供的利率不仅是一种外部信息（它描述了组织所处的外部环境），而且还是客观信息（已被人所知的信息）。信息通常会包含多个维度。

当今是信息经济时代，数据已成为一个企业的宝贵资产。如果一个企业没有高质量的数据，并且不能理解管理数据和信息如同管理有形资产一样极其重要，那么它就很难做出正确、及时和有前瞻性的决策，效率和效益更无从谈起，其市场竞争力也必将受到严重削弱。

2.1.2 信息系统的结构

信息系统结构是组成信息系统的各个部分及其相互关系，由于可以从不同的角度理解信息系统的组成，因此形成了多种不同的理解。下面主要从组成、功能和职能的角度来理解信息系统的结构。

1. 信息系统的组成结构

从实物组成的角度，信息系统主要依靠人（终端用户和信息系统专家）、硬件、软件、网络、数据对数据进行输入、处理、传输和输出，如图 2-4 所示。

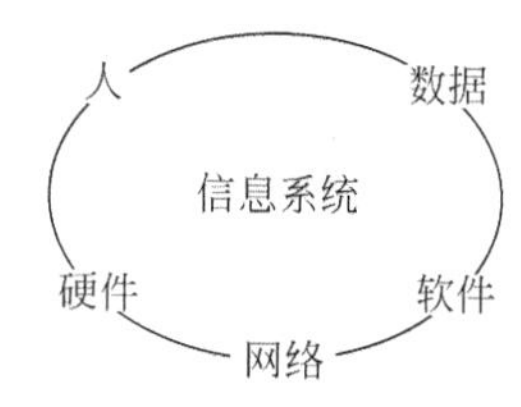

图 2-4 信息系统的组成结构

1）人

所有信息系统的运行都需要人，人包括终端用户和信息系统专家。

终端用户：是指使用信息系统所提供的信息的人，这些人包括客户、销售代表、工程师、店员、会计或经理。我们中间大部分人都是信息系统的终端用户，而且企业中大部分终端用户都是知识员工。也就是说，人们用大部分时间在团队里和团队间进行沟通与协作，并创造、使用和传播信息。

信息系统专家：是开发与操作信息系统的人，包括系统分析师、软件开发人员、系统操作人员以及其他从事管理、技术和秘书类工作的信息系统职员。简言之，系统分析师在终端用户的信息要求基础上设计信息系统，软件开发人员根据分析师的具体要求编写计算机程序，系统操作人员帮助监控并操作大型计算机系统和网络。

2）硬件

硬件包括所有物理设备和处理信息时所使用的材料，具体包括机器、所有的数据存储介质，例如磁盘、光盘等。基于计算机的信息系统硬件有计算机系统和计算机外设，例如鼠标、键盘、显示器、打印机等。

3）软件

软件是包括一系列信息处理的指令。这类软件不仅包括一系列操作指令，即指导和控制计算机硬件的程序，而且包括称为步骤的一系列信息处理指令。软件包括系统软件(system software)和应用软件(application software)。系统软件包括操作系统程序，控制和支持计算机系统的运行；应用软件是为满足终端用户特殊需求的计算机程序，如销售分析程序、工资管理程序和文字处理程序等。

4）数据

数据则是指存储在计算机存储设备上的各类数据。数据可以有多种表现形式，包括传统的文字数据、由数字和字母及其他描述商业交易与实践的字符组成的数据等。文本数据包括书面沟通的句子和段落，图像数据包括图片、表格以及照片和视频，音频数据包括各种各样的声音。这些都是数据的重要表现形式。

5）网络

通信网络是由计算机、通信处理器和其他通过通信媒介互相连接的、由通信软件控制的设备组成。网络强调通信技术和网络是信息系统基本的组成部分。网络包括通信媒介和网络结构。通信媒介如双绞线、同轴电缆、光缆以及微波、蜂窝技术和卫星通信技术；网络结构强调支持通信网络的运行和使用所需要的硬件、软件以及数据技术，如调制解调器、网络操作系统和互联网浏览器等通信控制软件。

在信息系统的组成结构中，对人的重视体现了我们对信息系统概念的认识不断深入的过程。1985 年，信息系统的创始人之一，明尼苏达大学卡尔森管理学院的著名教授高登·戴维斯(Gondon B. Davis)对信息系统给出了一个比较完整的定义，认为信息系统“是一个利用计算机硬件、软件、数据库，以及手工作业，分析、计划、控制和辅助决策模型的人-机系统。它能提供信息，支持企业或组织的运行、管理和决策功能”。

2. 信息系统的功能结构

在信息系统的三类活动分别是输入、处理和输出。组织可以利用这些信息来制定决策、控制运营活动、分析问题和创造新产品和服务。**输入**(input)是指获取或收集组织内外的原始数据；**处理**(processing)是指把原始输入数据转变成有意义的表达方式；**输出**(output)是指将处理后的信息传递给需要使用的人或者活动。信息系统还需要**反馈**(feed-back)和控制(control)，是指信息输出返回给组织中合适的人员，或帮助他们评估或校正输入，从而实现系统控制，如图 2-5 所示。

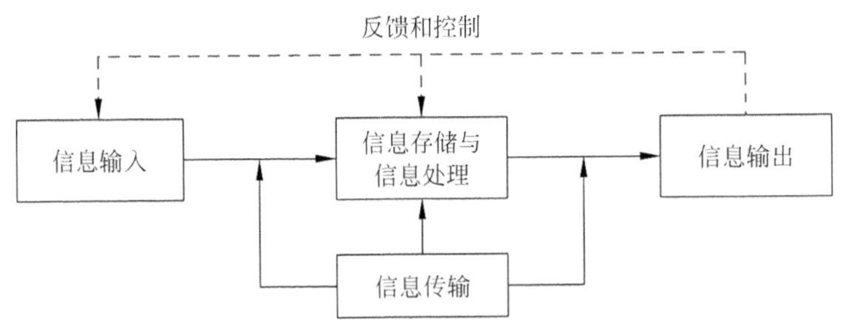

图 2-5　信息系统的功能结构

3. 信息系统的业务职能结构

18 世纪，英国古典经济学家亚当·斯密(Adam Smith，1723—1790)说明了劳动分工和协作有助于提高每个专业工作人员的灵巧程度，从而能够提供劳动效率。以此为基础，开启了现代组织结构研究的先河。组织需要设置部门构成、基本的岗位职责、权责关系、业务流程等，从而延伸出组织的众多职能部门，例如市场部门、财务部门、人力资源部门等。

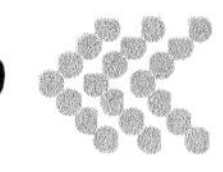

从信息用户的角度来看，信息系统应该支持整个组织在不同层次上的各种功能。各种功能之间又有各种信息联系，构成一个有机的整体及系统的业务功能结构，如图 2-6 所示。企业的信息系统可划分为多个子系统，除了完成各自的特定功能外，这些子系统又有着大量的信息交换关系，其子系统之间的主要数据交换关系构成子系统之间的信息流，使得企业中的各类信息得到充分共享，从而为企业的生产活动和管理、决策活动提供支持。

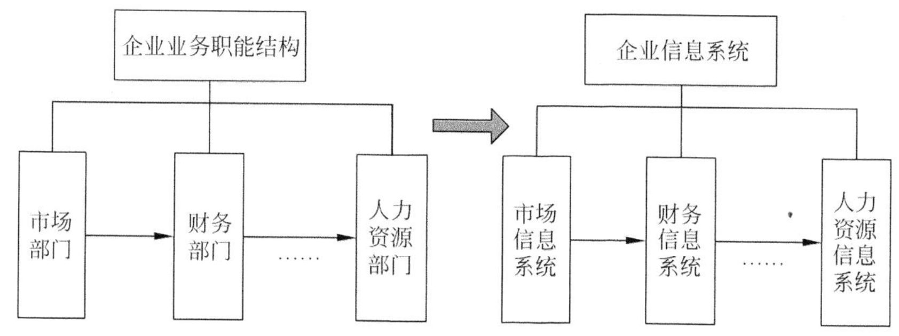

图 2-6 信息系统的业务职能结构

通过信息系统的功能结构，可以知道，信息系统的实现不是一朝一夕的事情，必须经过长期的努力才能得以实现。因此，在信息系统的建设过程中必须首先进行总体规划，划分出子系统，规划出各子系统的功能及其相互之间的联系，然后逐步实现，其中特别要重视子系统之间的联系。只有这样才能实现信息的共享，发挥信息资源的重要作用。

4. 信息系统的金字塔结构

由于一般的管理组织组织结构是分层次的，比较典型的分为战略计划、管理控制、运行控制三层，服务它们的信息处理与决策支持也相应分为三层，并且还有最基本的业务处理（打字、算账、制表等）。这样信息系统也就可以分为销售与市场、生产、财务与会计、人事及其他等。一般来说，不同层级的信息系统在数据处理量、数据的抽象程度等方面都存在差别。信息系统的结构又可以用子系统及它们之间的联接来描述，所以又有信息系统的纵向综合、横向综合以及纵横综合的概念，如图 2-7 所示。

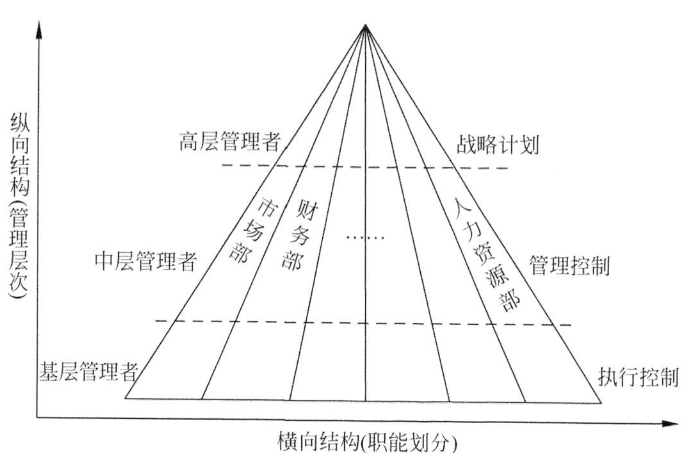

图 2-7 信息系统的金字塔结构

2.1.3 现代企业中常用的信息系统

组织是信息系统的建设者和应用的载体。如今，信息系统已经在各种类型的组织中得到广泛的应用，包括学校、政府和企业组织。特别是在现代企业中，各种各样的信息系统用于企业的方方面面。为了更好地认识和理解信息系统在企业运营管理中所起的作用，一般会把信息系统进行分类。本节就来考察现代企业中有哪些常用的信息系统。

对企业组织中的信息系统进行分类，可以使用不同方法。一种分类方法是根据信息系统所服务的企业职能进行划分，信息系统可以分为会计信息系统、财务信息系统、市场信息系统、生产和研发信息系统、人力资源信息系统等。另一种分类方法是根据信息系统提供的功能与服务组织的层次进行划分，可以把信息系统划分为事务处理系统、办公自动化系统、信息系统、决策支持和经理信息系统等。

随着信息系统的集成化与模块化，当前企业中最常见的分类方法是根据信息系统在企业价值链中应用对象来划分，价值链一般分为上游、中游、下游。对企业来说，上游是供应商或商业伙伴；中游是企业本身；下游是顾客或分销商。他们所对应的企业信息系统就是供应链管理系统(Supply Chain Management Systems，SCM)、企业资源计划系统(Enterprise Resource Planning Systems，ERP)和客户关系管理系统(Customer Relationship Management Systems，CRM)。

图 2-8 显示了现代企业信息系统架构模型。

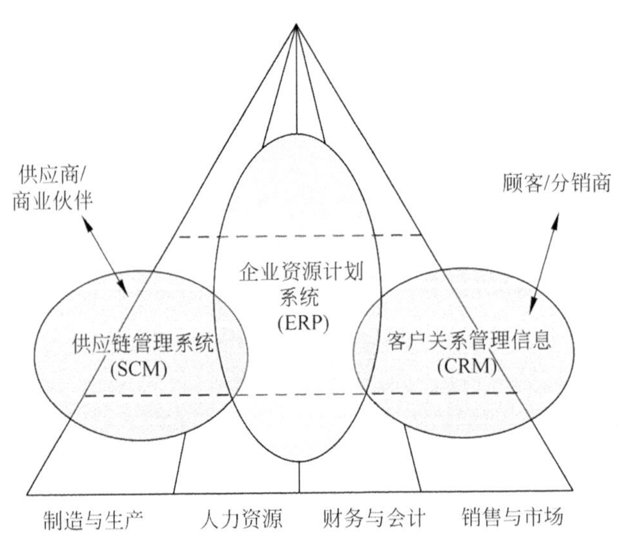

图 2-8 现代企业信息系统架构模型

企业资源计划系统(ERP)、供应链管理系统(SCM)和客户关系管理系统(CRM)已成为现代企业最重要和应用最广泛的三大信息系统。

企业资源计划系统(ERP)是由一套集成的软件模块和一个中央数据库组成，也被称为企业系统，主要是为了支持企业经营中最主要的业务处理过程而建立的。

企业资源计划支持的主要业务流程如表 2-1 所示。

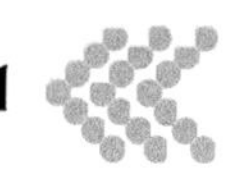

表 2-1 企业资源计划支持的主要业务流程

主要流程	具体功能
财务与会计流程	包括总账、应付账款、应收账款、固定资产、现金管理和预测、产品成本会计、成本中心会计、资产会计、税收会计、信用管理和财务报表
人力资源流程	包括人事管理、工时管理、工资、人员规划与发展、福利管理、应聘跟踪、时间管理、薪酬管理、人力规划、绩效管理、差旅花费报告
制造与生产流程	包括采购、库存管理、采购管理、生产计划、生产调度、材料需求计划、质量控制、分配、运输执行、工厂和设备维护
销售和市场流程	包括订单处理、股价、合同、产品配置、定价、账单、信用审查、激励和委托管理、销售计划

供应链是由组织业务流程组成的网络，包括原材料供应商、原材料向半成品和成品转换、成品分销至客户的过程，它联结供应商、制造厂、分销中心、零售店和客户，涵盖从源头到最终消费者的产品供应和服务全过程。供应链中的物流、信息流和资金流都是双向的。供应链软件可以分为供应链规划系统和供应链执行系统。供应链规划系统模拟公司目前的供应链，生产产品的需求预测、制订最佳的采购和生产计划；供应链执行系统负责管理分销中心和仓库的物流，保证以最高效的方式将产品送到正确的地点。

客户关系管理系统从公司各处收集和集成客户的数据，整合数据，分析数据，并将结果传递到企业各个系统以及与客户有接触的地方。在接触点设置与客户交互的一种方式，如电话、电子邮件、顾客服务平台、传统信件、社交网络、微博、移动设备和零售商店等。设计良好的 CRM 系统能为公司提供统一、完整的客户信息，这对改进销售和客户服务两个方面都有作用。

2.2 解剖信息系统内涵

信息系统不只是技术，它的应用与其所处的环境密切相关，并且是融为一体的。为了全面理解信息系统，我们有必要更广泛地理解信息系统的组织、管理和信息技术维度，及其他解决商业环境中的调整和问题的能力，如图 2-9 所示。除了从系统的技术维度理解信息系统以外，还要从系统的管理和组织维度来理解信息系统，我们把这种理解看作是信息系统文化（information systems literacy），比较而言，计算机文化（computer literacy）主要是关注信息技术和相关知识。

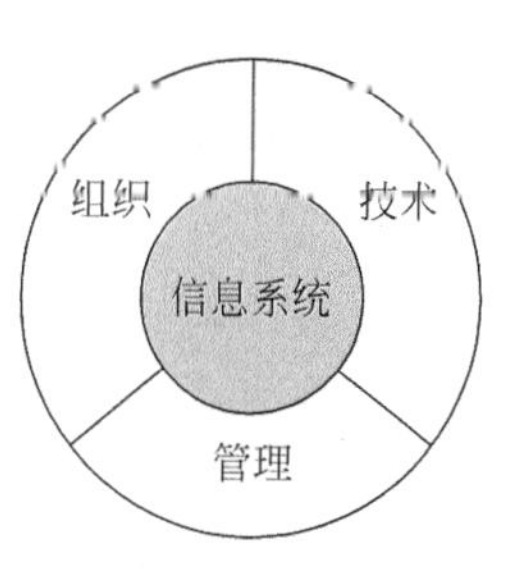

图 2-9 信息系统的内涵

2.2.1 信息系统的应用内涵

信息系统（Information Systems，IS）领域正在努力践行更广泛的信息系统文化。IS 在解决信息系统开发有关的问题以外，还要处理功能内部管理和员工使用信息系统的问题，以及信息系统应用带来的影响问题。让我们来仔细分析信息系统的每个维度——组织、管理和信息技术，以更加深入地理解信息系统。

1. 组织

信息系统是组织整体的一部分。事实上对某些公司而言，如信用报告服务公司，没有信息系统就没有业务。组织的核心要素是人员、组织结构、业务流程、规章制度和企业文化。

组织是有结构的，有不同层次和专业任务组织，体现了清晰的劳动分工部门。商业企业中的权利和责任按照层级或金字塔结构来配置，上层由管理人员、专业人员和技术人员组成，而下层由操作人员组成。

高层管理(senior management)不但要确保公司的财务绩效，而且要制定关于企业产品、服务的长期战略决策。中层管理(middle management)执行高层管理者制定的项目和计划，操作层管理(operational management)负责监控业务的日常活动；诸如工程师、科学家或者技术架构师等知识工作者(knowledge worker)设计产品或服务，为企业创造新的知识，而诸如秘书或者文员等业务辅助工作者(business assistant worker)辅助完成所有层级的日程安排和沟通工作，生产和服务工人(production or service worker)则真正生产产品或提供服务。

企业不同的业务职能部门聘用和培训了很多专家。企业主要的业务职能部门(business function)包括销售和市场营销部、制造和生产部、财务和会计部、人力资源部。主要业务职能部门如表 2-2 所示。

表 2-2　企业的主要业务职能

业务职能	目　标
销售和营销	销售产品和服务
制造和生产	生产和配送产品和服务
财务和会计	管理财务资产和保持财务记录
人力资源	吸引、开发和维护组织劳动力、保存雇员记录

组织通过其管理层级和业务流程来协调工作，业务流程是指为完成工作而进行的一系列逻辑相关的任务和行为的集合。例如，开发新产品、履行订单或者聘用新员工均是业务流程的例子。

绝大多数组织的业务流程包括长期工作积累而形成的用于完成任务的一些正式的规则，这些规则包含一系列的各种各样的操作程序，用于指导员工处理各种任务，例如从开发票到响应顾客投诉。其中，有一些业务流程被正规地写下来，也有一些业务流程则是非正式的工作经验。例如，作为一项要求给合作者或顾客回电，这些就没有正式的文件规定。信息系统使得许多业务流程自动化，例如，客户如何授信，如何付款，通常由信息系统来完成，其中包含了一系列正式的业务流程。

每个组织都有被其绝大多数员工所接受的独特的企业文化(Culture)，即企业的假设、价值观和做事方式的基本集合。你可以观察你周围的大学或学院，你就能够感受到组织文化所起到的作用。大学校园里最基本的假设是教授要比学生知道的多，这个假设是学生读大学、按照规范的课程计划上课的理由。

组织中不同层次和专业具有不同的利益和观点，这些不同的观点通常使公司在关于公司如何运作、如何配置资源和如何分配奖励等方面产生冲突。冲突是组织政治的基础。这些不同的观点、冲突、妥协和共识是所有组织天生的组成部分，信息系统就诞生于这些不同观点、冲突、妥协和共识交织而成的旋涡中。

2. 管理

管理岗位的工作在于分析理解组织所面临的各种情景、做出决策并制定行动方案去解

决问题。管理者要洞察环境所带来的商业挑战，制定组织战略以应对这些挑战，分配人力资源和财务资源去协调工作，并争取获得成功。管理者从始至终必须行使负责人的领导力。本书所描述的企业信息系统反映了实际工作中管理者的希望、梦想和面对的现实。

然而，管理者还必须比管理现有事务做更多的事情。他们也应该创造新产品和服务，甚至还要时不时地再造组织。管理的很大一部分责任在于对新知识和信息驱动的创造性工作。在帮助管理者设计新产品和服务、提供新产品和服务、对组织的再定位和再设计方面，信息技术可以发挥强有力的作用。

3. 信息技术

信息技术是管理者应对变化的众多工具之一。计算机硬件(computer hardware)是指在信息系统中输入、处理和输出的物理设备，包括各种尺寸和外形的计算机(包括移动手持终端)，各类输入、输出和存储设备，以及连接计算机的通信设备。

计算机软件(computer software)是指在信息系统中控制和协调计算机硬件设备的一系列精细复杂的预先编写的指令。

数据管理技术(data management technology)由物理设备和软件组成，连接各类硬件，把数据从一个物理地点传输到另一个地点。许多计算机和通信设备能连接成网络来共享数据、音频和视频影像。网络(network)连接两台或多台计算机以共享数据或者诸如打印机这样的资源。

世界上最大和最广泛使用的网络是互联网(internet)。互联网是全球范围内的“网中网”，通过采用统一的标准把数以百万计的不同网络和全世界超过 230 个国家的近 23 亿用户连接起来。

互联网创造了一个全新的“统一”技术平台，基于这个平台可创建新产品、新服务、新战略和商业模式。同样的技术平台可在企业内部使用，把公司内部不同的系统和网络连接起来。基于互联网的企业内部网络称为内联网(intranet)，企业内联网延伸到组织外部授权用户的专用网络被称为外联网(extranet)，公司利用外联网可以来协调与其他公司之间的业务活动，如采购、协同设计和其他的跨组织的业务工作。对当今绝大多数企业而言，使用互联网技术既是企业所必需，又是一种竞争优势。

万维网(world wide web)是基于互联网的一项服务业务，使用公认的存储、检索、格式化，以及以网页的方式现实互联网信息的标准。网页包括文字、图形、动画、声音、视频，并和其他网页相连接。通过点击网页上高亮显示的文字或按钮，可以链接到相关的网页查找信息，可以链接到网页上的其他网址。网站可以作为新型信息系统的基础。

所有这些技术，连同那些运行和管理它们的员工，代表了整个组织能共享的资源，组成了企业的信息技术基础设施(information technology infrastructure)。IT 基础设施为企业提供了基础和平台，使企业能基于其建立自己的信息系统。每个组织必须认真地设计和管理它的 IT 基础设施，以保证满足公司利用信息系统来完成工作所需要的技术服务。

案例：缩短迪士尼世界排队时间——信息系统来拯救

一提到迪士尼，马上会使每一个小朋友都兴奋不已。迪士尼在世界各地的游乐园，都成为当前旅游的热门景点，但是如果告诉你在如此热门的地方，一个游乐设施可能需要排队的时间长达 240 分钟，你的心情是否变得抑郁了？

2015 年 5 月，位于上海浦东陆家嘴核心区的上海迪士尼旗舰店开业，这家号称全球最大的迪士尼旗舰店开业伊始，就吸引了逾千名粉丝前来排队，排队长龙蜿蜒近2公里，风头盖过对面的东方明珠。由于排队人数实在太多，仅仅开门26分钟之后，店方就宣布“排队结束”，让顾客择日再来。这种情况在迪士尼世界各地的游乐园区，更是司空见惯。

当你来到奥兰多的迪士尼世界主题乐园，相信你不会愿意排队等候。近几年，由于过长的排队等待时间和拥挤的餐厅及道路，每个游客在“神奇王国”能玩的平均项目只有9个。迪士尼管理层对这种排队现象深感不满，因此着手利用信息技术来改善。

迪士尼每年有超过3000万的游客，多数游客在家庭休假高峰期间如圣诞节、感恩节和暑假来到迪士尼。乐园的管理人员真心希望游客游玩快乐，同时，为了增加收入，乐园须想办法让游客有更多的消费。此外，迪士尼如果能增加餐厅或商店容纳的平均游客数量，也会增加人均消费。

迪士尼运营指挥中心位于灰姑娘城堡下面，采用摄像机、公园数字地图和其他工具来监视现场拥堵情况，并及时形成解决拥堵的对策。该中心信息系统通过分析航空订票情况、宾馆预订和历史游客数据来设定每条游乐项目排队通道的人流量，此外卫星提供及时的气象分析报告。工作人员监视平板电视屏幕，上面显示的红色、黄色和绿色分别代表游乐项目的不同吸引力。例如，当监视器显示的加勒比海盗游乐项目的排队通道由绿色变成黄色时，运营指挥中心员工可以提醒现场管理人员多放些游船，或现场管理人员可以选择派出杰克船长或高飞表演，逗正在排队的游客开心。又如在飞越太空山游乐项目现场，视频游戏站也让正在排队的游客愉快地打发时间。如果当幻想世界游乐项目拥挤不堪而附近的明日世界游乐项目人流量较少时，运营指挥中心可派出所谓“移动！摇动！庆祝！”的小型游行队伍，以吸引游客按设定路线跟随进入不太拥挤的游乐项目所在区域。此外，指挥中心员工还监视餐厅是否要增加收银机，或者需要更多的接待人员给正在排队点餐的游客递菜单。总之，运营指挥中心通过使用信息技术改善了游客拥挤问题，把迪士尼世界乐园游客平均每天玩的游乐项目增加至10个。

乐园开始利用被称为“移动梦幻”的移动App用于更有效地引导游客，包括显示游乐设施的等候时间和如何找到迪士尼卡通人物，还显示达到游乐点的路线。

思考：

1. 信息系统在哪些方面帮助迪士尼改善了运营？

2. 迪士尼信息系统中用到了哪些信息技术？公司在组织、管理方面需要有哪些变革措施？

3. 请结合迪士尼的案例，阐释你对信息系统的内涵的认识。

2.2.2 企业中的信息系统管理部门

企业的运营离不开各种各样的信息系统，但是这些信息系统由谁负责操作？又由谁负责系统中硬件、软件及其他技术的正常运行和及时更新呢？终端用户从业务的角度管理系统，但是管理这些技术还需要专门的信息系统管理部门。

除了那些规模极小的企业，一般的企业都设有正式的信息系统部门（information systems department），负责提供信息技术方面的服务。信息系统部门也负责企业信息技术基础设施的维护，包括硬件、软件、数据存储器和网络等设施。

1. 信息系统部门

信息系统部门中有各类专门人才，如程序员、系统分析员、项目主管和信息系统主管等。**程序员**(programmer)是接受过专门训练的技术人员，负责为计算机软件编写指令。**系统分析员**(systems analyst)主要负责信息系统与企业其他部门之间的沟通与交流。他们所做的系统分析工作是将企业实践运行中的问题与需求翻译成信息化的需求，并通过系统功能加以实现。**信息系统经理**(information systems manager)是团队的领导者，其团队成员一般包括程序员、分析员、项目经理、设备管理员、通信管理员和数据库专员。信息系统主管同时还负责管理计算机操作员和数据录入员。此外，企业外部的专业人员，如硬件供应商和制造商、软件公司以及顾问等，也经常参与企业的日常运营和信息系统的长期规划。

许多企业的信息系统部门由**首席信息官**(Chief Information Officer，CIO)直接领导。首席信息官是企业高层管理人员，监管企业内信息技术的使用。今天你的首席信息官需要强大的商业背景和丰富的信息系统知识，在把技术融入企业经营策略中发挥主动作用。如今一些大型企业还设有首席安全官、首席知识官和首席隐私官等职位，与首席信息官密切配合。

首席安全官(Chief Security Officer，CSO)主要负责企业的信息系统安全，以及企业信息系统安全政策的执行(有时候为了将信息系统安全与物理安全进行区分，首席安全官也可以称为**首席信息安全官**(Chief Information Security Officer，CISO))。首席安全官主要负责对用户和信息系统专业人员进行安全方面的教育和培训，警惕和防范管理中的安全威胁和安全故障，维护安全工具，执行和完善安全策略等。

信息系统安全与个人资料保护在企业运营中至关重要，因此那些涉及大量个人资料信息的企业设立了**首席隐私官**(Chief Privacy Officer，CPO)一职。首席隐私官主要负责企业贯彻落实与个人资料隐私相关的现行法律。

首席知识官(Chief Knowledge Officer，CKO)主要负责企业的知识管理项目。首席知识官帮助设计项目和系统，发掘新的知识来源或者更好地利用组织和管理方面的现有知识。

终端用户(end user)是信息系统团队之外的部门代表，他们也是应用程序开发的目标用户。这些用户在信息系统的设计和开发中发挥着越来越重要的作用。

计算机技术发展初期，信息系统团队的成员主要是程序员，他们从事的技术活动专业性很强，但十分有限。如今，信息团队中系统分析员和网络专业人员所占的比重越来越高，信息系统部门也成为推动企业变革的强大动力。信息系统部门提倡新的经营策略与信息化的产品和服务，协调企业技术发展与有计划变革之间的关系。

企业以前通常自己动手开发软件、管理计算机设备。而在今天，许多企业把这些工作交给专门的供应商去做，通过信息管理部门对这些供应商进行监督管理。

2. 信息系统部门的组织形式

公司有多种类型，公司内部信息技术管理部门也有多种组织形式。小规模的公司一般没有正式的信息系统团队，可能只有一名员工负责网络的维护和应用程序的运行，也可能会聘请顾问负责这方面的工作。规模较大的公司会有专门的信息系统部门，根据公司的性质和利益，其组织形式也会多种多样。

有的公司组织安排较为分散，各职能部门都有自己的信息系统部门，通常受高层管理人员或者首席信息官的领导。也就是说，市场部门、制造部门以及其他职能部门都有自己专门的信息系统团队，如图 2-10 所示。首席信息官的职责是审查各职能部门中信息技术的投资和决策。这种方式的优势在于：所用系统能直接满足各职能部门的业务需求。然而，由于各部门所使用的系统不一致，难以统一做出指导，安全性不高，增加了个部门采购设备的成本支出。

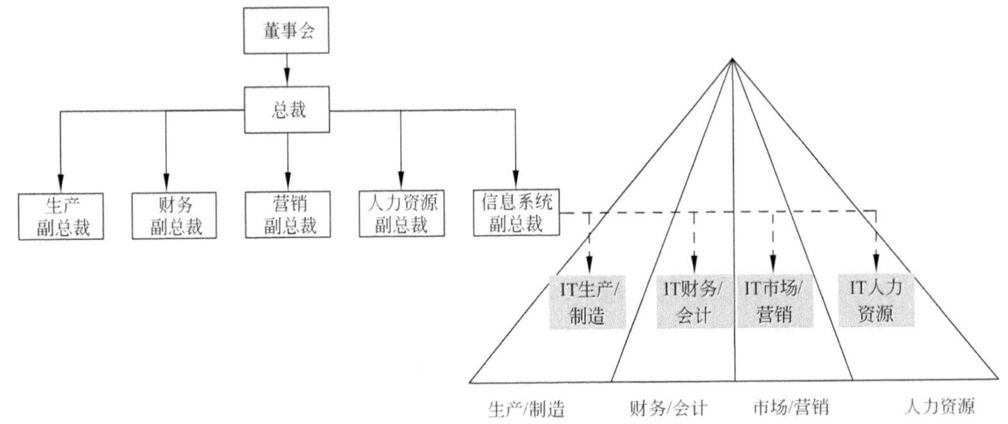

图 2-10　分散型的信息系统组织形式

还有另一种组织形式，信息系统部门作为独立的部门，同其他职能部门一样，也拥有大批员工、中层管理人员和高层管理人员，与其他部门共同利用公司资源，如图 2-11 所示。这种组织形式在大公司中较为常见。这一专门的信息系统部门为整个公司信息技术方面的决策提供支持，更易于开发出兼容性更高的系统，制订出连贯性更强的系统长期开发计划。

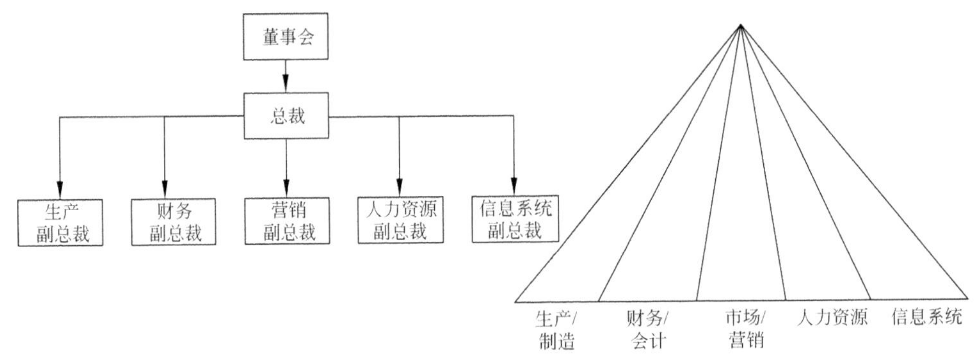

图 2-11　集中型的信息系统组织形式

像“财富 500 强”这样大规模的企业，拥有多个业务部门和产品线，企业可以允许每个业务部门（如消费类产品部门或者化学和添加剂类产品部门）拥有自己的信息系统团队。所有业务部门的信息系统团队都受到高层中央信息系统团队和首席信息官的领导，如图 2-12 所示。中央信息系统团队制定企业内的通用规则，统一采购技术设备，制定企业计算机平台更新的长期计划，通过各种形式将业务部门的独立性和企业集中化管理有机结合起来。

企业信息系统功能的集中化程度应该有多高？应赋予信息系统管理层和业务管理层多大的权力，来决定使用什么样的系统以及如何管理这些系统？每个企业都会有自己的答案。

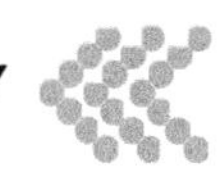

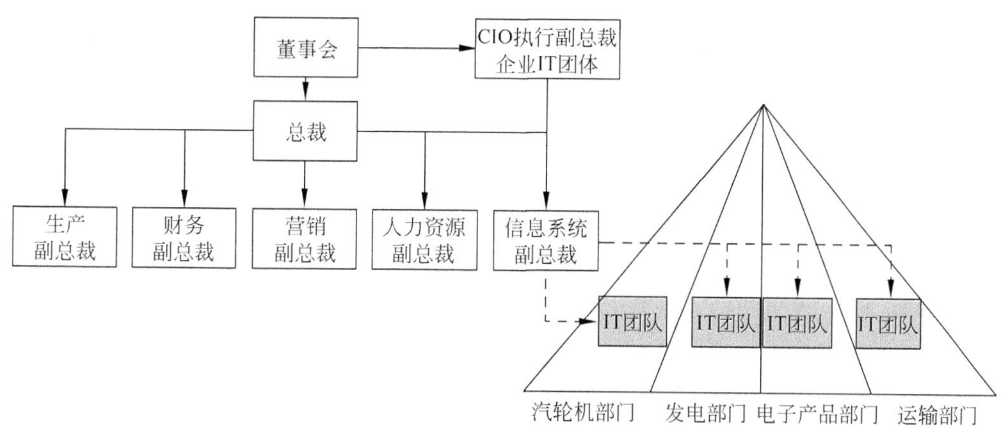

图 2-12 分散与集中相结合的信息系统组织形式

信息系统部门的组织形式属于**信息技术治理**(IT governance)这一更大问题的范畴。信息技术治理包括企业内信息技术的使用策略与政策。它明确说明决策权和问责框架,确保信息技术的使用能够支持企业的战略目标。应该制定什么样的决策来确保新技术的有效管理和使用(包括信息技术投资的回报)? 谁来制定这些决策? 应该如何根据决策并监督决策的执行? 信息技术治理水平较高的企业会对这些问题进行认真思考。

2.2.3 信息系统的学科内涵

从学科的角度看,信息系统是一个多个学科交叉的学科。

信息系统的研究是一个多学科领域,没有单一的主导理论,也不存在唯一的研究视角。图 2-13 是对其中的主要学科进行的罗列。这些学科各有贡献,丰富了相关研究的问题域、思路和解决方案。总体而言,信息系统的研究方法可以分为技术和行为两类。信息系统虽然基于机器、设备等"硬性"的实体技术,但其效用的发挥却离不开社会、组织及知识方面的大量投入。因此,我们说信息系统是一个社会-技术系统。

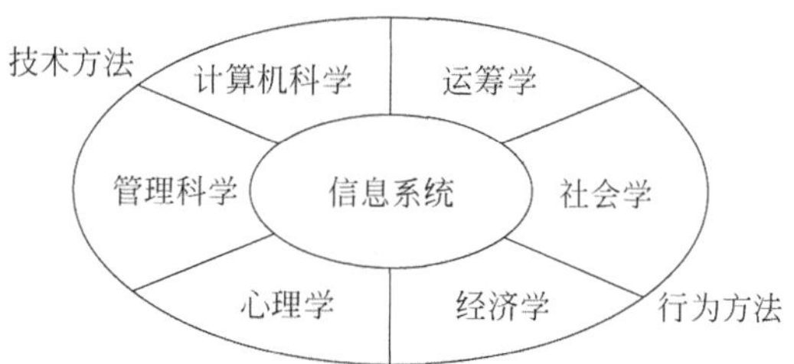

图 2-13 信息系统的学科内涵

1. 技术方法

信息系统研究的技术方法强调数据模型的应用,侧重信息系统的实体技术机器理论功能的研究,涉及的学科领域包括计算机科学、管理科学和运筹学。

其中,计算机科学关注构建相关的可计算性理论和计算方法,发展高效的数据存储及方法方式;管理科学着眼于决策及管理模型的开发;运筹学的研究则致力于应用数据技巧来优化特定的组织行为(如运输、仓储控制、交易成本等)。

2. 行为方法

在信息系统的开发和长期维护工作中，我们常会遇到一些行为方面的问题，例如战略性业务整合、设计、实施、应用和管理等。这些问题是信息系统研究的重要组成部分，而技术方法给出的研究模型却无法解答。行为科学在这一方面为信息系统的研究提供了重要的概念和方法。

例如，社会学即关注团体和组织对信息系统开发的影响，以及信息系统的应用对个人、团队和组织的作用；心理学家对决策者感知各种形式信息的认知及应用行为入手进行研究；经济学家则着眼于理解数据产品的生产、数据子市场的运行原理以及信息系统对企业控制与成本结构对信息产业的影响。

采用行为方法进行研究并不意味着对技术维度的忽略；实际上，与信息系统相关的行为问题通常都是由技术问题引发的。行为方法只不过是将研究中心放在了由技术所带来的态度、行为以及企业的管理与组织政策的变化方面，而非单一着眼于技术层面的解决方案。

值得注意的是，随着近几年数据处理技术的快速发展，统计科学的作用显得越来越重要。大数据应用的主要价值是通过对历史数据的分析和挖掘，科学总结和发现其中所蕴含的规律和模式，并结合源源不断的动态数据去预测事物未来的发展趋势。在大数据时代，对统计学而言既是机遇，也是挑战。机遇在于大数据的分析主要建立在统计学的基础上对数据进行处理、分析，从而使得大数据“可视化”，而挑战在于，大数据不是基于人工设计、借助传统方法而获得的有限、固定、不连续、不可扩充的结构型数据，而是基于现代信息技术与工具可以自动记录、存储和连续扩充的、大大超出传统记录与存储能力的一切类型的数据，这就要求统计学改变传统的统计分析思维方式，从数据获取、处理、分析方面找到更合适的统计方法。

3. 社会技术系统

本书的论述以信息系统为中心，围绕下列四个对象展开：技术专家（硬件与软件的提供者）、想从技术中获益的商业组织（技术的投资者、使用者）、管理人员与工人（企业的商业价值及其他目标的实现者）、企业所处的大环境（当代的法律、社会及文化背景）。

20 世纪 70 年代，随着基于计算机的信息系统在企业和政府机构中的应用，信息系统研究逐渐兴起。信息系统旨在为现实问题提供系统化解决方案并为信息技术资源提供管理，是一门结合了计算机科学、管理科学以及运筹学的应用学科。信息系统也关注同信息系统的开发、应用及影响相关的行为方面的议题，并以社会学、经济学和心理学的视角加以探讨。

就我们在信息系统研究与实践中的经验而言，任何单一的方法都无法全面概括信息系统的实质。信息系统应用的成功与否几乎都是由技术和行为者两方法共同决定的。因此，我们建议学习者对所涉及的各个学科的视角、方法都能有所了解；事实上，信息系统研究的挑战和有趣之处，正在于它要求我们对诸多互不相同的研究思路做到兼收并蓄。

我们将采用技术-社会观点（sociotechnical view），即对生产过程汇总所涉及的社会系统、技术系统同时加以考虑，以实现组织表现的最优化。

社会-技术观点有助于避免将信息系统问题纯粹技术化，例如，虽然信息技术的成本循序降低，功能不断完善，却不会必然或轻易地转变为企业生产率或者最终赢利的提升；又如，企业虽然为各部门安装财务报告系统，却不一定能有效地加以利用。同理，企业引入新的作业程序和业务流程时，如果未能配置与之相应的信息系统，员工的工作效率也不一定能

提高。

2.3 发现信息系统的力量

信息系统的对企业运营产生了巨大的影响，这种影响体现在多个方面，包括支持业务流程和企业运营，支持企业创新和支持企业的竞争战略等，而且随着新的技术不断被应用到企业去应对商业挑战，信息系统的作用越来越重要。本节将从多个方面阐述信息系统的力量。

2.3.1 信息系统的作用

信息系统在企业发展过程中扮演的角色越来越重要。在许多行业，没有信息系统的广泛应用，企业的存在和发展都是难以想象的。总体来说，信息系统对企业的作用可以归纳为三个层面：支持业务流程和企业运营、支持员工和管理者的决策制定、支持为获得竞争优势而制定的战略。

1. 支持业务流程和企业运营

信息系统处理的基本对象就是数据和信息。从概念来说，数据是对现象的原始事实或者观测结果的描述。例如汽车的载重量、产品的价格等。信息是在特定的环境中有意义的数据。例如，当我们决定给汽车装多少货物时，汽车的载重量就成为信息。

现代信息技术的一个最重要特征就是有非常强的信息处理能力，世界上运算速度最快的超级计算机已达每秒1000万亿次，而企业的运行每时每刻都面临着大量的信息需要进行处理。所以，信息系统在企业中的广泛应用就极大地提高了企业信息处理能力，进而显著提升了企业的生产经营效率。

可以看到，几乎每一家企业都在运用信息系统来支持完成生产经营活动。例如，连锁零售企业运用信息系统来完成收银业务、了解库存水平、自动充货等；生产制造企业利用信息系统来帮助确定生产计划、物料计划以及订货计划，并且可以通过电子数据交换来订购货物，他们还利用信息系统来帮助设计产品和控制生产活动；银行等金融机构通过信息系统来完成存取款和信贷业务，并且利用工作组软件来帮助信息在组织内部自动流动；网上商店利用信息系统来进行网上销售和配送。政府、学校和其他的组织也广泛使用信息系统帮助他们管理组织内部的信息，更好地完成组织的业务活动。

2. 支持企业创新

世界著名的管理学家彼得·德鲁克曾经说过：企业经营最基本的，也是赖以生存的两个功能是市场营销和创新。在越来越激烈的市场竞争中，企业只有依靠不断进行产品和服务的创新才能立于不败之地。信息技术成为了现代企业创新的引擎。

人们也越来越认识到信息化和信息技术不再只是简单的公文流转和办公效率的提升，更重要的是，信息技术能促进企业的创新。因此，人们在谈到信息技术时不可避免地要谈到创新，随着信息技术的发展以及互联网的变革，超级计算力的普遍应用以及资源整合所带来的巨大力量将为企业创新带来良好的发展机遇。

宝洁是美国著名的日用品公司，它以产品创新而闻名于世。为了提升产品研发能力，宝洁开发实施了基于内部网络和互联网的信息系统来连接公司全球28个地点的8000名科学家，组成了科学家研发网络组织，大大提高了公司的研发产出率。此外，宝洁公司还实施了产品生命管理(Product Lifetime Management，PLM)系统来支持产品研发的整个过程，取得了非常好的效果。正如哈佛商学院的一位教授所说："IT 可以降低研发试验费用,从而加快创新过程并使你比以前重复更多的次数。"信息技术成为了管理遍布各地的研发队伍、日益复杂的创新流程的利器。

3. 支持企业的竞争战略

随着信息系统与企业结合越来越紧密,一个企业能否可持续地健康发展在很大程度上依赖于它的信息系统。也就是说,信息系统在企业中已经不再是扮演辅助的角色,在企业中的战略作用不断增强,很大程度上决定了企业的竞争能力。

信息技术成为创造企业间战略差异性的催化剂,它创造了过去不存在的可能性和选择机会。那些在其他人之前看到和利用这些可能性的公司能够在市场上实现差异化,进而获得经济回报。例如,美国戴尔(Dell)计算机公司充分利用基于网络的直销战略,在很短的时间就成长为行业的领头羊;世界 500 强第一的沃尔玛(WalMart)利用基于卫星的信息系统来运营和管理公司分布在全球各地的业务,信息系统有效地支持了沃尔玛的全球化经营战略。同样,国内企业也有许多利用信息技术来获取企业竞争力的例子,招商银行就充分利用网络银行建立了自己与四大国有银行竞争的差异化战略,获得了巨大的成功;阿里巴巴公司利用因特网建立 B2B 电子商务市场,现已成长为全球最大的 B2B 电子商务公司。这些实际的例子证明信息系统在现代企业中越来越起到战略性的作用。

2.3.2 新兴信息技术的冲击

信息技术是当前公认的四大科技领域之一,具有巨大的潜力。信息技术的进步和应用的普及,催生出了物联网、大数据、云计算、人工智能等新兴技术,这 4 种技术影响广泛,将会创造出巨大的经济社会价值。

物联网(Internet of Things, IOT 又称为传感网)指的是将各种信息传感设备,如射频识别(RFID)装置、红外感应器、全球定位系统、激光扫描器等种种装置与互联网结合起来而形成的一个巨大网络。其目的是让所有的物品都与网络连接在一起,系统可以自动、实时地对物体进行识别、定位、追踪、监控并触发相应事件。如果说互联网实现了人与人之间的交流,那么物联网可以实现人与物体的沟通和对话,也可以实现物体与物体互相间的连接和交互。物联网实现了信息的自动输入和收集。

云计算(Cloud Computing)思想可以追溯到 20 世纪 60 年代,J. McCarethy 曾经提到"计算迟早有一天会变成一种公用基础设施"。2006 年 8 月云计算概念由 Google 首席执行官埃里克·施密特首次提出。云计算是以虚拟化技术为基础,以网络为载体提供基础架构、平台、软件等服务为形式,整合大规模可扩展的计算、存储、数据、应用等分布式计算资源进行协同工作的超级计算模式。在云计算模式下,用户不再需要购买复杂的硬件和软件,而只需要支付相应的费用给"云计算"服务提供商,通过网络就可以方便地获取所需要的计算、存储等资源。对于该定义需要特别说明的是,云计算的一个重要价值是软硬件需求的按需扩展能力,完全脱离"本地"计算、数据资源的云计算只是一种比较理想的状态,考虑到私有云、遗留系统、可靠性、安全性等因素,云计算具有整合资源按需扩展方面的特殊意义。

大数据是指无法在可容忍的时间内用传统 IT 技术和软硬件工具对其进行感知、获取、管理、处理和服务的数据集合。为了从数据中发现知识并加以利用,指导人们的决策,必须对数据进行深入的分析,而不是仅仅生成简单的报表。这些复杂的分析必须依赖于大数据

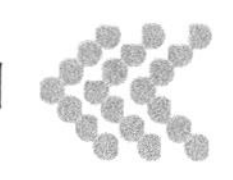

技术。当前,以 MapReduce 为代表的大数据技术已经从围绕搜索的数据分析扩展到数据挖掘、机器学习、信息检索、计算机仿真、科学实验数据处理(生物、物理……)等众多的领域。

随着互联网的普及尤其是移动互联网在近十年的快速发展,人们的生活方式被极大地改变了,但是移动互联网仅完成了人与人或者人与信息的对接,但是却无法提供精准服务,生产、运输、消费等各个方面都面临着智能化程度不足带来的障碍,突破这一瓶颈的希望被寄托在人工智能方面。人工智能的概念很宽泛,按照人工智能的程度可以分为弱人工智能、强人工智能和超人工智能。人工智能的革命就是从弱人工智能,通过强人工智能最终达到超人工智能。人脑与电脑的差别在于一些人类难以处理的事情,如微积分、金融市场策略、翻译等,对电脑而言十分容易;而对人类容易的事情,例如视觉、动态、移动、直觉等对电脑而言十分困难。要得到人类级别的智能,首先必须在硬件方面提高处理速度,其次在软件方面提高算法的智能程度。

2.3.3 信息系统带来的消极影响

任何事物都有两面性,信息系统也不例外。信息系统在带来巨大的价值的同时,也夹杂着一些负面影响,主要表现为信息泛滥、信息污染和信息犯罪。

1. 信息泛滥

所谓信息泛滥,是指社会信息总量急剧上涨,甚至超过了人的信息处理能力,使人们承受着过度的信息冲击,感到强大的心理压力。当前,面对一个信息爆炸的时代,我们真正感到了为信息所驱使、所淹没的苦恼。今天一份《纽约时报》比 17 世纪一个普通英国人的一生的信息量还多,可用的信息平均 4 年就增加一倍,各种资料信息、数据排山倒海般地涌来。面对读也读不完的书,看也看不完的报,没完没了的电视节目、电视广告、网络信息,人们开始尝到信息过量、信息泛滥的滋味。

信息泛滥产生了批量的信息痴迷者,人们在无力消化的信息面前感到无能为力,在浩瀚的信息面前感到恐慌和精神焦虑,也感到自我的渺小,害怕在如潮的信息中被这个多变的时代所遗弃。英国路透社的一家公司对 1300 名欧洲企业经理进行调查,有 40%以上的被调查者承认,由于每天要处理的信息超过他们的分析和处理能力,使他们的决策效率受到影响。他们认为目前收集信息所耗费的成本已超过了信息本身的价值;而许多企业花费昂贵代价建立起来的数据库只有 7%真正派上用场。在英国由于信息泛滥导致的工作率下降,每年要浪费 3000 万个工作日,折算下来相当于 30 多亿美元的经济损失。

2. 信息污染

信息污染是指媒介信息中混入了有害性、欺骗性、误导性的信息元素,或者媒介信息中含有的有毒、有害的信息元素超过传播标准或道德底线,对传播生态、信息资源以及人类身心健康造成破坏、损害或其他不良影响。从更深层次讲,信息污染也是对有利、有用信息传播、接收、处理和使用的干扰,直接影响有利、有用信息传播的速度与效率,增加人们对信息筛选、判断、甄别的难度,从而也降低了准确使用有利、有用信息的效果。

信息污染体现在人们社会生产生活的各个方面。在信息社会的政治、经济、文化、教育及人们的日常生活中都存在着许多虚假、冗余、过剩、老化、淫秽等不良信息,影响了人们对有用信息的吸收利用,甚至造成危害和损失。信息污染的表现形式多种多样。信息超载、信息失实、信息过时、信息重复、信息堵塞、信息错位、信息干扰、信息无序、信息病毒等都可以归结为信息污染的体现。

3. 信息犯罪

信息犯罪是信息社会中一种新的犯罪类型，它一般是指以信息资源为犯罪对象或以信息科学、信息技术为犯罪手段，故意实施的有严重社会危害性的行为。由于计算机或网络是最重要的信息存储和传输系统，它既与信息资源密不可分，又与信息科学、信息技术紧密相连，所以，信息犯罪必然包含着计算机犯罪或网络犯罪。

网络在给我们带来极大方便的同时，也给犯罪分子创造了空前的良机。信息犯罪行为严重破坏了社会经济秩序，干扰了经济建设，危害国家安全和社会稳定，阻碍了信息社会的健康发展，必须尽快采取防范措施，加大打击力度，扼制信息犯罪的势头，确保信息安全和信息网络的正常运转。

本章小结

信息系统是一个内涵非常丰富的概念。本章围绕着信息系统概念，从 4 个方面展开了论述。

首先，从结构的角度解释信息系统。从实物构成的角度，信息系统可以被理解为是由人、硬件、软件、网络和数据组成的系统，辅助进行输入、处理、传输和输出等功能活动；信息系统与组织结构的关系非常密切，既存在与业务职能相关的信息系统，也存在不同的分层等级的信息系统；企业中最典型的信息系统包括企业资源计划、供应链管理系统和客户关系管理系统。

其次，从内涵的角度，信息系统可以被认为由组织、信息技术和管理 3 个方面构成。信息系统的学科内涵非常丰富，涵盖了管理科学、计算机科学、心理学、经济学、社会学和运筹学等学科。

再次，信息系统对企业经营管理而言非常重要，可以支持业务流程和企业运营、支持企业创新、支持企业的竞争战略。当然，信息系统也会带来一些负面作用，包括信息泛滥、信息污染和信息犯罪。

最后，信息系统已经成为企业的重要管理内容，很多企业已经设立了与信息系统相关的职位，同时也出现了 3 种比较典型的信息系统组织形式。

通过本章内容，让读者对信息系统建立一个比较全面的概念，同时也形成关于信息系统的一些常规认识。

习题

1. 理解图书馆信息系统：图书馆是一个很好的信息系统模型，它用文本、音频以及视频档案的方式进行大量的信息管理，基于你对图书馆的理解，从信息系统的组成结构、信息系统的功能结构，详细阐述对电子图书馆信息系统的理解。

2. 为什么信息系统的组成结构包括“人”这个要素？请予以解释。

3. 请解释信息系统的概念中所描述的管理、组织和技术的具体内涵。

4. 请阐述“人”的因素在信息系统中的作用，根据你现在对信息系统的理解，你认为在企业中有哪些与信息系统相关的职业？

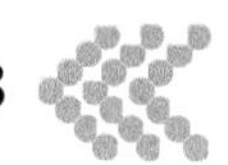

5. 根据你的理解和经验，请阐述信息系统在高等学校的管理工作中发挥哪些作用。

6. 信息系统与信息技术这两个概念具有相同的内涵吗？请列举一个具体的案例进行阐述。

7. 数据、信息和知识之间有什么区别与联系？请列举一些具体例子进行说明。

8. 信息系统的应用也带来一些消极影响，请分析有哪些类型的消极影响，并对每一种类型给出一个具体的实例。

9. 请尝试举例说明与信息系统相关的工作职位。如果有可能，请设想一个具体的场景，描述这些工作职位的主要工作职责。

10. 数据正在变得越来越重要，请尝试分析海量的数据将会对信息系统产生哪些影响。

11. 你认为一个信息系统专业的学生，应该具备哪些领域的知识和技能？请思考并做简要回答。

参考文献

[1] 肯尼斯·C. 劳顿(Kenneth C. Laudon). 管理信息系统(原书第13版). 黄丽华 等 译. 北京：机械工业出版社，2015.

[2] 哈格·卡明斯. 信息时代的管理信息系统(原书第8版). 严建援 等 译. 北京：机械工业出版社，2015.

[3] 戴维·M. 克伦克. 管理信息系统. 第3版. 王道平 等 译. 北京：电子工业出版社，2012.

[4] 詹姆斯·A. 奥布赖恩(James A. O'Brien)，乔治·M. 马拉卡斯. 管理信息系统. 第15版. 叶强 等 译. 北京：中国人民大学出版社，2012.

[5] Karen D. Schwartz. Cars. com Firing on All Cylinders. eWeek，June 9 2008.

[6] IBM. Cars. com Turns to IBM Software and SOA Expertise to Drive Rapid Business Growth. April 18，2008.

[7] http://www-03. ibm. com/press/us/en/pressrelease/23941. wss.

[8] Unpacking big data：Analyzing Online Shopper Behavior Beyond the Last Click.

[9] http://www. d1net. com/cloud/vendors/101482. html.

[10] Splunk Helps Cars. com Drive Revenue Generation and cost Reduction：An EMA ROI Storywww. splunk. com/web_assets/pdfs/secure/Splunk_at_Cars. pdf.

第3章　新思维——信息系统时代的商业创新

本章学习目标

- 如何描述商业模式？
- 如何描述商业创新？
- 企业竞争战略分析。
- 信息系统和商业创新的关系。
- 大数据时代的商业创新。

开篇案例

Cars.com在大数据时代的商业创新

汽车销售网站Cars.com通过对Web用户的点击量和机器生成的日志文件进行分析，提高了企业的营收，并且成功抵御了恶意机器人。

电子商务已经在营收和用户体验质量之间建立起了关联。对于Cars.com的大数据而言，对体验程度进行衡量已经成为其大数据分析的主要努力目标。通过对每月1200万次的网站访问量进行分析，该公司不仅针对消费者优化了用户体验，还获得了深度的运营洞察力和诈骗防范能力。

作为一家汽车消费者搜索、咨询和购买汽车的专业网站，Cars.com利用横幅广告对所有主要汽车制造商的轿车、SUV和中小型货车进行宣传的策略，不仅增加了网站的营收，还从汽车销售中赚取了广告费用。更快的用户界面可以让访问者花更多的时间浏览网站，并大幅提升了访问者购买汽车和点击横幅广告的概率。

Cars.com的应用管理团队有三个目标：保持高性能、保护内容、为广告商追踪流量来源。在网站后台，机器人和爬虫流量是一个持久的威胁，因为它们会导致网站性能下降。一些恶意机器人也会抓取车辆列表等内容，以供诈骗网站的垃圾邮件制作者诱骗消费者泄露个人信息。

日志文件掌控着识别恶意行为和性能优化的关键，但是获取博客流量数据并对其进行人工分析却十分烦琐且非常耗时。由于没有实时报告，管理团队只能通过在服务器基础设施上预留空间，以确保一直保持较快的网页加载速度。

Cars.com最终选择了Splunk以实时从大量不同来源收集、索引、搜索和分析由机器生

成的大数据集。其核心是由 Splunk 专利的 Machine Data Web 来组织和分析日志数据。Splunk 还包括预制报告，以帮助管理团队识别非法的网页抓取和机器人流量，将它们与正常的访问流量区别和分离出来。报告还能够成为有价值的销售工具和强大的支持工具，以帮助内部人员采取适当的措施应对不必要的流量。

有形资产投资回报是通过两种方式实现的。首先，高效的实时数据收集每年可以节约 400 多个工时。其次，其可以帮助适应流量高峰期。例如，在 2012 年度美国橄榄球超级杯大赛中，详细的性能统计提供了可操作的洞察力，帮助节约了大约 16 万美元的服务器和管理成本。

Cars. com 的技术运营经理 Jon Abend 说："Splunk 让我们能够在最短的时间内应对出现的大量问题。除了 Web 日志外，我们现在还能够轻松地分析应用日志、应用服务器、中间件组件、系统计量日志等。如果不具备均衡管理各类系统的能力，我们可能就无法为性能工程师、中间件团队、搜索引擎营销团队等各类用户提供服务。"

从 2012 年年初，Cars. com 的大数据环境开始管理 35TB 以上的数据。Cars. com 网站每小时会新增 250 万条博文，每周会增加 1TB 的数据，每月需要处理 7. 5 亿多条咨询信息。这些内容包含着用户对各种类型新车和二手的评价，提供了非常有价值的信息，如图 3-1 所示。通过这种大数据分析洞察力，Cars. com 将能够一直保持网站较快的访问速度。为 Cars. com 提供技术解决方案的软件公司 Splunk Inc. 宣称，Cars. com 在应用大数据系统不到一年的时间里，已经实现了 200%的投资回报率。

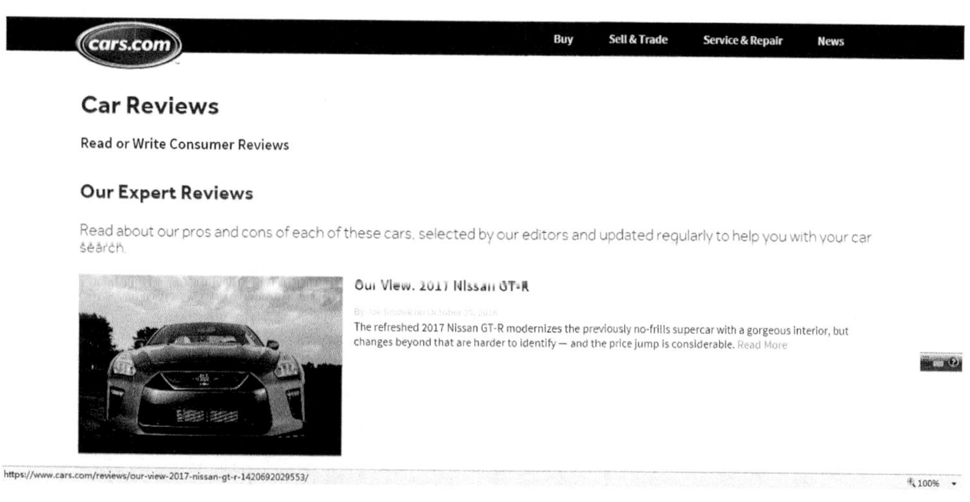

图 3-1 用户及专业人士在 Cars. com 公司网站的评论

通过以上对 Cars. com 公司的介绍，请思考以下若干问题：你怎么看大数据？你认为大数据技术在 Cars. com 发挥了哪些作用？你对 Car. com 公司在大数据应用方面还有哪些建议？请阐述你的观点。

技术创新是经济增长的重要驱动力量。自 18 世纪英国工业革命以来，人类社会经历了以机器生产、蒸汽机、铁路、电力、汽车、信息技术等为标志的一系列技术革命，推动了全球经济的不断增长，给人类生产、生活带来了革命性的变革。

世界正在被全球化、自由化、解除管制等理念深度影响，而信息技术提供了技术保障。

今天这个因信息技术而紧密、方便地互联的世界中,全球市场、劳动力和产品都被整个世界共享,并且都有可能以最有效率和最低成本的方式实现,就如托马斯·弗里德曼在《世界是平的》一书中向我们所展示的,美国的工人、财务人员、工程师和程序员现在必须与远在中国和印度的那些同样优秀的人竞争,只有更有竞争力的人才能胜出。信息技术和信息系统已经成为引发商业创新的最活跃因素。下面将主要讨论信息系统商业创新的关系。

3.1 商业创新的逻辑

商业创新是一种特殊的创新,本节将从创新的概念开始讨论商业创新的内涵,从商业模式的角度理解商业创新。

3.1.1 创新的内涵和类型

关于创新的阐述有很多,其中关于创新的内涵和来源尤其重要,本节的后续内容将较为系统地总结这方面的内容。

1. 创新的内涵及来源

创新作为一种理论,最初是由经济学家约瑟夫·熊彼特于1912年在《经济发展理论》一书中首先提出,他认为创新的过程就是一种不断打破经济均衡的过程,均衡的破坏就是创新。他认为创新不仅是科技上的发明创造,更是把已有的发明科技引入到企业之中,形成新的生产力。创新不是单纯的技术上的新发明,还包括经济生活中出现的新情况、新事物,具体表现为如下几种情形:

(1) 采用了一种新产品,可以是指消费者初次接触的或是被重新赋予了新特征的产品;

(2) 采用了一种新的工艺技术或生产方法,这种工艺或方法有可能在科学上并不成熟,或者也许只是某种经营方式的改革;

(3) 开辟了一个从未进入过的新市场;

(4) 控制或"获取"了新的生产原料和半成品的供给来源;

(5) 实现了一种新的商业组织形式,例如,打破了某种传统模式一统天下的格局,或率先实现了托拉斯化。

管理学大师德鲁克给创新的定义是"创新是赋予资源创造财富的新能力,使资源发挥出价值"。例如,深圳市大疆创新科技有限公司(DJI-Innovations,简称DJI),成立于2006年,是全球领先的无人飞行器控制系统及无人机解决方案的研发和生产商,客户遍布全球100多个国家。它占据着全球70%的无人机市场份额。无人机以前主要是应用在军事方面,而大疆是第一个将无人机应用在商业领域并获得成功的企业。大疆无人机如今已被应用在军事、农业、记者采访等方面,是可以"飞行的照相机",这是一种典型的创新。简单总结,创新主要有7种来源。

第一是出乎意料的事件或结果。出乎意料的成功意味着该组织趋向或转向一个新的或更大的市场。必须找出成功的原因,开发新产品或新服务来利用这一机遇。出乎意料的成功一开始往往被看作不合时宜或是问题。如果具备了重视、规划等条件,还是出现了出乎意料的失败,那么这种失败也意味着能通过创新将其变为机遇。因为失败的原因可能是出乎意料或是令人吃惊的,因此很难用分析和数据方法查找。一个出乎意料或是突然的外部事件可能创造一个重大的机遇。不过,如果该组织的现有专家不能利用这个事件,则说明这次

机遇不大可能导致创新的出现。这方面比较典型的案例发生在电子商务领域。2003年春天的SARS,使用户都避免在实体商店购物,从而使电子商务行业因祸得福——阿里巴巴日增供求信息量比2002年同期增长3～5倍。

第二是不协调事件或状况。当事情与人们设想的不同时,当某些事情无法理喻时,这通常表明存在着一种有待认识的变化。不一致之处对圈内人士来说是很显眼的,但由于它们常与世人的观点不相称,故而也常被忽略。对于生产集中的小型组织,例如创业型公司,不适应之处产生的机遇往往巨大。应抓住机遇确保创新的简单和快捷。

第三是流程需要。流程需要通常十分明显,因此,创新者总在力图解决某过程中的一个瓶颈或薄弱环节。有时,针对流程的创新可以利用新技术知识或用更好的流程代替原来较为烦琐的流程。评估流程需要时,必须考虑三条要求:除非清楚地了解该需要,否则就无法满足需要;所需知识是能够获得的;解决的办法与操作者的企盼是一致的。

第四是市场和产业结构的变化。一个稳定的工业或市场结构可能突然地、出乎意料地发生变化,这就要求其成员做出创新以适应新环境。这些变化为圈外成员创造了显而易见的巨大机遇,也对圈内成员构成威胁。要预见工业结构的变化,需要查看这一行业是否出现了快速增长,领导者是否制定了不协调的市场细分战略,是否出现了技术趋同,业务做法是否有迅速变化等迹象。

第五是人口数量与结构变化,包括人口数量、就业、受教育、收入情况的变化。这些变化能迅速发生,并对市场产生戏剧性的影响,但各公司却很少密切监控或在日常决策中会考虑到人口变化。由于人口变化易于出现却又常常为决策者忽视,所以它们为创新者提供了许多机遇。

第六是认知变化。人们对自己的看法若发生转变,也能创造机遇。立足已稳的公司往往难以认识到人们看法上的转变,因此,基于观念转变上的创新往往很少有竞争对手。观念上的变化难以查找——因事实并未改变,只是事实的内涵改变了。出乎意料的成功或失败可能意味着观念上的变化,进行观念上的调查常可找出已变化的观念并确定拥有者的数量。由于存在风险,德鲁克建议由认知转变的创新应从具体化开始,并从小规模开始。

第七是新知识。德鲁克将这一创新来源列于最后,是因为它难以管理、无法预见、花费较高,而且有生产准备时间长的特点。不过,目前多数组织在各种来源中首先强调新知识,因为它引人注目、令人兴奋。以新知识为基础的创新经常会失败,因为一个领域的突破经常需要其他各领域同时突破,新知识才能发挥其作用。由于新知识要求在技术和社会各领域都与其协调一致,所以一个组织难以成功地引进以新知识为基础的创新。

经济发展总是以破坏旧经济运行秩序的形式表现出来,而企业家正是这一过程的组织者和发起者,其动力则是企业家追求利润目标的初衷。通过创造性地打破市场均衡,企业家能够获取超额利润,而随着追随者的接踵而至,这种机会逐渐消失。社会的发展是在企业家及企业家精神这一创新主体的推动下才实现和发展的,因此企业家和企业家精神是推动创新发展的根本动力,是创新的灵魂。

2. 创新的类型

关于创新的讨论是管理学领域的一个持续而热烈的话题。对创新类型的研究方面,得到最广泛共识的当属哈佛商学院教授克莱顿·克里斯坦森(Clayton M. Christensen)教授。在克里斯滕森教授的《创新者的窘境》一书中,他根据创新发生的客观环境,将创新分为渐进性创新和破坏性创新。在渐进性创新的环境中，当需要制造出更好的产品，找到更优质的客户，卖出更高的价钱时，我们发现渐进式创新总是能胜人一筹，微软公司不断推出升级版本的 Windows 操作系统，绑定用户始终使用微软的桌面系统；在破坏性创新环境中，当面临挑战，需要将一种更简单、更便利、更廉价的产品商品化，销售给新客户群或低端客户群时，新兴企业往往更容易获胜，例如比亚迪电动汽车，从低端车市场切入，迅速成为中国企业行业的新星。

破坏性创新并不是为现有消费者提供更好的产品，而是引入与现有产品相比更简单、便捷、廉价的产品或者服务，从而击败原有的提供商。这种创新的赢家一般都是新进入者。破坏性创新就是我们常见的成功企业被打垮的现象，这里面隐含的最直接的含义是——新兴公司打垮业界巨头的最佳方法就是采用破坏性创新的战略。

此外，关于创新的分类也有其他的一些方法。Ettlie(1983)从创新吸收的角度使用了三个变量来区分两种不同的创新：第一，知识的分布，例如知识的深度和多样性以及从外部获得信息的范围；第二，面对变化时组织的管理活动的态度；第三，组织结构，例如组织结构越复杂越有利于突破性技术创新的吸收。Poutsma(1987)等归纳了技术创新的四个维度，分别是过程创新与产品创新、技术推动型与市场拉动、突破性技术创新与渐进性技术创新、规划型创新与应急型创新，并对这四种创新中的每一种类型都从创新的形式、内容、要素和特征进行了研究和阐述。

从总体上说，依据技术创新活动中的技术变化强度和对象，把技术创新分为渐进式创新和破坏性创新是比较常见的一种方法。

3.1.2 商业模式的含义

从字面意思出发来定义商业模式，可以认为商业模式就是对于做买卖方式的简要描述，或者说是对企业为了获取利润而进行的、与交换直接相联系的各种活动的整体描述，是对复杂商业实践的简化。

虽然商业模式被认为是对企业商业实践的一种简化描述，但这种简化一般被认为应该是对企业经营实践整体的简化，它应该能够全面覆盖企业经营的每一个重要方面，不仅应该包括有形的方面，如企业的资源组合以及各种运作流程，同时，也应该包括无形的方面，如企业获取利润的内在原因与逻辑。总体而言，商业模式是一种建立在许多构成要素及其关系之上、用来说明特定企业商业逻辑的概念性工具，并认为商业模式最主要的 4 个要素是：产品创新、客户关系、基础设施管理和财务分析。

鉴于商业模式的表述不尽相同，一些学者试图对这些定义进行归纳总结，并希望从中得出具有一致性的结论。迈克尔·莫里斯(Michael Morris)等通过对 30 多个商业模式定义的关键词进行内容分析，指出商业模式定义可分为三类：经济类、运营类和战略类。经济类定义将商业模式看作是企业的经济模式，用于揭示企业“赚钱”的根本原因，即利润产生的逻辑，构成要素包括收益来源、定价方法、成本结构和利润等；运营类定义关注企业内部流程及构造问题，构成要素包括产品或服务交付方式、管理流程、资源流、知识管理等；战略类定义涉及企业的市场定位、组织边界、竞争优势及其可持续性，构成要素包括价值创造形式、差异化、愿景和网络等。基于莫里斯的研究，我们可以认为商业模式描述了企业如何创造价值、传递价值和获取价值的基本原理。对于商业模式的分析，重点是抓住商业运行环境中的

主要因素，合理地解释商业逻辑。

3.1.3 商业模式的逻辑

由于商业模式构成要素的具体形态表现、相互间关系及作用机制的组合几乎是无限的，因此，商业模式创新企业也有无数种。现实的办法是描述商业模式的组成要素，并用来分析新的商业模式的前景。本章主要借鉴了商业模式创新画布的方法，从商业模式的9个要素，分析商业模式的内涵，而这9个要素与莫里斯所提出的3个问题也是一致的，即要回答如何创造价值、传递价值和获取价值。以下将详细介绍商业模式分析中的9个要素。

1. 客户细分

客户细分用来描绘一个企业想要接触和服务的不同人群和组织。商业模式可以定义一个或多个或大或小的客户细分群体。企业必须做出合理决议：到底该服务哪些客户细分群体？该忽略哪些客户细分群体？一旦做出决议，就可以凭借对特定客户群体需求的深刻理解，仔细设计相应的商业模式。

2. 价值主张

价值主张用来描绘为特定客户细分创造价值的系列产品和服务。价值主张是客户转向一个公司而非另一个公司的原因，它解决了客户困扰(customer problem)或者满足了客户需求。每个价值主张都包含可选系列产品或服务，以迎合特定客户细分群体的需求。在这个意义上，价值主张是公司提供给客户的受益集合或受益系列。

3. 渠道通路

渠道通路用来描绘公司是如何沟通、接触其客户细分而传递其价值主张。沟通、分销和销售这些渠道构成了公司相对客户的接口界面。渠道通路是客户接触点，它在客户体验中扮演着重要角色。

4. 客户关系

客户关系用来描绘公司与特定客户细分群体建立的关系类型。企业应该弄清楚希望和每个客户细分群体建立的关系类型。客户关系范围可以从个人到自动化。客户关系可以被以下几个动机所驱动：客户获取、客户维系和提升销售额(追加销售)。商业模式所要求的客户关系深刻地影响着全面的客户体验。

5. 收入来源

收入来源用来描绘公司从每个客户群体中获取的现金收入(需要从创收中扣除成本)。如果客户是商业模式的心脏，那么收入来源就是动脉。企业必须问自己：什么样的价值能够让各客户细分群体真正愿意付款？

6. 核心资源

核心资源用来描绘让商业模式有效运转所必需的最重要因素。每个商业模式都需要核心资源，这些资源使得企业组织能够创造和提供价值主张、接触市场、与客户细分群体建立关系并赚取收入。不同的商业模式所需要的核心资源也有所不同。微芯片制造商需要资本集约型的生产设施，而芯片设计商则需要更加关注人力资源。核心资源可以是实体资产、金融资产、知识资产或人力资源。核心资源既可以是自有的，也可以是公司租借的或从重要伙伴那里获得的。

7. 关键业务

关键业务用来描绘为了确保其商业模式可行,企业必须做的最重要的事情。任何商业模式都需要多种关键业务活动。这些业务是企业得以成功运营所必须实施的最重要的动作。正如核心资源一样,关键业务也是创造和提供价值主张、接触市场、维系客户关系并获取收入的基础。而关键业务也会因商业模式的不同而有所区别。例如对于微软等软件制造商而言,其关键业务包括软件开发。对于戴尔等电脑制造商来说,其关键业务包括供应链管理。对于麦肯锡咨询企业而言,其关键业务包含问题求解。

8. 重要合作

重要合作用来描述让商业模式有效运作所需的供应商与合作伙伴的网络。企业会基于多种原因打造合作关系,合作关系正日益成为许多商业模式的基石。很多公司创建联盟来优化其商业模式、降低风险或获取资源。

我们可以把合作关系分为以下四种类型：在非竞争者之间的战略联盟关系；在竞争者之间的战略合作关系；为开发新业务而构建的合资关系；为确保可靠供应的购买方-供应商关系。

9. 成本结构

成本结构用来描绘运营一个商业模式所引发的所有成本。这个构造块用来描绘在特定的商业模式运作下所引发的最重要的成本。创建价值和提供价值、维系客户关系以及产生收入都会引发成本。这些成本在确定关键资源、关键业务与重要合作后可以相对容易地计算出来。然而,有些商业模式,相比其他商业模式更多的是由成本驱动的。例如,那些号称"不提供非必要服务"(No frills)的航空公司,是完全围绕低成本结构来构建其商业模式的。商业模式创新的9要素如图3-2所示(图片来源：亚历山大·奥斯特瓦德,《商业模式新生代》,机械工业出版社)。

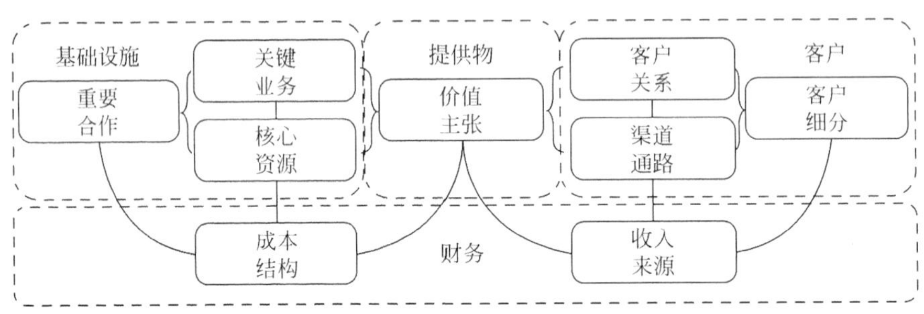

图3-2 商业创新的9大要素示意图

案例：Skype的商业创新分析

Skype公司于2003年创立,并很快成为了世界上最主流的基于网络声音传输协议的网络电话应用软件。较之于传统的地面电话线服务和移动电话服务,Skype提供的基于网络的免费服务,自然对消费者充满了吸引力。它通过在全世界范围内向客户提供免费或者低资费的高质量通信服务,正在逐渐改变电信业。在全球范围,Skype有近7亿用户,他们可以付极低的网络电话流量拨打国内、国际电话,无论固定电话、收集、短信发送等功能。全球95%的网络电话流量是通过Skype实现的,并且全球三分之一的国际间电话是通过Skype完成的。中国多达35万家外贸公司使用Skype与国外客户联系,Skype公司的商业创新地

图如图3-3所示。

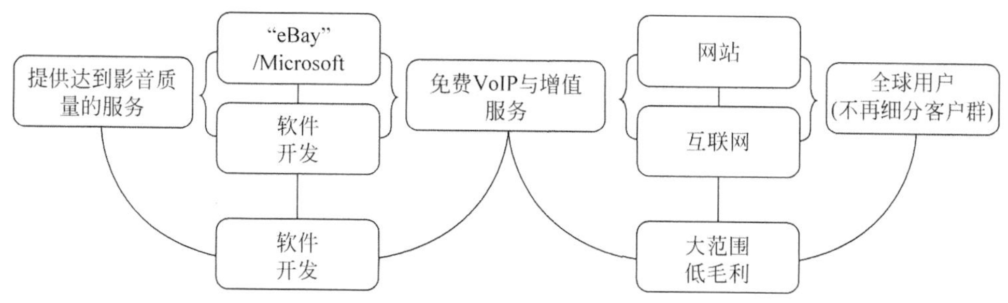

图3-3 Skype公司的商业模式分析

Skype的主要收入来源,是向利用其服务拨打固定电话和移动电话的消费者收取的低廉费用。这种服务称为"SkypeOut",该服务按分钟计费(用户从美国向40多个国家不限时拨打固定电话的费用是每月12.95美元)。从Skype向非Skype号码拨打电话的费用为每分钟2美分多一点儿,而在网络内的通话则是免费的。投资银行柯文公司(Cowen & Co.)的分析师吉姆·弗里德兰德(Jim Friedland)称,Skype的收入来自10%~15%的用户,这些收入主要是通过SkypeOut获得的。

此外,Skype也在几个国家销售移动电话号码。这些号码的用户出门在外时,可以享受本地通话的费率,从而为他们节约长途电话费用。例如,一个在伦敦的用户可以拨打Skype的当地号码,无须经由全球电话网络,就能接通一个在美国的移动电话。与此同时,各个伙伴企业,例如,哈金森公司(Hutchinson),也将Skype的移动电话软件和会议系统软件整合到了自己的产品中。

Skype的希望始终在于改变电话技术,这一议题依然还在考虑中。就用户数量来说,Skype是全世界最大的电话公司,这是任何人都无法忽视的。实时语音通信是一个万亿美元级别的全球市场,所以,对Skype这样的公司来说,要想使其资产进一步转化为金钱,就必须拥有多种途径。从很多方面来说,Skype都像是一家典型的电话公司,在市场的低端部分,没有人能够与其竞争。

Skype采用的是称为"免费增值"(freemium)的商业模式,这种商业模式的原理是:利用提供免费服务的方式吸引最初的消费者,寄望于他们中的很多人会升级到付费的额外服务上去。Skype正在寻求围绕自己的优势地位而赚钱的方法。

Skype将会面对变化迅速的竞争局面。自从eBay收购Skype以后,两个方面已经发生了改变。第一,谷歌携Google Voice,已经以一个电话业竞争者的姿态出现了,微软则通过2007年对Tellme——基于电话的应用软件开发商——的购并,进入了企业电话市场。这些都是强大的潜在竞争对手,尽管没有哪个公司拥有Skype那么庞大的用户群和客户遍布全球的优势。另一个重要事件就是智能手机的兴盛。Skype被局限在iPhone手机上,其他移动电话平台还禁止其进入。对Skype来说,至关重要的挑战在于,要找到自己在全新的通信生态系统中的位置。公司要与谁结成伙伴呢?公司将谁视为竞争对手呢?

2015年5月,微软宣布以85亿美金收购Skype,2012年11月,微软Skype开发更新博客证实2013年停用MSN,使用Skype代替,中国大陆除外。

3.2 信息系统驱动商业创新

今天,信息系统成为商业创新的重要促进力量之一,并发挥着越来越重要的作用。本节将全面分析信息系统在商业活动中的作用,并介绍企业竞争力分析的相关理论。为读者提供一个信息系统和企业竞争力之间的桥梁。

3.2.1 商业创新的驱动力

企业商业模式创新的驱动力是形成商业模式创新的基础,是商业模式创新过程的重要决定因素,同时也是构成企业商业模式创新系统的重要组成部分。正确识别和把握商业模式创新驱动力,是有效引导企业开展商业模式创新,促进商业模式创新成功的基础和保证。

商业模式创新的驱动力可以划分为来自企业内部与外部两方面,结合企业创新动力的相关理论以及商业模式创新的自身特征,商业模式创新的外部动力包括技术驱动力、市场驱动力、竞争驱动力和政策驱动力,而内部动力主要来源于企业家自身的创新精神或企业管理团队的创新决策。

根据商业模式创新的内部与外部驱动力,可以得出商业模式创新的驱动模型,如图 3-4 所示。

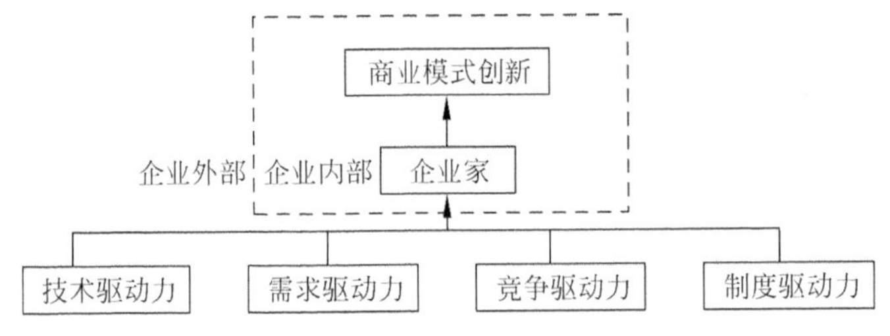

图 3-4 商业模式创新的驱动力

1. 内部驱动力

系统科学通常把信息看成系统的组织力,依靠信息运作把诸多部分组合成为一种有序的结构,实现系统的整合、发展演进与变革。企业家作为企业这一组织系统的控制中心,自然成为组织内部信息运作的中心和控制者。所以,尽管商业模式创新具有外向性的基本特征,受到各种企业外部因素的影响和制约,但是各种外部因素,也包括内部因素,对于企业商业模式的影响还都需要通过企业家这一企业内部重要的信息控制中心的作用,才能产生全面性的影响,因此,可以说,商业模式创新作为一种企业系统的整体创新,从企业内部来看,其驱动力主要来自于企业家和企业家的创新精神。

企业家的概念来源于英文“entrepreneurship”,其含义是从事某种行业,通过开办工厂和创新实现自身目标,并满足社会的需求。在这里企业家被认为是当然的“创新者”。约瑟夫·熊彼特认为企业家是不断在经济结构内部实行“革命突变”,对旧的生产方式进行“创造性破坏”,实现生产要素的新组合的人,是推动国民经济向前发展的主体。马歇尔将企业家才能作为一类生产要素,认为是企业家把土地、资本、劳动以及企业家才能本身等生产要素按最有效的方式组织起来,实现了资源的最优配置。狄莫斯认为:“企业家精神是一种思考、推理和行动模式,是一种追求机会,整体权衡,具有领导能力的行为。”德鲁克认为,企业

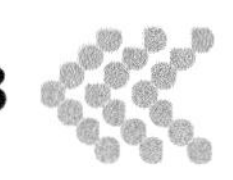

家创新精神就是一种革新行为,这种行为为现有资源赋予了新的创造财富的能力。德鲁克把企业家创新精神明确界定为社会创新精神,并把这种精神系统地提高到促进社会进步的杠杆作用的地位。

虽然熊彼特将企业家看作是均衡的破坏者,认为企业家为追求利润目标实现新的生产要素组合,从而打破市场的均衡状态。但柯斯纳、卡森等却把企业家看作是市场均衡的恢复者,认为由于信息不完全和人的有限理性,市场常处于一种不均衡的状态,企业家为了获取赢利,通过重新配置资源将市场再次导入均衡状态。因此,企业家既可能是均衡的破坏者,也可能是均衡的恢复者。但无论怎样,企业家都被视为是一种能够改变经济结构原有状态的创新动力因素。

企业家的创新精神通过创新实践得以表现。一般来说,企业家的创新,首先表现为思维方式的创新,其次是技术创新、管理创新和营销创新等职能创新,并且最终以上述创新在企业层面上的有机整合——商业模式的创新得以实现。企业家发动的创新,也许最初都具有一定的具体性和针对性。例如,针对某一社会需求目标创新地使用某种生产技术。但是最终,由于企业家在企业中所处的独特地位,这些创新都将表现出对企业内部资源利用的综合性与创新目标的整体性,并最终引发企业内部多个层面的连续创新,即商业模式的创新。因此,企业家发动的企业创新,并不是单纯地表现为某一企业职能的创新,而是涉及企业各个层面和多种职能的商业模式创新。

由于企业家拥有创新力、洞察力和统帅力等优势,所以在企业管理创新过程中,不管企业规模大小,企业家都一直扮演着主导性、关键性的角色,尤其在中小型企业中的情况更为突出。很多学者利用实证研究的方法,证明了企业家对于企业创新所具有的推动作用。特别是针对商业模式创新这种涉及企业各个层面和多种职能的系统化变革,仅仅依靠专业的研发部门或某些专业技术人员或市场营销人员都是难以推动和把握的,只有能够掌控全局,同时了解需求变化趋势、竞争态势以及相关政策法规和专业技术发展,具有创新精神的企业家才能系统化地推动企业商业模式各要素之间协同变革,并最终实现商业模式的创新。

应该指出的是,企业家作为商业模式创新的企业内部驱动力,与商业模式创新的外向性并不矛盾。这是因为,首先,企业家发动的商业模式创新,其来源是企业外部环境的变化和适应变化的需要。外部环境的变化,通过需求与竞争条件的变化,影响企业家并最终促使企业家根据上述变化的需要进行创新。事实上,无论是商业模式创新还是技术创新,都不是企业家随心所欲的产物,而是对照着某种环境需求或竞争目标,经过不断构思,不断优化组合各种资源的结果。社会需求与市场竞争是商业模式以及技术和管理创新构思的核心和重心,各种构思的方案、各种解决问题的方法手段,归根到底都是针对社会需求和有效竞争而提出的解决方案。社会需求与竞争环境发生变化,解决问题满足需求的方法也就需要变化,企业家需要准确预测外部环境的变化趋势,并且有效整合资源和创新资源组合方式,从而有效地满足需求和应对竞争。对于企业家而言,创新就是根据外部环境变化的需要,调整和改变资源的组合的形成与产出结果,并使之比竞争者更加有效地为消费者创造价值。

其次,在今天的知识经济背景下,一个人不可能拥有推动商业模式创新所需要的各种知识,企业家也不例外。企业家的创新思想与创新实践也需要从外界补充和吸取各种相关的知识和信息。及时发现和捕捉到能够为企业发展带来机遇的各种科学技术、社会文化以及政府政策的变化和机会,是企业家必须具有的特质之一。所以说,企业家对于商业模式创新机会的把握，同样依赖于对于外部环境变化的敏锐观察和把握。即企业家作为商业模式创新企业内部的核心驱动力量，推动创新走向成功同样也离不开对于企业外部环境机会的把握。只有那些能够准确预测环境变化趋势的企业家才能真正有效地推动商业模式创新并获取成功。

2. 外部驱动力

外部驱动力是指企业外部因素对商业创新的促动作用，主要包括技术、需求、竞争力和政策。以下部分将重点讨论这 4 方面的内容。

1）技术驱动力

推动企业创新的关键因素之一是和外部技术组织的良好交流，信息技术是商业模式创新的关键驱动力。基于数据处理和移动通信的信息技术使得多种新模式，例如，远程教育、网上商城等得以运用。新的信息技术在为企业更好地满足消费者便利需求创造条件的同时，也在改变企业与企业之间的合作与交换模式，使企业间的分工合作更加便捷与紧密，促使全新的商业模式在 B2C 与 B2B 之间不断涌现。所以，在信息技术革命正在发生的当今社会，技术依然是推动商业模式创新最为重要的动力之一。同时还应该指出的是，驱动商业模式创新的技术力量也可能来自于相关的材料技术、工艺技术和管理技术等不同类型的技术创新与技术变革，而不同类型的技术变革对于不同行业企业的商业模式创新的驱动作用又各不相同。因此，研究商业模式的技术驱动力，应该结合具体的行业背景，对不同类型的技术作用进行分类研究。

2）需求驱动力

“企业本性论”告诉我们“追求利润最大化”是企业经营的目标。而实现这一目标最有效的方式就是更好地满足市场需求。因此，为了更加有效地满足市场需求，企业需要紧紧跟随市场需求的变化趋势，通过各种形式的创新及时适应市场需求的各种变化。因此，从某种意义上说，正是需求的变化驱动着企业商业模式的不断创新。此外，为顾客创造价值也是企业获取利润的前提，而顾客价值是一个主观见之于客观的产物，既包含客观的成分，如产品本身的价值，也包含主观的成分，如形象价值、品牌价值等主观因素，伴随消费者需求偏好的转变，企业产品的价值也应随之转变。所以，从有效创造价值的视角看，需求也是驱动商业模式转变的关键动力。顾客在客户主导创新过程中所具有的能动作用，并将通过客户需求的感知理解，形成解决方案，建立原型的创新范式称为用户创新。推动创新首要在于对市场的关注，以及通过教育和帮助加强客户参与。客户密集度和参与度是影响服务企业创新模式的两种主要市场驱动力之一。

3）竞争驱动力

比竞争者更有效率地满足市场需求，是企业获取利润的关键，因此为了比竞争者更具效率，降低产品成本或价格的努力，成为影响企业商业模式创新的另一种重要驱动力。反常规的变化增强了竞争，使得新型服务被开发出来并提供给顾客。而行业结构的刚性、竞争的缺乏、生产能力过剩则导致商业模式创新驱动力不足、形成商业模式创新障碍。为了降低成本，企业可以通过重新选择资源组合、再造生产以及价值主张和界面模式等各种形式实现，可以说竞争是驱动企业商业模式创新的重要力量。

4）政策驱动力

政府的一个重要作用就是商业模式创新的触发器。政府的这个角色非常重要，它可能

直接促进某种创新(通过 R&D 资助等),也可能导致新规则的产生。例如,严格的环境控制带来了对测试、诊断和控制服务的需求,同时也刺激了开发合乎环境要求的服务产品和工艺的要求。

3.2.2　信息系统赋能商业创新

为什么今天信息系统如此重要?为什么企业在信息系统和技术的投入如此之多?美国有超过 2100 万名管理者和 15 400 万名工人依赖于信息系统来开展业务。在美国和大多数发达国家,信息系统是开展日常业务以及实现战略业务目标的关键,如果没有持续地大量投资于信息系统建设,整个经济将不可想象,电子商务公司如亚马逊、eBay、谷歌和 E-Trade 根本不会存在。今天的服务行业——金融、保险、房地产,以及个人服务业,如旅游、医药、教育,没有信息系统就无法运作。同样,零售企业如沃尔玛、西尔斯,还有制造企业,如通用汽车和通用电气都需要信息系统以保证其生存和繁荣。正如办公室、电话、文件柜、有电梯的高层建筑曾经是 20 世纪的商业基础一样,信息系统是 21 世纪的商业基础。

企业应用信息技术的潜力与其执行企业战略并实现企业目标的能力之间的关联越来越紧密(见图 3-5)。信息系统能做什么往往决定了企业在未来 5 年所能做的事情。增加市场份额、成为提供高质量或低成本产品的生产商、开发新产品和提高员工生产效率,越来越取决于组织内信息系统的性能。越深入地理解这样的关系,作为管理者产生的价值就越大。

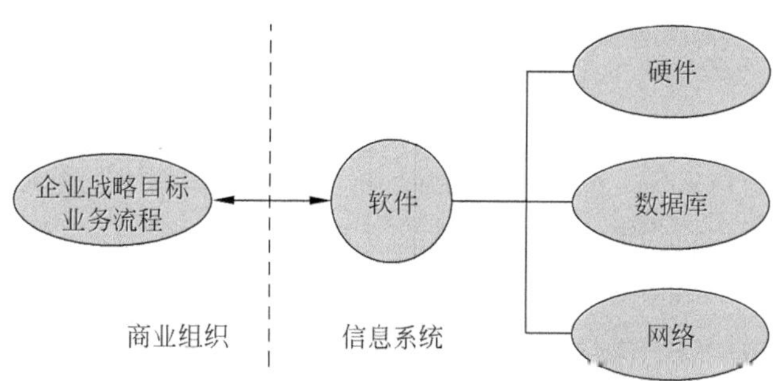

图 3-5　企业战略与信息系统的关系示意图

在当今组织体系里,企业的信息系统和业务能力相互依存度日益增长。战略、制度和业务流程的变化越来越依赖于硬件、软件、数据库和通信的改变。通常,企业想做什么将取决于其信息系统允许它做什么。

具体说,商业公司对信息系统的大量投资主要用于实现六项战略业务目标:卓越运营;新产品、新服务和新商业模式;与客户和供应商的密切关系;改善决策;竞争优势;永续经营。

1. 卓越运营

企业持续寻求改进其运营效率以获取更高的利润。信息系统和技术是管理者可利用的最重要的工具之一:用于帮助企业实现更高的运营效率和生产率,特别是在配合业务流程和管理行为改变时的效果更显著。

全球最大的零售商沃尔玛是信息系统能力与卓越的运营实践和支持管理完美结合达到世界一流运营效率的典范。2012 财务年度,沃尔玛的销售额达到 4600 亿美元,占全美零售销售额的近十分之一,很大程度上这依赖于它的零售链管理系统,这个系统连接其供应商与每家沃尔玛的零售商店。只要客户购买了某一商品，供应商立即能监测到，从而准确地安排补充货架上的商品。沃尔玛也是全行业最高效的零售商每平方英尺实现销售额超过 28 美元，销售额最接近的竞争对手塔吉特每平方英尺仅实现 23 美元，而其他零售企业每平方英尺实现不到 12 美元的销售额。

2. 新产品、新服务和新商业模式

信息系统和技术是公司创造新的产品和服务以及全新的商业模式的主要驱动器，商业模式(business model)描述的是企业如何通过生产、运输和销售产品或服务来创造财富。

当前音乐产业已与十年前大不相同。苹果公司把基于唱片磁带和 CD 载体的传统音乐销售模式转变为基于自有的 iPod 技术平台的合法在线分销模式。苹果公司从 iPod 技术的不断创新中获得成功，包括 iTune 音乐服务、iPad 和 iPhone。

3. 与客户和供应商的密切关系

当企业真正了解并能很好地服务于客户时，客户常会成为回头客，购买更多的产品，从而提高企业的收入和利润。同样对供应商来说，企业与供应商关系越紧密，供应商就越能更好地向企业提供重要的服务，从而降低企业成本。如何真正了解客户或供应商，对拥有几百万线下或在线客户的企业来说是个关键问题。

曼哈顿的文华东方等高档酒店的例子说明，信息系统和技术的使用能让企业与客户建立密切的关系。这些酒店用计算机来记录客户的个人偏好，并将这些数据存入大型数据库，例如，他们喜欢的室内温度、入住时间、常拨打的电话号码和常观看的电视频道等。为便于远程监控或控制，酒店的每个房间的网络都与酒店的中心网络服务器相连。当客户到达酒店时，酒店系统会根据客户留下的数据资料，自动调整房间的室内环境，如调暗光线、设置室内温度或选择合适的音乐等。此外，这些酒店分析客户数据，从中识别出最佳客户，并根据客户偏好开发出个性化的营销活动。

杰西潘尼(J. C. Penney)百货公司的例子说明，信息系统能使公司与供应商关系更加密切，从而使企业从中获益。每当美国杰西潘尼百货公司卖出一件礼服衬衫后该销售记录会立即出现在其供应商——香港的 TAL 制衣有限公司(TAL Apparel)的信息系统中。TAL 公司是一家成衣生产商，全美销售的八分之一的衬衫都由该公司提供。TAL 公司自己开发了一个计算机分析处理模型和系统，通过该模型来分析各种数据并决定要生产多少衬衫，包括款式、颜色和尺码等生产所需信息。接下来，TAL 公司生产出这些衬衫以后就直接配送到每个杰西潘尼百货商店，而不需要送到该零售商的仓库。换言之，杰西潘尼公司的衬衫库存几乎为零，库存成本也就接近于零。

4. 改善决策

很多企业管理者至今仍在信息不透明的环境下工作，几乎没有在正确的时间获得正确的信息决策，反而依赖于预测、猜测和运气，其结果是企业产品和服务要么过剩、要么不足，企业资源分配不合理，响应时间拖延这些糟糕的结果导致了企业生产成本上升和客户流失。十多年来，信息系统和技术的发展已使得管理者决策时利用来自市场的实时数据成为可能。例如，威瑞森电信(Verizon)公司是美国最大的通信企业之一，通过基于网络的数字仪表盘给管理者提供关于客户投诉每个服务区的网络质量、线路停电或暴雨损坏的线路等的实时信息。一旦有了这些信息，管理者就能马上给受影响的地区分配维修资源，告知用户维修事宜，并快速恢复服务。

5. 竞争优势

企业的目标包括卓越运营、新产品新服务和新商业模式与客户/供应商的密切关系、改善决策等，当公司实现其中一个或多个目标时，它们也就有可能获得竞争优势。当企业在上述几个方面比竞争对手做得更好，当企业的产品质优价廉，当企业能实时响应客户和供应商的需求，这些综合起来将会给企业创造竞争对手难以匹敌的高销售额和高利润。

6. 永续经营

商业企业会投资一些企业运营所必需的信息系统和技术，有时这些“必需的”信息系统和技术驱动了行业变革，例如，1977 年，花旗银行在纽约推出了第一台自动柜员机（ATM），通过 ATM 这样的服务吸引了客户。随后竞争对手则紧跟其后，也迅速地为自己的客户提供了 ATM 服务，以便和花旗银行抗衡。如今几乎在美国的所有银行都提供了本地的 ATM 服务，且和国际 ATM 网络相连，例如 CIRRUS 网络。如今银行为零售客户提供 ATM 服务，已经是银行零售业务生存的一种必备要求。

美国许多联邦和州的法规与规章规定，要求建立公司及其员工保留记录，包括数字记录的法律责任，例如《有毒物质控制法令》（*Toxic Substance Control Act*，1976）规定，当工人接触 75 000 多种有毒化学物质中的任何一种时，要求公司保存该员工记录的时间为 30 年。旨在加强上市公司及其审计师责任的《萨班斯-奥克斯利法案》(2002)要求，会计师事务所审计上市公司后必须保存审计工作报告和记录 5 年，包括所有电子邮件等，其他诸如在医疗保健、金融服务、教育和保护隐私等方面，许多联邦政府和各州均有相应的法律法规，要求美国企业必须保留和报告有关重大的信息。因此企业需要利用信息系统和技术开发相应的能力来满足这些挑战和要求。

3.2.3 大数据时代的商业创新

大数据时代，数据成为重要的企业资产，并对企业的生产运营发挥了重大的促进作用，促进了商业创新。本节将讨论大数据与商业创新方面的内容。

1. 大数据与商业创新

作为未来学家阿尔文·托夫勒笔下的“第三次浪潮”，大数据以一种不可阻挡之势风靡全球。学术界已有研究主要围绕大数据的技术实现和经济效益两方面展开。伴随着大数据在商业界的爆炸式应用，麦肯锡、IDC、Gartner、IBM 等专业公司开始先于学术界研究大数据引起的管理变革。麦肯锡全球研究院将大数据定义为“无法在一定时间内使用传统数据库对其内容进行获取、管理和处理的数据集合”。未来企业间的竞争不仅仅在于如何获取更多数据，更重要的是如何有效地处理大规模数据。彻底的客户定制化服务、持续的试验以及新颖的商业模式成为企业获取和分析大数据的印记。

IT 研究机构 Gartner 运用 3 个“V”，即大量化（Volume）、多样化（Variety）和快速化（Velocity），阐述大数据的内涵，强调大数据是“大量、高增长和多样化的信息资产，要求企业采用低成本、创造性的信息处理方式以提高洞察力和信息处理能力”。这个定义表明大数据不仅仅指数量大，也突出了数据的种类繁多和生成速度之快，同时要求企业具备存储与处理非结构化数据的能力，从而挖掘商业机遇获取商业价值。类似地，国际数据公司(IDC)指出，大数据是一种新一代的技术和架构，具备高效率的捕捉、发现和分析能力，能够经济地从类型繁杂、数量庞大的数据中挖掘出色价值。尽管大数据是一个新兴领域，但其体系化的商业应用已在零售、金融、互联网等行业不断涌现。研究者对于大数据的认识不再局限于某个特定领域的大规模数据运用。越来越多的人意识到，数据记录现实世界的各个方面，我们面对的是涵盖各个领域的数字信息环境。

McAfee 和 Brynjolfsson 对美国 330 家企业进行调查，结果发现，企业数据驱动的特征越明显，其财务和运营状况越好。尤其是在第三产业，使用大数据的企业的赢利能力比竞争者平均高 6%。IBM 强调，收集、存储、处理数据只是企业的技术手段，建立大数据驱动的商业体系才能为企业创造新的利润来源。商业模式创新意味着改变要素内涵及要素间的关系。基于大数据背景，可以从价值主张、企业界面、客户界面和赢利模式 4 个方面变革商业模式。Hartmann 等在总结前人研究后，结合大数据情境，分析出关键资源和关键活动这两个关键要素下的六大特征，即免费可得数据、客户提供数据、追溯/生成数据和数据聚集、数据分析、数据生成，建立 3×3“DDBM 矩阵”，将样本企业归为六大类(见图 3-6)。这是一个针对新创企业的 DDBM 模型，而大数据是一项重大的管理变革，不仅催生了许多基于大数据的新创企业的出现，也动摇了现有企业的价值创造逻辑。

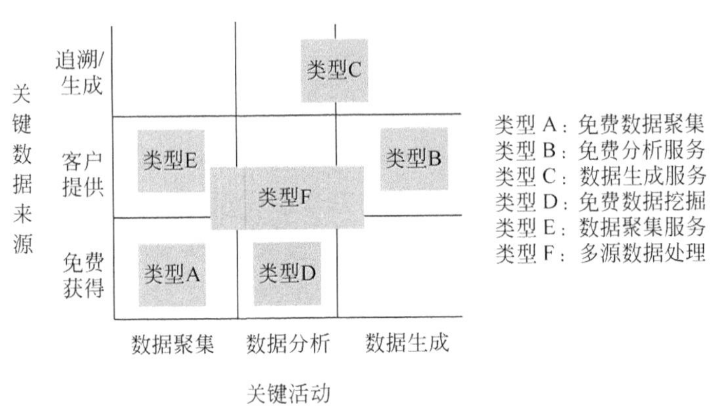

图 3-6 企业大数据创新的关键活动逻辑

2. 大数据赋能商业创新

“大数据”所引发的变革是全方位的、多层次的：“大数据”代表着一种新的生活方式，它改变了消费者的需求内容、需求结构和需求方式；“大数据”提供了一种新资源和新能力，为企业发现价值、创造价值、解决问题提供了新的基础和路径；“大数据”是一种新技术，为整个社会的运行提供基础条件；“大数据”是一种思维方式，引发企业对资源、价值、结构、关系、边界等传统观念的重构。总之，“大数据”正在改变企业赖以存在的资源环境、技术环境和需求环境，企业需要对“为谁创造价值、创造什么价值、如何创造价值、如何实现价值”问题(即商业模式)进行重新思考。

商业模式是一种建立在多种构成要素及其关系之上、用来说明特定企业商业逻辑的概念性工具，商业模式可用来说明企业如何通过创造顾客价值、建立内部结构以及与伙伴形成网络关系来开拓市场、传递价值、创造关系资本、获得利润并维持现金流。借鉴《商业模式新生代》一书中提出的商业模式 9 个基本构造模块；不同的商业模式是差异化的构造模块或者差异化的模块组合的结果。建立在这一概念框架基础之上，商业模式创新是企业在对顾客价值主张识别或再识别的基础上，对企业资源、结构、流程以及整个价值网络的重新设计与构造；它是对企业经营逻辑的系统再思考，它可以包括顾客价值主张创新、价值创造模式

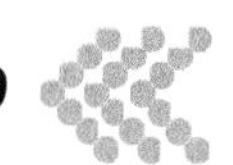

创新、价值传递模式创新、收益模式创新中的一个或多个方面；商业模式创新作为一种创新，其实质也是对某种差异化的追求，它可能起始于9个构造模块中某一方面的差异化，但商业模式创新最终要通过9个构造模块的系统化再设计来创造一种整体结构性差异；这种整体结构性差异最终会呈现于3个层面：企业特征层面、产业链定位层面和行业定位层面，基于不同层面差异化追求的商业模式创新的驱动原理并不相同，这也是商业模式创新可以被多个理论解释(诸如价值链分析、熊彼特破坏性创新理论、资源基础论、交易成本理论、战略网络理论等)的原因，但没有任何单一的创新和战略管理理论能够对其进行完整解释的原因。大数据资源与技术成为企业追求差异化的主导资源之一，它对商业模式创新的激发也是多维的。可以从三个视角揭示“大数据”对商业模式创新驱动的原理：一是企业对大数据资源和技术的工具化运用所引发的商业模式基本构成要素的创新；二是大数据资源和技术商品化催生的“大数据”产业链的形成，以及企业在“大数据”产业链上的不同定位所引发的商业模式创新；三是基于“大数据”的行业外扩张衍生的以连接、融合、跨界为特征的商业模式创新。

为了系统地分析将数据作为关键资源的企业的商业模式，在回顾商业模式要素和大数据特征理论的基础上，提出基于大数据的商业模式五要素框架，包括价值主张、目标市场、关键资源、关键流程和赢利模式。

1）价值主张

价值主张是商业模式的核心要素，它定义了企业创造何种价值。一个成功的企业往往能为客户提供优于替代者的更高满意度的价值。一些学者将高度依赖于大数据提供的服务分为两类：数据服务(data-as-a-service)和分析服务(analytics-as-a-service)。前者是指通过与数据提供者的合作收集数据，进而向客户提供访问路径，如证券交易所向公众公开上市公司财务年报；后者则是对数据分析、追溯后生成商业情报、预测模型等信息。

2）目标市场

这个要素界定了企业竞争市场的性质和范围，即向谁提供价值，同时也确定了企业的运营环境。客户的类型和地域分散性都会影响一个组织的结构、资源和销售渠道。学术界、企业界对市场划分还没有形成一个统一的标准，其中最普遍的分类方法，是将目标客户划分为企业客户和个人客户，即B2B和B2C。

3）关键资源

麦肯锡全球研究院指出，数据正在成为与物质资产和人力资本相提并论的重要生产要素，大数据的使用将成为未来提高竞争力的关键要素。大多数企业也都开始意识到“数据”有可能成为其核心资产，希望通过收集和分析大数据来获取竞争优势。Negash建立商务智能的数据类型/来源矩阵，将数据分为结构化和半结构化两种，并依据数据来源将数据分为内部和外部数据。而Hartmann则进一步把内部数据划分为现有数据和生成数据，外部数据包括免费可得数据和客户提供数据。

4）关键流程

信息技术领域原先已经有“海量数据”“大规模数据”等概念，但这些概念只着眼于数据规模本身，未能充分反映数据爆发背景下的数据处理与应用需求，而“大数据”这一新概念不仅指规模庞大的数据对象，也包含对这些数据对象的处理和应用活动，是数据对象、技术与应用三者的统一。大数据技术是从各种类型的大数据中，快速获得有价值信息的技术，包括数据采集、存储、管理、分析挖掘、可视化等技术及其集成。

5）赢利模式

Johnson将企业的赢利准则定义为如何在为客户提供价值的同时也为自己创造价值的蓝图，它包括收入模式、成本结构、利润模式和资源补给率4个方面。收入由产品或服务的价格和数量共同决定，其中数量又受到市场规模、购买频次以及辅助销售等影响；成本通常包括固定成本和可变成本两部分，成本结构是关键资产、经济规模等的函数；利润模式表明每笔交易需净赚多少以达到赢利目标；资源补给率则涉及生产前置时间、生产能力、资金周转率、资产利用率等变量。

3.3 企业竞争战略分析

为了满足组织的信息和技术需求，务必先要了解你所在的行业，并制定适当的经营战略，然后识别对实现战略有帮助的重要商业进程，最终根据掌握的信息做出正确的技术选择。

商业人士不应将技术投入视为一个难题，或者单纯地为了使用技术而使用技术。相反，商业人士应该积极参与讨论做出战略决策，并根据战略决定何种技术能最好地支持企业实现战略，当然各行各业所使用的技术千差万别。既然已经学过了管理信息系统和信息技术的应用，那么浮现在脑海中的最初问题应该是：商业人士如何决定使用何种技术，何时开始使用。如上所述，组织决定采用哪种技术何时开始实施需要经历如下过程：

(1) 评价竞争的形势和影响组织的行业压力。

(2) 决定对成功至关重要的经营战略以应对竞争和行业压力。

(3) 识别能支持已选经营战略的重要商业进程。

(4) 使技术工具与重要的商业流程相匹配。

3.3.1 五力模型

本节内容主要是了解行业内的竞争因素，我们将通过波特五力模型识别行业中的竞争因素。本书将在后面的两个部分介绍制定经营战略的集中有效的模型，然后用价值链分析工具识别重要的商业进程。本书将介绍多种信息技术，并讨论信息技术对于支持商业流程的重要性。

迈克尔·波特教授创立的框架——五力模型——长期以来一直是帮助商业人士们考虑企业战略规划和IT影响时的有用工具。五力模型(five forces model)帮助商业人士从以下5个方面理解一个行业的相对吸引力，分别是购买者的议价能力、供应商的议价能力、替代品或服务的威胁、新进入者的威胁、同行业竞争者的竞争，如图3-7所示。决定企业赢利能力首要的和根本的因素是产业的吸引力，5种竞争作用力综合起来决定某产业中的企业获取超出资本成本平均投资收益率的能力。

1. 购买者的议价能力

在五力模型中，当购买者可选择的购买渠道很多时买方能力(buyer power)较强，反之则较弱。作为一个产品和服务的提供者，组织希望能减弱买方能力。你可以构建一种竞争优势，使其更加吸引顾客从你这里购买商品而不是从你的竞争对手那里购买。下面是一些公司使用信息技术来减少购买者购买能力的例子。

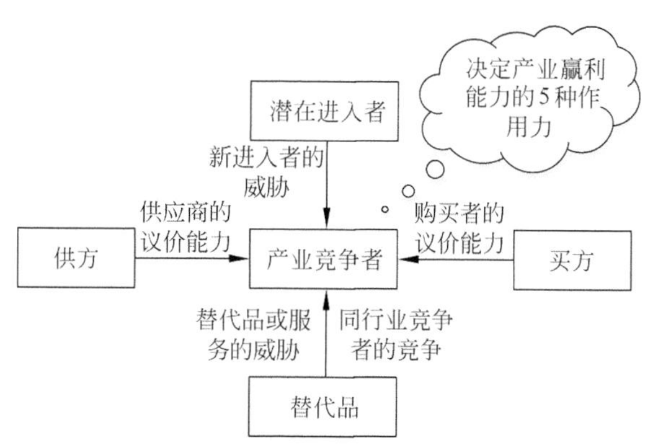

图 3-7 迈克尔·波特的五力模型

(1) 网飞公司——设立电影列表。当顾客看完一场电影后,网飞公司会帮助顾客更新电影列表。

(2) 美国联合航空公司——推出里程积分计划。只要乘坐联合航空公司的航班(或用联合信用卡购买)就可以累计积分以享受免费乘坐航班、升级以及免费宾馆的优惠。像这样由特定组织以顾客消费为基础回馈优惠给顾客的计划称为忠诚计划。

(3) 苹果音乐管理器——生成音乐管理报告,可购买和下载任何自己想要的音乐。然后,你自己可以组织和管理音乐。

通过信息技术来减少买方能力的最好的一个做法就是许多企业提供的忠诚计划。忠诚计划(loyalty programs)是在客户与一个特定企业之间的业务量基础上对客户提供回馈。只有跟踪许多客户,有时可能是上百万客户的活动及账目,这项计划才可能实施。如果没有大规模的信息技术系统,这项计划几乎是不现实的,或者根本不可行。因此,忠诚计划通过信息技术来减少买方能力。这在传统行业中很常见。例如,由于旅客得到了回馈(如免费的机票、舱位升级和住宿),他们更乐意与此公司开展更多的业务。

2. 供应商的议价能力

在五力模型中,当购买者可选择的购买渠道很少时,卖方能力(supplier power)就强,反之则弱。卖方能力和买方能力是相反的:在市场中,作为卖方,你希望买方能力弱,而你的卖方能力则强。

在一个传统的供应链中(见图 3-8),你的企业可能既是一个供应商(对顾客而言),又是一个客户(对其他供应商而言)。作为其他供应商的客户,你又希望能够增加自己的买方能力。

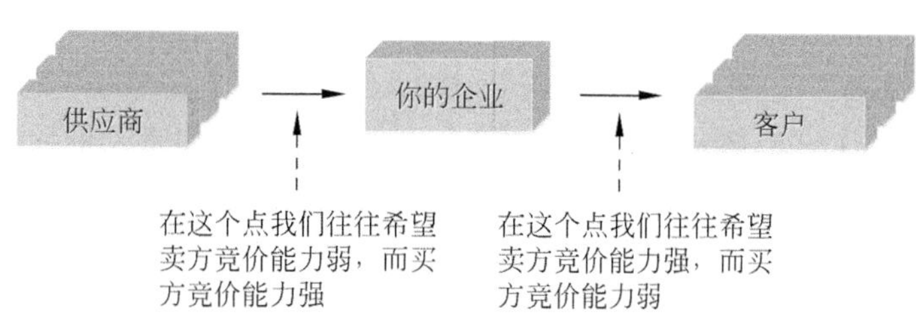

图 3-8 衡量企业里买方和卖方的竞价能力

通过为企业寻找可选择的供应来源可以创建一种竞争优势，而不是仅仅依靠IT的B2B电子商务市场为你提供帮助。B2B电子市场是一种可以聚集大量买家和卖家的网络服务。

3. 替代品或服务的威胁

在五力模型中，对于一种产品或者服务存在多种选择时，替代产品或者服务的威胁(threat of substitute products or services)就高，反之则低。理想状态下，对于你提供的产品和服务，市场中存在少量的替代品时，你的企业会很愿意成为一个供应商。当然，这种情况在当今的市场中很少见，但是你仍然可以通过增加转换成本来创造一种竞争优势。转换成本(switching costs)就是指使消费者不愿转而使用另一种产品或者服务的成本。你应该意识到，转换成本并不一定是真正的货币成本。

例如，当你在亚马逊网站购买产品时，亚马逊网站会通过协作过滤等技术建立一个有关你购物习惯的特定的档案。当你登录亚马逊网站时，在你的档案中已经有为你定制的产品。如果你选择去别的地方购物，由于你所登录的新网站没有关于你或过去购买记录的档案，此时就产生了转换成本。因此，在一个有许多替代品的市场中，亚马逊网站通过为你提供定制产品，增加你转向其他在线零售商的转换成本，从而减少了替代产品或者服务的威胁。

转换成本也可能是真实的货币成本。当你在手机提供者那里报名时，你可能就需要付出转换成本。所有的运作和计划听上去真的很完美。但是却存在着很高的转换成本，因为大多数手机提供者要求你签署一个长期的合同(大约2年)，只有这样你才能接受免费电话或者晚间和周末无限制的通话。不幸的是，这种转换成本有时被巧妙地隐藏在细节中。

4. 新进入者的威胁

在五力模型中，当新的竞争者很容易进入市场时，新进入者的威胁(threat of new entrants)就大，而当进入市场的行业壁垒很高时，进入威胁就小。进入壁垒(entry barrier)是指特定行业内客户期望的公司产品或服务所应具有的功能，一个新进入公司为了竞争并得以立足必须提供这种功能。建立起这种壁垒，然后被克服，接着又会建立新的壁垒。

解释行业壁垒的一个很好的例子就是我们期望银行提供基于IT的服务，包括使用ATM在线支付和账号监控等。在进入银行行业时，由于你必须免费提供IT服务，因此就存在许多与IT有关的行业壁垒。第一家提供这类服务的银行就赢得了先动优势，同时也建立了行业壁垒，当其他银行业的竞争者也具备了相似的与IT相关的系统并克服壁垒进入到该行业时，这种优势就消失了。

5. 同行业竞争者的竞争

当市场中的竞争很激烈时，五力模型中的同行业竞争者的竞争(rivalry among existing competition)力量就强，反之则弱。简单地说，尽管所有行业的竞争都加剧了，但某些行业的竞争强度还是高于其他行业的。

零售业中存在激烈的竞争，美国的Kroger、Safeway和Albertson公司通过许多不同的方法竞争，不过本质上它们都试着通过价格来打败或追上竞争对手。例如，大多数零售商都有忠诚计划，即为购买者提供特殊折扣。一方面，商家收集了可以收集到的有关顾客购买习惯的商业情报并以此来制定价格和广告策略；另一方面，顾客也得到了较低的价格。将来，你可能会看到零售店采用无线技术跟踪顾客在店内的活动，并将其与购买的产品相匹配，从而决定购买顺序。

既然零售业的利润很低，零售商就通过与供应商开展基于IT信息合作来提高供应链

的效率，通过远程通信网络而不是基于纸张的系统与供应商进行交流，使得采购过程更加迅速，成本更低，而且也更精确。这相当于为客户提供了较低的价格——从而加剧了现有竞争者的竞争。

3.3.2 构建企业战略

正如你所看到的，波特五力模型能更好地帮助你理解你的组织在所处行业中的定位和组织所面临的竞争压力。然而第二个任务就是，如何设计具体的企业战略使得组织保持持续的竞争力和赢利能力。

企业战略是一门广而博的学科。目前已经有上百种设计企业战略的方法论，关于企业战略的书更多(如有名的《蓝海战略》)。此处，我们主要讨论迈克尔·波特的3个一般战略。迈克尔·波特识别出3种方法或战略，以保证企业在行业中保持竞争力，它们是：成本领先战略、产品差异化战略、集中化战略。

1. 成本领先战略

成本领先战略，即以比任何竞争对手能做到的更低的价格提供同质或更优的产品或服务。通过成本领先战略获取竞争优势的企业案例不胜枚举，几乎每天都在更新。最闻名的就是沃尔玛。沃尔玛的口号“天天低价”和“每天低价”最深刻地描述了成本领先战略的实质。无论是女士内衣还是汽车电池，沃尔玛致力于提供与竞争对手同价甚至是更低的价格。沃尔玛通过IT驱动的供应链管理系统来分析预测顾客想要买什么，什么时候需要买。

戴尔公司的运作模式也与此类似。它的著名的客户定制化电脑直销模式引起整个行业的羡慕。汽车制造商Hyundai and Kia也采用相似的方法销售底价可靠的汽车给更广大的客户群，而不同于悍马和奔驰，它们没有成本领先战略。大的食品百货销售商，如Kroger、Safeway和Albertson本质都是在价格上竞争，它们经常亏本促销来争取更多的顾客。亏本先导即在商店里某个产品以成本价或低于成本价销售以诱惑顾客买更多其他有利润的商品。亏本先导产品经常放于商店最里面，这样顾客必须路过那些有着更高边际利润的产品。

如果企业选择成本领先战略，IT是一个非常有效的工具。IT管理下的供应链系统有助于企业快速获取或仿真顾客信息以理解顾客的购买行为，便于更好地预测产品所需库存和货架摆放的位置，也方便顾客通过网络支持的电子商务系统订购企业的产品。

2. 产品差异化战略

产品差异化战略，即提供的产品或服务在市场中被顾客感知是独一无二的。悍马是一个典型的例子，它的差异化战略是H1、H2和H3系列车型的独特设计和漂亮外观。即便它的口号——“与众不同”——也充分彰显其尽力使得悍马车不同于其他类型的车。另一个例子是食品杂货销售行业的Lunds & Byerly's(经常简称为Byerly's)。虽然其他的竞争对手主要注重价格的竞争，但Byerly's则更注重顾客的购物体验——差异化。所有的Byerly's店都提供烹饪班和店内餐厅的早晚餐服务。许多Byerly's商店都铺的是地毯而不是地板砖，一些还采用枝形吊灯而不是日光灯。

苹果电脑公司也采用产品差异化作为企业战略。苹果电脑不仅仅外观与众不同，还有着不一样的屏幕界面，并且比任何竞争对手都更注重一些非文本信息的处理，如照片、音乐和视频。奥迪和米其林也都成功地创造了基于产品安全性的整异化战略。更准确地说，产品差异和基于更低价格的差异是不同的，后者是成品领先战略，但两者是相互关联的。虽然许多顾客愿意为 Byerly's 的产品支付高一点的价格，但他们并不愿意支付更多。选择产品差异化战略也必须时刻关注竞争对手的价格。

3. 集中化战略

集中化作为一种战略，经常意指：

(1) 提供产品或服务于一个特殊的细分市场或购买群体；

(2) 提供的产品或服务聚焦于一个产业链的一部分；

(3) 提供产品或服务于一个特定的区域市场。

集中化与提供所有的东西给所有人群恰恰相反。许多餐馆仅集中于某一类食物——意大利菜、墨西哥菜、中国菜等。像 Vitamin Cottage Natural Foods Market 仅仅销售天然有机食品或营养品(产业链中的产品)给一个特定的购买群体(特定的细分市场)。许多医生则专业于特定的医疗帮助——肿瘤、儿科等；类似地，许多律师事务所则专门从事某一类法律服务——女性职工的补偿、信托、知识产权和商标保护等。

和波特的其他一般战略一样，集中化战略并不是孤立的。如果你的企业选择了某一个特定消费群体，其他的竞争者也会如此，因此你必须也在价格或者差异化上与竞争对手竞争。

3.3.3 识别重要的业务流程：价值链分析

通过前面的学习，你已能够分析企业所处的行业和竞争压力，并且能够利用波特的 3 个一般战略等界定企业的主要战略。而本节主要讨论信息技术如何合理地应用到企业业务流程中，从而促进战略的成功实施。一个有效的工具是价值链分析，价值链分析(value-chain analysis)即在企业内部系统地评估和提升企业业务流程的价值，从而提高企业竞争力。

价值链把整个组织活动看成一系列过程，每个过程都能为向顾客提供的产品或服务添加一定的价值。业务流程(business process)是完成某一特定任务所发生的一系列标准的活动，例如处理客户订单、分配客户订单和售后服务等，整体来说，价值链分析有助于企业识别增值的业务流程。图 3-9 描述了一个价值链特有的组成。

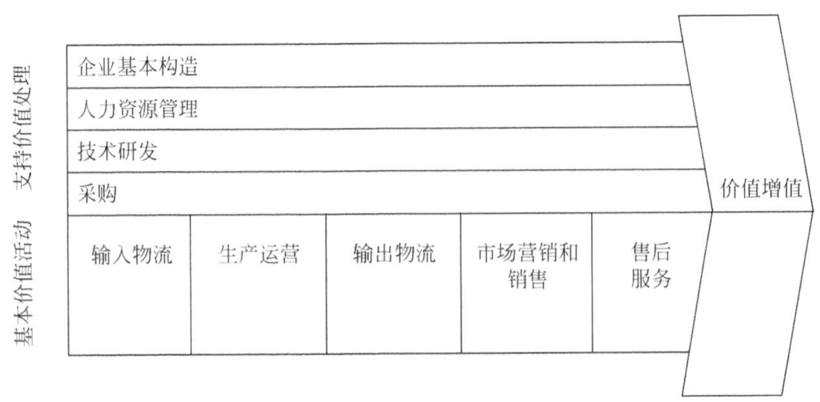

图 3-9 价值链的组成

图 3-9 下半部分的主要价值流程链包括输入物流、生产运营、输出物流、市场营销和销售、售后服务。每一个组成环节的具体含义如下：

(1) 输入物流——接收和存储原材料、配送原料到相应的生产活动中。

(2) 生产运营——将原料加工成产成品和服务。

(3) 输出物流——产成品和服务的存储和配送。

(4) 市场营销和销售——识别顾客需求、销售产品。

(5) 售后服务——产品和服务销售后对顾客的后续服务。

支持价值处理(support value processes)处于价值链的上半部分,包括企业的基本构造(文化、组织结构、控制系统、会计、法律等)、人力资源管理、技术研发和采购(原材料的购买)。企业需要这些支持价值处理保障基本价值活动的平稳运行。

企业的边际收入或利润决定于支持价值处理和基本价值活动的运营,也即顾客愿意支付的价格(产品或服务在顾客心中的感知价值)要大于价值链活动运营的成本。这一点类似于线上 vs. 线下战略的思想,企业的成功(利润)依赖于销售收入(线上)减去运营成本(线下)。

如果你曾经买过领带,可能会听说过加利福尼亚卡梅尔湾的 Robert 塔尔波特公司。塔尔波特公司是美国第一大领带生产商。该公司常常排斥采用新技术,它的所有订单从来都是书面形式的,虽然不采用新技术,但公司过去一直经营得很好,这是因为塔尔波特一直都能凭借高质量的工艺、独特的设计以及优质的材料来保证价值增加。然而,顾客的"欲望"推动需求,并且这些需求总是变化的。目前的消费者需要更多不断更新的样式。事实上,塔尔波特目前专门为 Nordstrom 建立了 4 条领带生产线,每条生产线每年都要承接 300 种设计的生产。

在这种情况下,该怎样运用价值链方法帮助塔尔波特公司找到一种更好地满足顾客需求的方式呢?我们应该从识别增值过程和减值过程开始。让我们先来看看增值过程的识别。

1. 识别增值过程

塔尔波特公司首先应该设计一个顾客调研方案,调研找出价值链中具有最大增值价值的业务流程(包括基础的和支持性的)。调研经常以某种形式进行,每位顾客拥有 100 分,然后将其分配到各个业务流程中,通过加总所有的评分并计算各业务流程所占的百分比,塔尔波特就能发现具有最大增值的那些流程。图 3-10 描述了一个可能的调研结果。注意图中

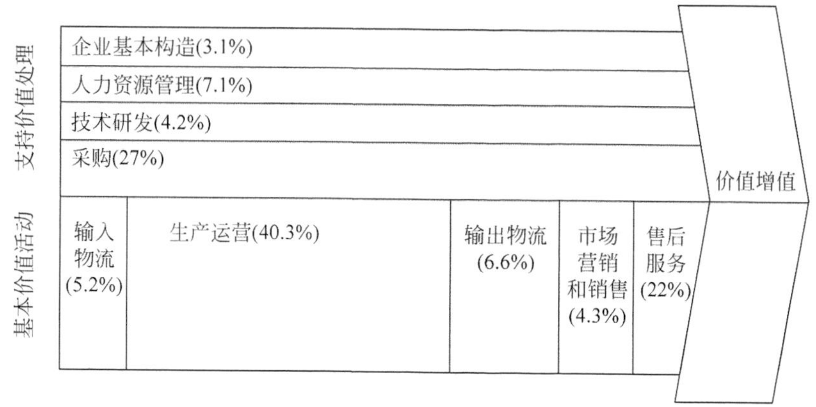

图 3-10 一个领带生产商的增值过程调查

的各流程是如何根据顾客赋予的价值而定的。最大的增值来源是高质量的生产活动；第二个增值来源就是带来高质量丝绸以及其他优质布料的采购活动。因为这些活动都是客户们最看重的过程，所以当受到新的IT系统支持时，它们将增加更多的价值。于是，塔尔波特开发了一个计算机辅助设计系统来缩减设计和生产新领带的时间。它也能进一步加强质量控制系统以确保采购的原料能生产出高质量的丝绸和其他纤维领带。

2. 识别减值过程

除了确认价值增加过程之外，识别减值过程也是非常重要的。因此塔尔波特设计了调研方案的第二部分。首先，塔尔波特要求顾客按照可能会减少价值的活动标准将100分分配到所有的业务流程中。然后，加总所有得分并计算出各流程所占的百分比，塔尔波特确认出那些减值最大的活动。

如图3-11所示，塔尔波特确认市场营销和销售活动为减值最大的过程。该公司还发现销售活动之所以减值是因为销售人员往往答应供给那些已经脱销的领带。这就导致顾客对塔尔波特公司供应高品质领带的能力失去信心，他们说这一过程削减了塔尔波特公司提供给他们的价值。

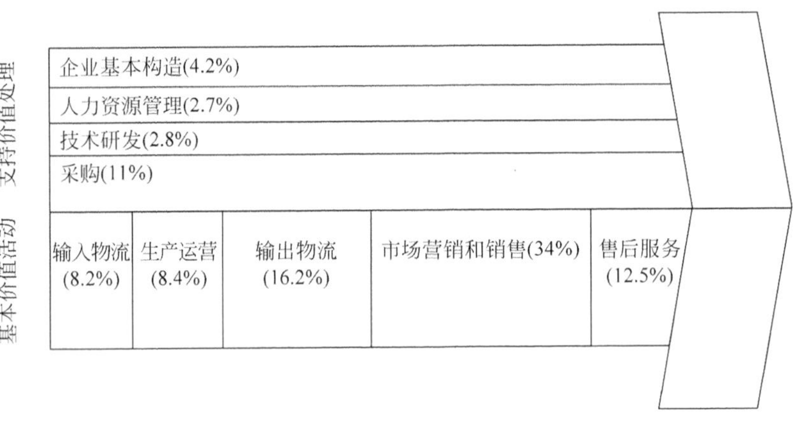

图3-11　一个领带生产商的减值过程调查

为纠正营销过程的偏差，塔尔波特公司开发了一个新的IT系统来向销售人员提供及时的产品信息，通过使用笔记本电脑，销售人员(可以随身携带生产线定制光盘)在路上就可以知道生产线的占用情况。他们在酒店的房间里通过电脑就能发出订单并且马上就可以知道库存的更新情况。于是，客户重新对老朋友树立了信心。它减少了决策过程“未经缜密的思考和计划即采取行动”。而且，当你开始量化这种信息时，你就能为你的所有物建立一个好的投资回报，同时也可以使用IT进一步增加价值增值过程的效果，并减少价值减值过程带来的不利影响。

简要地总结一下本章的要点，管理信息系统是人们为支持组织活动获取竞争优势而利用信息技术处理信息的过程。我们不能盲目地使用技术，只有通过分析行业竞争环境，制定合适的企业战略，识别重要的流程活动，才能更好地选择所需的技术。

3.3.4 海尔公司的竞争战略分析案例

海尔集团创业于 1984 年,创业以来,海尔坚持以用户需求为中心的创新体系驱动企业持续健康发展,从一家资不抵债、濒临倒闭的集体小厂发展成为全球大型家电第一品牌。2015 年,海尔全球营业额 1887 亿元,近十年收入复合增长率达 6%,利润 180 亿元,同比增长 20%,从 2007 年开始,海尔连续九年利润复合增长率在 30%以上,是营收复合增长率的 5.5 倍。

根据世界权威市场调查机构欧睿国际(Euromonitor)发布 2015 年全球大型家用电器品牌零售量数据显示,海尔大型家电品牌零售量第七次蝉联全球第一,同时,冰箱、洗衣机、酒柜、冷柜也分别以大幅度领先第二名的品牌零售量继续蝉联全球第一。海尔在全球有十大研发中心、21 个工业园、66 个贸易公司、143 330 个销售网点,用户遍布全球 100 多个国家和地区。

2012 年 11 月,在中国管理现代化研究会、中欧国际工商学院、北京大学光华管理学院、清华大学经济管理学院等共同发起的"中国管理全球论坛暨中国管理模式杰出奖"颁奖典礼上,海尔集团荣获"中国管理模式杰出奖"之战略远见奖。2012 年 12 月,张瑞敏获得了瑞士洛桑 IMD 商学院"IMD 管理思想领袖奖"。

2012 年 9 月 10 日,美国财经杂志《福布斯》发布 2012 年"亚洲上市公司 50 强"排行榜中国家电业海尔挺进 50 强,连续两年入围该榜单。2012 年 9 月 17 日,第 18 届中国品牌价值研究结果在英国伦敦揭晓。海尔以 962.8 亿元的品牌价值位居榜首,连续 11 年蝉联中国最有价值品牌排行榜。

1. 海尔公司五力模型分析

波特五力分析由 5 个因素构成,即新进入者威胁、现有竞争者的抗衡、替代品的威胁、购买者的议价能力以及供应商的议价能力。5 个因素的状况及其综合强度,决定着行业的竞争激烈程度和在行业中获得利润的能力。

1) 新进入者威胁

对于中国家电行业来说,由于规模经济的影响,该领域存在较低的进入壁垒,潜在竞争者进入的风险低。而中国国内的家电市场的需求潜力巨大,所以这也在客观上吸引了更多的企业进入这个领域。

随着"家电下乡"的进行,将会从政策上鼓励更多家电行业新进入者。家电行业的发展催生了许多细分市场,进一步促进了产品的差异化、多元化。尽管进入门槛低,资金和技术限制使得许多新进入者难以进一步发展。虽然中国家电行业十几年高速发展,形成了一定的产业格局,具备了一定的规模,但是整体水平还比较低下,新进入企业规模普遍较小。虽然会对海尔的细分市场产生影响,但总体上不会对海尔地位产生影响。

继成功挤占中国饮料、化妆品市场后,尝到甜头的外国跨国公司又盯住了我国的家电工业,在外国家电品牌大举进攻中国家电市场的同时,我国家电行业的品牌也在被蚕食着。这使得以海尔为代表的本土品牌面临更大的冲击。新进入的外国公司将对海尔市场份额和行业地位产生影响。

2) 现有竞争者的抗衡

从品牌的搜索重合度看,海尔的最大竞争对手是美的,有 4.75%的海尔网民搜索过美的产品。近年来美的多元化战略的“威力”开始显现，美的在空调、冰箱等市场均取得了傲人的成绩，对海尔在白色家电领域的优势地位构成了威胁。

此外，格力、三星、海信等也是海尔的竞争对手，海尔与格力的竞争主要表现在空调领域，海尔与三星的竞争主要是在电视机、冰箱领域。

面对海尔的信息化，国内同行们大约是一边看海尔的热闹，一边加紧自身内部信息化的推进。竞争对手的虎视眈眈使海尔如芒刺在背。

中国家电行业经过多年高速发展，家电企业不断兴起、技术的不断完善。近年来家电企业普遍掀起了产业升级的风潮。再加上“家电下乡”政策的刺激，行业增长速度加快，从而使家电行业的竞争更加激烈。

由于人民币汇率上升、劳动力成本大幅上涨以及要素成本全面上涨等原因，势必引起家电行业的固定成本的上升，企业为了降低单位产品的固定成本、增加产量、降低售价，从而产生引发价格战的风险，加剧行业竞争。

3）替代品的威胁

随着环保压力加大，我国拟对空调和家用电冰箱推行可再生利用率指标限定值和目标值的国家标准。国家标准化管理委员会公布了《产品可再生利用率指标限定值和目标值（第一部分）》。节能环保家电产品逐渐成为市场趋势。

未来家电产品装饰化方向发展：一是具备装饰功能的家电产品其使用成本和相关费用并不因产品具备装饰化功能而增加；二是具备装饰化功能的家电产品其使用方法和使用风险并不因产品具备装饰化功能而增加；三是具备装饰化功能的家电产品其使用收益大于同类产品。

随着信息技术的发展，高档家电产品将实现网络化的升级，使家电产品在网络支持的条件下，更加智能化、人性化。

因此，海尔应当把握科学技术发展趋势与市场需求，在适当的时机引入合适的替代产品，从而占得先机。

4）购买者的议价能力

为吸引客户，各家电企业竞相降价并给予折扣。但是，家电的购买者数量多，购买者主要集中在城镇。但购买者的购买数量相对较少，消费者的议价能力相对较弱。

5）供应商的议价能力

对于家电行业，就空调成本构成来说，90%都是材料成本，其中近40%与钢材相关，冰箱则成本当中约30%与钢材相关，洗衣机则介于这两个比率之间。假定钢材价格提升10%，那么空调的材料成本就会增加约4%。

但是，在经过充分的竞争淘汰下，白色家电行业竞争格局已经进入相对稳定期，行业集中度较高，行业龙头企业的议价能力相对提升程度更为明显。对于黑色家电的上游供应商来说，其主要部件价格的稳定意味着使下游家电整机厂商的压力下降。

2. 海尔公司价值链分析——辅助活动

海尔企业的价值链包括基本活动和辅助活动，基本活动包括采购、生产经营、发货后勤、市场营销、售后服务；辅助活动包括采购、技术开发、人力资源开发、企业基础设施。

辅助活动是间接创造价值的活动。下面将简要介绍海尔价值链的辅助活动。

1）采购

2001年，当其他家电企业在下游产品物流领域纷纷跟进时，海尔突然转身，一把攥住制造成本的源头，向供应链上游的采购环节挤榨水分。而海尔物流也先人一步，将战略重点从横向扩张转向纵向延伸。早在2000年，随着海尔物流体系的基本建立和网络系统全面上线，海尔开始对供应商实行网络信息管理。强调了供应商参与产品研发与设计的重要性，以前海尔很多采购是分散的，现在把它整合在一起，形成战略化采购。从而提高采购谈判筹码，降低采购成本，实现零库存下的"即需即供"。使用JIT(即时采购)采购，可提高资金周转率。

2）技术开发

海尔集团一直以来坚持以创造客户价值为导向，力求把技术转化为给用户的服务方案。海尔始终以技术创新作为发展的手段和依托，在多年的发展历程中，从引进技术到整合国内外资源、自主创新，坚持"技术创新课题来自于市场难题"和"设计创造高质量、高附加值"的研发理念，海尔通过技术创新使产品在中国市场和国际市场上取得长久的成功，持续保持在家电与其他相关领域的领先地位。

目前，海尔集团拥有1个国家级技术研发中心、5个综合研究中心、8个全球设计中心。为建立国际领先的前沿技术研究载体和人才培养基地，确保国家在数字化家电领域国际领先的竞争力，抢占家电核心技术的制高点。2006年年底海尔集团成立了中国唯一一家"数字化家电重点实验室"，2008年又建立了数字家电领域唯一一家工程实验室——"海尔数字家庭网络国家工程实验室"，形成了最完备的数字家电的研发和产业化基地。

海尔集团拥有研发人员6823名，拥有外聘两院院士和国家有突出贡献中青年专家，以及享受国务院政府特殊津贴人员10人，泰山学者3人，省市级拔尖人才20多人，并建成了山东省唯一一家海外高层次人才创业创新基地，强大的研发团队是科技开发及创新的坚实基础。海尔中央研究院致力于自主研发创新，中央研究院目前着重于下列领域的技术进行自主研发和创新：制冷技术、网络家电技术、控制技术、集成电路、环保、节能技术、智能家居集成技术、新材料、工业设计等。其主要职责是研究储备与集团发展密切相关的超前3～10年的技术，同时推进这些技术的产业化转化工作，形成新的高新技术产业。

3）人力资源开发

海尔集团从一开始至今一直贯穿"以人为本"提高人员素质的培训思路，建立了一个能够充分激发员工活力的人才培训机制，最大限度地激发每个人的活力，充分进行人力资源开发，从而使企业保持了高速稳定发展。

海尔人力资源开发之价值观念是"下级素质低不是你的责任，但不能提高下级的素质就是你的责任！"对于集团内各级管理人员，培训下级是其职责范围内必需的项目，这就要求每位领导亦即上到集团总裁、下到班组长都必须为提高部下素质而搭建培训平台、提供培训资源，并按期对部下进行培训。特别是集团中的高层人员，必须定期到海尔大学授课或接受海尔大学培训部的安排，不授课则要被索赔，同样也不能参与职务升迁。每月进行的各级人员的动态考核、升迁轮岗，就是很好的体现：部下的升迁，反映出部门经理的工作效果，部门经理也可据此续任或升迁、轮岗；反之，部门经理就是不称职。

海尔集团自创业以来一直将人力资源开发工作放在首位，上至集团高层领导，下至车间一线操作工人，集团根据每个人的职业生涯设计为每个人制订了个性化的培训计划，搭建了个性化发展的空间，提供了充分的培训机会，并实行培训与上岗资格相结合。

在外部,建立起了可随时调用的师资队伍。目前海尔以青岛海洋大学海尔经贸学院的师资队伍为基本依托,同时与瑞士IMD国际工商管理学院、上海中欧管理学院、清华大学、北京大学、中国科技大学、法国企顾司管理顾问公司、德国莱茵公司、美国MTI管理咨询公司等国内外20余家大专院校、咨询机构及国际知名企业的近百名专家教授建立起了外部培训网络,利用国际知名企业丰富的案例进行内部员工培训,在引入了国内外先进的教学和管理经验同时,又借用此力量、利用这些网络将海尔先进的管理经验编写成案例库,成为MBA教学的案例,也成为海尔内部员工培训的案例,实现了资源共享。

4) 企业基础设施

海尔依据多年实践经验独创了具有中国特色并符合中国国情的OEC管理模式,"O"表示全方位,"E"表示每人、每天、每事,"C"表示控制和管理。核心内容可以概括为五句话:总账不漏项,事事有人管,人人都管事,管事凭效果,管人凭考核。用一句话来概括就是:"日事日毕,日清日高。"

3. 海尔公司价值链分析——基本活动

价值链上的基本活动是直接创造价值的活动,包括采购、生产经营、发货后勤、市场营销、售后服务。

1) 采购

家电产品制造业供应链由半导体及电子组件制造商、部件制造及电路板部装件制造、家电产品总装、家电产品分销商和最终零售商构成。零库存下的"即需即供"是指改变传统企业以产品为中心的发展模式,实施以用户为中心的即需即供大规模定制,实现了"零库存"和"零应收"。在流动资金零贷款的基础上,海尔CCC(现金周转天数)达到负的10天。海尔的供应链纽带离不开IT支撑。1998年,公司第一次通过订单处理集中化的方式进行业务重组,由按库存生产转向了按订单生产,开始了真正意义上的海尔现代物流模式。由于物流技术和计算机管理的支持,海尔物流通过3个JIT,即JIT采购、JIT配送、JIT分拨物流来实现同步流程。这样的运行速度为海尔赢得了源源不断的订单。海尔的ERP信息系统采用的是SAP。以供应链为基础的业务流程再造,业务流程是企业以输入各种原料和顾客需求为起点,到企业创造出对顾客有价值的产品或服务为终点的一系列活动。一个企业的业务流程决定着组织的运行效率,是企业的竞争力所在。海尔的业务流程再造是以供应链的核心管理思想为基础,以市场客户需求为纽带,以海尔企业文化和战略业务单元管理模式为基础,以订单信息流为中心,带动物流和资金流的运行,实施"三个零"(服务零距离、资金零占用、质量零缺陷)为目标的流程再造。它以供应链同步的速度和市场链的强度为基础,以市场效益工资激励员工,从而完成订单,构建企业的核心竞争力。

2) 生产经营

一是产品外观创新性技术,例如将电冰箱当作艺术品来生产,千方百计地攻克难关,生产出具有艺术品格的电冰箱产品,让发达国家的用户满意。二是质量提升性技术创新,例如海尔开发出低噪音、高节能和超大容量的15套系列洗碗机,以满足欧洲消费者的要求。三是功能扩张性技术创新,例如创造出电热水器防电墙技术。四是市场适用性技术创新,根据客户的区域性、生活习惯设计相应的产品,抓住细分市场。

3) 发货后勤

海尔使用JIT配送、JIT分拨物流来实现同步流程,建立自己的物流系统。

4）市场营销

海尔渠道销售模式是零售商为主导的营销渠道系统。在海尔模式的分销网络中，百货店和零售店是其中主要的分销力量，海尔工贸公司就相当于总代理商，所以批发商的地位很虚弱。海尔的销售政策也比较偏向于零售商，不但向他们提供了更多的服务和支持，而且保证了零售商可以获得比其他模式更高的毛利率，一般情况下零售商的毛利率在8%～10%之间。海尔渠道销售成员分工：

（1）制造商。在海尔模式的分销网络中，制造商承担了大部分的工作职责，而零售商基本依从于制造商。海尔公司还严格规定了市场价格，对于违反规定批发或零售价格的行为必须加以制止。

（2）零售商。在上面提到的销售工作中，海尔公司都承担了绝大部分的责任，而零售商几乎不用操什么心，只需要提供位置较好的场地作为专柜给海尔公司就行了。

5）售后服务

售后服务一直是海尔经营管理的重点。海尔建立了全程关键的星级服务水准。在全年的365天，海尔"全程管家"星级服务人员全天候24小时等候用户的来电，无论何时何地，只要消费者联系到海尔当地的服务热线，"全程管家"会随时按照用户的要求提供上门服务。

4. 海尔公司信息系统应用状况

海尔集团认为，现代企业运作的驱动力只有一个最根本的要素——订单。没有订单，现代企业就不可能运作。围绕订单而进行的采购、生产、配送、销售等一系列工作，最重要的一个流程就是物流。离开物流的支持，企业的采购与生产、配送、销售等行为就会带有一定的盲目性和不可预知性。只有建立高效、迅速的现代物流信息系统，才能建立企业最核心的竞争力。海尔需要这样一套信息系统，使其能够在物流方面一只手抓住用户的需求，另一只手抓住可以满足用户需求的全球供应链。海尔在经营过程中追求三个"准时"。

1）准时采购

何时需要就何时采购，采购的是订单，不是库存，是需求拉动采购。这就会对采购提出较高的要求，要求原有的供应网络要比较完善，可以保证随时需要随时能采购到。海尔的准时采购实现了网络化、全球化和规模化，采取统一采购，而且是用招标、竞标的方式来不断地寻求物流采购成本的降低。目前通过海尔的BBP采购平台，所有的供应商均在网上接受订单，并通过网上查询计划与库存，及时补货，实现准时采购。

2）准时生产

生产也是生产订单，不生产库存。顾客下了订单以后，开始生产。答应5天或者6天交货，在这个期限内可以安排生产计划。完成生产计划需要怎样的原料供应，只要原料供应的进度能够保证，生产计划就会如期完成。海尔通过ERP信息系统实现JIT生产。ERP系统共包括五大模块：MM（物料管理）、PP（制造与计划）、SD（销售与订单管理）、FI/CO（财务管理与成本管理）。

3）准时配送

准时配送全面推广信息替代库存，使用电子标签、条码扫描等国际先进的无纸化办公方法，实现物料出入库系统自动记账，达到按单采购、按单拉料、按单拣配、按单核算投入产出、按单计酬的目标，形成了一套完善的看单配送体系。

货物入库后，物流部门可根据次日的生产计划利用 ERP 信息系统进行配料，同时根据看板管理 4 小时送料到工位，实现准时配送；生产部门按照 B2B、B2C 订单的需求完成订单以后，满足用户个性化需求的定制产品通过海尔全球配送网络送达用户手中。

以下几个系统有力地支持了海尔实现 3 个"准时"。

BBP 系统：BBP 系统(原材料网上采购系统)主要是建立了与供应商之间基于因特网的业务和信息协同平台。该平台的主要功能包括通过平台的业务协同功能，既可以通过因特网进行招投标，又可以通过因特网将所有与供应商相关的物流管理业务信息(如采购计划、采购订单、库存信息、供应商供货清单、配额以及采购价格和计划交货时间等)发布给供应商，使供应商可以足不出户就全面了解与自己相关的物流管理信息。

对于非业务信息的协同，SAP 使用构架于 BBP 采购平台上的信息中心为海尔与供应商之间进行沟通交互和反馈提供集成环境。

ERP 模块：ERP 模块体现了由市场需求来拉动生产计划，由生产计划来拉动原料采购，再要求供应商直送工位，一环紧扣一环。其基础是 ERP 的操作平台，有 IT 技术作为舞台，在这个舞台上演 JIT 生产这台戏。其前提就决定了生产速度会快，成本会低，效率会高；相反，如果靠传统模式去实现 JIT 生产难度就会很大。海尔完全是物流的一体化，包括采购、生产、销售、配送等的一体化，物流部门的组织结构已经调整过来，由物流部门来控制整个集团下面的物流。

海尔还包括其他的一些信息系统，其中比较典型的是供应商管理库存系统。供应商管理库存(Vendor Managed Inventory，VMI)是国际上领先的供应链运作模式，是以用户和供应商双方都获得最低成本为目的，在一个共同的协议下由供应商或第三方管理库存，并使库存管理得到持续改进的合作性策略。这种库存管理策略体现了供应链的集成化管理思想，在大型制造企业中的作用尤其重要。海尔物流为了集中管理供应商的库存而建立的原材料中转集散中心，供应商大批量、少批次入库，需求方小批量、多频率订单采购出库，集中物流配送既减少了供应商的供货成本，又提高了供货及时率；既减少了需求方仓库面积又提高了其生产灵活性。

海尔由其信息系统支撑的战略和业务运营，造就了海尔今天的成功，并为海尔未来进一步的创新提供了有力支持。

本章小结

本章主要阐述了信息系统和商业创新之间的关系，主要是从以下三个方面进行了论述。

首先，在较为系统地总结了创新的相关理论研究成果的基础上，本章简单阐述了创新的内涵和类型，并借鉴商业创新画布理论，阐述了商业创新的 9 大要素，初步勾画了分析商业创新的逻辑。

其次，进一步讨论了信息系统促进商业创新的驱动力和机理，并详细阐述了波特的企业竞争战略分析理论，以及相关的价值链分析理论，这一部分内容为读者提供了一个分析信息系统和企业运营之间关系的桥梁，详细的作用关系还需要相关研究的进一步深入，进一步从大数据的关键活动和数据的不同来源，划分不同的基于大数据的商业创新的类型，并提出了基于大数据的商业模式创新的概念模型。

最后，讨论了企业竞争战略的相关知识，并以海尔为例，阐述了海尔在战略分析和信息

系统建设方面的实践。

本章对创新和商业模式等基本概念的解读借鉴了当前主流的研究成果，并基于现有研究，总结了大数据应用背景下的创新模式，为解释新现象提供了参考和借鉴。

习题

1. 什么是创新？创新有哪些形式？
2. 创新的类型有哪些？请举例说明。
3. 创新有哪些来源？以其中的一种来源为例，举例说明。
4. 你怎么理解企业家精神是创新的源泉？
5. 请结合信息系统的内涵，解释信息系统与商业创新的关系。
6. 请解释大数据的概念和特征。
7. 创新的外部驱动力有哪些？内部驱动力有哪些？两者之间存在什么样的关系？
8. 请结合本章的开篇案例中讨论的 Cars. com 公司应用大数据的情况，从商业模式的创新的角度分析其使用大数据进行商业创新的方式。
9. 波特的五力模型在管理决策中扮演什么样的角色？
10. 波特的三个一般战略是什么？请简要论述。
11. 请以一个企业为例，并以价值链理论为依据，分析这家企业。

参考文献

[1] Brad Brown, Machael Chui, James Manyika. Are you ready for the era of "big data"?. Mckinsey Quarterly 11: 1-12. 2011.

[2] Ettlie, J. E.. Organizational Policy and Innovation Among Suppliers to the Food Processing Sector. Academy of Management Journal 26(1): 27-44. 1983.

[3] Hartmann, P. M., M. Zaki, N. Feldmann, A. Neely. Big Data for Big Business? A Taxonomy of Data-Driven Business Models Used by Start-Up Firms. Social Science Electronic Publishing, 2014.

[4] McAfee, A., E. Brynjolfsson. Big data: the management revolution. Harvard Business Review 90 (10): 60-66, 68, 128. 2012.

[5] Morris, M., M. Schindehutte and J. Allen. The entrepreneur's business model: toward a unified perspective. Journal of Business Research 58(6): 726-735. 2005.

[6] Osterwalder, A. and Y. Pigneur. 4 - An ontology for e-business models. (3529): 65-97. 2004.

[7] 金珺，陈俊滢，张郑熠. 现有制造型企业基于大数据的商业模式创新——以中易和为例. 西安电子科技大学学报：社会科学版(2): 16-23. 2015.

[8] 荆浩. 大数据时代商业模式创新研究. 科技进步与对策(7): 15-19. 2014.

[9] 克莱顿·克里斯坦森. 创新者的窘境. 北京：中信出版社. 2010.

[10] 齐严. 商业模式创新研究，北京邮电大学. 2010.

[11] 熊彼特. 经济发展理论. 北京：商务印书馆. 2009.

[12] Cars. com Achieves 200% Return on Investment in Less than 12 Months with Splunk Software, http://www. splunk. com/view/SP-CAAAHFW.

[13] Big data drives high performance for Cars. com, http://www. infoworld. com/article/2615957/big-data/big-data-drives-high-performance-for-cars-com. html.

[14] Cars. com 利用大数据提升网站性能 http://www. shuju. net/article/MDAwMDE2N4zQ0. html.

[15] http://www. d1net. com/cloud/vendors/101482. html.

[16] Splunk Helps Cars. com Drive Revenue Generation and cost Reduction: An EMA ROI Story www. splunk. com/web_assets/pdfs/secure/Splunk_at_Cars. pdf.

[17] 李蛟龙. 海尔的管理创新研究[D]. 对外经济贸易大学,2006.

[18] 郝何龙. 海尔平台化精益模式设计与实施研究[D]. 大连海事大学,2015.

[19] 陈璋琳. 基于电子商务的海尔商业模式研究[D]. 西安科技大学,2013.

[20] 徐潇. 基于云模型的海尔白色家电供应链绩效评价研究[D]. 中国海洋大学,2012.

第二篇　系统应用与创新

第 4 章 事务处理系统——日常管理的基石

本章学习目标

- 了解事务处理相关概念。
- 了解事务处理系统的角色和地位，及其与商业创新的关系。
- 了解事务处理系统的核心技术。

开篇案例

达特茅斯希契科克医疗中心的无线库存管理系统

达特茅斯希契科克医疗中心(DHMC)是一家位于新罕布什尔州的大型综合医疗中心，包括几家医院和一所医学院，有 600 多位临床医生在中心的多家诊所工作。DHMC 在迅速发展的同时也面临一个重要的问题：如何解决药品供应物流问题。

以往，药品订购工作都是由护士来完成的。但是护士人手短缺，如果让她们花费宝贵的时间来订货，那么留给其核心工作(护理)的时间将会大大减少。更重要的是，让护士来处理供应订单的事情导致库存管理上出现了问题：护士非常忙，经常超量订购药品，以此减少管理存货的时间。另一方面，她们经常要等最后一刻才向供应商订货，这种紧急订货导致了订单成本上升。

一个解决方法是把订货和库存的管理工作交给专人负责，但是这就需要雇用更多员工，而 DHMC 并没有足够的预算。另外，需要与护士加强协作以了解什么时候需要订购什么药品，什么时候需要保持库存等。医疗中心需要的解决方案应该是：既减轻护士的工作负担，又能够降低库存水平，还能够减少高成本的紧急订单。考虑到医疗中心的规模和 27 000 多种不同种类的药品库存，这不会是一项简单的任务。

DHMC 意识到，它的问题与供应链有关。DHMC 选择的方案是通过无线手持设备连接采购和库存管理信息系统。

这个新系统是这样工作的：医疗中心有一个无线保真(Wi-Fi)系统可以与无线手持设备相连，用户可以在 Wi-Fi 范围内的任何一个地方利用手持设备上传或者下载药品供应信息。对那些比较远的没有 Wi-Fi 网覆盖的诊所，手持设备可以连接到有线联网的电脑中。系统为每种药品都设置了一个“订货基准”，当库存量接近该水平时就需要订货。这个“基准”是根据以往的实际使用量，经过护士和库存管理员相互协商后制定的。护士使用一种药品的时候只需要扫描一下,软件就会自动调整库存记录。当某一种药品的库存水平达到"订货基准"时,系统就会自动生成订单发到供应商处。系统也允许由护士订货,她们只需要扫描所需要的药品就可以发送订货请求。这个 Wi-Fi 系统包含了 27 000 多种临床使用的药物。系统还与该软件供应商(PeopleSoft Inc.)的其他应用系统进行了整合,其中一个系统是 Express P0,采购经理用它来检查那些未到货的订单,进行电子采购和合同管理。

应用系统后的几个月之内,库存水平就降低了 50%。现在从药品的采购到管理已经变得协调而有序,护士管理药品库存的时间也大大减少,系统还明显改善了库存信息的查询水平。所有的这些都推动了成本的降低和护理工作的改进。

DHMC 的新系统——无线库存管理系统,就是本章涉及的事务处理系统,它支持组织的正常运作,在组织运营中缺一不可,扮演着重要角色。

4.1 事务处理——组织运作的基础

组织运作需要妥善处理每一件事务,在系统的支持下,事务处理会更加高效。下面简单介绍事务、事务处理和事务处理系统。

4.1.1 事务、事务处理与事务处理系统

事务是组织中日常发生的、具有重复性的基本业务活动。例如,财务处每月要进行工资结算;销售部每天进行订单登记;材料进出仓库时,仓库保管员要进行出库/入库登记;客户购买了商品,销售部门要开发票;车间每天要对工人的出勤和生产任务完成情况进行统计。

事务是具有特定目标的任务,它通常涉及企事业单位中的管理工作。事务可大可小,但必须具有"特定目标"。例如,库房管理中的"入库"是一个事务,其目标就是记录检验过的货物已进入仓库成为库存。这样的特定目标应该是明确的,表达应该是简洁的。

事务处理是完成事务的动作。因此事务处理应服务于该事务的"特定目标"。它说明怎样完成"特定目标"所规定的一系列要求。例如,"入库"事务处理应完成:

(1) 记录进入仓库的货物(名称、规格、单价、数量、产地等)及位置(仓位);

(2) 由于库存增加而修改库房占用流动资金的数额;

(3) 计算库存是否超限等。

事务处理的对象是信息,信息是赋予约定意义的数据。数据位于现代事务处理的中心,现代化的管理以数据为依据。所有事务处理都可以看作是在一组数据集上的操作。这里所述数据不仅是数,还包括字符、图形、语言文字,诸如姓名、颜色、真假一类的概念也都可作为数据被处理,甚至报表、文件、台账、各种凭证、电报、传真等也可作为数据被处理。数据是事务处理的依据,也是事务处理的结果。例如,入库事务,处理对象有入库单(凭证)、日或月入库文件、库存文件(台账)。

事务处理流程与数据流程有紧密的联系,事务处理流程是事务(或事务分解的一组动作)之间的相互关系及处理的先后次序的表示。如前所述,数据是事务的处理依据,也是事务的处理结果。一个事务使用一些数据,经处理产生另一些数据。所产生的数据与另外一些数据又为另一个事务所使用,并产生另一些数据。这样,一些数据经处理成新的数据,它们再经处理又形成另一些数据,这就形成数据流程。

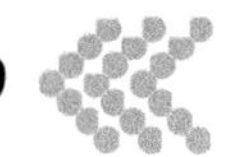

事务处理系统为一组事务处理的有机组合，它具有下述三个特点：

(1) 系统性和特定的系统目标；

(2) 所含一组事务，正好能覆盖系统目标；

(3) 每个事务既有一定的独立性，相互间又有一定的联系，这种联系是通过数据进行的。

例如，将库房管理作为一个事务处理系统。它包括入库、出库、库存查询与分析 3 个事务。针对以上事务处理系统的 3 个特点进行分析：库房管理系统是 3 个事务按一定关系形成一个整体，具有特定的目标：对货物出、入库进行管理，并对库存进行有效分析；所列 3 个事务正好覆盖系统目标；入库、出库、库存查询与分析都具有一定的独立性，相互间又有一定的联系。

4.1.2 随处可见的事务处理系统

事务处理系统，支持作业层人员，跟踪组织和处理事务情况，为管理人员提供数据和便利的服务。具体来说，就是做一些数据或信息的输入，再进行信息处理，如列表、排序、合并或更新之后，再输出明细表或报告等。

事务处理系统是一种最常用的和最基本的信息系统，在企业、工厂、银行和学校中，它是一种最日常的活动行为，在你身边随处可见。其中订单处理系统是比较典型的事务处理系统，如图 4-1 所示。

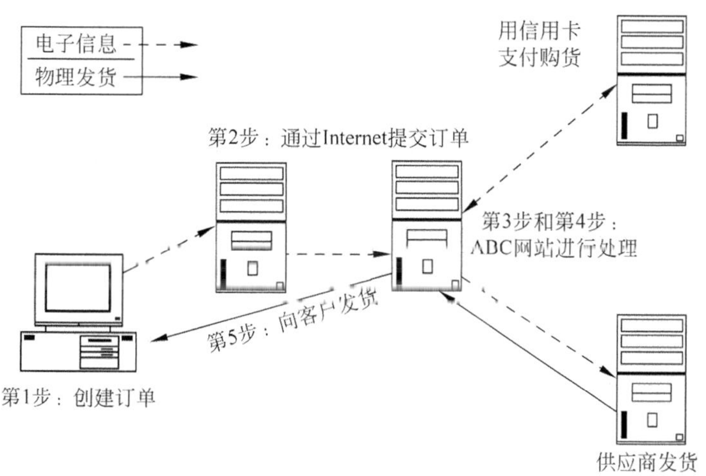

图 4-1 订单处理系统

订单可能通过电话、纸质或者电子的方式从顾客处传递到公司；订单也可能来自公司内部——从一个部门到另一个部门。当订单到达后，订单处理系统需要对订单进行接收、验证、梳理、汇总和存储。计算机订单处理系统还可以根据产品、地区和销售人员等要素跟踪销售状况，给公司提供有用的市场和销售信息。越来越多的公司为销售人员开发订单处理系统，这样他们就可以在客户那里通过无线笔记本电脑、PDA 或网络电话输入订单。一些公司投入大量的资金重新设计公司的订单处理系统，并把它们作为电子商务交易系统的一部分。例如，IBM 重新设计了采购系统，其电子采购系统可以很快地以很低的成本生成订单。

下面介绍我们身边随处可见的一些事务处理系统的实例。

教学管理系统具备事务处理系统的功能。任课教师把考试成绩输入系统，经过对这些数据的处理，把平均分、总成绩、绩点都算出来，再输出转移到学生查询处，学生就可以看见自己的成绩，包括总成绩和平均分，甚至还可以看见全班或全年级的成绩。

工厂制造产品也离不开事务处理系统的操作。首先是要采购原材料，采购员要把各种原料的成本、规格、数量，以及从哪里采购录入信息系统；材料入库时，保管员又要进行出库或入库的信息登记，还要按一些特定的方式进行处理，方便上级的查看；工厂的事务处理系统还包括给工人发薪酬、记录他们的出勤率、把产品销售出去、输入订单、处理订单等。

银行的财务处理也应用事务处理系统。银行日常的业务处理和工资结算，其实就是一个输入信息和处理信息的过程。每天他们要输入大量的数据，重复性强，逻辑关系简单，但要把数据处理得详细，有较高的精度，关注和保护千万用户的信息，还要代发人们的工资，体现的都是事务处理系统的特征。

可见，事务处理系统在我们的生活中发挥着至关重要的作用，事务处理系统的存在让个人、企业或组织方便了许多。事务处理系统的应用，大大提高了处理事务的工作效率和工作质量，提高了顾客的满意度，能够及时生成文本和报告，为他人提供了辅助决策的数据，改善了服务水平，方便人们的工作、学习和生活。

4.1.3 深入了解事务处理系统

事务处理系统(Transaction Processing Systems，TPS)是负责记录、处理并报告组织中重复性的日常活动，记录和更新企业业务数据的信息系统。事务处理系统主要用来帮助操作层员工完成组织中那些常规的、重复性的基本活动与交易，其作用是将各种业务活动处理过程计算机化。

1. 事务处理系统具有的共同特点

事务处理系统具有如下共同特点：

(1) 支持的是每日的运作或周期性的信息，如周、双周、月等，处理的事务重复性强。

(2) 能迅速有效地处理大量数据的输入输出。

(3) 处理的数据详细、精度要求高，逻辑关系简单，规律性和结构化程度高。

(4) 支持的用户多，因此系统的故障会对组织有严重甚至致命的影响。

(5) 处理的信息一般多来自企业内部信息源，数据处理的结果也是面向企业内部的。这一特点目前已经发生变化，因为贸易伙伴们有时可能会提供数据，有时会允许直接使用TPS数据。

(6) 服务对象主要是组织的作业层。

(7) 通过审计以保证所有输入数据、处理、程序和输出是完整、准确和有效的。

(8) 像个人数据的隐私权这类敏感问题往往与TPS有着重要联系，TPS提供有关安全问题的防护能力。

(9) 帮助组织降低业务成本，提升业务服务水平。

(10) 能监控和收集历史数据。

(11) 必须具备查询功能，甚至在线实时查询。

具体来说，事务处理系统的功能就是收集数据，然后编辑数据，检查数据的完整性和有

效性，进行数据修改，接着进行数据操作，如分类、排序、计算、汇总和数据存储等，并定期有序地对数据进行更新，最后生成文档报表并输出。所有事务处理系统均完成一系列共同的基本数据处理过程，这个过程叫事务处理周期，它包括6个步骤或活动：数据搜集、数据编辑、数据修改、数据操作、数据存储和输出文档，如图4-2所示。

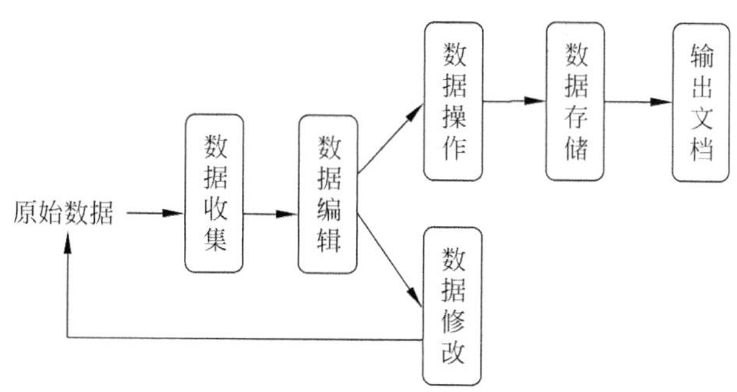

图4-2 事务处理周期

数据收集是指获取和收集完成事务处理所需数据的过程，例如收集顾客订单的手写凭证，然后输入计算机；输入的方法可以通过扫描仪、POS设备和键盘等设备。数据尽量从源处获得，使手工工作量减到最小。

数据编辑是指在输入数据的过程中检查数据的有效性和完整性，例如订单订购的数量必须是数字型的，否则无效；所订购的产品型号经过与数据库对照后无法提供时，要提示订单无效。

数据修改是指当编辑数据发现出错时，重新输入正确的数据。

数据操作包括对输入数据的分类、排序、计算、汇总及数据的存储等工作，如在订单TPS中，数量乘以价格等于购货金额，一张订单是订单事务数据库里的一条记录。

数据存储是指用新的事务记录来更新企业的状态数据库，例如，用新的销售记录去更新企业的库存数据库，结果是使库存减少。

输出文档的主要任务是生成输出记录和报告，例如生成商品库存报告。

2. 事务处理系统的运行过程

事务处理系统的运行过程包括：

(1) 数据录入。通过输入设备将人工或者传感器采集的数据输入到计算机中。因为数据的录入量很大，一般录入过程自动化。

(2) 数据处理。数据处理有批处理和在线处理两种方式。

在批处理(batch processing)方式中，公司在交易发生的时候收集数据，把它们成批存储起来。系统定时对这些数据进行处理(如每天晚上)。

在线处理(online processing)方式是指数据在交易发生时立即做处理工作，甚至实时处理(立刻)。

(3) 数据存储与使用。

3. 事务处理系统的信息流

典型的TPS信息流如图4-3所示。

对照图4-3，根据输入信息、处理信息、输出信息的脉络来介绍TPS的信息流。

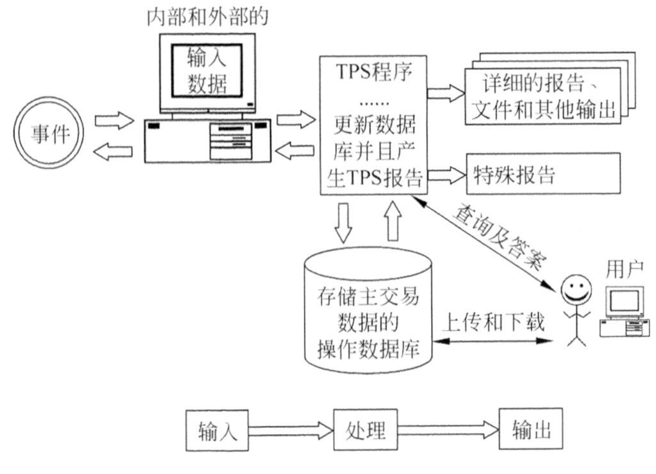

图 4-3　事务处理过程的信息流

1）输入

采用人工、源数据自动化（磁卡、IC 卡、条码、无线射频识别技术（RFID））等方法输入信息，输入信息过程中进行信息的合法性校验。

2）处理

信息处理有批处理、联机实时处理两种处理方式。处理活动包括对相关的数据库表文件的增加、更新、删除记录以及查询等。信息处理过程中响应时间是一个重要的指标。

3）输出

信息输出主要是输出所需要的事务处理报告（报表、联机查询结果等）。

4. 事务处理系统的目标

事务处理系统的目标是：

（1）使组织有效率、有效益地运行；

（2）提供实时的文件和报告；

（3）提高公司的竞争优势；

（4）提供战略和战术系统（如基于万维网的应用）需要的数据；

（5）确保数据和信息完整、精确；

（6）保护数据资源和信息的安全。

4.2　事务处理系统——企业的心脏

事务处理系统随处可见，分布广泛。它在组织中扮演什么角色？处于什么地位？与商业创新有关系吗？下面先从事务处理系统的发展说起。

4.2.1　事务处理系统的发展

在事务处理系统之前是电子数据处理系统（EDPS），它是面向单项数据的信息系统，而 TPS 面向业务的信息系统。随着技术的进步和客户的需求变化，TPS 有了新的特征，它把技术放到了客户的手中，让客户能够自己完成本应该是工作人员完成的任务，这个系统也被叫做客户集成系统。

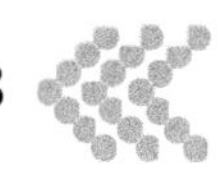

客户集成系统(Customer Integrated Systems,CIS)是事务处理系统的一个拓展,它把技术放在了客户的手中,让客户在任何地点,任何时间都能处理自己的事务,改变了组织与客户之间的关系。客户集成系统是一个以门户网站的形式向用户提供多种服务的数字化客户服务系统。CIS包括一个在前台向客户提供一对一特色服务的门户和多个位于后台的业务系统,将信息技术的应用扩展到客户端。

目前,客户集成系统也随处可见,如超市资助收银结账和ATM机存取款系统等。如下两个案例也是。

案例:UPS快递店

你在UPS快递店的终端机上输入地址和邮编,运输标签和收据会在之后的几秒钟内打印出来。同时数据库还会保存你的运输记录,这样,如果你再一次给同一个人邮寄包裹,就不需要重新输入地址了。

案例:Kinko's公司

人们在Kinko's公司复印东西时都要按复印的数量付费。以前你会使用一张信用卡大小的复印卡,把它插入复印机上的计数器中,它会记录你复印的数量。然后你需要排队付款:收银员把卡片放在读卡器上就知道你复印了多少张,你在支付复印费时还要将税款加上。Kinko's的这种系统不仅成本高,而且还引发了许多顾客的抱怨,人们觉得为两张纸的复印费去排队很浪费时间。现在Kinko's使用了新的系统,人们只需要把自己的信用卡(或者储值卡)插到计数器上,复印完毕后直接打印收据,然后就可以离开了。你再也不会看见有Kinko's公司的员工介入你的复印过程。

在TPS的类型上,也可见它的发展:

(1) 传统的TPS是集中式的,通过一台主机运行。

(2) 当前多数是联机事务处理(Online Transaction Processing,OLTP)方式,即交易在发生的同时就立刻处理。例如,当你在商店买东西并用POS机付款时,系统立即记录此次销售的结果——库存商品减少一个单位;商店的现金中增加了你所支付的数额;该商品的销售量增加 个单位。

4.2.2 事务处理系统的角色和地位

事务处理系统监督、收集、存储、处理和传递所有常规的、关键性事务活动的信息。这些数据被输入到职能信息系统的应用程序中支持其综合业务处理功能,同时也被输入到决策支持系统(DSS)、客户关系管理系统(CRM)和知识管理系统(KM)中。TPS还为电子商务活动提供重要的数据支持,尤其是关于顾客及其购物记录的数据。

1. 事务处理系统在组织中的重要性

TPS十分重要,它存在于企业的各个职能部门,是进行日常业务处理、记录、汇总、综合、分类,并为组织的操作层(作业层)服务的基本信息系统,在企业的各个职能部门中扮演基础的、不可或缺的重要角色。提高工作的效率和准确性,是信息系统在组织中早期的应用形式,也是最基本的信息系统形式。TPS是企业与其外部环境的界面,同时扮演企业联系客户的纽带的角色。TPS的性能表现直接影响客户对整个企业的评价,与客户满意度息息相关。

事务处理系统是保存和处理最基本信息的重要系统,是为知识层和管理层提供基本信息的系统，也是企业其他信息系统的基础，它的基础地位不容动摇，如图4-4所示。也有人把TPS在组织中的地位比作人的心脏——它才是整个组织的核心，没有TPS，组织可能损失惨重且有可能被淘汰出局。

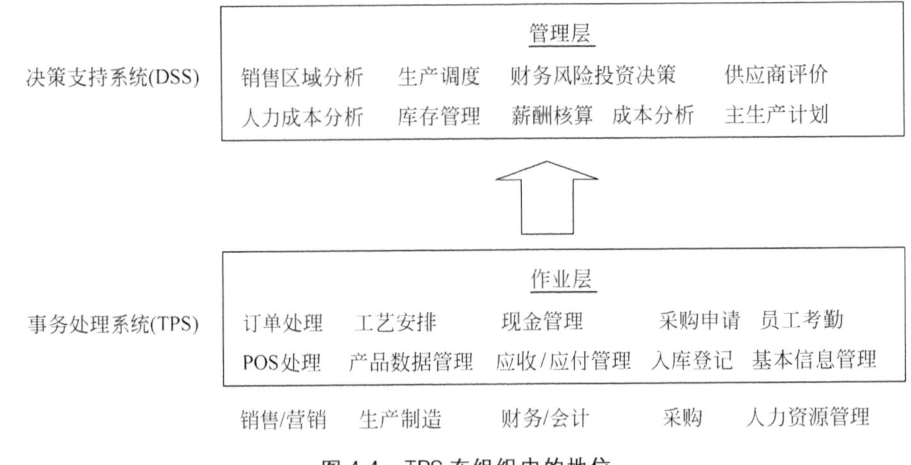

图4-4 TPS在组织中的地位

TPS在企业中主要表现了4种系统：市场营销、生产制造、财务会计、人力资源，具体功能如下：

(1) 记录、保存精确的记录，这在财会部门是不可缺少的；

(2) 分类；

(3) 数据检索；

(4) 计算；

(5) 汇总；

(6) 产生文件、管理报告、账单等，定期生成常规的报表供检查与监督，也可能生成特别报告。

2. 事务处理系统的优势

TPS具有如下优势：

(1) 保持应用程序的完整性。任何应用程序的关键是要确保它所执行的所有操作都是正确的，如果应用程序仅仅是部分地完成操作，那么应用程序中的数据，甚至整个系统将会处于不一致状态。

(2) 事务处理系统可以帮助组织降低业务成本，提高信息准确度，提升业务服务水平。

3. 事务处理系统的服务目标

TPS的服务目标包括：

(1) 提高准确度。在人工的事务处理系统中，由员工检查TPS产生的文档和报告。由于人难免犯错误，因此常需要消耗时间、劳力和资源来加以修正。而以计算机为基础的TPS一旦经过运行的考验，一般不会有错。

(2) 提高处理速度、及时生成文档和报告。人工的TPS要花几天的时间才能生成事务报告，而计算机TPS能在几秒钟内完成。

(3) 提高劳动效率。以前人工处理，需要许多员工，如今TPS节省了人力，从而降低了

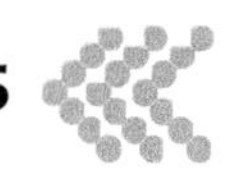

成本。

(4) 改善服务水平。帮助企业记录、处理和跟踪许多细节信息，更好地满足客户对产品和服务的要求。

(5) 提供辅助决策的数据。TPS产生的数据，不仅反映了大多数组织的基本活动，也可以作为战术和战略信息系统的原始资料。

4. 事务处理系统是最基础的系统

组织成功的基础就是捕获信息，基于捕获的信息生成新信息，并且把二者都存在业务数据库中的事务处理系统。这种系统看上去微小、平凡，许多人不予重视。其实捕获、创造和存储信息是组织当中最重要的信息处理任务。想想看：购买某个航空公司的机票，但是它的售票系统宕机不工作，你会怎么办？最大的可能是转向别的航空公司。如果一个超市的收银结账系统不工作，你会怎么办？最大的可能就是去别的超市。下次考虑到这家航空公司或超市你会不会犹豫呢？第一家航空公司或超市肯定丢掉了机会，蒙受了损失。可见，事务处理系统在组织中是最重要的系统。它是组织和客户的主要接口，对客户来说，这个系统不工作，组织就会遭受失败。另外，这些系统遍布整个组织，假如它们失败或不工作，合适的信息就不能在合适的时间送达给合适的人。Stephen. Lunce博士研究发现，假如IT系统宕机15天，大多数企业预计会损失掉相关收入的50%。

4.2.3　事务处理系统与商业创新——业务流程再造

Ford公司的应付款流程再造的成功，以及更多的业务流程再造的成功案例，让我们看到，通过业务流程再造，事务处理系统实现了商业创新。

1. Ford公司的应付款流程改进

先来看看Ford公司的应付款流程(如图4-5所示)。在这个流程中，Ford有500人，而日本马自达企业仅5人，究其原因是Ford部门太多。Ford的应付款流程是这样的：采购部门首先给卖方开出一张采购订货单，送一副本给财务部门。当供应商运来货物时，收货部门首先完成一份收货文件并送给财务部门，应付账款部门收到供应商的发票后，将发票与采购部门的订单副本和收货文件核对。如果3份文件不一致，则会有更多的人介入这一流程。

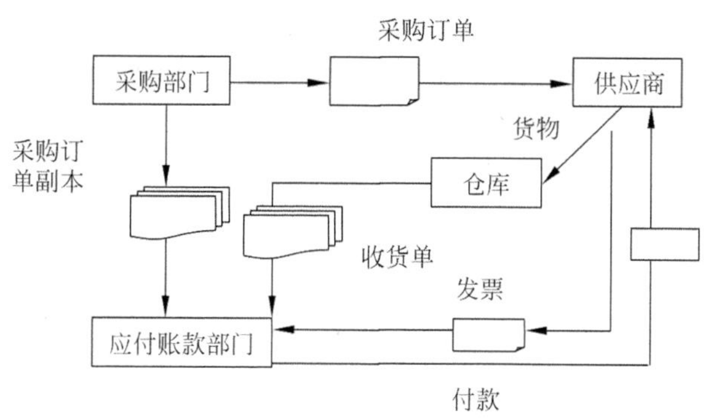

图4-5　福特公司的应付款流程

改进后流程如图4-6所示：采购部门发出订单，同时将订单内容输入联机数据库；供货商发货，验收部门核查来货是否与数据库中的内容相吻合，如果吻合就收货，并在终端上按键通知数据库,计算机会自动按时付款。

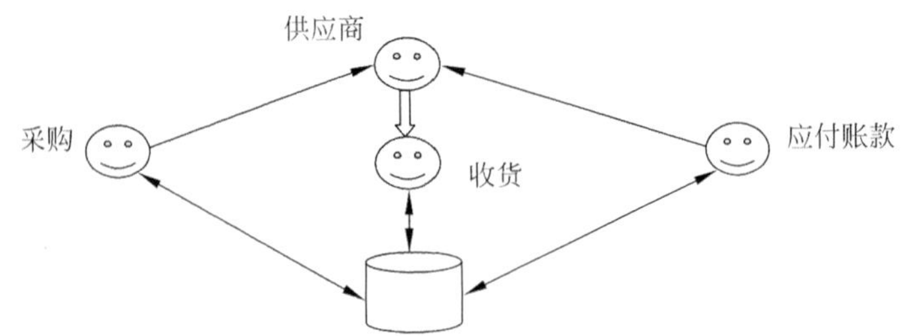

图 4-6 福特公司改进的应付款流程

Ford 公司流程再造的成果:Ford 公司的新流程采用的是"无发票"制度,大大地简化了工作环节,带来了如下结果。

(1) 以往应付款部门需在订单、验收报告和发票中核查 14 项内容,而如今只需 3 项——零件名称、数量和供货商代码;

(2) 实现裁员 75%,而非原定的 20%;

(3) 由于订单和验收单的自然吻合,使得付款也必然及时而准确,从而简化了物料管理工作,并使得财务信息更加准确。

Ford 公司流程再造的启示:

(1) 面向流程而不是单一部门。若 Ford 仅仅重建应付款一个部门,那将会发现是徒劳的,正确的重建应是将注意力集中于整个"物料获取流程",包括采购、验收和付款部门,这才能获得显著改善。

(2) 大胆挑战传统原则。

Ford 的旧原则:当收到发票时付款。

Ford 的新原则:当收到货物时付款。

旧原则长期支配着付款活动,并决定了整个流程的组织和运行,从未有人试图推翻它,BPR 的实施就是要求我们要大胆质疑、大胆反思,而不能禁锢于传统。

2. 其他业务流程再造成功案例

Ford 公司的应付款流程再造比较成功,让我们再看几个业务流程再造的成功案例。

案例:Val-Mart 与供货商合作,建立快速补货体系

一般业务流程:零售商进行销售—发现商品库存快到最低点—向供货商要货—供货商发货—零售商入库—进行销售。

沃尔玛对于某供货商每天的销售数据,不仅要发到自己的总部,同时通过 RETAIL LINK 软件包,利用互联网,发送到供货商的计算机系统内。这样供货商可以做到"实时监控",马上可以掌握该地区的商品销售组合、流行、顾客类型、销售时段,可据此按照自己的生产提前期,组织资源,进行生产和分销。在与有些供货商的合作中,沃尔玛可以做到不用准备商品库存,因为供货商对其货架情况了如指掌,一旦发现沃尔玛某类商品货架的数量接近最低点,供货商则立即组织主动送货,零售商与供货厂家形成了真正的合作伙伴。如宝洁公司与沃尔玛合并了它们的分销系统和仓储系统。

案例:惠普公司的人事管理改革

惠普公司的人事管理部原来由分散在 50 多个分公司和 120 个销售办事处的 50 多个分

支机构组成，下设的各个分支机构没有人事决策权，用人申请必须经过总公司的裁定。低层经理如果要招聘人员，需要自下而上，层层申请；自上而下，层层批复，通过贯穿于公司的整套机构才能完成。这种效率低下的人事工作流程不仅对应聘者而言太过烦琐，而且对于需要用人的经理而言也难以忍受。

为此，惠普的人事管理改革首先着眼于员工求职过程，设立专门的招聘系统(EMS)，由"应聘响应中心"统一接收申请人的人事材料，经过初步处理后，发往美国各地的惠普人事部门，人事信息就可以通过 EMS 得到共享，并且可以获得快捷的服务。以此为开端的惠普人事管理部改革，为惠普的人事工作带来了巨大的效益。1990 年到 1995 年，减少人员 1/3，调整人员比例(人事工作者人数/总员工数)从 1/53 到 1/75。根据惠普人事副总裁称，仅人员一项的减少，每年就为公司节省约 5000 万美元，同时大大提高了服务质量，显示了明快、高效的工作作风。

上面 3 个案例中涉及的核心的理论和技术就是业务流程再造。

3. 业务流程再造介绍

业务流程再造是最早由美国的 Michael Hammer 和 Jame Champy 提出，在 20 世纪 90 年代达到全盛的一种管理思想。美国的一些大公司，如 IBM、科达、通用汽车、福特汽车等纷纷推行 BPR，试图利用它发展壮大自己。实践证明，这些大企业实施 BPR 以后，取得了巨大成功。

业务流程再造(Business Process Reengineering，BPR)：就是对企业的经营过程进行根本性地再思考和彻底地再设计，以便使企业在成本、质量、服务、速度等方面获得戏剧性的改善。在 BPR 定义中，根本性、彻底性、戏剧性和业务流程成为备受关注的四个核心内容。

(1) 根本性。根本性再思考表明业务流程再造所关注的是企业核心问题，如"我们为什么要做现在这项工作""我们为什么要采用这种方式来完成这项工作""我们为什么必须由我们而不是别人来做这份工作"等等。通过对这些企业运营最根本性问题的思考，企业将会发现自己赖以生存或运营的商业假设是过时的，甚至是错误的。

(2) 彻底性。彻底性再设计表明业务流程再造应对事物进行追根溯源。对自己已经存在的事物不是进行肤浅的改变或调整性修补完善，而是抛弃所有的陈规陋习，并且不需要考虑一切已规定好的结构与过程，创新完成工作的方法，重新构建企业业务流程，而不是改良、增强或调整。

(3) 戏剧性。戏剧性改善表明业务流程再造追求的不是一般意义上的业绩提升或略有改善、稍有好转等，而是要使企业业绩有显著的增长、极大的飞跃和产生戏剧性变化，这也是流程再造工作的特点和取得成功的标志。

(4) 业务流程。业务流程再造关注的要点是企业的业务流程，并围绕业务流程展开重组工作，业务流程是指一组共同为顾客创造价值而又相互关联的活动。哈佛商学院的 Michael Porter 教授将企业的业务流程描绘为一个价值链。竞争不是发生在企业与企业之间，而是发生在企业各自的价值链之间，只有对价值链的各个环节——业务流程进行有效管理的企业，才有可能真正获得市场竞争优势。

BPR 的特点是：

(1) 以客户为导向；

(2) 以流程为导向；

(3) 重思考及重设计;

(4) 大幅度的绩效改革;

(5) 信息技术的应用。

在企业内部业务流程再造过程中,主要存在以下几种基本的流程改进原理:

(1) 消除浪费;

(2) 减少浪费;

(3) 简化流程;

(4) 需要时可能组合流程步骤;

(5) 设计具有可选路径的流程;

(6) 并行思考;

(7) 在数据源收集数据;

(8) 应用信息技术改进流程;

(9) 让用户参与流程再造。

其中较为重要的就是“简化流程”。

BPR 的基本原则:

(1) 围绕输出而非围绕任务进行组织;

(2) 让利用某个流程输出的人实际完成这一流程;

(3) 以集中的方式对待地理上分散的部门;

(4) 在流程中而非流程末连接并行活动;

(5) 在信息源处一次性获取信息。

4. 业务流程再造项目给企业带来变化与收益

从 1999 年开始,海尔开始进行流程再造,实施了“并行工程”,使海尔“美高美”彩电在产品设计上打了一个漂亮的速度战。按原有的开发程序,产品从设计到整体投放市场需要 6 个月;按国际最快的产品开发程序,需要 3 个月,而海尔“美高美”彩电仅用了 2 个月。流程再造带来的惊人变化是有目共睹的,例如 IBM 信贷公司通过对提供融资服务过程的改造,利用专家系统,将每个融资申请的处理时间缩短了 90%(由原来的 7 天减少为 4 小时),大大提高了工作效率和顾客满意度;波音公司通过实施“流程再造”方案,一架波音 737 飞机的生产周期由原来的 13 个月减少到 6 个月,经营成本也降低了 20%~30%;西方节险保险协会(WPA)将保险索赔处理时间从 28 天缩短至 4 天,现在 90%的索赔业务可以在 5 个工作日内完成;巴克西合作公司将生产延滞时间从 9 周降低到令人难以置信的 14 小时;英国兰克施乐公司将“特殊订单”的处理时间从 112 天减至 24 小时;路透集团的欠款回收时间从 120 天降至 38 天,发票准确率提高了 98%,现在有的新服务可以在 15 分钟内提供。

成功的 BPR 项目能带来巨大的效益。根据广泛引用的数据,通过流程再造能够带来 50%~80%的改进,有些项目甚至获得超过 100%的改进。改进的内容包括降低库存、缩短交货延期时间、减少成本以及提高生产率等。

事务处理系统降低了运输时间和成本,在业务流程再造的过程中,信息技术扮演着重要角色。Carnival Line 是一家游船经营公司。在各个港口,往往需要对 2500 多名游客下船游览之后又回到船上这一事务做出快速处理。公司以往用印有游客名字和房间号的名单来检查游客的上下船。现在,游客使用了智能卡和读卡器。公司可以迅速知道谁离开了船,谁在

什么时间又回来了。每一个读卡器可以在30分钟内处理超过1 000人的信息。在过去，至少需要10～15人专门负责清点游客数量，而且要花费近1个小时的时间。如今，用一个人看管两个读卡器，在半个小时内就可以完成所有工作。

案例：新加坡的车辆自动定位和分派系统充分利用信息技术的业务流程再造

新加坡的车辆自动定位和分派系统也是一个较好地充分利用信息技术的流程再造成功案例。

新加坡的出租汽车有全球定位系统(GPS)的支持，该系统在美国的24颗卫星的支持下24小时运转。GPS可以让用户知道每辆出租车的精确位置(见图4-7)。

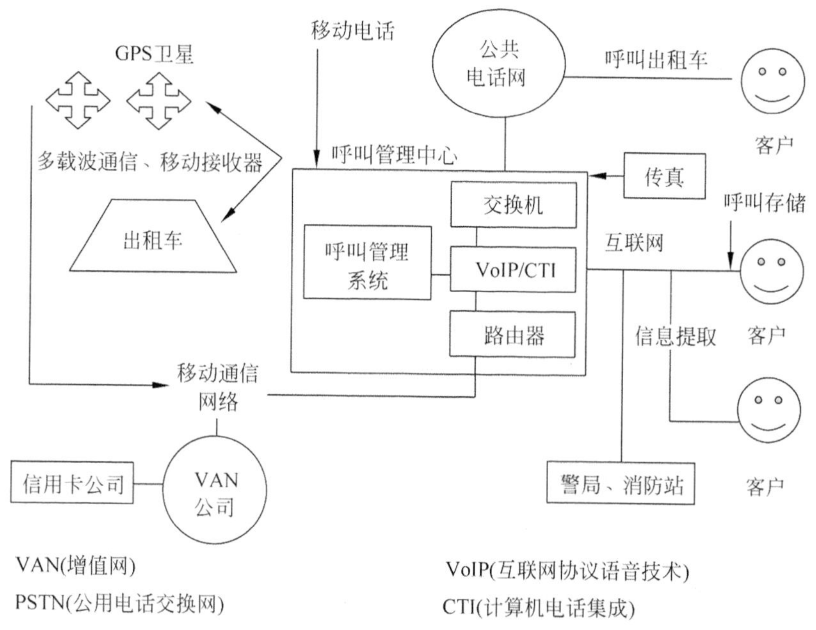

图4-7 新加坡的出租车定位系统

该系统的工作原理是：客户可以通过移动电话、固定电话、传真或者电子邮件订车，或通过设在购物中心和宾馆中的订车亭订车，还可以使用放在展览大厅里的便捷订车终端呼叫出租车。经常订车的老客户可以在自己的办公室或者家里通过电话输入密码来订车：该密码可以自动识别用户以及用户的搭乘地点。其他客户可以在操作员的协助下使用该系统订车。

计算机订车系统与GPS系统相连。当系统收到订单之后，GPS会寻找到离用户最近的出租车，出租车上的显示牌会告知司机客人的地址。司机可以在10秒钟内通过按钮来确定他是否接受订单。如果收不到司机的确认，系统会自动寻找另一辆最近的出租车。

这个系统对出租车订单的处理进行了彻底的再造。

(1) 使老客户订单的处理时间大为缩短，因为系统可以立刻识别出他们的位置，即使是在订车的高峰时段。

(2) 出租车司机无法挑选他们所喜欢的载客线路，因为系统没有告诉出租车司机客户的目的地。这就大大减少了客户的平均等车时间；同时使车辆空载里程最小化。

系统还使订单的处理能力提升了10倍，提高了使用该系统的出租汽车公司的竞争优势。

系统减少了司机与调度员之间可能出现的误会并提高了司机的工作效率,因为司机的时间得到了更有效的利用。

(3) 使用订车终端的客户不必为等待接线员而浪费大量的时间。在交通高峰时段、雨天或者乘出租车的高峰时段,这种情况会经常发生。

在新加坡的三大主要的出租车运营企业中,约 5 万辆出租车接入了这个系统。

国内的滴滴打车业务,也非常类似于新加坡的车辆自动定位和分派系统。滴滴出行,被称为手机"打车神器",是受用户喜爱的打车应用。滴滴出行改变了传统打车方式,建立培养出大移动互联网时代下的用户现代化出行方式。比较传统电话召车与路边扬招来说,滴滴打车的诞生更是改变了传统打车市场格局,颠覆了路边拦车概念,利用移动互联网特点,将线上与线下相融合,从打车初始阶段到下车使用线上支付车费,画出一个乘客与司机紧密相连的 O2O 完美闭环,最大限度地优化乘客打车体验,改变传统出租司机等客方式,让司机师傅根据乘客目的地按意愿"接单",节约司机与乘客沟通成本,降低空驶率,最大程度地节省司乘双方资源与时间。

5. 业务流程再造失败的案例

从诞生起,业务流程再造就以其号称的先进性和革命性吸引了众多的注意力。大量的企业计划实施业务流程再造,其中一些通过业务流程再造也取得了一定的成绩,例如 Ford、AT&T、IBM、GM 等等,目前业务流程再造也成为中国企业的热门话题,一时间大家都在谈论业务流程再造。然而,一个惨痛的事实是:相对于业务流程再造成功实施的,是高得不成比例的大量失败案例以及相对高昂的实施成本,得到的却是微不足道的产出。

如何衡量业务流程再造的成败是件复杂的事,一般来说,如果发现以下迹象:生产不稳定,产量剧烈变化,员工士气消沉,管理成本急剧攀升,企业的近期利润不足等,企业就需要反思其业务流程再造的过程,寻找失败的原因。

1995 年,BPR 的奠基人 Hammer 自己承认:70%的 BPR 项目不仅没有取得预期的成果,反而使事情变得更糟。几位 BPR 理论的创始人表示 BPR"过热",遗漏了"人"的因素;1996 年,德勤公司调查了 400 个 BPR 项目,发现与前面的结果非常相似;2001 年,英国 FCD 调查机构对全球 600 个 BPR 项目进行调查,结果是:45%的项目使企业取得负面效益;30%的项目与预期差距甚远,更不要说取得显著性效果了;只有 25%的企业取得了成功。

如下是一个 BPR 失败的案例。

案例:Foxmeyer 的 IT 黑洞

1994 年,位于得克萨斯州的大型制药厂——Foxmeyer Drug 公司的信息主管竭力争取了一个 6500 万美元的系统项目用于公司的关键业务运作。这个项目的设计初衷是完善公司的物流和库存系统,以跟上公司不断扩展的市场份额的要求。但是,该信息主管没有考虑项目的经济性,只是一味地追求完美。公司花了近 1000 万美元用于购置硬件与软件,并把项目的管理工作交给一个世界上知名的咨询公司去完成。该咨询公司同时也以收费昂贵而出名。项目涉及了一个花费高达 1800 万美元的自动库房,而库房的许多功能并不实用。自动库房没有按时完工,投资越来越大,最致命的是新系统屡屡出错,给公司造成 1500 万美元的巨额损失。1996 年,Foxmeyer Drug 公司仅第四季度就花了 3400 万美元,8 月份,公司就

不得不申请破产。

不难看出，流程的再造离不开信息平台的支持，但是信息平台的架构也离不开企业的具体实际。如果一味追求高配置的信息平台，而忽视市场、顾客、竞争对手、企业发展阶段等实际因素，就会为了信息化而信息化，陷入 IT 黑洞中。

4.3 事务处理系统怎能忽略技术

TPS 在企业中扮演重要角色，处于重要地位，而支持 TPS 使命完成的背后是不可忽略的技术因素。

4.3.1 技术影响系统表现

在事务处理系统中，影响系统性能的因素不仅仅是技术，但技术扮演重要角色，下面介绍 12306 铁路网上售票系统的案例。

案例：12306 铁路网上售票系统的设计与问题

我国铁路客票系统是一个覆盖面广、交易量大、实时性强、席位精确管理、安全可靠性要求高的复杂系统。要开发建设规模如此庞大、技术如此复杂的系统，其难度可想而知。国内外专家在了解了中国铁路客票发售工作的实际情况后，也曾感叹道，这个系统如能建成，堪称世界票务管理系统之最。早在 20 世纪 70 年代，我国很多单位已经开始了有关计算机售票的研究工作，并且在上海站和广深线试验，但是由于中国铁路客票发售的特殊复杂性和技术条件所限，一直未能大面积推广。

直到 1993 年，在铁道部主持下，由北方交通大学、中国铁道科学研究院、铁道部运输局等单位组成专家组开发团队，根据计算机网络技术和我国铁路客运发展的特点和趋势，提出了"要想从根本上解决我国铁路客票发售中存在的问题，必须依靠科技进步，建立一个覆盖全国铁路的计算机售票网络，实现铁路客票管理和发售工作现代化，达到国际先进水平，从而方便旅客购票，提高铁路服务质量和市场竞争力"的构想。并在深入调查研究和广泛开展国际交流的基础上，经充分论证，制定了适合我国国情和路情的铁路客票及发售和预订系统的总体规划，为该系统建设打下了坚实的基础。1996 年，铁道部部长办公会议作出决定，改革传统的售票方式，依靠科技进步，尽快建成具有中国特色和自主知识产权的铁路客票发售和预订系统，以此为突破口，改变铁路客票发售和运营管理的落后面貌。自此，铁路客票及发售和预订系统项目正式启动。

它的系统功能结构设计如下：

参与设计开发的成员们对系统的总体结构、软硬件配置、组网方式、数据库组织、相关编码、联网售票、主要功能、综合管理、安全可靠性和通用性，以及系统的实施步骤等进行了深入研究，创造性地提出了集中与分布相结合的三级系统结构。系统由铁道部客票中心、地区客票中心、车站系统三级联网构成。试图建成一个以票务信息为基础，以生产调度为核心，为铁路客运服务人性化、生产管理信息化、应急指挥现场化以及经营管理精细化提供技术支撑的客运生产日常管理和应急指挥平台的系统。车站售票系统主要是面向售票的实时交易商务服务；地区客票中心系统主要是面向以席位为核心的调度控制和地区客运业务的指挥；铁道部客票中心系统主要是面向全路的宏观指挥管理和保障全路的联网售票。系统预期目标是全面实现售票、退票、订票、计划、调度、计费、结账、统计、查询等售票及相关业务的计算机管理，其功能覆盖了铁路客票发售组织与管理的主要环节。

铁道部确定的长、短期目标和客票总体组采取“统一规划，联合攻关，自下而上，分步实施，分期见效，滚动发展”的推进策略，使得系统的开发和推进扎实、有序、有效。而客票系统在这多年的运营过程中，先后完成了以下6次版本的升级。

新一代客票系统将在既有客票系统的基础之上，力求做到：在服务方面，以旅客为中心，提供全方位的信息咨询、丰富的售票渠道、多元化的支付方式、个性化的常旅客服务、快捷的进出站、全过程的服务支撑；在运营管理方面，为铁路企业提供精细化的售票管理、智能化的售票组织、科学化的运力调配、市场化的收益管理、多样化的延伸服务，人性化的操作界面；在技术架构方面，引入云计算技术，以科学成熟的体系架构为基础，构建支撑超大规模并发交易、海量数据存储、灵活扩展、兼容性良好、安全可靠高效的综合信息系统。

而最近铁路网上售票系统出现的问题表现如下：

(1) 重复登录，划款不出票：订票过程中出现最多的就是“当前访问用户过多，请稍后重试！”“很抱歉！当前提交订单用户过多，请您稍后重试。”“系统忙！”购票用户也经常会抱怨：“好不容易操作到了网银支付阶段，结果却是付款完毕后没有显示车票信息，钱已支付而购票竟然失败了。”

(2) 增加排队功能后重复排队：针对12306系统的新一轮更新，一位网友无奈地开起了玩笑：“12306网站的体验太棒了！和去售票窗口一样，让你体验排队的乐趣，真正让网上和网下没有区别。”甚至有网友这样调侃，“没有爬不上的山顶，只有登不上的12306”。不少乘客反映，被“强制排队”后购买失败的概率很大。原本是为了让旅客购票更加方便的升级换代，却大大增加了购票失败的概率，也浪费了购买其他车次的宝贵时间。

(3) 未考虑视障人士的需求：“Tab键在12306网站上根本无法进行导航，验证码也没有提供语音提示，而用户注册的出生年月日选择组件，几乎无法用键盘进行选择。自从铁道部12306网站投入使用到现在，我还没有见到盲人在网站订票成功的先例。”来自山东青岛的视障人士说道。

(4) 网络拥堵，系统崩溃：“12306网站在线售票功能，其实就是个海量事务高速处理系统，这样一个系统，并不能简单地使用通用方案进行设计，但听说12306网站采用了Oracle通用数据库进行搭建”，CTO俱乐部成员、互联网产品设计专家评价说，“使用通用系统进行设计也不是不可以，但在面对春运前夕的瞬间海量网络购票需求时，这个系统会变得极为脆弱。”也有专家分析说，“他们试图通过服务器的堆积，来解决软件设计的不足”，但理论和实践都已经证明，再强大的硬件也很难满足一个不完善的软件系统的极端处理请求。

(5) 客票销售缺乏市场化：不少旅客纷纷发出这样的疑问：铁路部门为何不借鉴民航系统的做法，将在线售票资质授权给商业网站呢？如此一来，不但票卖出去了，12306的压力也会大大减轻。但遗憾的是，截至目前，铁路部门还未有开放系统的举动。而12306也在首页上声明：“没有授权其他网站开展类似服务。”古坦科技的IT业资深人士则认为“关键还是观念的转变。铁道部需要打破陈规，摒弃‘肥水不流外人田’的陈旧观念，走合作共赢的路。”

导致上述问题可能的因素很多，比如系统过于复杂，在设计开发过程中是否论证不够？系统上线之前对顾客购票的需求估计是否不足，尤其是黄金周集中购票阶段？是否存在系统缺乏创新技术、管理不当、机制不健全等问题？

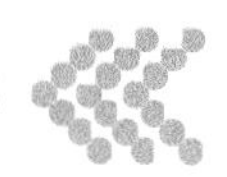

4.3.2 事务处理方式

事务处理系统一般有三种事务处理方式：批处理方式、联机处理方式和延迟联机录入。

1. 批处理方式

批处理(batch processing)方式先将事务数据积累到一定数量，然后一起处理，或是到了一定时期才一起处理。例如财务部门将每天发生的所有发票集中在下午5点一次性地录入计算机，更新应收款数据库。

批处理活动包括：收集源文件，如订单、发票，并将它们分成批。把源文件录入到输入媒体，如磁带、磁盘。把源文件排序，排序应根据某个关键词，一般这个关键词和主文件的相同。将源文件和主文件合并处理，建立一个新文件，并输出一些文件，这些文件如发票、支票等。定期地将业务成批地送往远方的中央计算机保存和进一步处理。

例如一个银行的批处理过程，如图4-8所示。

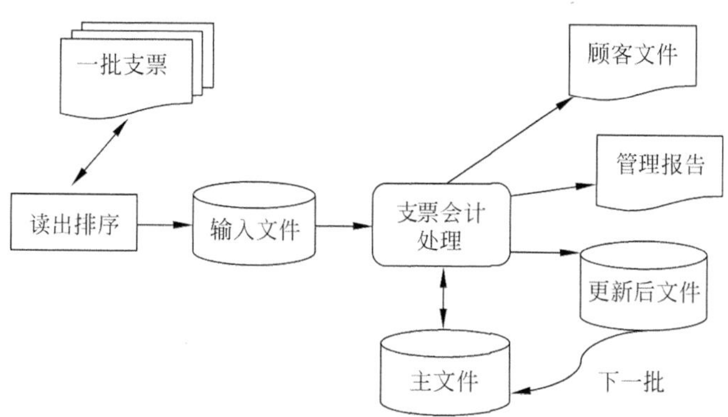

图4-8 银行批处理

这里主文件是一种永久存储的文件，如客户主文件，包括客户名称、地址、电话、生产主要产品、主要业务等数据；学生主文件包括学生姓名、年龄、籍贯、学号等，有可能包括成绩等具有档案性质的文件。支票主文件记录支票金额、接收方、开出方、日期、编号等数据。业务文件是一种中间存储文件，具有暂存的性质，一旦它的内容并入主文件，业务文件即消失。更新后的主文件在下一批处理过程中就处于主文件的位置。

批处理的优缺点分析：当要处理大量的数据时批处理是一种比较经济的方法。每笔业务处理时没有必要翻动主文件。错开白天的时间，机器可以在晚上处理，能充分利用机器的资源。机器的速度不一定很高，机器档次和设备费用可以大大降低。但批处理的确有很多缺点，主文件经常是过时的，打出的报告也是这样，马上查出当前的情况也是不可能的。所以，许多业务转向实时处理。某些实时处理系统中还保留着某些业务的批处理。

2. 联机处理方式

实时处理方式或称为联机事务处理(OnLine Transaction Processing，OLTP)方式，当事务发生时即进行处理，而不积累成批。例如每到一批货物，就立即更新库存，这样的好处是使入库的商品马上可以销售，加快资金流转。

通过OLTP和外联网等万维网技术，供应商可以实时检查公司当前的库存水平或者生产计划。供应商自身在与其客户合作的同时，也可以承担起库存管理和订货的责任。客户也可以在 TPS 系统中输入数据来跟踪订单，甚至还可以直接查询。

OLTP 成为一种交互式的网络 TPS。互联网交易处理软件和服务器可以实现多媒体数据的转换，快速响应以及大量图片和视频的存储——所有这些都是低成本并且实时完成的。这种交互的特点是可以快速地响应客户的询问。OLTP 同时具有灵活性，可以适应快速增长的处理需求，也可以随时对数据库进行搜寻和分析。像戴尔电脑这种经常需要处理大量订单的公司，更希望拥有一个复杂的、基于万维网的订货系统。

实时处理在处理业务时是及时地处理完这笔业务后，主文件已经进行了更新，因而这时的统计数据就反映了现时的真实情况。这时数据只要一输入，记录、转换、更新主文件一气呵成，响应顾客的查询也是即时的。一个实时的销售处理系统如图 4-9 所示。

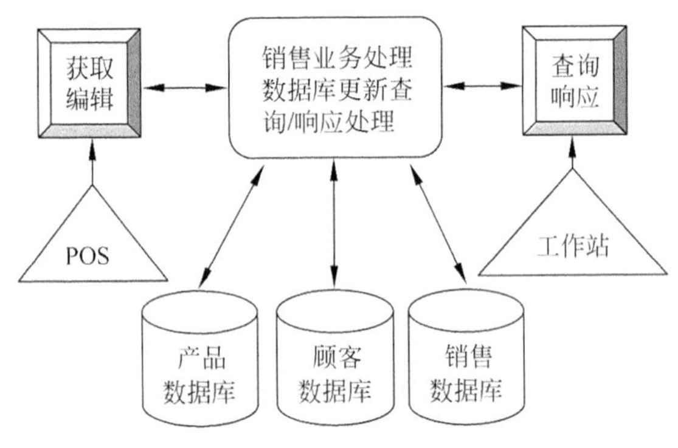

图 4-9 实时的销售处理系统

实时处理的优缺点：实时处理能及时处理、及时更新和及时响应顾客。因而在要求及时的情况下，只有实时系统能满足要求。实时处理的缺点是由于联机，直接存取必须采取特殊的措施保护数据库，以及时防止病毒和闯入者。在许多实时系统中，也用磁带作控制日记和恢复文件。因而在设备上要付出高成本。所以实时优点必须和它的成本、安全的问题相平衡，现在由于技术的发展，要更好地满足顾客需求，越来越多的公司欢迎实时处理。下面对批处理和实时处理进行比较，如表 4-1 所示。

表 4-1 批处理和实时处理的比较

特　　性	批　处　理	实 时 处 理
业务处理	记录业务数据累计成批，排序周期处理	数据一产生立即处理
文件更新	批处理时	业务处理时
响应时间(周转时间)	几小时或几天	几秒钟

3. 延迟联机录入

一种折中的方法是处理延迟的联机录入，这种方式是当事务或订单发生时就送入系统，但并不立即处理，直到认为合适的时候才成批处理。例如用电话订购商品时，订单当时就被送入计算机，但事实上订单直到晚上才被处理。

选择哪种处理方式要根据业务的具体需要来确定。另外，防止数据处理的故障是个很重要的问题。

4.3.3　事务处理系统的相关技术

事务处理系统的正常运行离不开技术的支持，为了取得更好的系统性能，要重视技术的了解和选用。

1. 防止数据处理的故障

防止数据处理的故障，在批处理的情况要保留多个副本，一般要三个，而且在不同的地方。每次批处理完后，副本也跟着产生，当主机损坏时可以根据两个副本恢复数据。在实时处理情况下，也要保留副本，不过它是在每笔业务后及时留副本，所以要用联机存储器，甚至更多处理器。

具有多处理器而且能支持实时恢复数据的处理叫做容错数据处理（Fault Tolerant Processing，FTP），这种计算机系统叫做容错系统（fault tolerant systems）。

容错就是当由于种种原因在系统中出现了数据、文件损坏或丢失时，系统能够自动将这些损坏或丢失的文件和数据恢复到发生事故以前的状态，使系统能够连续正常运行的一种技术。

容错（Fault Tolerant，FT）技术一般利用冗余硬件交叉检测操作结果。随着处理器速度的加快和价格的下跌而越来越多地转移到软件中。未来的容错技术将完全在软件环境下完成。

局域网的核心设备是服务器。文件服务器集中管理系统共享资源，用户不断从文件服务器中大量存取数据。但是如果文件服务器或文件服务器的硬盘出现故障，数据就会丢失，所以，容错技术是针对服务器、服务器硬盘和供电系统的，有相应的如下相关技术，在工作中，选取的容错技术应根据实际情况而定（如资金、规模等）。

1）容错技术双重文件分配表和目录表技术

硬盘上的文件分配表和目录表存放着文件在硬盘上的位置和文件大小等信息，如果它们出现故障，数据就会丢失或误存到其他文件中。通过提供两份同样的文件分配表和目录表，把它们存放在不同的位置，一旦某份出现故障，系统将做出提示，从而达到容错的目的。

2）容错技术快速磁盘检修技术

这种方法是在把数据写入硬盘后，马上从硬盘中把刚写入的数据读出来与内存中的原始数据进行比较。如果出现错误，则利用在硬盘内开设的一个被称为“热定位重定区”的区，将硬盘坏区记录下来，并将已确定的在坏区中的数据用原始数据写入热定位重定区上。

3）容错技术磁盘镜像技术

磁盘镜像是在同一存储通道上装有成对的两个磁盘驱动器，分别驱动原盘和副盘，两个盘串行交替工作，当原盘发生故障时，副盘仍旧正常工作，从而保证了数据的正确性。

4）容错技术双工磁盘技术

它是在网络系统上建立起两套同样的且同步工作的文件服务器，如果其中一个出现故障，另一个将立即自动投入系统，接替发生故障的文件服务器的全部工作。

5）容错技术网络操作系统具有完备的事务跟踪系统

这是针对数据库和多用户软件的需要而设计的，用于保证数据库和多用户应用软件在全部处理工作还没有结束时或工作站或服务器发生突然损坏的情况下，能够保持数据的一致。其工作方式是：对指定的事务（操作）要么一次完成，要么什么操作也不进行。

6）容错技术 UPS 监控系统

UPS 监控系统用于监控网络设备的供电系统，以防止供电系统电压波动或中断。

2. 数据库技术

数据库技术是计算机科学技术的一个重要分支。从 20 世纪 50 年代中期开始，计算机应用从科学研究部门扩展到企业管理及政府行政部门，人们对数据处理的要求也越来越高。1968 年，世界上诞生了第一个商品化的信息管理系统（Information Management System，IMS），从此，数据库技术得到了迅猛发展。在互联网日益被人们接受的今天，Internet 又使数据库技术、知识、技能的重要性得到了充分的放大。如今数据库已经成为信息管理、办公自动化、计算机辅助设计等应用的主要软件工具之一，帮助人们处理各种各样的信息数据。

数据库技术是现代信息科学与技术的重要组成部分，是计算机数据处理与信息管理系统的核心。数据库技术研究和解决了计算机信息处理过程中大量数据有效地组织和存储的问题，在数据库系统中减少数据存储冗余、实现数据共享、保障数据安全以及高效地检索数据和处理数据。数据库技术的根本目标是要解决数据的共享问题。

数据库（DataBase，DB）是存储在计算机辅助存储器中的、有组织的、可共享的相关数据集合。数据库管理系统（DataBase Management System，DBMS）是对数据库进行管理的系统软件，它的职能是有效地组织和存储数据，获取和管理数据，接受和完成用户提出的各种数据访问请求。能够支持关系型数据模型的数据库管理系统，称为关系型数据库管理系统（Relational DataBase Management System，RDBMS）。

RDBMS 的基本功能包括以下 4 个方面：

（1）数据定义功能。RDBMS 提供了数据定义语言（Data Definition Language，DDL），利用 DDL 可以方便地对数据库中的相关内容进行定义。例如，对数据库、表、字段和索引进行定义、创建和修改。

（2）数据操纵功能。RDBMS 提供了数据操纵语言（Data Manipulation Language，DML），利用 DML 可以实现数据库中插入、修改和删除数据等基本操作。

（3）数据查询功能。RDBMS 提供了数据查询语言（Data Query Language，DQL），利用 DQL 可以实现对数据库的数据查询操作。

（4）数据控制功能。RDBMS 提供了数据控制语言（Data Control Language，DCL），利用 DCL 可以完成数据库运行控制功能，包括并发控制（即处理多个用户同时使用某些数据时可能产生的问题）、安全性检查、完整性约束条件的检查和执行、数据库的内部维护（例如索引的自动维护）等。RDBMS 的上述许多功能都可以通过结构化查询语言（Structured Query Language，SQL）实现，SQL 是关系数据库中的一种标准语言，在不同的 RDBMS 产品中，SQL 中的基本语法是相同的。此外，DDL、DML、DQL 和 DCL 也都属于 SQL。

数据库中的数据必须反映现状。每笔业务处理均是对现状的改变。因而业务处理要修改维护数据库，使其和现状一致，业务处理程序中应包含维护数据库的程序。维护数据库保证它能准确反映现状，实在是个大问题，甚至一个企业或组织的人名册都不能和现实相符。所以尽管数据库维护的技术已很发达，但它还要有一套很好的运行制度和良好的人员素质，才能保证数据库的真正合用。

3. 自动化录入技术

数据输入的过程总是数据处理的一个瓶颈。如何快速准确的输入数据，仍然是一个很

重要的问题。数据输入的方法有两种：一种是传统手工方法，一种是源数据自动化的方法。传统的数据输入方法依赖于计算机的终端用户由源文件获得数据，这些源文件如采购单、工资考勤表、销售订货表等。这些源文件积累成批送给数据处理人员，进行输入。这些数据周期地送进计算机系统。现在手工的处理方法慢慢地被代替。由于它要求很多操作，成本高，而且出错率高。所以人们希望能应用“源数据自动化”。

数据自动化已有很多方法，但达到全自动化者可以说没有。自动化方法的例子如图4-10所示。图4-10中用了几种设备，如POS业务终端、自动柜员机（ATM）、光字识别器（OCR）、当然还有其他各种设备。这个销售业务处理系统的希望是：获得数据越早越好。获得数据越近越好。用机械读取介质获得（如条码标签、磁条、磁卡）代替源文件。

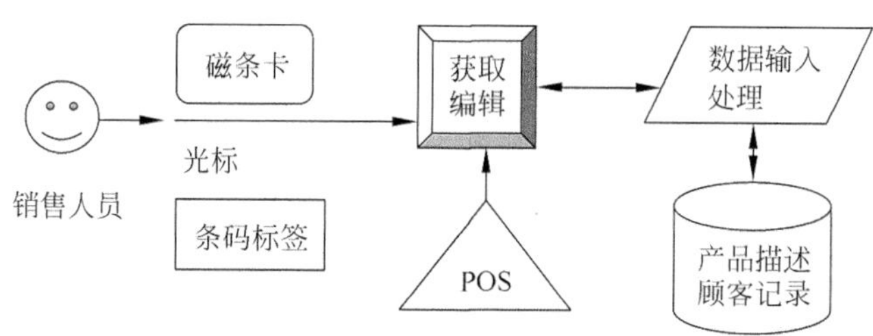

图4-10 自动化方法实例（自动数据输入）

4. 高速实时处理技术

随着Internet以及数据密集型应用的发展，产生了大量待处理的实时数据，例如网络监测数据、电信呼叫记录、金融应用数据、Web日志及点击流等。这些实时数据具有连续性、数据量极大、生成速度快和生成速率随时间变化等特点。而对这些数据的处理又要求能够做到连续不间断的查询，甚至要求实时的连续查询。在有限的内存和处理器资源的情况下，保证这些实时数据能够快速、有效的处理变得越来越重要。传统的关系数据库管理系统在处理有限的存储数据方面是高效的，但是处理此类数据则效率低下，甚至无法处理。因此一些处理实时巨容量数据的新方法成为目前数据库领域研究的新热点。其中，基于数据流（datastream）概念的数据流管理系统DSMS的研究最具应用前景。DSMS系统的最终目标是在有限的处理资源（内存和处理器）和能够达到查询规划要求的前提下，具有查询时间最短的数据流处理能力，并且支持实时的连续查询。下面提供SQL Server 2014内存中联机事务处理（OLTP）解决方案案例，供参考和体会。

案例：bwin. party的SQL Server 2014内存中联机事务处理（OLTP）解决方案

在线数字化娱乐公司bwin. party提供的在线游戏与其他服务用户数超过两百万。为了向快速增长的业务提供更好的支持，改善网站性能，该组织部署了Microsoft SQL Server 2014中的内存中联机事务处理（OLTP）解决方案。现在该公司每秒可以处理250 000个请求，为玩家提供更快速流畅的游戏体验。bwin. party在硬件成本方面节约十万美元，并可实现增收。

(1) 业务需求。

bwin. party是全球最大的受管制在线游戏公司。每天有成千上万的玩家访问公司网站，针对各种体育赛事、摇奖彩票及扑克游戏下注上百万次。

该公司是由在线博彩巨头bwin与Party Gaming于2010年年底合并而来的。合并后的 bwin. party 将两个大流量网站合并在一起，由于来自两个网站的访客都被重定向到同一个网站，该网站需要提供原本由两个网站提供的数十个游戏，因此遭遇了严重的扩展问题。“我们所用的技术不足以通过扩展支持大量新增用户，”bwin. party 数据库工程经理 Rick Kutschera 说：“原本的游戏系统每秒只能处理大约 15 000 个请求。考虑到增长率，这样的数量已远远不够。”在游戏中，一次押注需要每秒批处理大约 50 个请求。但由于峰值时期的负载太高，公司需要系统的会话状态服务器每秒能够处理 30 000 个批处理请求。

由于扩展性方面存在问题，Web 服务器超时情况愈加严重，有时网站甚至会停机长达数分钟时间。“缺乏可用性就意味着玩家无法押注，无法获得好的体验。”Kutschera 说，“这个行业的竞争很严峻，我们需要确保客户能获得良好的体验。任何性能问题都是我们无法接受的，玩家无法大量押注，也会给我们造成经济损失。”

虽然该公司最近部署了 Microsoft SQL Server 2012 Enterprise 软件，后续还安装了更多硬件，但依然无法解决这些问题。“我们不断尝试优化系统，提升扩展能力，但我们无疑需要一种全新的解决方案帮我们进一步完善。”

(2) 解决方案。

在与微软讨论过后，bwin. party 部署了 SQL Server 2014 内存中联机事务处理(OLTP)解决方案。该解决方案使用主内存优化技术及 no-locking/no-latching 并发控制机制消除纵向扩展导致的瓶颈。

公司预计该解决方案能将每秒处理的请求数量提高一倍，从 15 000 个增至 30 000 个。“首次测试运行时每秒处理了 150 000 个请求，我们都惊呆了。”Kutschera 说。

很快 bwin. party 就将该解决方案集成到了原有的 SQL Server 2012 环境中。

(3) 收益。

通过使用 SQL Server 2014 中的内存中 OLTP 技术，bwin. party 网站可支持的用户数量提高了 20 倍，并为玩家提供了更快速、更流畅的体验。该公司不仅节约了成本，而且实现了增收。

通过内存中 OLTP 技术，bwin. party 的游戏系统可扩展至每秒处理 250 000 个请求，使得该公司可更轻松地迎接新玩家到来。“通过使用 SQL Server 2014，有必要时我们的网站完全可以应付数量激增 20 倍的玩家，”Kutschera 说，“如果美国重新让在线博彩行业合法化，我们的用户数量一天就可以提高三倍，而我们现有的技术完全可以做到这一点，不会造成任何性能问题。我甚至觉得就算全球都让在线博彩合法化，我们也不会遇到问题。”

该公司的原有网站上，玩家的标准系统响应时间为 50 毫秒。通过使用内存中 OLTP 技术，这一时间被缩短至 23 毫秒。“通过使用 SQL Server 2014，玩家体验更快、更流畅。”Kutschera 说。

随着性能大幅提高，访问 bwin. party 网站的玩家在页面载入和玩游戏时无须再等待。“每秒钟都有大量玩家等待押注，通过使用 SQL Server 2014 的内存中 OLTP 功能，我们的网站载入速度更快，整体体验更流畅，玩家可以更畅快地押注玩游戏。”

(本案例节选自微软中国案例中心 http://www. microsoft. com/china/casestudies/details. aspx? CompanyProfileID=237)

本章小结

事务处理系统是在数据(信息)发生处将它们记录下来,通过OLTP产生新的信息,将信息保存到数据库中供其他信息系统使用,提高事务处理效率并保证其正确性。

事务处理系统遍布在你身边,随处可见,事务处理系统没有决策支持系统的光环,但是任何组织和企业都离不开它,是任何组织和企业完成日常管理活动的基石。

本章介绍了事务处理相关概念,包括事务、事务处理与事务处理系统,注意它们间的区别和联系;还介绍了事务处理系统的特点、功能、运行过程和其发展;也介绍了事务处理系统的角色和地位,以及与商业创新的关系,这是深入认识事务处理系统的一个视角和过程,特别是业务流程再造引发的商业变革或影响,让我们重新思考事务处理系统的作用。同时也要注意业务流程再造的特点、流程改进原理和基本原理,业务流程再造能带来极大的绩效提高,但也有很高的失败风险。另外就是要时刻记得事务处理系统在企业中处于"心脏"的地位。

最后关于技术方面,介绍了事务处理系统的3种事务处理方式:批处理方式、联机处理方式和延迟联机录入,也介绍了事务处理系统的相关技术,如防止数据处理的故障、数据库技术、自动化录入技术、高速实时处理技术等。需要明确的是,在事务处理系统中,影响系统性能的因素不仅仅是技术,但技术扮演重要角色。

习题

1. 列举出你身边的3个事务处理系统的实例。
2. 企业如何利用事务处理系统支持或引导商业创新?
3. 除了书本中提到的,你能列举出其他的事务处理系统支持或引导商业创新的实例吗?
4. 支持事务处理系统的主要技术除书中提到的,还有什么?
5. 思考使用批处理方式、联机处理方式和延迟联机录入方式的业务情境。
6. 校园范围内,收集并展现自动化信息输入的技术。
7. 分析滴滴出行的业务流程,与传统出租车流程进行对比分析。
8. 事务处理系统在组织中的地位,除了用"心脏"来描述,你还能找到什么词句?理由是什么?
9. 高速实时处理有必要吗?你还知道哪些相关技术?
10. 在事务处理系统中,影响其性能的除了技术,还有什么?
11. 书中所列的事务处理系统的特点够全面吗?你还有补充吗?
12. 数据库技术在事务处理系统中的角色和地位如何?

参考文献

[1] 中国铁道科学研究院.铁路客票发售和预订系统开发建设纪实[EB/OL].http://www.huochepiao.cn/about/history/2005323.htm,2008-06-11.

[2] 朱建生.新一代客票系统总体技术方案的研究.铁路计算机应用,2012,21(6):1-6.

[3] 张智. 伤不起的 12306,[EB/OL]. http://www.chinatimes.cc//pages/moreInfo.htm? id=123989, 2012-09-21.

[4] 万静. 视障人士不满 12306 订票网站. 法制日报,(6),2012-10-09.

[5] 陈承. 铁道部招标被曝照顾下属企业弃用成熟方案. [EB/OL]. http://finance.sina.cn.cn/roll/20120111/024511171994.shtml,2012-01-11.

[6] 何欣荣,高少华,12306"独木难支"火车票何时能像机票一样卖. [EB/OL]. http://news.xinhuanet.cn/2012-01/15/c_111439825.htm,2012-01-15.

[7] http://www.shenmeshi.com/Computer/Computer_20090105213749.html.

第5章　决策支持系统——信息价值的发现者

本章学习目标

- 认识决策对于成败的影响，以及决策的相关性质。
- 了解决策支持系统及其结构和类型。
- 了解决策支持系统相关的技术，主要是支持数据分析和挖掘的技术。

开篇案例

汕尾电厂：生产经营管理辅助决策系统

广东红海湾发电有限公司（以下称"红海湾公司"）于2004年3月30日注册成立，注册资本25亿元，负责汕尾电厂的建设和运营。

渴求统一决策支持平台

红海湾公司的管理层十分重视企业信息化建设。目前红海湾公司的信息化基础设施日臻完善，在企业建设、生产、管理各个方面都已不同程度地采用了信息化手段，信息化系统随着技术变化不断更新提高。早在2008年，汕尾电厂已有包括MAXIMO、Q4Safe、燃料系统和点检系统等16个信息系统在运行使用。

然而，发电市场竞争较为激烈，在多方压力剧增的状况下，红海湾公司管理层对于企业的信息化提出了全新的、层级更高的要求：要使信息系统成为帮助贯彻和落实企业管理思想的有效工具；要使系统植入"科学用能、系统节能"的思想，通过科学运行和精细化管理实现节能减排；要在对电厂各项管理的全面监控和科学决策的基础上，帮助打造全新的智慧型电厂。

纵览汕尾电厂现有的系统，虽为过去企业的高速发展提供了保障和动力，但各系统间存在信息壁垒，缺乏有效的信息共享机制，致使管理层进行系统决策时需访问分布在网络不同位置的多个业务管理系统，一定程度上影响了决策的时效性，阻碍了信息系统在决策支持和管理应用方面发挥更大的功效。

鉴于上述的管理诉求，红海湾公司进行了审慎的调研分析，决定联手景华天创（北京）咨询有限责任公司，利用国际先进的商务智能分析技术，结合汕尾发电厂的实际情况和多年管理经验实施"智能电厂生产经营管理辅助决策系统"项目。

厂级数据共享中心

汕尾电厂管理辅助决策系统所采用的产品具备可以将关系型数据模型转化为多维数据模型的 ROLAP 技术，同时以电厂各个业务部门的管理核心为基础点，打破各业务系统的信息壁垒，以建立统一的电厂级数据中心、经营决策辅助中心为目标，形成覆盖电厂生产、经营和管理等方面的管理决策辅助平台。

按照项目规划，红海湾公司智能电厂生产经营管理辅助决策系统主要涉及四大模块，即生产经营模块、设备管理模块、财务应用模块和生产运行模块。

这一管理决策辅助平台的实施到底有何作用呢？对此，景华天创公司首席专家丘创先生表示，智能电厂生产经营管理辅助决策系统打破火电厂传统的控制系统、管理信息系统、分析决策系统各自独立的局面，基于先进的数据仓库技术、ROLAP 数据集成多维转化技术和信息共享的理念，通过收集归纳各业务系统的信息，建立真正厂级数据共享中心，实现预算、采购、项目、库存、设备、生产经营、生产运行、财务管理、人力资源管理决策等各个层面的信息共享，以及发电厂生产管理过程信息、经营管理分析信息的"纵向贯通"，以达成工业过程信息和管理业务信息的无缝融合。

通过建立厂级数据中心，还可实现电厂现有各种生产、经营管理应用系统的横向融合和信息集成，最终建立起全厂统一的智能化辅助决策管理平台，为电厂生产运行管理人员提供功能强大，并具有广阔扩展空间的管理、分析和决策的平台，给电厂管理者提供及时、定量的分析和决策支持。

项目价值"多点开花"

红海湾公司智能经营管理辅助决策系统项目的实施，为管理决策提供了准确、及时的信息保障。对此，红海湾公司总经理张洪刚先生表示项目价值可谓是"多点开花"。

例如在设备运维、故障消除分析层面，在保证数据及时准确的基础上，不仅可实现对设备运维进行即时的监控和结构分析、历史对比分析和专业对比分析等，还可建立故障消除分析，监控故障消除情况及相关预警指标和体系，为设备运维和故障消除提供管理分析手段。

而对于生产运行、生产经营以及库存分析方面的价值，则突出体现在为生产运行建立了发电指标体系并进行专业管理分类方面。不同的专业分类提供不同分析，并允许专业人员对月度生产运行情况编写专业分析说明，使人脑与电脑结合，形成专业生产运行分析报告。系统不仅为生产经营、库存、项目及预算管理等提供系统化的分析结果，而且通过建立业务间的信息整合，使分析不再集中于单一业务而是集成多项业务，为生产管理提供更有价值的信息，对实际业务管理有更大的决策参考价值。

尤为值得一提的是，通过对电厂经营管理指标的提炼，项目组开发出了电厂发电量、利润、保利煤价敏感性分析模块，对电厂经营的关键指标进行生产经营预测，以辅助管理决策。

在财务管理方面，项目组对电厂财务数据建立不同角度的财务分析主题，并提炼其中的关键财务指标，形成电厂特色的财务三大主题分析（资产负债分析、利润分析、现金流量分析）、根据实时发电量计算生成的实时利润分析、财务指标分析、经营业务考核分析、三大敏感性分析（保本电量分析、保利煤价分析、利润分析）、日保本电量分析、月保本电量分析、利润影响分析、项目预算管理分析等，为电厂的财务管理和生产经营管理提供了功能强大的电厂特色分析。此外，通过对电厂多年财务管理、预算管理经验的总结，项目组开发出新的功能应用，对财务、预算管理过程中的关键信息进行专项分析，为电厂管理提供及时、准确、高效的管理分析报告。

通过生产经营管理辅助决策系统项目的建设，红海湾公司在生产经营、财务管理、设备管理和生产运行管理方面实现了大幅跨越，企业管理思想和先进技术手段的完美结合，也将企业引入一个全新的发展里程。决策是主导企业成败的关键，而支持企业决策的工具——决策支持系统，对企业的决策形成强有力的支撑。

5.1 决策——成败的关键

我有一笔资金，是吃利息，还是投资？是投资股票还是投资债券？大学（或硕士）毕业后，继续求学还是就业谋生？我今天很困，是去上课还是在宿舍睡懒觉？采取何种治疗方式？喝哪种口味的咖啡？生活就是由一系列决策组成的。每天，我们都会面对海量信息的轰炸，并且不得不做出各种大大小小的选择与决策。我们的人生充满不确定性，我们无时无刻不在决策。在棋界有句话："一着不慎，满盘皆输；一着占先，全盘皆活。"它喻示一个道理，无论做什么事情，成功与失败取决于决策的正确与否。

5.1.1 决策决定成败的案例

组织运作过程中常常会遇到许多决策问题，如：企业采购原材料时应该选择哪家供应商？如何根据客户的信用度，确定是否给予贷款？怎样确定合理的库存量？如何选择最佳运输路径？如何确定明年的产品需求量？连锁门店应该选在什么位置比较合适？人们常常把解决以上问题的过程称为决策。有人说"细节决定胜败"，有人说"执行决定成败"……殊不知，一个企业的决策错了，无论以后的细节做得多么完美，执行得多么到位，等待它的结果都是一样的，那就是失败。决策决定成败！只有决策正确，细节和执行才有意义可言！

那究竟什么是决策？狭义的决策就是在几种行动方案中进行选择，即：人们为了达到一定的目标，在掌握充分的信息和有关情况进行分析的基础上，用科学的方法拟定并评估各种方案，从中选出合理方案的过程。广义的决策还包括在作出选择之后采取行动的一切活动。过去认为决策是叫"咱说了算"，实际上不那么简单。

企业或组织更是时刻都有决策发生，决策不总是成功的，失败的案例也比比皆是。日本尼西奇公司在战后初期，仅有 30 余名职工，生产雨衣、游泳帽、卫生带、尿布等橡胶制品，订货不足，经营不稳，企业有朝不保夕之感。公司董事长多川博从人口普查中得知，日本每年大约出生 250 万婴儿，如果每个婴儿用两条尿布，一年就需要 500 万条，这是一个相当可观的尿布市场。多川博决心放弃尿布以外的产品，把尼西奇公司变成尿布专业公司，集中力量，创立名牌，成了"尿布大王"。资本仅 1 亿日元，年销售额却高达 70 亿日元。企业经营决策成功，还可以使企业避免倒闭的危险，转败为胜。如果企业长期只靠一种产品去打天下，势必潜藏着停产倒闭的危险，因为市场是多变的，人们的需要也是多变的，这就要求企业家经常为了适应市场的需要而决策新产品的开发。这种决策一旦成功，会使处于"山穷水尽"状况的企业顿感"柳暗花明"。科学的企业决策能使企业充满活力，兴旺发达，而错误的决策会使企业陷入被动，濒临险境。黄河中游重要支流渭河变成悬河，多次发生水灾，沿岸民众受害不浅。学界早已公认其祸首就是三门峡水库，由于设计上的缺陷，使得水库发电和上游泥沙淤积之间形成了尖锐矛盾。近年，政府开始承认在三门峡建设中存在重大的决策失误，然而由于决策失误所造成的日益恶化的环境问题，早已超出了经济所能涵盖的范围。再看看广州市某知名面粉厂的原料库存管理案例。该厂一贯非常重视原料采购管理，早年已引入了ERP管理，每个月都召开销-产-购联席会议，制定销售、生产和原料采购计划。采购部门则“照单抓药”，努力满足生产部门的需要，并把库存控制在两个月的生产用量之下，明显地降低了原料占用成本。但是，2015年下半年开始，国内外的小麦价格大幅度上涨，一年内涨幅接近30%，而由于市场竞争激烈，面粉产品的价格不能够同步提高，为了维持经营和市场的占有率，该厂不得不一边买较高价的原料，另一边生产销售相对低价的产品，产销越多，亏损也厉害，结果当年严重亏损。

决策与经济效果息息相关。英国著名的世界经济调查机构朗莱弗公司公布的对“智力”和“效益”的测定数据表明：企业增加一个劳动力，可以取得1∶1.5的经济效果；增加一个技术人员，可以取得1∶2.5的经济效果；而增加一个高层决策者，则可取得1∶6的经济效果。

看如下故事案例：有三个人要被关进监狱三年，监狱长给他们三个一人一个要求。美国人爱抽雪茄，要了三箱雪茄。法国人最浪漫，要一个美丽的女子相伴。而犹太人说，他要一部与外界沟通的电话。三年过后，第一个冲出来的是美国人，嘴里鼻孔里塞满了雪茄，大喊道：“给我火，给我火！”原来他忘了要火了。接着出来的是法国人。只见他手里抱着一个小孩子，美丽女子手里牵着一个小孩子，肚子里还怀着第三个。最后出来的是犹太人，他紧紧握住监狱长的手说：“这三年来我每天与外界联系，我的生意不但没有停顿，反而增长了200%，为了表示感谢，我送你一辆劳斯莱斯！”这个故事告诉我们，什么样的选择决定什么样的生活。今天的生活是由三年前我们的选择决定的，而今天我们的抉择将决定我们三年后的生活。我们要选择接触最新的信息，了解最新的趋势，从而更好地创造自己的将来。

企业要成功，一要正确决策，二要科学管理。这是企业成功的导向和关键，也是企业最重要的基础性建设和硬功夫。在国商企业的各项管理中，诸如决策、进销货、财务、费用、资产、用工、人才等管理，其中决策管理是最重要的管理，千万不可忽视。诺贝尔经济学奖获得者，著名管理大师赫伯特·西蒙说：“决策是管理的心脏，管理是由一系列决策组成的，管理就是决策。决策的正确与否，决定着组织发展的盛衰，关系到组织的生死存亡，是‘生死之地，存亡之道’。”决策是企业做任何事的第一步，同时也是最关键的一步。决策失误，是最大的失误。尤其是重大决策，一旦失误，会给企业带来无可估量的损失，甚至还可能是灭顶之灾。据世界著名咨询公司美国兰德公司统计：世界上每1000家破产倒闭的大企业中，85%是因为企业管理者的决策不慎造成的。

5.1.2 决策及分类

决策指为实现某一目标，从若干可以相互替代的可行方案中选择一个合理方案并采取行动的分析判断过程，即决策是人们为实现一定的目标而制定行动方案，进行方案选择并准备方案实施的活动，是一个提出问题、分析问题、解决问题的过程。正确理解决策概念，应把握以下几层意思：

(1) 决策要有明确的目标。决策是为了解决某一问题，或是为了达到一定目标。确定目标是决策过程第一步。决策所要解决问题必须十分明确，所要达到的目标必须十分具体。没有明确的目标，决策将是盲目的。

(2) 决策要有两个以上备选方案。决策实质上是选择行动方案的过程。如果只有一个

备选方案，就不存在决策的问题。因而，至少要有两个或两个以上方案，人们才能从中进行比较、选择，最后选择一个满意方案为行动方案。

(3) 选择后的行动方案必须付诸实施。如果选择后的方案，束之高阁，不付诸实施，这样，决策也等于没有决策。决策不仅是一个认识过程，也是一个行动的过程。

决策是人们在政治、经济、技术和日常生活中普遍存在的一种行为；决策是管理中经常发生的一种活动；决策是决定的意思，它是为了实现特定的目标，根据客观的可能性，在占有一定信息和经验的基础上，借助一定的工具、技巧和方法，对影响目标实现的诸因素进行分析、计算和判断选优后，对未来行动作出决定。

1. 结构化决策、非结构化决策、半结构化决策

决策按其自身性质可分为结构化决策、非结构化决策、半结构化决策三类。

(1) 结构化决策，是指对某一决策过程的环境及规则，能用确定的模型或语言描述，以适当的算法产生决策方案，并能从多种方案中选择最优解的决策；

(2) 非结构化决策，是指决策过程复杂，不可能用确定的模型和语言来描述其决策过程，更无所谓最优解的决策；

(3) 半结构化决策，是介于以上二者之间的决策，这类决策可以建立适当的算法，产生决策方案，使决策方案得到较优的解。

非结构化和半结构化决策一般用于一个组织的中、高管理层，其决策者一方面需要根据经验进行分析判断，另一方面也需要借助计算机为决策提供各种辅助信息，及时做出正确有效的决策。

2. 战略决策、战术决策和业务决策

按决策范围，可以把决策分为战略决策、战术决策和业务决策。

战略决策指直接关系到组织的生存和发展，涉及组织全局的长远性的、方向性的决策，风险大。一般需要长时间才可看出战略决策结果，并不过分依赖数学模式和技术，定性定量并重，对决策者的洞察力和判断力要求高。战术决策又称管理决策，是组织内部范围贯彻执行的决策，属于战略决策过程的具体决策。战术决策不直接决定组织命运，但会影响组织目标的实现和工作销量的高低。业务决策又称执行性决策，是日常工作中为了提高生产效率，工作效率所做的决策。业务决策涉及范围小，只对局部产生影响。三者相辅相成，构成紧密联系，是不可分割的整体，是指导与被指导的关系，地位不同，特点不同。

战略决策和战术决策的区别：

(1) 从调整对象上看，战略决策调整组织的活动方向和内容，解决“做什么”的问题，是根本性决策；战术决策调整在既定方向和内容下的活动方式，解决“如何做”的问题，是执行性决策。

(2) 从涉及的时间范围来看，战略决策面对组织整体未来较长一段时期内的活动，而战术决策则是具体部门在未来各个较短时间内的行动方案。战略决策是战术决策的依据，战术决策是在其指导下制定的，是战略决策的落实。

(3) 从作用和影响上来看，战略决策的实施效果影响组织的效益与发展，战术决策的实施效果则主要影响组织的效率与生存。

3. 程序化决策和非程序化决策

企业决策的内容和性质不一样，所能运用的决策方法也就不能相同。翻地要用犁，收麦却要用镰刀。而决策又不能不运用一定的方法，并且就像犁地和收麦要有效率就必须分别借助犁和镰刀一样，不同的决策必须选用不同的决策分析方法。企业的决策，从决策的方式方法分析，可分为性质完全不同的两种决策：程序化决策和非程序化决策。

1）程序化决策

这种决策是可以根据既定的信息建立数学模型，把决策目标和约束条件统一起来，进行优化的一种决策。比如工厂选址、采购运输等决策。这种决策是可以运用运筹学技术来完成的。在这种程序化决策中，决策所需要的信息都可以通过计量和统计调查得到，它的约束条件也是明确而具体的，并且都是能够量化的。对于这种决策，运用计算机信息技术可以取得非常好的效果。通过建立数学模型，让计算机代为运算，并找出最优的方案，都是在价值观念之外做出的，至少价值观念对这种决策的约束作用不是主导因素。

2）非程序化决策

这种决策所赖以进行的信息不完全，变量与变量之间的关系模糊、不确定。约束条件是由各种各样的社会发展变量，比如社会需求、消费偏好、个人收入、消费习惯等之间的关系构成的。社会发展变量的不确定性制约着约束条件的稳定性。加之这种决策的贯彻实施还会引起决策所影响对象的有意识反应，比如竞争对手采取与之相对应的措施。这就导致决策与决策实施结果之间关系的进一步复杂化。这种决策，是无法通过建立数学模型来为决策人制定决策提供优化方案的。在这种决策中，变量更多的是人的意志因素。而人又是一个奇怪的存在物，他的意志和欲望多种多样，并且各自的评价又不同。所以，这种决策就不是一种可以在数理基础上完成的逻辑选择。

如表 5-1 是程序化与非程序化决策在不同组织中的例子。

表 5-1　程序化与非程序化决策在不同组织中的例子

决策种类	问　　题	解决程序	例　　子
程序化决策	重复的 例行的	各种规则 标准的运营程序	企业：处理工资单 大学：处理入学申请政策 医院：准备诊治病人 政府：利用国产汽车
非程序化决策	复杂的新的	创造性问题 解决方式	企业：引入新的产品 大学：建立新的教学设施 医院：对地方疾病采取措施 政府：解决通货膨胀问题

4. 确定型决策、风险型决策、不确定型决策

按决策环境不同，如图 5-1 所示，决策可分为如下 3 种。

(1) 确定型决策：采取一种方案时，只有一种后果(自然状态变量只有一种取值)。

(2) 风险型决策：采取一种方案时，有多种可能的后果，自然状态变量取值的概率可以估计(自然状态变量取值不唯一)。

(3) 不确定型决策：采取一种方案时，有多种

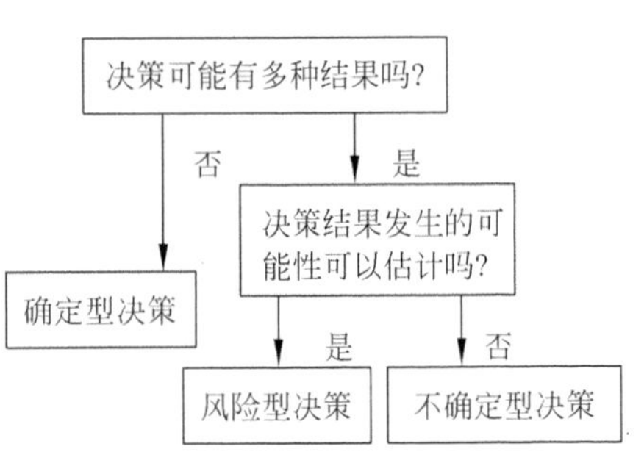

图 5-1　确定、风险、不确定型决策

可能的后果，但取值不唯一的自然状态变量的概率值不可估计（可能源于信息不充分等）。

5. 群体决策和个体决策

从决策主体看，决策分为群体决策和个体决策。

个体决策又称个人决策，决策者是单个人，又称首长决策，是指在选定最后决策方案时，由最高首长最后做出决定的一种决策形式。个人决策的特点：决策迅速、责任明确，而且能够发挥首长个人的主观能动性，但受领导个人自身的性格、学识、能力、经验、魄力等的制约。群体决策指由两个或者两个以上的人组成的决策集体所做出的决策。群体决策的一个主要优点是群体通常能够比个体做出质量更高的决策。有证据表明：群体能做出比个人更好的决策。效果以速度来定义，个人决策较优越；效果以创造性程度来定义，群体决策较优越；效果以最终决策的接受程度来定义，群体决策较优越。从消耗的工作时间来讲，群体决策的效率低。在决定是否采用群体决策时，必须考虑：其决策质量和可接受性的提高是否足以抵消决策效率方面的损失。群体决策的优势和劣势如表 5-2 所示。

表 5-2　群体决策的优势和劣势

群体决策的优势	群体决策的劣势
知识、信息的更大集中	抑制个人创造
不同观点、不同角度去看决策环境	少数人统治
更好地了解决策	互相吹嘘
决策更使人接受	目标转移，花费更多时间
训练基地	集体思维，限制理性判断

6. 更多的决策分类

另外，决策按管理过程可分为计划决策、组织决策、领导决策、控制决策；按管理领域可分为财务决策、人事决策、生产决策、营销决策、库存决策……按决策目标和决策数量等可否用数量来表示分为定性决策（经验思维法、逻辑思维法、直觉思维法）和定量决策（数学化、模型化、计算机化）。

5.1.3　了解决策

决策是复杂的，只有从多个角度来分析它，才能更深入地了解它。下面来看看决策与管理、决策与信息间的关系，了解决策的程序、方法和决策的艺术性。

1. 决策与管理

不能将决策和日常管理混淆，决策是最高端的管理活动，它立于管理体系的金字塔顶端。决策与日常管理的区别判若云泥，举一个最简单的例子：什么是人事管理和人才决策呢？人事管理就是招聘员工，让他做好本职工作，并对其业绩、能力和优缺点进行评估、奖惩。可什么是人才决策呢？人才决策的第一要务是做好授权管理；第二要务是用之人之长，而非补其之短；第三是继任者选拔与培养，为基业常青提供智力保障。决策就是“做正确的事”，而日常管理则是“正确地做事”，两者有本质的区别。“南辕北辙”的故事大家都听过，可是很多企业却在重复着这种笑话，关键就是因为决策者失职了——他没有掌控好企业的战略方向。

管理工作的好坏、成就的大小关键取决于决策的正确与否。管理就是对人或事的管辖和处理的组织活动，具有自然属性和社会属性，具有计划、组织、指挥、控制和协调五个职能；决策是有决策权的领导者的择优行为，与决定相比，具有目标性、预测性、择优性、实践性特点；正确的决策要有正确的理论指导，要全面真实地掌握信息，要按一定的程序进行，要求水平较高的领导者，要实行民主和群众决策，要使用先进的方法与技术，保证决策的正确性、优化性，从而进行有效管理。

西方决策理论学派的代表人物赫伯特·西蒙认为：管理就是决策，决策是管理的核心。没有决策就没有合乎理性的行为，从这个意义上说，管理即是决策，管理的核心是决策，管理的首要职能也是决策，决策渗透于管理的所有职能中。管理中的决策问题有：什么是组织的长远目标？采取什么策略来实现组织目标？组织的短期目标是什么？组织资源如何配置？如何对待积极性不高的员工？在一定的环境中采用何种领导方式为好？需要招聘多少人员？工作如何分配？权利如何分配？采用何种组织形式？组织中哪些活动需要控制？等等。决策对企业决策者(企业家)的能力要求是快速判断、快速反应、快速决策、快速行动及快速修正。决策能力是企业家为维持企业生存必须具备的、最起码素质，科学决策是企业家知识素质的综合体现，也是他们的主要工作。

2. 决策程序

决策的一般程序是：

(1) 确定决策目标。决策目标是指在一定外部环境和内部环境条件下，在市场调查和研究的基础上所预测达到的结果。决策目标是根据所要解决的问题来确定的，因此，必须把握住所要解决问题的要害。只有明确了决策目标，才能避免决策的失误。

(2) 拟定备选方案。决策目标确定以后，就应拟定达到目标的各种备选方案。拟定备选方案，第一步是分析和研究目标实现的外部因素和内部条件、积极因素和消极因素，以及决策事物未来的运动趋势和发展状况；第二步是在此基础上，将外部环境各不利因素和有利因素、内部业务活动的有利条件和不利条件等，同决策事物未来趋势和发展状况的各种估计进行排列组合，拟定出实现目标的方案；第三步是将这些方案同目标要求进行粗略的分析对比，权衡利弊，从中选择出若干个利多弊少的可行方案，供进一步评估和抉择。

(3) 评价备选方案。备选方案拟定以后，随之便是对备选方案进行评价，评价标准是看哪一个方案最有利于达到决策目标。评价的方法通常有三种，即经验判断法、数学分析法和试验法。

(4) 选择方案。选择方案就是对各种备选方案进行总体权衡后，由决策者挑选一个最好的方案。

(5) 执行方案。任何方案只有真切地得到实施后才有其实际的意义，执行方案是决策的落脚点。

(6) 回馈评估方案。通过对决策的追踪、检查和评价，可以发现决策执行的偏差，以便采取措施对决策进行控制。

案例：三星的成长经历与决策过程。

下面通过三星的成长经历了解决策的一般过程。

1996 年夏天，三星在韩国之外几乎无人知晓，设计上看，其产品无非是对强势品牌的拙劣模仿，除了价格优势几乎无可圈可点之处。1996 年元旦，李健熙在新年致辞中宣布把当年定为三星的“设计革命年”，启动多项设计项目来推动三星的增长。

分析：从管理上看，这里包括一个决策过程。

(1) 诊断问题。三星品牌少有顾客问津，货架上的产品已经落了一层灰，三星在西方市场只被视为廉价的二流产品。

(2) 明确目标。三星野心勃勃，立志要成为全球前五强。

(3) 拟订方案。李健熙将三星的战略核心定义为设计，他认为出色的设计将是促使三星跻身世界一流品牌的一剂猛药。

(4) 筛选方案。确立了新战略之后，三星特别邀请日本设计大师福田民郎对其品牌定位、生产过程及产品进行考察，其结论证实了李健熙的想法——设计才是三星成功的关键。

(5) 执行方案。三星在确立了目标和筛选好方案之后，管理者即董事长李健熙设法将执行方案所需的足够数量和种类的资源调动起来，并注意不同种类资源的互相搭配，以保证方案的顺利执行。鼓励员工一起努力，认真给员工贯彻要进行"设计""创新"的重要性，带领员工一起提早上班以彰显决心。给员工支持的同时，还充分调动他们的积极性。保证责权利三者的有效结合，确保方案朝着管理者所期望的路线演进。三星创办了自己的设计学院"创新设计实验室"(IDS)，由美国设计师 Gordon Bruce 和 James Miho 主管，为公司培养适应全球化需要的设计人才。三星还通过在东京、旧金山和伦敦成立设计中心来打造全球设计网络。三星的韩国设计师也被派往全球各地的分支机构，与当地员工共同完成为时数周至半年的交流项目。

(6) 评估效果。2007 年，三星超过对手索尼(26 位)、摩托罗拉(69 位)和 LG 电子(94 位)，排名第 20 位。

3. 决策方法

决策是人类社会自古就有的活动。真实的决策是混乱、复杂的，但是决策者却是普通和平凡的。虽然决策者有丰富的经验和阅历，可面对全新的问题时，这些经验和阅历可能会让决策变得更加云遮雾绕。而且，单靠决策者的大脑永远无法获得和处理决策事项的所有资料，要在不确定性的情况下做出选择，又必须保证有效(effective)，这种矛盾的处境，需要决策者不断反思，事先做好决策准备，并且在现代化方法或工具的支持下做出合理的决策。

决策科学化是在 20 世纪初开始形成的。第二次世界大战以后，决策研究在吸引了行为科学、系统理论、运筹学、计算机科学等多门科学成果的基础上，结合决策实践，到 20 世纪 60 年代形成了一门专门研究和探索人们作出正确决策规律的科学——决策学。决策学研究决策的范畴、概念、结构、决策原则、决策程序、决策方法、决策组织等，并探索这些理论与方法的应用规律。

要做到最有决策，需要满足最优决策的条件：充分了解所有信息；要了解辨识并制定毫无疏漏方案；准确有效地计算未来的执行结果。决策遵循的是满意原则，而不是最优原则。原因是：组织内外的发展与变化会直接或间接影响相关信息收集；只能收集到有限信息；制订的方案数是有限的，对有限方案的认识是有局限性的；任何方案的实施都在未来，而未来是不确定的。

在有些情况下，管理者最有可能使用直觉决策的方法，这些情况如：存在高不确定性时；极少有先例存在时；对变化难以科学预测时；事实不足以明确指明前进道路时，分析性数据用途不大时；当需要从存在的几个可行方案中选择一个，而每一个的评价都良好时；时间有限，并且存在提出正确决策的压力时。

4. 决策与信息

决策离不开信息。信息的数量和质量直接影响决策水平。收集数据、处理数据、产生信息的成本应低于信息所带来的效益。有这样一句管理名言：科学的信息是90%的信息+10%的决断。一次，日本和美国谈判许可协定，日方代表像走马灯似的，每隔数日就换一班人马。第一班人马做大量的笔记、提大量的问题，不表态回去了；第二班人马来后，又重新开始，提问题，做笔记，就像以前从未进行过谈判似的。后来，再度出现新的代表团，继续进行无休止的讨论。这种马拉松式的谈判使美国人迷惑不解，埋怨日本人优柔寡断，作风拖拉，绝望了。这时日本人突然表态，做出了决策，并对美国人提出供应情报和人员的要求，使美国人反而措手不及，陷入困境。这个案例说明，日本人重在弄清情况，再做出决策，而美国人重在确定方案、讨论条款上。美国决策理论学派创始人认为，决策的关键是时机和信息，如果没搞清情况，就匆忙决策，很容易导致决策失误。

5. 决策的艺术性

决策具有艺术性的一面，主要是因为：

(1) 决策的对象是软系统，是包含"人、事、物"的复杂系统，无法彻底了解其内部规律性和工作原理。

(2) 决策系统处于软环境之中，无法全面了解和准确预测。

(3) 决策的方案是软方案。

(4) 决策结果的评价是软评价——谁优谁劣难以定夺，同一结果见仁见智。

5.2 决策支持系统——帮你决策还是替你决策

因为决策影响企业成败，决策支持系统与事务处理系统相比，往往带着巨大的光环，决策支持系统到底如何工作，具有什么样的特征、结构和分类，是帮你决策还是代替你做决策，这是本节要涉及的问题。

5.2.1 决策支持系统相关知识

管理者虽然可以通过TPS获得经过分类、比较、汇总和简单计算后产生的信息，但是这些信息对于制定某些特殊问题决策的支持力度是不够的，以至于只能靠直觉、经验进行决策。为了满足完成复杂决策问题的要求，决策支持系统应运而生。如下从决策支持系统的定义、特征、应用三方面深入了解决策支持系统。

1. 决策支持系统定义

决策支持系统(Decision Support System，DSS)的概念于20世纪70年代初由美国Michael S. Scott Morton在《管理决策系统》一文中首次提出，20世纪80年代中期引入我国。

决策支持系统是辅助决策者通过数据、模型和知识，以人机交互方式进行半结构化或非结构化决策的计算机应用系统。它为决策者提供分析问题、建立模型、模拟决策过程和方案的环境，调用各种信息资源和分析工具，帮助决策者提高决策水平和质量。

决策支持系统的概念最初是由Gorry和Scott Morton在整合了Anthony对管理行为的分类和Simon对决策类型的描述而提出的。Anthony将管理行为描述为策略制定(对于总体任务目标的行政级决策)、管理控制(管理组织运营的中层管理)、操作管理(指导特定任务的一线监管)；Simon 将决策问题描述为存在于连续体上的可程序化问题(常规的、重复的、结构化的、易解决的)和不可程序化问题(新型的、非结构化的、难以解决的)。Gorry 和 Scott Morton 根据以上两种思想，使用结构化、非结构化、半结构化三个术语来代替可程序化与不可程序化，同时采用了 Simon 对决策过程的智能、设计和选择的描述。在这个框架里，智能是由对问题的搜索所组成的，设计则指的是分析可选方案并确定一个实施。此时 DSS 被定义为主要解决半结构化和结构化问题的计算机系统。一个计算机系统虽然可以用来解决 DSS 中的结构化问题，然而，决策者的判断主要依靠的是非结构化的部分。将其组合起来，就成为了一个用来解决实际问题的人机系统。

DSS 是一个融计算机技术、信息技术、人工智能、管理科学、决策科学、心理学、行为科学和组织理论等学科与技术于一体的技术集成系统。随着其他学科的不断发展，尤其是计算机技术和信息技术的巨大进步，DSS 作为新的交叉学科，将会随着其他技术的迅速发展而产生突破性进展。

2. 决策支持系统的特征

决策支持系统的一般特征有：

(1) 主要用来解决半结构化和非结构化问题。

(2) 面向组织的所有管理层特别是高层和中层的管理人员。

(3) 用于辅助决策，而不是代替决策者决策。

(4) 支持决策制定的全过程(情报、设计、选择和实施四阶段)。

(5) 注重提供决策的效能，而不是效率。

(6) 强调由非计算机人员(管理者)以交互会话的方式方便地使用 DSS。

(7) 把模型、分析、人工智能与数据库、数据仓库和数据挖掘技术结合起来。

(8) 可以为个人、群体和团队的决策提供支持。

(9) 偏好于图形输出。

(10) 系统的运行是由它的使用者控制的。

下面对以上一般特征中的个别特征做出解释和说明。

系统只是支持用户而不是代替他判断。因此，系统并不提供所谓“最优”的解，而是给出一类满意解，让用户自行决断。同时，系统并不要求用户给出一个预先定义好的决策过程。

系统所支持的主要对象是半结构化和非结构化的决策(即不能完全用数学模型、数学公式来求解)。它的一部分分析可由计算机自动进行，但需要用户的监视和及时参与。

采用人机对话的有效形式解决问题，充分利用人的丰富经验，计算机的高速处理及存储量大的特点，各取所长，有利于问题的解决。

决策支持系统强调的是对管理决策的支持，而不是决策的自动化，它所支持的决策可以是任何管理层次上的，如战略级、战术级或执行级的决策。

总之，随着 DSS 的技术和理论不断发展，从其发展趋势可以认识到：决策支持系统是专门为高层管理人员服务的一种信息系统，它强调支持的概念是“支持”而不是“代替”人的决策主体。DSS 也是一个高度灵活、交互式的计算信息系统，主要解决半结构化问题结构化的决策问题。同时 DSS 也是一个融多种学科知识和技术于一体的集成系统，随着管理理论、行为科学、心理学、人工科学等相关学科的不断发展，尤其是计算机技术、网络技术等现代信息技术的不断发展，DSS 的应用研究将不断深入，逐步向着高智能化、高集成化和综合化方向发展，并将深入到社会生活的各个领域，帮助决策者提高决策能力与水平，成为人们决策活动中不可缺少的有力助手，最终实现提高决策的质量和效果的目的。

3. 决策支持系统的应用

自 DSS 开发以来，与它的理论研究相比，实际应用工作开展得更早，它广泛用于灾害预测和防灾决策、企业生产活动决策、集团经营行为决策、经济形势预测和政策决策中。

在国外，特别是工业发达的西方国家，DSS 已经进行实际应用，成为一种正规的、普遍使用的信息系统。成功应用的例子大量出现，其软件和硬件已商品化和通用化。据有关资料统计，国外开发的 DSS，有 2/3 是成功或部分成功的，主要支持企业管理决策活动，不同程度地改善了决策者和信息决策工作人员的素质和行为，为各级主管决策提供了科学的依据。但有 1/3 的 DSS 是失败的，其原因：一方面是 DSS 的开发者对主要决策者的决策风格不了解，系统功能与决策者的信息需求不匹配；另一方面，过于强调模型的作用，复杂的模型和计算使决策者难以理解和接受；再加上软硬件技术上的困难，导致开发费用大、时间长，使系统的适应性受到限制。

近年来，DSS 理论和技术已经传入我国，20 世纪 80 年代软科学的兴起，促进了 DSS 的研究。软科学的根本任务是为领导决策服务，为各级、各类决策提供科学依据。在软科学的研究中，“发展规划”和“前景预测”在我国取得了明显效果。“在一切失误中，决策的失误是最大的失误”已成为人们的共识。

5.2.2 决策支持系统结构

自从 20 世纪 70 年代决策支持系统概念被提出以来，决策支持系统已经得到很大的发展。

1980 年 Sprague 提出了决策支持系统三部件结构（对话部件、数据部件、模型部件），明确了决策支持系统的基本组成，极大地推动了决策支持系统的发展。

尽管 DSS 在形态上各色各样，但它们在结构上有一个基本特征——集成性，对不同形态的 DSS 进行分解时，又会发现 DSS 主要由五个部件组成：人机接口、数据库、模型库、知识库、方法库。每个库又带有各自的管理系统，即对话管理系统、数据库管理系统、模型库管理系统、知识库管理系统、方法库管理系统（如图 5-2 所示）。因此一般地说，大部分 DSS 都可以认为是这十个基本部件的不同的集成和组合，即这十个部件可以组成实现支持任何层次和级别的 DSS 系统。这种结构被当前大多数 DSS 所采用。

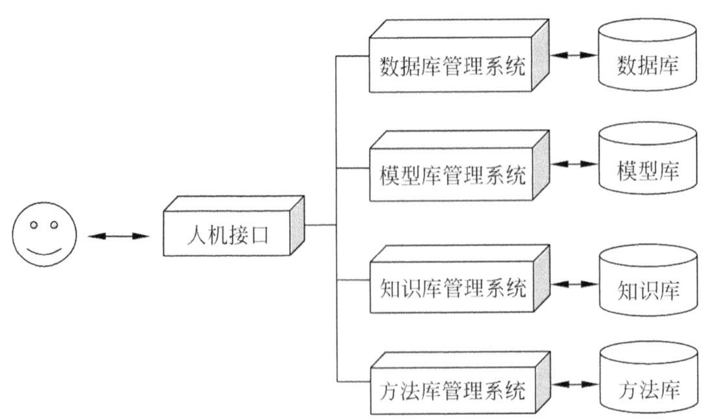

图 5-2 四库决策支持系统结构

20 世纪 80 年代开始，随着计算机集成制造系统(CIMS)概念的提出，人们对 DSS 结构的理解发生了一些变化。Bonczek 等人提出，DSS 是由语言系统 LS、问题处理系统 PPS 和知识系统 KS 三部分组成的(如图 5-3 所示)，这三种系统实际上是由上面提到的基本部件发展而来的。LS 系统实际上就是一个人机接口，它特别强调语言，特别是自然语言在接口中的重要作用。由于突出了自然语言的重要性，因此在 DSS 中配备了相应的自然语言处理系统(PPS)。根据知识工程研究成果，一些人倾向于把数据库、模型库和知识库统一为知识系统(模型库与方法库一般放在一起)。在此种结构中，更多的是强调知识系统在整个 DSS 中的作用。但此种路线的局限在于语言系统的开发，尤其是对于用户的自然语言的理解，使其发展相对迟缓。

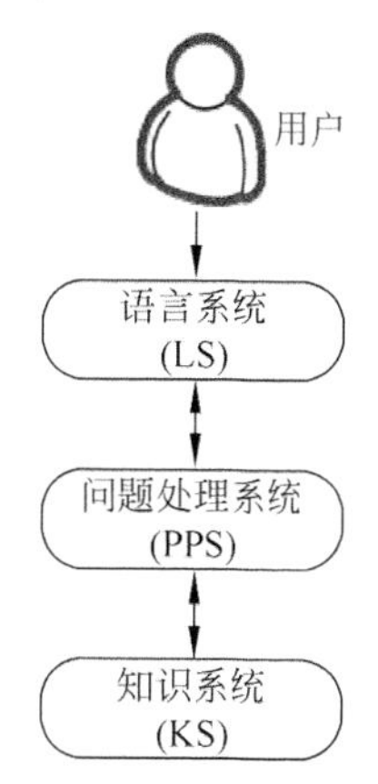

图 5-3　三系统决策支持系统结构

在某些具体的决策支持系统中，也可以没有单独的知识库及其管理系统，但模型库和方法库通常则是必需的。由于应用领域和研究方法不同，导致决策支持系统的结构有多种形式。下面介绍最简单的决策支持系统结构(如图 5-4 所示)，包括数据管理部件、模型管理部件、用户接口部件。

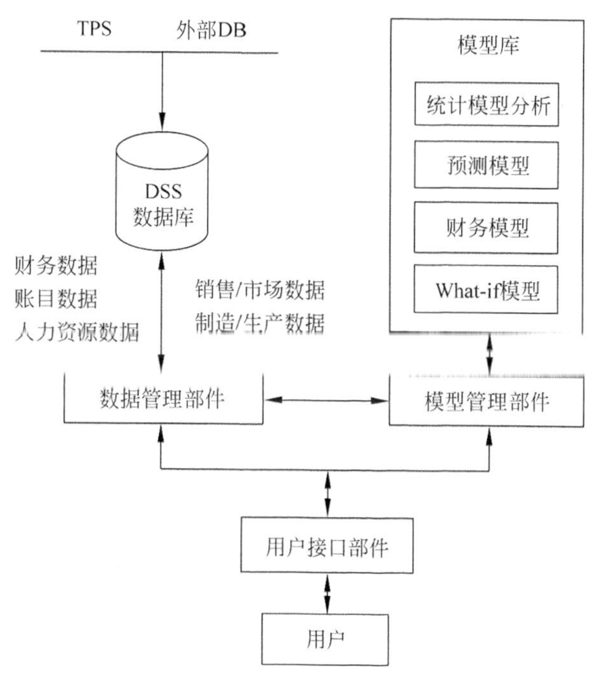

图 5-4　二库决策支持系统结构

1. 数据管理部件

数据的一部分来自组织内部的信息系统，如事务处理系统或知识工作系统等产生的财务、会计、市场、销售、生产制造或人力资源等方面的有关数据；数据的另一部分来自组织的外部，如行业的某些特定数据、地区经济收入水平和就业状况等，可以从政府部门或行业数据库中摘取，或者从因特网上下载；还有来自 DSS 决策者个人的数据。将决策者的经验和洞察力等个人信息输入到DSS中,供DSS运行时调用,这也体现了DSS的个性色彩。

2. 模型管理部件

模型管理部件中涉及的决策支持系统中的模型如表5-3所示。

表5-3 决策支持系统中的模型

模　型	说　明
财务模型	有现金流量、内部回报率、投资分析等模型,如Excel等电子表格程序具有这些简单模型的求解功能
统计分析模型	包括计算均值、标准方差和输出散点图等,并可建立因果关系,例如把产品销售同消费者的年龄、收入或其他因素联系起来。软件包如SPSS、SAS等能完成统计分析模型的功能
预测模型	用事物过去已知信息对事物的未来状态进行科学的预计和推测。定量预测模型有指数平滑模型、季节预测模型、回归预测模型、马尔可夫链预测模型等
What-if模型	what-if分析对决策变量作假设性的改变以观察对目标变量影响的过程。例如敏感性分析模型提高售价5%或追加10万元的广告预算将会发生什么?如果保持售价和广告预算不变将会发生什么
优化模型	线性规划、非线性规划、动态规划、目标规划和最优控制等模型。软件包LINDO专用于线性规划问题的求解

3. 用户接口部件

用户接口部件具有帮助用户使用DSS的能力,接受用户请求,并将请求输入DSS;具有识别和处理不同类型会话方式的能力,如程序命令语言或自然命令语言;提供多个DSS用户之间的通信支持;具有对各种处理结果进行解释、描述和输出的能力;具有与数据管理部件和模型管理部件友好交互的能力。

20世纪80年代末到90年代初,决策支持系统开始与专家系统(Expert System,ES)相结合,形成智能决策支持系统(Intelligent Decision Support System,IDSS)。智能决策支持系统充分发挥了专家系统以知识推理形式解决定性分析问题的特点,又发挥了决策支持系统以模型计算为核心的解决定量分析问题的特点,充分做到了定性分析和定量分析的有机结合,使得解决问题的能力和范围得到了一个大的发展。智能决策支持系统是决策支持系统发展的一个新阶段。20世纪90年代中期出现了数据仓库(Data Warehouse,DW)、联机分析处理(On-Line Analysis Processing,OLAP)和数据挖掘(Data Mining,DM)新技术,DW+OLAP+DM逐渐形成新决策支持系统的概念,为此,将智能决策支持系统称为传统决策支持系统。新决策支持系统的特点是从数据中获取辅助决策信息和知识,完全不同于传统决策支持系统用模型和知识辅助决策。传统决策支持系统和新决策支持系统是两种不同的辅助决策方式,两者不能相互代替,更应该是互相结合。

把数据仓库、联机分析处理、数据挖掘、模型库、数据库、知识库结合起来形成的决策支持系统,即将传统决策支持系统和新决策支持系统结合起来的决策支持系统是更高级形式的决策支持系统,称为综合决策支持系统(Synthetic Decision Support System,SDSS)。综合决策支持系统发挥了传统决策支持系统和新决策支持系统的辅助决策优势,实现更有效的辅助决策。综合决策支持系统是今后的发展方向。

由于Internet的普及,网络环境的决策支持系统以新的结构形式出现。决策支持系统

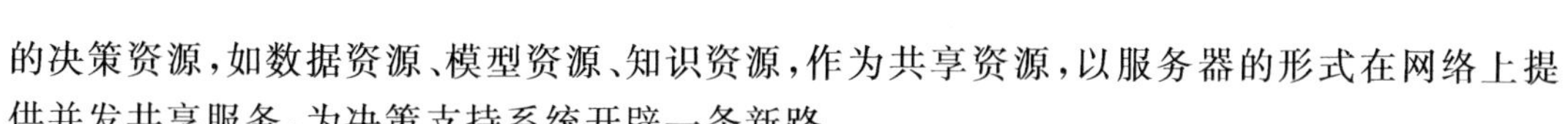

的决策资源，如数据资源、模型资源、知识资源，作为共享资源，以服务器的形式在网络上提供并发共享服务，为决策支持系统开辟一条新路。

知识经济时代的管理——知识管理(Knowledge Management，KM)与新一代 Internet 技术——网格计算，都与决策支持系统有一定的关系。知识管理系统强调知识共享，网格计算强调资源共享。决策支持系统是利用共享的决策资源(数据、模型、知识)辅助解决各类决策问题，基于数据仓库的新决策支持系统是知识管理的应用技术基础。在网络环境下的综合决策支持系统将建立在网格计算的基础上，充分利用网格上的共享决策资源，达到随需应变的决策支持。

5.2.3 决策支持系统的主要类型

自 20 世纪 70 年代提出决策支持系统(DSS)以来，DSS 已经得到了很大发展。从目前发展情况看，主要有如下几种决策支持系统：

(1) 数据驱动的决策支持系统(Data-Driven DSS)。这种 DSS 强调以时间序列访问和操纵组织的内部数据，有时是外部数据。它通过查询和检索访问相关文件系统，提供了最基本的功能。后来发展了数据仓库系统，又提供了另外一些功能。数据仓库系统允许采用应用于特定任务或设置的特制的计算工具或者较为通用的工具和算子来对数据进行操纵。之后发展的结合了联机分析处理(OLAP)的数据驱动型 DSS 则提供更高级的功能和决策支持，并且此类决策支持是基于大规模历史数据分析的。主管信息系统(EIS)以及地理信息系统(GIS)属于专用的数据驱动型 DSS。

(2) 模型驱动的决策支持系统(Model-Driven DSS)。模型驱动的 DSS 强调对于模型的访问和操纵，例如统计模型、金融模型、优化模型和/或仿真模型。简单的统计和分析工具提供最基本的功能。一些允许复杂的数据分析的联机分析处理系统(OLAP)可以分类为混合 DSS 系统，并且提供模型和数据的检索，以及数据摘要功能。一般来说，模型驱动的 DSS 综合运用金融模型、仿真模型、优化模型或者多规格模型来提供决策支持。模型驱动的 DSS 利用决策者提供的数据和参数来辅助决策者对于某种状况进行分析。模型驱动的 DSS 通常不是数据密集型的，也就是说，模型驱动的 DSS 通常不需要很大规模的数据库。模型驱动的 DSS 的早期版本被称作面向计算的 DSS。这类系统有时也称为面向模型或基于模型的决策支持系统。

(3) 知识驱动的决策支持系统(Knowledge-Driven DSS)。知识驱动的 DSS 可以就采取何种行动向管理者提出建议或推荐。这类 DSS 是具有解决问题的专门知识的人-机系统。“专门知识”包括理解特定领域问题的“知识”，以及解决这些问题的“技能”。与之相关的一个概念是数据挖掘工具——一种在数据库中搜寻隐藏模式的用于分析的应用程序。数据挖掘通过对大量数据进行筛选，以产生数据内容之间的关联。构建知识驱动的 DSS 的工具有时也称为智能决策支持方法。

(4) 基于 Web 的决策支持系统(Web-Based DSS)。基于 Web 的 DSS 通过“瘦客户端”Web 浏览器(诸如 Netscape Navigator 或者 Internet Explorer)向管理者或商情分析者提供决策支持信息或者决策支持工具。运行 DSS 应用程序的服务器通过 TCP/IP 协议与用户计算机建立网络连接。基于 Web 的 DSS 可以是通信驱动、数据驱动、文件驱动、知识驱动、模型驱动或者混合类型。Web 技术可用于实现任何种类和类型的 DSS。“基于 Web”意味着全部的应用均采用 Web 技术实现。“Web 启动”意味着应用程序的关键部分，例如数据库，保存在遗留系统中，而应用程序可以通过基于 Web 的组件进行访问并通过浏览器显示。

(5) 基于仿真的决策支持系统(Simulation-Based DSS)。基于仿真的 DSS 可以提供决策支持信息和决策支持工具，以帮助管理者分析通过仿真形成的半结构化问题。这些种类的系统全部称为决策支持系统。DSS 可以支持行动、金融管理以及战略决策。包括优化以及仿真等许多种类的模型均可应用于 DSS。由于仿真技术已经得到了广泛应用，所以仿真决策支持系统也在各个领域展现了它的强大生命力：华中科技大学的康玲等人则将洪水灾害系统与决策支持系统结合起来，建立了数字长江防洪决策支持系统；广州市社会科学院的吴智文等人则通过计量经济模型、灾害预测和损失评估模型等进行建模与仿真，构建了“广州市森林防火指挥决策支持系统”，将仿真技术成功地应用于森林防火决策指挥。

(6) 基于 GIS 的决策支持系统(GIS-Based DSS)。基于 GIS(地理信息系统)的 DSS 通过 GIS 向管理者或商情分析者提供决策支持信息或决策支持工具。通用目标 GIS 工具，如 ARC/INFO、MAPlnfo 以及 ArcView 等是一些有特定功能的程序，可以完成许多有用的操作，但对于那些不熟悉 GIS 以及地图概念的用户来说，比较难于掌握。特殊目标 GIS 工具是由 GIS 程序设计者编写的程序，以易用程序包的形式向用户组提供特殊功能。以前，特殊目标 GIS 工具主要采用宏语言编写。现在，GIS 程序设计者拥有较从前丰富得多的工具集来进行应用程序开发。程序设计库拥有交互映射以及空间分析功能的类，从而使得采用工业标准程序设计语言来开发特殊目标 GIS 工具成为可能，这类程序设计语言可以独立于主程序进行编译和运行(单机)。同时，Internet 开发工具已经走向成熟，能够开发出相当复杂的基于 GIS 的程序让用户通过 World Wide Web 进行使用。

(7) 通信驱动的决策支持系统(Communication-Driven DSS)。通信驱动型 DSS 强调通信、协作以及共享决策支持。简单的公告板或者电子邮件就是最基本的功能。组件比较 FAQ(常见问题解答)定义诸如“构建共享交互式环境的软、硬件”，目的是支撑和扩大群体的行为。组件是一个更广泛的概念——协作计算的子集。通信驱动型 DSS 能够使两个或者更多的人互相通信、共享信息以及协调他们的行为。

(8) 基于数据仓库的决策支持系统(DataWare-Based DSS)。数据仓库是支持管理决策过程的、面向主题的、集成的、动态的、持久的数据集合。它可将来自各个数据库的信息进行集成，从事物的历史和发展的角度来组织和存储数据，供用户进行数据分析并辅助决策，为决策者提供有用的决策支持信息与知识。基于 DW 的 DSS 的研究重点是如何利用 DW 及相关技术来发现知识并向用户解释和表达，为决策支持提供更有力的数据支持，有效地解决了传统 DSS 数据管理的诸多问题。

(9) 群体决策支持系统(Group Decision Supporting System，GDSS)。群体决策支持系统是指在系统环境中，多个决策参与者共同进行思想和信息的交流以寻找一个令人满意和可行的方案，但在决策过程中只由某个特定的人做出最终决策，并对决策结果负责。它能够支持具有共同目标的决策群体求解半结构化的决策问题，有利于决策群体成员思维和能力的发挥，也可以阻止消极群体行为的产生，限制了小团体对群体决策活动的控制，有效地避免了个体决策的片面性和可能出现的独断专行等弊端。群体决策支持系统是一种混合型的 DSS，允许多个用户使用不同的软件工具在工作组内协调工作。群体支持工具的例子有包括音频会议、公告板和网络会议、文件共享、电子邮件、计算机支持的面对面会议软件以及交互电视等。GDSS主要有四种类型：决策室、局域决策网、传真会议和远程决策。

(10) 分布式决策支持系统(Distributing Decision Supporting System,DDSS)。这类DSS是随着计算机技术、网络技术以及分布式数据库技术的发展与应用而发展起来的。从架构上来说,DDSS由地域上分布在不同地区或城市的若干个计算机系统所组成,其终端机与大型主机进行联网,利用大型计算机的语言和生成软件,而系统中的每台计算机上都有DSS,整个系统实行功能分布,决策者在个人终端机上利用人机交互,通过系统共同完成分析、判断,从而得到正确的决策。DDSS的系统目标是把每个独立的决策者或决策组织看作一个独立的、物理上分离的信息处理结点,为这些结点提供个体支持、群体支持和组织支持。它应能保证结点之间顺畅地交流,协调各个结点的操作,为结点及时传递所需的信息以及其他结点的决策结果,从而最终实现多个独立结点共同制定决策。

(11) 智能决策支持系统(Intelligence Decision Supporting System,IDSS)。智能决策支持系统(IDSS)是人工智能(Artificial Intelligence)和DSS相结合,应用专家系统(Expert System)技术,使DSS能够更充分地应用人类的知识或智慧型知识,如关于决策问题的描述性知识、决策过程中的过程性知识、求解问题的推理性知识等,并通过逻辑推理来帮助解决复杂的决策问题的辅助决策系统。IDSS的系统目标是：将人工智能技术融于传统的DSS中,弥补DSS单纯依靠模型技术与数据处理技术,以及用户高度卷入可能出现意向性偏差的缺陷；通过人机交互方式支持决策过程,深化用户对复杂系统运行机制、发展规律乃至趋势走向的认识,并为决策过程中超越其认识极限的问题的处理要求提供适用技术手段。根据IDSS智能的实现可将其分为：基于ES的IDSS；基于机器学习的IDSS；基于智能代理技术Agent的IDSS；基于数据仓库、联机分析处理及数据挖掘技术的IDSS等。

(12) 自适应决策支持系统(Adaptive Decision Support System,ADSS)。自适应决策支持系统是针对信息时代多变、动态的决策环境而产生的,它将传统面向静态、线性和渐变市场环境的DSS扩展为面向动态、非线性和突变的决策环境的支持系统,用户可根据动态环境的变化按自己的需求自动或半自动地调整系统的结构、功能或接口。对ADSS的研究主要从自适应用户接口设计、自适应模型或领域知识库的设计、在线帮助系统与DSS的自适应设计四个方面进行,其中问题领域知识库能否建立是ADSS成功与否的关键,它使整个系统具有了自学习功能,可以自动获取或提炼决策所需的知识。对此,就要求问题处理模块必须配备一种学习算法或在现有DSS模型上再增加一个自学习构件。归纳学习策略是其中最有希望的一种学习算法,可以通过它从大量实例、模拟结果或历史事例中归纳得到所需知识。此外,神经网络、基于事例的推理等多种知识获取方法的采用也将使系统更具适应性。

5.3 决策支持系统扎根数据分析和挖掘

决策支持系统完成其功能和使命,离不开数据的支持,它紧紧扎根数据分析和挖掘的土壤,数据仓库技术是它稳固的底座,此外也离不开联机分析处理技术(OLAP)、数据挖掘技术和其他商务智能(BI)的表示和发布技术。

5.3.1 决策支持系统的支撑环境

DSS可以植根于前面讲过的事务处理环境吗？答案是否定的。事务处理环境不适宜

DSS应用的原因主要有以下五条：

(1) 事务处理和分析处理的性能特性不同。在事务处理环境中,用户的行为特点是数据的存取操作频率高而每次操作处理的时间短；在分析处理环境中,用户的行为模式与此完全不同,某个DSS应用程序可能需要连续几个小时,从而消耗大量的系统资源。将具有如此不同处理性能的两种应用放在同一个环境中运行显然是不适当的。

(2) 数据集成问题。DSS需要集成的数据。全面而正确的数据是有效的分析和决策的首要前提,相关数据收集得越完整,得到的结果就越可靠。当前绝大多数企业内数据的真正状况是分散而非集成的。造成这种分散的原因有多种,主要有事务处理应用分散、"蜘蛛网"问题、数据不一致问题、外部数据和非结构化数据。

(3) 数据动态集成问题。静态集成的最大缺点在于数据集成后数据源中的变化将不能反映给决策者,导致决策者使用的是过时的数据。集成数据必须以一定的周期(例如24小时)进行刷新,我们称其为动态集成。显然,事务处理系统不具备动态集成的能力。

(4) 历史数据问题。事务处理一般只需要当前数据,在数据库中一般也是存储短期数据,不同数据的保存期限也不一样,即使有一些历史数据保存下来了,也被束之高阁,未得到充分利用。但对于决策分析而言,历史数据是相当重要的,许多分析方法必须以大量的历史数据为依托。没有历史数据的详细分析,是难以把握企业的发展趋势的。DSS对数据在空间和时间的广度上都有了更高的要求,而事务处理环境难以满足这些要求。

(5) 数据的综合问题。在事务处理系统中积累了大量的细节数据,一般而言,DSS并不对这些细节数据进行分析。在分析前,往往需要对细节数据进行不同程度的综合。要提高分析和决策的效率和有效性,分析型处理及其数据必须与操作型处理及其数据相分离。必须把分析型数据从事务处理环境中提取出来,按照DSS处理的需要进行重新组织,建立单独的分析处理环境,数据仓库正是为了构建这种新的分析处理环境而出现的一种数据存储和组织技术。

所以决策支持系统的支撑环境,不是事务处理系统,而是数据分析和挖掘环境,决策支持系统要扎根数据分析和挖掘,要靠数据仓库、OLAP、数据挖掘和商务智能等技术来支撑,从广义上说,我们把这些技术都归结于商务智能技术(Business Intelligence,BI)。

5.3.2 BI的底座——数据仓库技术

商务智能是一套完整的解决方案,它是将数据仓库、联机分析处理(OLAP)和数据挖掘等结合起来应用到商业活动中,从不同的数据源收集数据,经过抽取(Extract)、转换(Transform)和加载(Load),送入到数据仓库或数据集市,然后使用合适的查询与分析工具、数据挖掘工具和联机分析处理工具对信息进行处理,将信息转变成为辅助决策的知识,最后将知识呈现于用户面前,以实现技术服务与决策的目的。

商务智能的支撑技术主要包括ETL(数据的提取、转换与加载)技术和数据仓库与数据集市技术、OLAP技术、数据挖掘技术与数据的发布与表示技术。而数据仓库技术最为基础,可以称之为BI的底座。实施BI首先要从企业内部和企业外部不同的数据源,如客户关系管理(CRM)、供应链管理(SCM)、企业资源规划(ERP)系统以及其他应用系统等收集有用的数据,进行转换和合并,因此需要数据仓库和数据集市技术的支持。

"操作型数据库"(如银行里记账系统数据库)的每一次业务操作(例如你存了5元钱),

都会立刻记录到这个数据库中，长此以往，满肚子积累的都是零碎的数据，这种“干脏活累活还不得闲”的数据库就叫“操作型数据库”，面向的是业务操作。“数据仓库”用于决策支持，面向分析型数据处理，不同于操作型数据库；另外，数据仓库是对多个异构的数据源有效集成，集成后按照主题进行了重组，并包含历史数据，而且存放在数据仓库中的数据一般不再修改。操作型数据库、数据仓库与数据库之间的关系，就像 C:、D:与硬盘之间的关系一样，数据库是硬盘，操作型数据库是 C:，数据仓库是 D:，操作型数据库与数据仓库都存储在数据库里，只不过表结构的设计模式和用途不同。那么为什么要在操作型数据库和 BI 之间加这么一层“数据仓库”呢？

一是因为操作型数据库日夜奔忙，以快速响应业务为主要目标，根本没精力满足 BI 这边的数据需求，而且 BI 这边的数据需求通常是汇总型的，一个 select sum(xx) group by xx 就能让操作型数据库耗费大量资源，业务处理跟不上趟，麻烦就大了，例如你存了 5000 元钱，发现十分钟后钱还没到账，做何感想？

二是因为企业中一般存在有多个应用，对应着多个操作型数据库，例如人力资源库、财务库、销售单据库、库存货品库等等，BI 为了提供全景的数据视图，就必须将这些分散的数据综合起来，例如为了实现一个融合销售和库存信息的 OLAP 分析，BI 工具必须能够高效地取得两个数据库中的数据，这时最高效的方法就是将数据先整合到数据仓库中，而 BI 应用统一从数据仓库里取数。

数据仓库(data warehouse)是指从多个数据源收集的信息，以一种一致的存储方式保存所得到的数据集合。数据仓库创始人之一 W. H. Inmon 的定义为：“数据仓库是一个面向主题的、集成的、稳定的、包含历史数据的数据集合，它用于支持管理中的决策制定过程。”在构造数据仓库时，要经过数据的清洗、数据的抽取转换、数据集成和数据加载等过程。面向不同的需求，对数据进行清洗以保证数据的正确性，然后对数据进行抽取，转换成数据仓库所需的形式，并实现加载到数据仓库。

数据仓库是一种语义上一致的数据存储，充当决策支持数据模型的物理实现，并存放企业战略决策所需信息。数据仓库的数据模型有星型模式、雪花模式。星型模式最为常见，有一个包含大批数据并且不含冗余的中心表，每维一组小的附属表。雪花模式中某些维表是规范化的，因而把数据进一步分解到附加的表中，模式图形成了类似雪花的形状。对数据仓库的研究集中在数据集成中数据模式的设计、数据清洗和数据转换、导入和更新方法等。

数据仓库通常是企业级应用，因此涉及的范围和投入的成本非常巨大，使一些企业无力承担。因而，他们希望在最需要的关键部门建立一种适合自身应用的、自行定制的部门数据仓库子集。正是这种需求使数据集市应运而生。数据集市(Data Mart)是聚焦在选定的主题上的，是部门范围的。根据数据的来源不同，数据集市分为独立的和依赖的两类。在独立的数据集市中，数据来自一个或多个操作的系统或外部信息提供者，或者来自在一个特定的部门或地域局部产生的数据。数据集市中的数据直接来自企业数据仓库。

数据仓库是 20 世纪 90 年代初提出的概念，到 90 年代中期已经形成潮流。在美国，数据仓库已成为仅次于 Internet 之后的又一技术热点。数据仓库是市场激烈竞争的产物，它的目标是达到有效的决策支持。大型企业几乎都会建立或计划建立自己的数据仓库，数据库厂商也纷纷推出自己的数据仓库软件。目前，已建立和使用的数据仓库应用系统都取得了明显的经济效益，在市场竞争中显示了强劲的活力。

5.3.3 其他商务智能技术

其他的商务智能技术还包括联机分析处理技术、数据挖掘技术，以及 BI 的表示和发布技术，下面依次进行简单介绍。

1. 联机分析处理技术

联机分析处理(Online Analytical Processing，OLAP)又称多维分析，由 EF Codd 在1994 年提出，它对数据仓库中的数据进行多维分析和展现，是使分析人员、管理人员或执行人员能够从多种角度对从原始数据中转化出来的、能够真正为用户所理解的，并真实反映企业维特性的信息进行快速、一致、交互地存取，从而获得对数据更深入了解的一类软件技术。它的技术核心是“维”这个概念，因此 OLAP 也可以说是多维数据分析工具的集合。

进行 OLAP 分析的前提是已有建好的数据仓库，之后即可利用 OLAP 复杂的查询能力、数据对比、数据抽取和报表来进行探测式数据分析了。之所以称其为探测式数据分析，是因为用户在选择相关数据后，通过切片(按二维选择数据)、切块(按三维选择数据)、上钻(选择更高一级的数据详细信息以及数据视图)、下钻(展开同一级数据的详细信息)、旋转(获得不同视图的数据)等操作，可以在不同的粒度上对数据进行分析尝试，得到不同形式的知识和结果。联机分析处理研究主要集中在 ROLAP(基于关系数据库的 OLAP)的查询优化技术和 MOLAP(基于多维数据组织的 OLAP)中减少存储空间和提高系统性能的方法等。

随着数据仓库的发展，OLAP 也得到了迅猛的发展。数据仓库侧重于存储和管理面向决策主题的数据；而 OLAP 则侧重于数据仓库中的数据分析，并将其转换成辅助决策信息。OLAP 的一个重要特点是多维数据分析，这与数据仓库的多维数据组织正好形成相互结合、相互补充的关系。

2. 数据挖掘技术

与 OLAP 的探测式数据分析不同，数据挖掘是按照预定的规则对数据库和数据仓库中已有的数据进行信息开采、挖掘和分析，从中识别和抽取隐含的模式和有趣知识，为决策者提供决策依据。数据挖掘的任务是从数据中发现模式。模式有很多种，按功能可分为两大类：预测型(Predictive)模式和描述型(Descriptive)模式。

预测型模式是可以根据数据项的值精确确定某种结果的模式。挖掘预测型模式所使用的数据也都是可以明确知道结果的。描述型模式是对数据中存在的规则做一种描述，或者根据数据的相似性把数据分组。描述型模式不能直接用于预测。在实际应用中，根据模式的实际作用，可细分为分类模式、回归模式、时间序列模式、聚类模式、关联模式和序列模式6 种。其中包含的具体算法有货篮分析(Market Analysis)、聚类检测(Clustering Detection)、神经网络(Neural Networks)、决策树方法(Decision Trees)、遗传算法(Genetic Analysis)、连接分析(Link Analysis)、基于范例的推理(Case Based Reasoning)和粗集(RoughSet)以及各种统计模型。

OLAP 与数据挖掘的区别和联系是：OLAP 侧重于与用户的交互、快速的响应速度及提供数据的多维视图，而数据挖掘则注重自动发现隐藏在数据中的模式和有用信息，尽管允许用户指导这一过程。OLAP 的分析结果可以给数据挖掘提供分析信息作为挖掘的依据，数据挖掘可以拓展 OLAP 分析的深度，可以发现 OLAP 所不能发现的更为复杂、细致的信息。数据挖掘的研究重点则偏向数据挖掘算法以及数据挖掘技术在新的数据类型、应用环境中使用时所出现新问题的解决上，如对各种非结构化数据的挖掘、数据挖掘语言的标准化以及可视化数据挖掘等。

美国的超市有这样的系统：当你采购了一车商品结账时，售货员小姐扫描完了产品后，计算机上会显示出一些信息，然后售货员会友好地问你：我们有一种一次性纸杯正在促销，位于F6货架上，您要购买吗？这句话绝不是一般的促销。因为计算机系统早就算好了，如果你的购物车中有餐巾纸、大瓶可乐和沙拉，则86%的可能性你要买一次性纸杯。结果是，你说，啊，谢谢你，我刚才一直没找到纸杯。这不是什么神奇的科学算命，而是利用数据挖掘中的关联规则算法实现的系统。每天，新的销售数据会进入挖掘模型，与过去N天的历史数据一起，被挖掘模型处理，得到当前最有价值的关联规则。同样的算法，分析网上书店的销售业绩，计算机可以发现产品之间的关联以及关联的强弱。

3. BI的表示和发布技术

为了使分析后的数据直观、简练地呈现在用户面前，需要采用一定的形式表示和发布出来，通常采用的是一些查询和报表工具。不过，目前越来越多的分析结果是以可视化的形式表现出来，这就需要采用信息可视化技术。

所谓信息可视化，是指以图形、图像、虚拟现实等易为人们所辨识的方式展现原始数据间的复杂关系、潜在信息以及发展趋势，以便我们能够更好地利用所掌握的信息资源。随着Web应用的普及，商务智能的解决方案能够提供基于Web的应用服务，这样就扩展了商务智能的信息发布范围。作为基于Web的商务智能解决方案，需要一些基本的组成要素，包括基于Web的商务智能服务器、会话管理服务、文件管理服务、调度、分配和通知服务、负载平衡服务和应用服务等。

商业智能所带来的决策支持功能，会给决策者或企业带来越来越明显的效率和效益。

下面了解一下深圳地税决策支持系统基于BI的功能架构。

为了充分利用税收数据，提高税收数据的采集、处理和分析决策能力，实现全市税收信息的共享与集中化处理，深圳市地方税务局站在计划统计的业务角度，提出了根据现有核心业务系统中的业务数据，实现税收综合分析应用的需求，以满足税收预测与计划管理、税收预警与税源质量管理及领导决策支持等方面的需要。

深圳市地方税务局决策支持系统是在现有成熟的商业智能/数据分析产品"BI@Report数据分析展示平台"的基础上，借鉴国内相关领域的成功经验构建的，系统提供OLAP多维分析、即席查询、自定义报表分析多种分析方式，提供钻取、统计图、数理统计分析、预警、预测、KPI关键指标管理、门户集成、权限管理等典型分析应用。

决策支持系统的数据主要来源于综合征管系统、其他业务系统及外部数据为基础数据，各系统中的数据经过抽取后，建立税收分析主题模型。项目实施时实际数据量约500GB。

深圳市地税局决策支持系统的用户包括深圳市地方税务局、各区地税局、各科所等税收分析岗位人员，用户数约1000人；峰值在线用户数不少于100人；峰值并发用户数不少于30人(查询分析用户)+5人(定制模板和设计查询、分析用户)。

项目建设内容主要包括领导查询、税收数据综合分析、税收规划与监测、重点税源监控分析、税收综合查询分析统计、税负率分析、预警分析、纳税人综合疑点分析、征管查询分析等，报表数量约200张。深圳市地方税务局决策支持系统具备对业务数据进行查询分析、挖掘、预警、预测等方面的功能需求，系统的主要功能是：满足深圳市地方税务局各部门用户进行税务数据综合分析需要，并为领导决策提供数据支持。其涉及的业务模块见图 5-5。

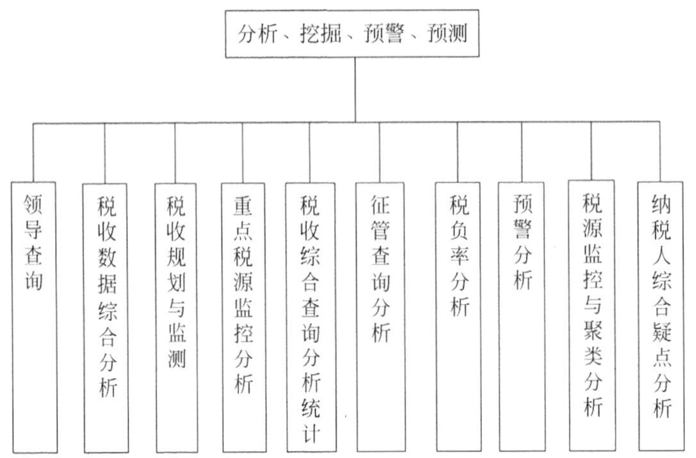

图 5-5　深圳地税决策支持系统业务模块

本章小结

无论做什么事情，成功与失败取决于决策的正确与否。决策往往是复杂的，依赖于工具的支持才能更快做出更好的决策，决策支持系统就是一个这样的工具。

决策支持系统是辅助决策者通过数据、模型和知识，以人机交互方式进行半结构化或非结构化决策的计算机应用系统。它为决策者提供分析问题、建立模型、模拟决策过程和方案的环境，调用各种信息资源和分析工具，帮助决策者提高决策水平和质量。决策支持系统自 20 世纪 80 年代中期引入我国后，在企业或组织中扮演重要角色，发挥重要作用。

与事务处理系统相比，决策支持系统，因其影响决策而影响企业成败，所以光环更大。决策支持系统的定义、特征、应用、结构和分类，包括服务对象和服务方式，是要区分、了解和掌握的问题。特别是决策支持系统由"二库"向"四库"的演化、决策支持系统的分类以及决策支持系统的发展趋势，需要引发人们更多的开放性的思考。

决策支持系统功能和使命的完成，离不开数据的支持，数据仓库技术是它稳固的底座，此外也离不开联机分析处理技术(OLAP)、数据挖掘技术和其他商务智能(BI)的表示和发布技术等，而当前更多智能技术的应用，智能决策支持系统的新支撑软硬件技术应引起大家探索性的思考和关注。

习题

1. 列举出决策决定成败的其他例子。
2. 你还了解其他的决策分类视角吗？
3. 阐述决策与管理的关系。
4. 阐述决策与信息的关系。
5. 如何理解决策的艺术性？

6. 讨论：人非圣贤，金无足赤，我们能一味追求最优决策吗？
7. 怎样克服群体决策的缺陷，提高群体决策效率？
8. 决策支持系统是帮助我们做决策还是代替我们做决策？
9. 按程序做出的决策是否就是正确的决策？
10. 数据仓库技术在决策支持系统中扮演什么角色？
11. 理解和阐述决策支持系统从"二库"到"四库"结构的演化。
12. 阐述决策支持系统的支撑环境，并结合当前技术发展，分析是否有变化。
13. 谈谈决策支持系统的发展趋势。
14. 智能决策支持系统的新支撑软硬件技术有哪些？

参考文献

[1] 决策支持系统. 中国企业信息管理师. 2013-09-13.

[2] http://baike. baidu. com/link? url = rNA2NJYO0eEUvEDEsB8Pphbxk4JEoehMwqjgg3h-N35t_ErevLJpoE2cg5tWU3OIujhfIi-e6WJzSShSEmXbclrC3fvH04PSfSjkorjx583#ref_[1]_11213804.

[3] http://www. esensoft. com/case_sw_10. html.

[4] 尹春华，顾培亮. 决策支持系统研究现状及发展趋势. 决策借鉴，2015.

[5] G A Gorry, M S Scott Morton. A framework for management information systems. Sloan Management Review (S0019-848X), 1971, 13(1): 50-70.

[6] R N Anthony. Planning and Control Systems: A Framework for Analysis. MA, USA: Graduate School of Business Administration, Harvard University Cambridge, 1965.

[7] H A Simon. The New Science of Management Decision. New York, USA: Harper Brothers, 1960.

[8] Bonczek R H, C W Holsapple, A B Whinston. Foundations of Decision Support Systems. New York, USA: Academic Press, 1981.

[9] 刘博元，范文慧，肖田元. 决策支持系统研究现状分析. 系统仿真学报，第 23 卷增刊 1，2011-07.

[10] 康玲，姜铁兵，黄思平. 新型防洪决策支持系统仿真研究[J]. 计算机仿真，2005，22(1): 244-261.

[11] 吴智文，唐碧海，黄银安等. 广州市森林防火指挥决策支持系统仿真模型研究. 国家科技成果数据库，2005.

[12] 吴新年，陈永平. 决策支持系统发展现状与趋势分析. 情报资料工作，2007(01): 57-60.

[13] 舒化鲁. 科学的决策分析方法保证决策质量的关键. http://blog. tianya. cn/post-2655187-33042747-1. shtml，2011-05-24.

[14] 李嗣丞. 决策决定成败. 北京：金城出版社，2008-07-01.

[15] 商务智能的四大关键技术. http://www. chinabaike. com/t/9541/2014/0421/2109192. html，2014-04-21.

第6章 提高生产力的ERP系统

本章学习目标

- 了解ERP的产生、发展及应用。
- 了解和关注ERP的主要功能模块和管理思想。
- 了解ERP的技术支撑。

开篇案例

饭局故事解读ERP流程

在竞争日益激烈的信息化时代，作为一个领导者必须具备较为全面的能力，并了解多方面的知识领域，ERP作为企业管理中的重要组成部分，在企业的合理资源管理及调配起着无可替代的作用，目前全球最大的ERP软件公司SAP(Systems Application, Products in DATA processing)也已经被超过80%的世界500强企业以及近90%的中国大型国营和民营企业使用着，首先了解一下什么是ERP及ERP流程的对比：

ERP流程中一个生动的例子：

一天中午，丈夫在外给家里打电话："亲爱的老婆，晚上我想带几个同事回家吃饭可以吗？"(订货意向)

妻子："当然可以，来几个人，几点来，想吃什么菜？"

丈夫："6个人，我们7点左右回来，准备些酒、烤鸭、番茄炒蛋、凉菜、蛋花汤……你看可以吗？"(商务沟通)

妻子："没问题，我会准备好的。"(订单确认)

妻子记录下需要做的菜单(MPS计划)，具体要准备的东西：鸭、酒、番茄、鸡蛋、调料……(BOM物料清单)，发现需要：1只鸭，5瓶酒，4个鸡蛋……(BOM展开)，炒蛋需要6个鸡蛋，蛋花汤需要4个鸡蛋(共用物料)。

打开冰箱一看(库房)，只剩下2个鸡蛋(缺料)。

来到自由市场，妻子："请问鸡蛋怎么卖？"(采购询价)

小贩："1个1元，半打5元，1打9.5元。"

妻子："我只需要8个，但这次买1打。"(经济批量采购)

妻子："这有一个坏的，换一个。"(验收、退料、换料)

回到家中,准备洗菜、切菜、炒菜……(工艺线路),厨房中有燃气灶、微波炉、电饭煲……(工作中心)。

妻子发现拔鸭毛最费时间(瓶颈工序,关键工艺路线),用微波炉自己做烤鸭可能来不及(产能不足),于是在楼下的餐厅里买现成的(产品委外)。

下午4点,接到儿子的电话:"妈妈,晚上几个同学想来家里吃饭,你帮忙准备一下。"(紧急订单)

"好的,你们想吃什么,爸爸晚上也有客人,你愿意和他们一起吃吗?"

"菜你看着办吧,但一定要有番茄炒鸡蛋,我们不和大人一起吃,6:30左右回来。"(不能并单处理)

"好的,肯定让你们满意。"(订单确定)

"鸡蛋又不够了,打电话叫小店送来。"(紧急采购)

6:30,一切准备就绪,可烤鸭还没送来,急忙打电话询问:"我是李太,怎么订的烤鸭还不送来?"(采购委外单跟催)

"不好意思,送货的人已经走了,可能是堵车吧,马上就会到的。"

门铃响了。

"李太太,这是您要的烤鸭。请在单上签一个字。"(验收、入库、转应付账款)

6:45,女儿的电话:"妈妈,我想现在带几个朋友回家吃饭可以吗?"(呵呵,又是紧急订购意向,要求现货)

"不行呀,女儿,今天妈已经需要准备两桌饭了,时间实在是来不及,真的非常抱歉,下次早点说,一定给你们准备好。"(哈哈,这就是ERP的使用局限,要有稳定的外部环境,要有一个起码的提前期)。

送走了所有客人,疲惫的妻子坐在沙发上对丈夫说:"亲爱的,现在咱们家请客的频率非常高,应该要买些厨房用品了(设备采购),最好能再雇个小保姆。"(连人力资源系统也有缺口了)

丈夫:"家里你做主,需要什么你就去办吧。"(通过审核)

妻子:"还有,最近家里花销太大,用你的私房钱来补贴一下,好吗?"(最后就是应收货款的催要)

记住,每一个合格的家庭主妇都是生产厂长的有力竞争者。

上述请客吃饭的过程可以整理为如图6-1所示的流程,整个流程与生产企业的流程类似,可以帮助理解ERP的业务流程、ERP管理的理念及应用。

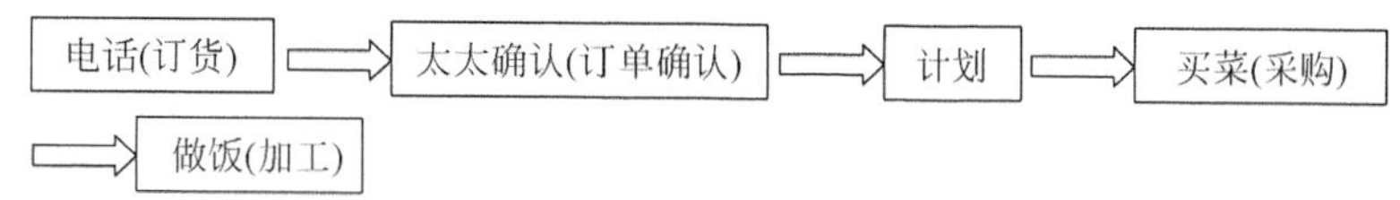

图6-1 案例流程与生产企业流程对照图

6.1 烦琐的资源如何管理

企业正常生产经营活动中最不可或缺的就是企业的资源,包括物质和信息等。企业正常的生产活动是非常复杂的,需要人、财、物等企业资源的相互协调和管理,才能保证有序的生产活动，实现生产经营的目标。组织资源是组织拥有的，可以直接控制和运用的各种要素，这些要素既是组织运行和发展所必需的，又是通过管理活动的配置整合的，能够起到增值的作用，为组织及其成员带来利益。

6.1.1 企业烦琐的资源

企业资源的内涵非常广泛，包括原材料、在制品、机器设备等物的资源，还包括资金等资金资源，除此之外还有企业员工及供应商和客户等人的资源。企业管理的核心是优化和合理配置这些企业资源，实现整个企业资源价值最大化。

1. 企业资源分类

从内外部角度，企业的资源可以分为外部资源和内部资源。企业的内部资源可分为人力资源、财物资源、信息资源、技术资源、管理资源、可控市场资源、内部环境资源等。而企业的外部资源可分为行业资源、产业资源、市场资源、外部环境资源等。

有形资产是指可以在公司资产负债表上体现的资产，如房地产、生产设备、原材料等。无形资产包括公司的声望、品牌、文化、技术知识、专利、商标以及各种日积月累的知识和经验。无形资产在使用中不会被消耗，相反，正确地运用还会升值。无形资产往往是公司竞争优势的基础。比如，迪士尼最重要的无形资产便是迪士尼的品牌、米老鼠和唐老鸭的形象等。

从现代管理学角度，企业经营所需要的资源，即企业所控制或拥有的要素的总和，可以分为两个维度：可交易程度与专门程度。即计划经济时代所强调的企业的“人”“财”“物”。本节仅讨论这 3 种主要资源：

1）人力资源

人力资源是指存在于企业组织系统内部和外部可利用的人员的总和，包括这些人的体力、智力、人际关系、心理特征以及其知识经验的总汇。一方面，人力资源表现为一定的物质存在——人员的数量，同时更重要的是表现为这些员工内在的体力、智力、人际关系、知识经验和心理特征等无形物质。所以，人力资源是有形与无形的统一资源。它是企业资源结构中最重要的关键资源，是企业技术资源和信息资源的载体，是其他资源的操作者，决定着所有资源效力的发挥水平。

人力资源涵盖整个制造系统的全生命周期中涉及的各类人员，包括工作在各类工作中心的一线操作人员，采购人员、仓库管理人员、销售人员及能够为资源使用者提供专家咨询、专家诊断等服务的专家等。在开篇案例中的人力资源包括妻子、外包业务中涉及的人员。

2）财务资源

财务资源是企业物质要素和非物质要素的货币体现，具体表现为已经发生的能用会计方式记录在账的、能以货币计量的各种经济资源，包括资金、债权和其他权利。既包括静态规模的大小，也包括动态周转状况，在一定程度上还包括企业获取和驾驭这些资源要素的能力和水平。反映企业财务资源状况的工具就是企业的一系列财务报表。

在企业财务资源系统中，最主要的资源是资金。财力资源是企业业务能力的经济基础，也是其他资源形成和发展的基础条件。

开篇案例中的财务资源指的是家庭用于伙食开支的费用。

3）实物资源

实物资源主要是指在使用过程中具有物质形态的固定资产，包括工厂车间、机器设备、工具器具、生产资料、土地、房屋等各种企业财产。由于大多数固定资产的单位价值较大，使用年限较长、物质形态较强、流动能力较差，其价值大多显示出边际收益递减规律的一般特性（当然也有一些固定资产即使在折旧完毕之后仍然具有使用价值和价值，甚至会增值，如繁华地段的商业店铺等）。在传统工业中，固定资产是企业资源系统的重要组成部分，它是衡量一个企业实力大小的重要标志。

开篇案例中的实物资源包括冰箱（存储设备）、厨房中的各种设备（加工设备）及餐厅中的桌椅等。

任何一个企业资源再多也还是有限的，企业不仅应拥有资源，而且还要具备充分利用外部资源的能力，使社会资源能更多更好地为本企业的发展服务。一些企业没有厂房，没有机器设备，甚至没有自己的员工，同样能生产出产品。当然并不是真正的没有，而是充分利用了社会上的资源，进行了虚拟研发、虚拟营销、虚拟运输以及虚拟分配（指股权、期权制）等。有的企业进行脑体分离，企业仅拥有组织经营生产的人员，几间办公室而已，却利用外部的土地、厂房、社会上的技术人员、管理人员、劳动力、原材料等生产出大量的产品。

2. 企业资源特征

在分析企业资源的过程中，必须注意企业资源的基本特征。

（1）企业资源的内涵是不断扩大的。随着经济的发展，越来越多的新要素被纳入资源的范畴，例如信息资源正在变得越来越重要。

（2）企业资源是动态的、系统的。随着企业的运营，资源的数量和质量处于不断变化的动态过程中。而且企业所拥有或控制的各种资源是一个有机的整体，各种资源相互联系、相互影响，共同支撑着企业的运营。因此，企业必须打破孤立的、僵化的资源观念，以动态的、系统的观念分析和开发利用资源，实现资源的动态优化。

（3）企业资源边界日益模糊。随着信息技术的发展和竞争的加剧，虚拟组织、战略联盟、网络化组织等方式大量出现，导致了企业间日益复杂的网络结构和制度安排。这使得企业与环境之间的边界趋于模糊，企业资源也日益呈现出这种态势，边缘性资源正在变得越来越重要。

6.1.2　资源的利用——企业基本业务流程

业务流程（business process），也可以称为业务过程，是为达到特定的价值目标而由不同的人分别共同完成的一系列活动。活动之间不仅有严格的先后顺序限定，而且活动的内容、方式、责任等也都必须有明确的安排和界定，以使不同活动在不同岗位角色之间进行转手交接成为可能。活动与活动之间在时间和空间上的转移可以有较大的跨度。业务流程对于企业的意义不仅仅在于对企业关键业务的一种描述，更在于对企业的业务运营有着指导意义，这种意义体现在对资源的优化、对企业组织机构的优化以及对管理制度的一系列改变。这种优化的目的实际也是企业所追求的目标：降低企业的运营成本，提高对市场需求的响应速度，争取企业利润的最大化。

例如生产业务过程是指从投料开始，经过一系列的加工，直至成品生产出来的全部过程。在生产过程中，主要是劳动者运用人、财、物等资源，直接或间接地作用于劳动对象，使之按人们的预定目的变成工业产品。

企业的生产根据各部分在生产过程中的作用不同，可划分为以下三部分。

1. 基本生产过程

基本生产过程是指构成产品实体的劳动对象直接进行工艺加工的过程。如机械企业中的铸造、锻造、机械加工和装配等过程；纺织企业中的纺纱、织布和印染等过程。基本生产过程是企业的主要生产活动。大致包括：

1）工程部

研发工作主要是设计、研发新产品，产品物料清单及生产工艺维护等。在企业中设计部门往往无法了解产品成本情况，而且在设计部门中往往是技术人员居多，相对企业中的其他部门，对成本的认识较弱。然而，产品成本的80%是由设计部门决定的。设计部门的设计图纸必然决定原材料的材质和价格，而且制造方法也多由设计部门决定。

2）业务部

业务部门是企业生存的源头，主要负责市场拓展，完成业绩，确保企业赢利；及时收回账款，避免坏账；同时做好与客户的关系，包括报价、合同评审、签订合同、跟进生产进度、组织发货，月底结账及收款等工作。

3）计划部

生产计划对生产型企业是一个非常重要的业务，主要安排企业的生产、协调和调度相关的资源，以便完成企业的生产任务、委外加工的任务和材料的采购计划，以及仓库的备料等业务。

4）采购部

采购部业务主要包括提出采购申请，寻找合适的供应商并进行询价议价、签订合同并适时跟踪采购进度、入库、对账付款等业务。

5）库存业务

库存管理主要是对物料进行防护工作，包括收料、采购入库、退货、生产备料、发料、入库和销售出库等。

6）车间生产

根据生产计划下达的生产任务进行生产落实，并进行设备的排程、人员的班次调整及生产入库的管理等。

7）财务管理

核算企业资金的流转情况，核算企业的账务状况以及效益。

2. 辅助生产过程

辅助生产过程是指为保证基本生产过程的正常进行而从事的各种辅助性生产活动的过程，如为基本生产提供动力、工具和维修工作等。

3. 生产服务过程

生产服务过程是指为保证生产活动顺利进行而提供的各种服务性工作，如供应工作、运输工作、技术检验工作等。

上述三部分彼此结合在一起，构成企业的整个生产过程。其中，基本生产过程是主导部分，其余各部分都是围绕着基本生产过程进行的，如图6-2所示，在各业务过程中可能出现的现象及对应的管理举措如表6-1所示。

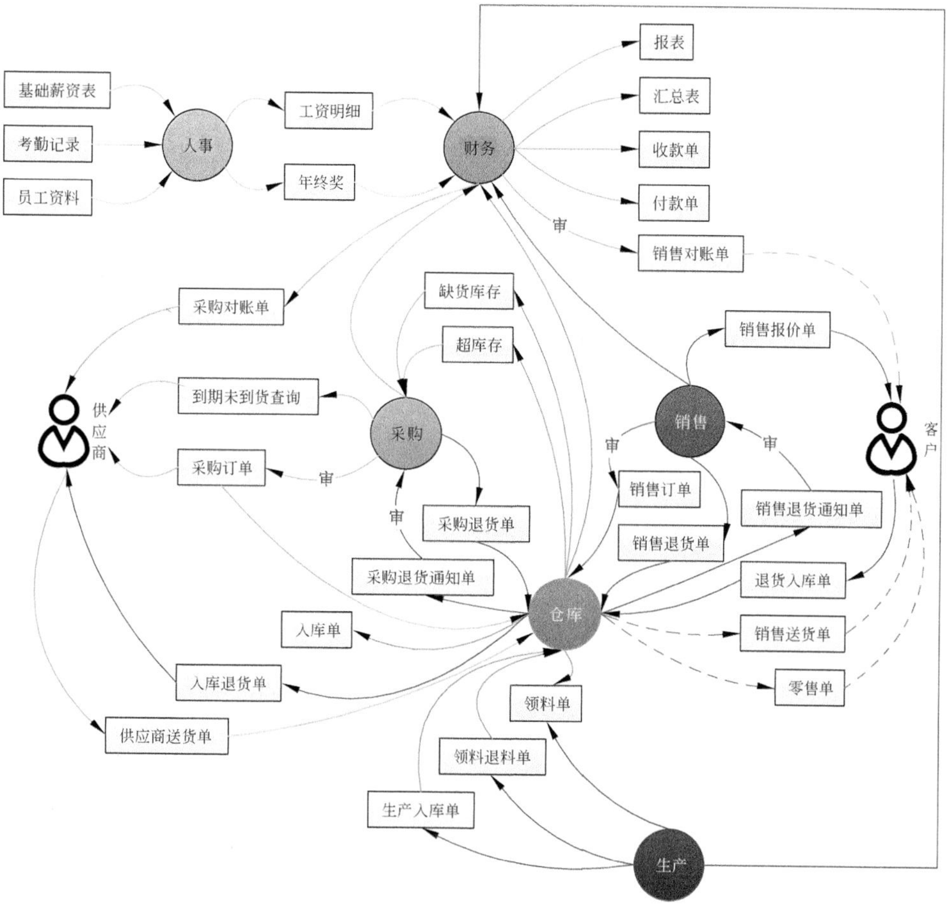

图 6-2　生产企业业务过程

表 6-1　生产业务流程管理中出现的现象

管　理	可能出现的现象	备　注
生产排产和车间管理	订单到达时间不确定，经常出现插单现象	需要修改或重新制订计划
	生产车间的领料、退料、补料、入库操作比较频繁	成本和人工核算比较困难
	物料配方改动及材料的替换经常发生	销售部门不了解订单的完工时间，无法及时完成交货
物料、库存管理	原料品种、规格非常多，仓库的入库和出库频繁	不了解原料的耗用，影响原材料的采购
	库存存在积压	加大生产成本
生产质量管理	原料的质量不合格，检验过程混乱	—
生产协同管理	生产物流难以同步	影响订单的交付
订单管理	订单交付时间和具体的数量无法准确给出	—

总结以上生产企业的业务流程，生产企业业务管理上有如下特点：

(1) 作业流程烦琐。

(2) 基础信息量较大，包括供应商的信息、物料的规格型号、价格检验标准、物料的生产工艺、产品结构表(BOM 表)等，生产企业成千上万的零部件需要寻找供应商、询价，生产工艺较多，每一道工序都需要严格把关、跟踪，少一道工序，相关的产品可能全部报废，造成大量的损失。

(3) 报表统计频繁,时效性要求高。

生产过程各种明细汇总报表需要及时定期处理,例如,采购单、入库单据、生产领料单、发料单等,企业需要定期将这些报表进行统计分析,以发现各业务过程中的问题。企业要花很多时间整理这些报表,分析报表。

(4) 员工数量多,绩效考核公平性难把握。

企业员工数量多是生产企业的特征之一,如何公平考核是其管理难点之一,考核过程中需要收集工人相关的工作量统计数据,以做到客观公正。

总之,生产企业出现许多问题,一方面设备利用率很低,产能上不去,新的订单不敢接;另一方面可能存在管理人员或各部门间协同配合度不够,效率低,还可能出现错误,给企业带来些损失,面对这些问题找不到相关的责任人;定期的报表不能及时产出,管理层无法得到准确的数据,无法做出正确的决策;企业可能还会出现大量的不合格产品;仓库也可能会产生大量的闲置库存等问题。这些问题都会造成企业巨大的损失,影响企业的利润,如何解决这些内部问题是生产企业管理的第一大事,尤其是对于一定规模的企业。

6.1.3 资源与业务流程

按照生产过程组织的构成要素将生产过程分为物流过程、信息流过程和资金流过程,如图 6-3 所示。

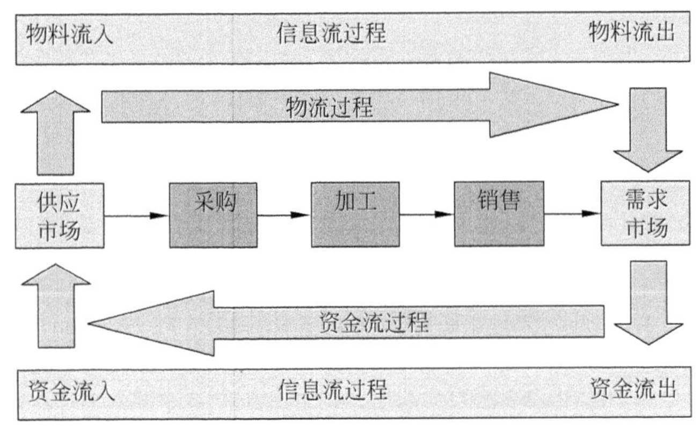

图 6-3 生产企业内部业务逻辑图

1. 物流过程

采购过程、加工过程或服务过程、运输(搬运)过程、仓储过程等一系列过程既是物料的转换过程和增值过程,又是一个物流过程。

日常生活中的物流活动涉及的业务包括:发运地收货—提货—装车—运输—到达集散地—进行货物的分配—派送—客户收货—反馈。

加工过程也可以称为生产工艺流程,是指在生产过程中,劳动者利用生产工具将各种原材料、半成品通过一定的设备、按照一定的顺序连续进行加工,最终使之成为成品的方法与过程。以啤酒生产工艺流程为例,输入资源包括原材料(麦芽大米)、活动及活动间的相互作用包括人员与设备辅助支持所产生的各种反应和变化,最后才能输出结果(啤酒),并指向一定的顾客,产品生产最终具有了相应的价值。

2. 信息流过程

生产过程中的信息流是指在生产活动中，将其有关的原始记录和数据，按照需要加以收集、处理并使之朝一定方向流动的数据集合。

信息流是现代企业管理的核心要素。传统的管理对象包括人、财、物等实物形体，然而随着社会的发展，信息作为一个特殊的管理对象越来越占据核心地位。信息流管理就是要对贯穿于企业业务活动的信息流进行控制、协调，以期形成有效流动，各结点企业实现信息无缝衔接，最终达到价值增值的目的。充分利用先进的信息技术，构建信息流动的高速公路，"链条"中的各方能及时有效地获取其相邻企业的各种需求信息，并快速做出正确的反应，满足需要，快速供货，提高企业的服务水平。

信息的有效流动直接关系着企业的决策与运营。在许多企业中，尤其是组织复杂的大企业，各种信息流错综复杂、纵横交错，如何获取、传递、分析这些信息并最终形成各种决策，从而支持企业战略目标的实现将变得至关重要。企业中的信息包括供应商信息、生产信息、配送信息、零售信息和需求信息。企业运用这些信息做出重要决策：库存水平决策需要来自顾客的下游信息、来自可利用的供应商信息以及现存库存水平的信息；运输策略的制定需要了解顾客、供应商、运输路线、运输成本、运输时间以及运输数量的信息；生产设备的决策需要了解企业内部的生产能力，收益及成本的相关信息。畅通、敏捷有效的信息加速了决策的速度，提高了决策的质量。信息更是作业运营中最大的驱动要素。信息包括采购、库存、运输、销售及顾客资料。事实证明，有效信息的增长带来了利润的成倍增长。此外，信息联系着整个过程的不同阶段，使各个阶段相互协调，且对各个阶段的日常运营来说十分重要，例如生产日程安排利用需求信息制定生产计划，使工厂能够用高效率的方式生产出满足需求的产品。信息就像发动机，带动了供应链这台机器的高速运转。

3. 资金流过程

生产过程的资金流是以在制品和各种原材料、辅助材料、动力、燃料设备等实物形式出现的，分为固定资金与流动资金。资金的加速流转和节约是提高生产过程经济效益的重要途径。

企业的生产过程是给物资赋予劳动、知识和信息，改变其形状、功能或性质的过程，也是资金的投入与增值的过程，是物流与资金流相互转化、相互作用、相互统一的辩证统一过程。物流过程是资金流动的基础，物流过程决定着资金流动，物流过程状况的正常与否，决定着资金流动状况的好坏；资金运动也反映着物流运动，并对物流过程具有积极的影响作用。通过对资金流动是否通畅的分析，可以观察企业供、产、销等活动是否正常进行，并可根据存在的问题，采取相应的措施，使资金流动与物资流动相结合，从而提高生产经营的效益。资金流动和物资流动相互结合的关系，体现了制造工业企业再生产过程的实物形态和价值形态的必然联系。

首先，资金处于货币资金的状态，企业用一部分货币资金去购买原材料等劳动对象。当购买发生后，这部分资金从货币形态转化为储备资金。然后，把原材料等劳动对象投入生产过程。在对劳动对象的加工过程中，这部分资金与另一部分支付给劳动者的报酬和其他生产费用结合在一起，组成生产资金。当产品加工完毕，这部分生产过程的资金又转化为成品资金。到产品销售并取得货款后，资金又由成品资金转化为货币资金。收回的货币资金，一部分用于补偿生产消耗，在下一期生产经营活动中，再从事购买材料，开支费用；一部分以税收形式上缴国家财政；余下的留作各种基金，用于发展生产等方面的需要。在整个过程中，物流由原材料到零部件、到成品，不断地变换着物料的性能；而资金则由货币形态转化为实物形态，再由实物形态转化为货币形态，不断循环往复，完成资金的增值过程。

6.2 神奇的 ERP 系统

企业资源计划系统(Enterprise Resource Planning，ERP)是指建立在信息技术基础上，对企业的所有资源(物流、资金流、信息流、人力资源)进行整合集成管理，采用信息化手段实现企业供销链管理，从而达到对供应链上的每一环节实现科学管理。

ERP 系统集中信息技术与先进的管理思想于一身，成为现代企业的运行模式，反映时代对企业合理调配资源，最大化地创造社会财富的要求，成为企业在信息时代生存、发展的基石。在企业中，一般的管理主要包括三方面的内容：生产控制(计划、制造)、物流管理(分销、采购、库存管理)和财务管理(会计核算、财务管理)；三大系统集成一体，加之现代对人力资源的重视，就构成了 ERP 系统的基本模块。商业 ERP 系统将各个模块细化、拆分，形成相对独立又可无缝衔接的软件系统，使得不同规模的企业可根据需要自由组合，让企业的资源得到最优化配置。

ERP 系统将企业内部划分成几个相互协同作业的支持子系统，如财务、进销存、生产制造、服务、维护、工程技术等，可对企业内部供应链上的所有环节，如订单、采购、库存、计划、生产制造、质量控制、运输、分销、服务与维护、财务、成本控制、经营风险与投资、工程设计、人力资源等有效地进行管理，从管理的范围和深度上为企业提供了更丰富的功能和工具。

6.2.1 ERP 系统中的数据关系

ERP 系统主要是对公司各方面数据进行的集成管理，ERP 系统中的管理流程和数据范围很广泛，但依据流程基本可以分为如图 6-4 所示的几个方面。

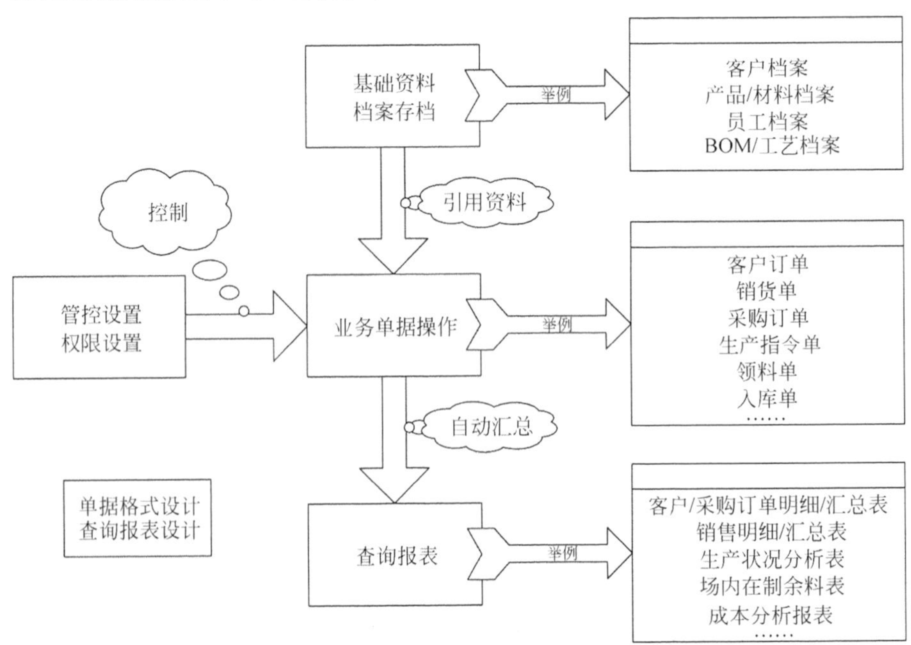

图 6-4 ERP 系统数据分类

1. 基础资料数据

ERP 系统以计划为核心，计划的准确性和有效性在很大程度上是依赖于为计划提供的历史数据和现实变化数据，也就是说，计划的重要依据之一是数据。ERP 系统是在实时、完整、系统的数据支持下运行的。基础数据的建立和维护是 ERP 系统赖以生存的环境，数据是 ERP 系统的基础，ERP 系统是企业管理运行数据加工成管理信息的机器。不同 ERP 系统开发商对基础数据的组织形式、构建方法和操作集成界面不完全相同，但是基础数据需求的内容基本相同。

1）公司基础数据

公司基础数据描述 ERP 系统使用企业的基本属性，这类数据一般是固定不变的。通常在系统安装或系统初始化操作时确定，在以后的日常操作中直接引用。公司基础数据将描述公司基本属性、单据的编号方式，以及交货厂址、部门设置、员工编号和公司工作日历等实体。ERP 系统投入运行前首先要定义这类数据，否则相关的其他实体数据无法正常接受。这类数据输入和维护时，按系统提示逐项输入公司的实际情况，数据输入操作不能有误，否则影响系统运行的准确性，一旦公司基本属性发生变化时，必须及时更正。其中比较抽象复杂的数据是公司工作日历。

2）生产管理基础数据

生产管理基础数据描述计划的产生到生产现场控制的全过程。这类数据内容繁多、结构复杂，包括物料文件、物料清单、工艺路线和工作中心等与生产管理直接相关的主要基础数据。

物料不仅是生产用料、生产过程的在制品、半成品、产成品、采购件、外协件、零件、部件等有形的消耗物，还包括为生产加工提供的图纸、工具、参考文件、说明书等可重复利用的物品，还包括为方便管理人为设定的虚项物料。通过 ERP 系统，可以直接查看到所管属的相关物料。

物料清单是描述物料结构性的数据文件，是 MRP 计算物料需求量的控制文件。在机械、电子等行业通过物料清单描述产品结构和生产、加工、组装、总装的全过程，在化工、制药、食品等行业通过物料清单描述产品成分的配方或处方。

工作中心(work center)是一种生产能力衡量、表述、统计、计量、考评的单位，也是生产组织的特殊形式。无论是主生产计划，还是能力需求计划的检验与生产负荷协调都是以工作中心为对象的。一个工作中心可以是相近功能设备与工序、相同技术工种员工的组织。在定义工作中心时可以是一个班组、一台特殊设备、一条生产线等，对于外协工序，则对应的工作中心是外协单位。

工厂日历(factory timer)又称公司日历，是用于描述工厂连续工作的计时文件。一个公司可以设置几套工厂日历，系统自动默认一套工厂日历。在工厂日历中一般不存在节假日，计时方式从 000～999，即一千个工作日为一个循环。工厂日历与公司之间是通过系统内置功能模块按工厂日历文件的设置自动转换。一般用户不涉及工厂日历的计时方式，这是系统内部数据处理的一种方式，但对于 ERP 系统启用初始化和工厂工作节假调整时，需要系统管理设置和修改工厂日历，否则可能会出现派工单派工在休息日的错误。

工艺路线(routing)是详细描述一项自制物料制造过程的数据文件。在工艺路线文件中不仅描述加工过程所涉及的工序、工时、加工对象、加工场所和加工工具，而且还描述了自制过程中的技术水平以及检验与测试的需求。

3）库存管理基础数据

库存管理基础数据包括库位定义和库存信息两部分。

库位定义(InventoryArea)是描述企业仓库、货架等基础设置情况。根据物料在企业生产过程所起作用的不同先分成原料库、在制品库、成品库和废品库。再根据物料的特性分成各种特殊的库位。库位定义数据比较简单，通常由库位编码、名称和类型等组成。库位定义是 ERP 系统基础数据中的基础。

库存信息是保存企业所有产品、零部件、在制品、原材料等存在状态的数据库。库存信息主要有物料编码、现有库存量、计划收到量(在途量)、已分配量、订购(生产)批量和安全库存量等数据。

2. 业务单据数据

业务单据数据包括客户订单、采购订单、采购入库单、领料单、生产任务单、任务汇报单、发货单。

业务单据可以依次引用刚开始定义好的基础数据，采用相应的关联选择生成相应的后续单据，不需要一个个地录入相应的单据，只需要修改部分的数量、金额、日期等资料，单据之间是相互可以引用的，比如，发货单的制定是根据销售订单进行发货，领料单据是根据生产任务单据生成，这样可以实现最大程度上的数据共享和集成。

3. 报表数据

从管理者决策角度，不同的业务部门，根据管理部门的需求，通过之前编写好的程序指令快速生成相应的统计报表，这些报表的管理参数设定，一般由相应的咨询专业人员结合该企业的管理需求制定的，比如，销售年度汇总表、成本差异分析表等各种报表的自动生成，比如图 6-5 所示的淘宝店铺销售量年度变化表。

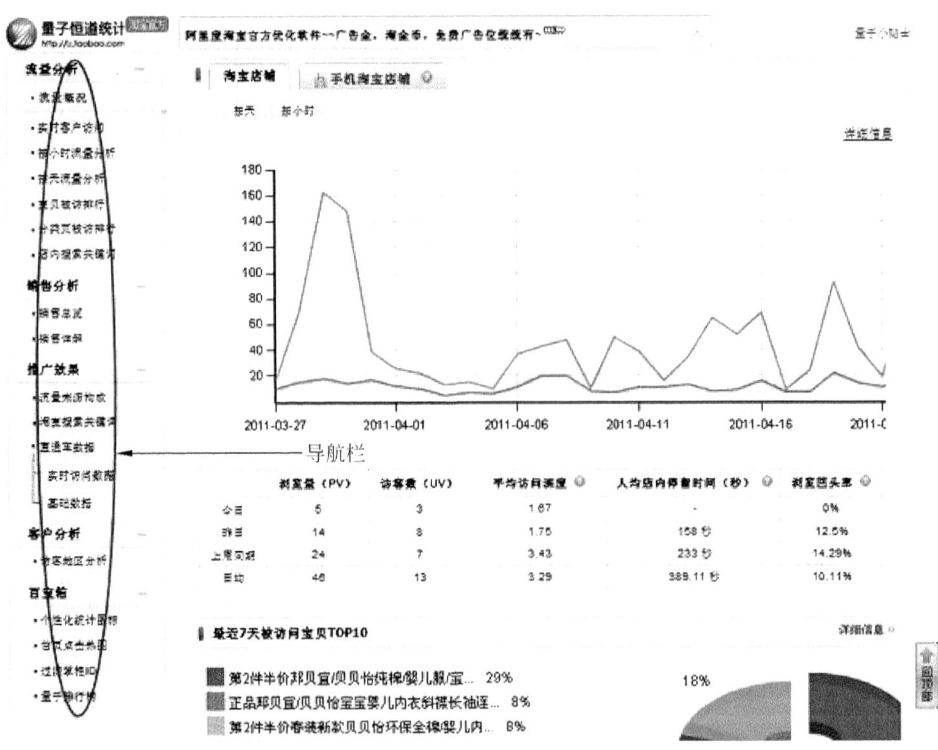

图 6-5 报表数据示例

6.2.2 ERP 系统整体框架

ERP 是将企业所有资源进行整合集成管理，简单地说，是将企业的三大流：物流、资金流和信息流进行全面一体化管理的管理信息系统。它的功能模块以不同于以往的 MRP 或 MRPⅡ的模块，它不仅可用于生产企业的管理，而且在许多其他类型的企业，如一些非生产、公益事业的企业等，也可导入 ERP 系统进行资源计划和管理。这里将以典型的生产企业为例来介绍 ERP 的功能模块。在企业中，一般的管理主要包括三方面的内容：生产控制(计划、制造)、物流管理(分销、采购、库存管理)和财务管理(会计核算、财务管理)。这三大系统本身就是集成体，它们互相之间有相应的接口，能够很好地整合在一起来对企业进行管理。随着企业对人力资源管理重视的加强，已经有越来越多的 ERP 厂商将人力资源管理纳入了 ERP 系统的一个重要组成部分。

各软件商 ERP 系统的模块结构相差较大，为了进一步认识 ERP 系统的基本功能模块，综合具体的 ERP 系统，如 SAP ERP、Oracle ERP、用友 ERP 等，从实际业务的角度简要说明 ERP 系统的基本功能模块，即 ERP 系统是如何支持实际业务的。在实际业务中，主要包括三方面的内容：财务管理(会计核算、成本管理)、生产管理(计划、车间管理)、供应链管理(销售、采购、库存管理)，其各子模块之间的关系如图 6-6 所示。

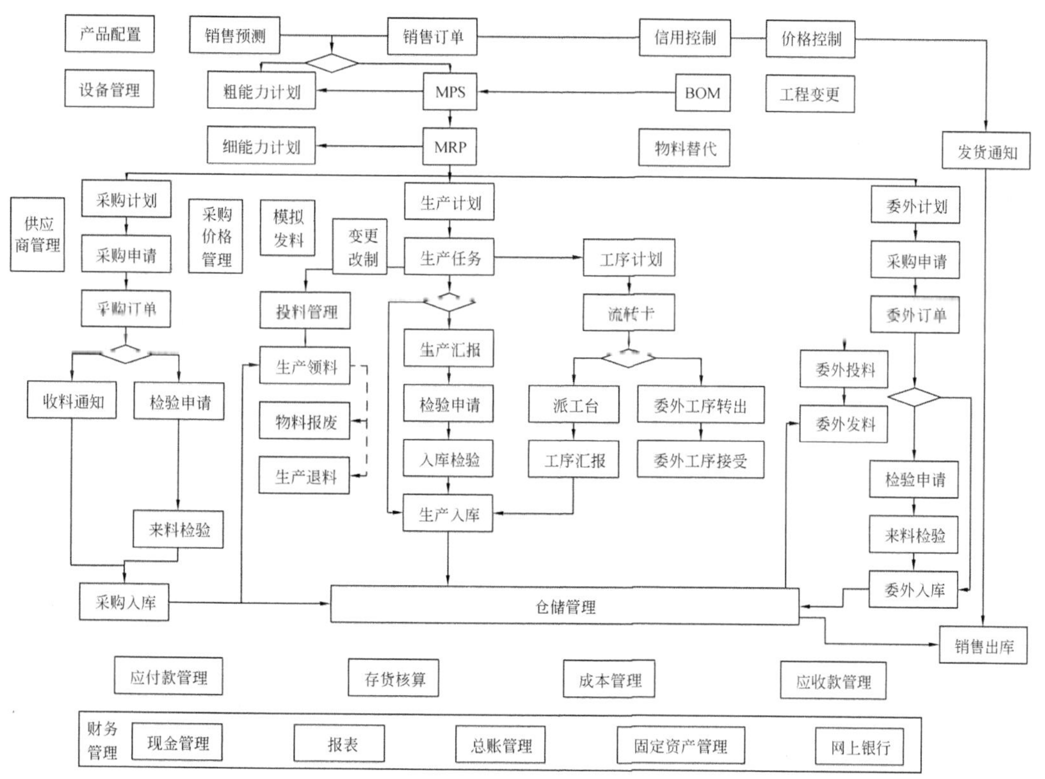

图 6-6 ERP 整体架构图

6.2.3 ERP 系统的财务管理模块

在企业中，财务管理的清晰分明是极其重要的，它在 ERP 系统中是不可或缺的一部分。一般 ERP 系统包括会计核算与成本管理。

1. 会计核算

会计核算主要是记录、核算、反映和分析资金在企业经济活动中的变动过程及其结果。它由总账、应收账、应付账、固定资产等部分构成。

1）总账模块

它的功能是处理记账凭证输入、登记，输出记账、一般明细账及总分类账，编制主要会计报表。它是整个会计核算的核心。

2）应收账模块

指企业应收的由于商品赊欠而产生的正常客户欠款账。它包括发票管理、客户管理、付款管理、账龄分析等功能。它和客户订单、发票处理业务相联系，同时将各项事件自动生成记账凭证，导入总账。

3）应付账模块

会计里的应付账是企业应付购货款等账目，它包括了发票管理、供应商管理、支票管理、账龄分析等。它能够和采购模块、库存模块完全集成以替代过去烦琐的手工操作。

4）固定资产模块

固定资产模块完成对固定资产的增减变动以及折旧有关计提和分配的核算工作。它有助了解固定资产的现状，能借助该模块提供的方法来管理资产，并进行相应的会计处理。它的具体功能有：登录固定资产卡片和明细账，计算折旧，编制报表，自动编制转账凭证，并转入总账。

5）工资核算模块

自动进行企业员工的工资结算、分配、核算以及各项相关经费的计提。它能够登录工资、打印工资清单及各类汇总报表，计算计提各项与工资有关的费用，自动做出凭证，导入总账。

2. 成本管理

成本管理的功能是基于会计核算数据的，在此基础上加以分析，进行预测决策、管理控制。具体包括以下几大模块。

财务计划：根据前期财务分析做出下期的财务计划、预算等。

成本核算：它将依据产品结构、工作中心、工序、采购等信息进行产品的各种成本的计算，以便进行成本分析和规划，还能用标准成本或平均成本法按地点维护成本。

财务分析：提供查询功能和通过用户定义的差异数据的图形显示进行财务绩效评估、账户分析等。

财务决策：财务管理的核心部分，中心内容是作出有关资金的决策，包括资金筹集、投放及资金管理。

模块功能包括：成本中心会计和基于业务活动的成本核算，用于短期成本控制；订单与项目会计，用于分析与控制企业资源的使用；产品成本核算，用于分析有关生产和产品的业务活动；获利能力分析，用于分析售出的产品与服务；利润中心会计，协助一个全面的会

计系统,用于指定的时间区间或一般的时间区间;企业控制,与一个强大的执行信息系统共同服务于高层管理部门。成本与收入的监控可贯穿所有职能部门。

6.2.4 ERP系统的生产管理与控制

生产管理是将整个生产过程结合在一起,支持产销平衡、有效库存等。同时,将原本分散的生产过程的自动连接,使生产过程能够前后连贯,避免出现生产脱节、交货延误。

生产管理与控制是以计划为导向的生产、管理方法。首先,企业确定它的一个总生产计划,再经过层层细分后,下达到各部门去执行,即生产部门依此生产,采购部门依此采购等。

1. 主生产计划

根据客户订单、预测和生产计划安排将来各周期中提供的产品种类和数量,它将生产计划转为产品计划,在平衡了物料供应和设备能力后,精确到时间、数量的详细的进度计划,是从生产计划、实际订单和对销售分析历史得来的预测产生的。

2. 物料需求计划

在主生产计划决定生产多少最终产品后,再根据物料清单,把要生产的产品数量转变为生产需要的零部件数量,并对照现有的库存,计算出还需生产多少,采购多少。

3. 能力需求计划

在初步的物料需求计划后,平衡所有工作中心的负荷能力后,得出的详细工作计划,用于确定生成的物料需求计划是否是企业生产能力可行的需求计划。能力需求计划是一种短期的、当前实际应用的计划。

4. 车间控制

是随时间变化的动态作业计划,是将作业分配到具体各个车间,再进行作业排序、作业管理、作业监控。

5. 标准数据

编制计划中需要许多生产基本信息,即制造标准,如物料清单等,是用唯一代码在ERP系统中识别的。

零部件代码用于对物料的管理,对每种物料给予唯一的代码识别。

物料清单,定义产品结构的技术文件,用来编制各种计划。

工艺路线描述加工步骤及生产和装配产品的操作顺序,包含工序的顺序和额定工时,指明加工设备及所需的工具和资源等。

工作中心由相同或相似的机器设备或人员组成,用于安排生产进度、核算生产能力、计算成本。

6.2.5 ERP系统的供应链管理

ERP系统内部存在供应流程,称为内部供应链,是指企业内部产品生产和流通过程中所涉及的采购部门、生产部门、仓储部门、销售部门等组成的供需网络。

1. 销售与客户管理

销售管理是从产品的销售计划开始,对其销售产品、销售地区、销售客户各种信息的管理和统计,并可对销售数量、金额、利润、绩效、客户服务做出全面的分析,这样在分销管理模块中大致有三方面的功能。

1）客户管理

建立一个客户信息档案，对其进行分类管理，进而对其进行针对性的客户服务，以便最高效率地保留老客户、争取新客户。

2）销售订单管理

大部分制造企业的销售订单是ERP的入口，所有的生产计划都是根据它下达并进行排产的。销售订单的管理贯穿了产品生产的整个流程。它包括：

- 客户信用审核及查询（客户信用分级，审核订单交易）；
- 产品库存查询（决定是否要延期交货、分批发货或用代用品发货等）；
- 产品报价（为客户作不同产品的报价）；
- 订单输入、变更及跟踪（订单输入后，变更的修正及订单的跟踪分析）；
- 交货期的确认及交货处理（决定交货期和发货事物安排）。

3）销售统计与分析

根据销售订单完成情况，依据各种指标做出统计，如客户分类统计、销售代理分类统计等，再就这些统计结果对实际销售进行评价。

销售统计（根据销售形式、产品、代理商、地区、销售人员、金额、数量来分别进行统计）。

销售分析（包括对比目标、同期比较和订货发货分析，来从数量、金额、利润及绩效等方面作相应的分析）。

客户服务（客户投诉记录，原因分析）。

2. 采购与供应商管理

确定合理的采购量，保持最佳的安全库存和选择优秀的供应商。

1）采购订单管理

采购管理为计划提供重要的交货情况和市场供应情况，并且控制采购物料从请购到收货、检验、入库的详细流程，当货物接收时，相关的采购订单进行自动检查。通过建立和维护采购订单方式，来实现采购合同跟踪，安排供应商交货进度和评价采购活动绩效等需求目标。从而提高采购活动的效率，降低采购成本。

2）供应商管理

建立供应商的档案，用最新的成本信息来调整库存的成本。通过对供应商的谈判和报价的管理和比较，对价格实行控制，以取得最佳的效益，对供应商和采购部门的绩效评估可以协助采购部门确定采购环节中尚待完善的地方，同时和应付账款、收货和成本核算部门之间建立有意义的信息通信，以保证企业的某一环节所提供的信息能在其他所有有关的环节中反映出来。

3）采购统计与分析

为订购、验收提供信息，跟踪和催促对外采购或委外加工的物料，保证货物及时到达，保证采购成本合理，保证物料质量。

具体包括：采购与委外加工统计分析；价格分析，对原料价格分析，使库存成本趋于合理。

3. 库存管理

基本目标就是要能帮助企业维护准确的库存数量，控制存储物料的数量，保证稳定的物料供应支持正常生产，同时又最小限度地占压成本。它能够结合、满足相关部门的需求，随时间变化动态地调整库存，精确地反映库存现状，库存变化历史以及发展趋势的联机查询，并能从多层次去查看库存状况。此外，该管理系统能提供基本的库存分析报告，帮助评价库存管理的绩效，提供不同的盘库方法都可用于库存的清点，范围可以从样品库存到连续库存。这一模块的功能主要有：为所有的物料建立库存，决定何时定货采购，同时作为交与采购部门采购、生产部门作生产计划的依据。收到订购物料，经过质量检验入库，生产的产品也同样要经过检验入库。收发料的日常业务处理工作。

6.2.6 ERP 系统的质量管理

质量管理是对检测和保证高质量标准的过程进行有效的计划和实施，为质量检测的各个阶段都提供支持工具，纳入从供应商质量保证系统来的数据，在检测物料购进方面取代了传统方法。

质量管理带来了许多好处，如获得供应商质量评价数据用于询价及下达采购订单，为物料接收预先设置控制数据(描述哪些物料需要检测并放到检测仓库)，生产订单下达时与检测有关的信息自动传递到各过程中。

废品会损害客户和供应商的关系，浪费财力，降低竞争能力。同时它也是评价客户满意度、产品可靠性和是否符合国家或 ISO 标准的重要因素。

质量管理模块在后勤链中对检测和保证高质量标准的过程进行有效的计划和实施。质量管理为质量检测的各个阶段都提供 DP 支持工具。

把质量管理系统和整个后勤系统结合到一起会有许多好处。例如，收集获得评价供应商的质量数据或用于询价及下达采购单的有关质量数据；质量小组为商品接收预先设置的控制数据可以描述哪些物料需要检测并放到检测仓库；当一个生产订单发放时，与检测有关的信息就会自动发放到各个工作过程中去；销售和客户服务人员可以很快得到与他们的活动相关的质量数据。

6.2.7 ERP 系统的人力资源管理

近年来，人力资源开始越来越受到企业的关注，因此人力资源管理作为一个独立的模块，被加入到了 ERP 系统中，它与传统的人事管理有着根本的不同。

1. 人力资源规划

人力资源规划是一种战略规划，着眼于为未来的企业生产经营活动预先准备人力，持续和系统地分析企业在不断变化的条件下对人力资源的需求，并开发制定出与企业组织长期效益相适应的人事政策的过程。

1) 职务模型

职务模型包括职位要求、升迁路径和培训计划，根据担任该职位员工的资格和条件，系统会提出针对本员工的一系列培训建议，一旦机构改组或职位变动，系统会提出一系列的职位升迁或变动建议。

2）人员成本分析

对人员成本作出分析及预测，为成本分析提供依据。

3）离职分析

对应不同性质的离职，区别对待并加以分析，如人才流失、竞争淘汰、退休和辞退等。

2. 招聘管理

招聘管理一般包括：管理和优化招聘过程，降低招聘成本，提供辅助信息帮助人才资源挖掘。

3. 工资核算

能根据公司跨地区、跨部门、跨工种的不同薪资结构及处理方法，制定适合的薪资核算方法。

与时间管理直接集成，能够及时更新，使员工的薪资核算动态化；回算功能。通过和其他模块的集成，自动根据要求调整薪资结构及数据。

4. 绩效考核

常见的绩效考核主要有月考评和年度（或半年度）考评等几种方式。月考评一般与员工当月工作的表现、出勤状况有关，体现为月薪中的直接回报；而年度考评由于经常和晋升管理、调薪管理等直接关联，更多体现出企业对人才的全面政策，体现出企业对员工的最终评价。有效的绩效考评和结果可以促进企业正常的人事流动，对绩效评价高的员工给予较多的管理关照和较多的薪资福利，鼓励他们为企业做出进一步贡献，而对于绩效评价低的员工则促使他们提高工作效率或纠正工作态度。

6.2.8 ERP管理模式

生产企业的业务众多，各个部门间相互协作，信息相互共享，如果一个部门出现问题，其将会影响整个企业的整体运行，因此企业管理层必须寻找方法协调各职能部门的工作。ERP系统正是利用计算机技术实现的一种集成化的管理模式，计算机技术作为一种管理工具和手段在管理中的广泛应用，为管理创新提出了新的要求和技术保障，客观上要求管理理论产生一种与计算机广泛应用相适应的管理理念和方式，由此诞生了ERP系统为核心的集成的管理模式。既体现了计算机工具的特点，又蕴含着新的管理理念、方法和手段的一致性。

1. 提供科学规范化的管理流程及内部控制体系

在传统的管理模式下，管理工作由于可伸缩性大、无法精确度量，经常陷于难以控制的地步，有些企业即使有规章制度，但在人为的影响下，这些规章制度形同虚设，比如一些单据的审批内容或期限，尤其是供应商的选择和监控等，经常出现实际情况与规章制度不一致的情况。ERP系统中的整个环节是一环套一环，任何一个环节没有在系统中操作或者操作错误，都会影响下一个环节的作业，下一个环节的工作人员也会即时提醒监督上一环节，这样在企业内部就形成了一套规范的流程体系，工作人员也形成了内部监督制度，每个人各司其职，从而实现管理流程的内部公开、透明化、责任化，有助于提高员工的责任心。

ERP从客户订单、需求预测到计划、采购、加工装配等整个过程，正确、合理、优化、均衡和完整的思想始终贯彻其中，其管理模式是真正实现管理科学、优化的方式。

2. 数据集成共享、避免重复劳动

ERP管理模式的核心是ERP系统，ERP系统是利用现代化的信息管理技术，可以无死角化地去除手工管理的低效率缺点，比如销售部门产生订单，计划部门则审核该订单，并制定生产计划，中间系统会严格权限设置，实现客观、公正、透明，系统可以定期快速统计出财务等报表，各部门都可以共享系统统计出来的各种报表。通过ERP系统，实现了企业自动化的工作流程、自动化的数据加工和处理以及自动化的管理警报等功能，很大程度上降低了企业管理人员的工作负荷，提高了工作效率。

3. 精细化管理的体现

在传统管理模式下，对于企业的报表进行汇总，但由于报表的数据没有集成，对报表中各数据项的来源、特征、去向和作用无法快速查询，大部分通过人工进行获取，管理模式比较粗放。ERP系统管理下，各级管理人员可以及时了解其所需要的各种数据，不需要做相应的数据统计工作，比如仓库要定期上报各种物料的使用情况、利用系统可以及时输出所需要的统计报表，让他们集中于仓库的物料管理本职工作中。

4. ERP系统可以提高企业外部反应能力

随着经济全球化、技术透明化的市场趋势，未来企业需要靠技术创新领先，靠快速反应赢得市场，对于生产企业来说，能够快速应对客户的需求将是反映竞争力的一个因素，比如销售部门接到客户的订单，企业需要在最短的时间内告知客户是否可以在规定的时间内完成，企业此时需要信息技术的方式结合企业的资源情况做出判断，ERP系统中的模拟生产计划可以快速实现这一功能。ERP系统具有自学习功能，通过数据挖掘、分析技术实现对历史数据的分析和存储，找出有价值的规律，比如可以从大量的销售数据中，发现客户的一些属性和特征，从而实现个性化的营销方案，可以从外界的论坛数据中，找出产品可能出现的质量特征，有效解决产品质量问题，提高产品的质量。

总之，ERP系统下的管理模式从企业整体的角度出发来看待问题，从管理和技术相结合的角度来分析问题，是一种从所有业务、整体和全局出发的管理模式，真正实现企业整体资源的最充分利用，当然目前许多ERP系统产品还存在问题，还没有真正成熟，随着管理思想和技术的发展，还在变化发展完善中。

6.3 掌控ERP资源的法宝——数据管理技术

ERP系统包罗了企业完整的数据，对于企业各级管理者来说，从规模庞大、数据完整但"事无巨细"的ERP系统中获取所需要的数据是非常重要，数据如何在ERP系统中组织、传输及运用将对ERP的使用起到至关重要的作用，本节将介绍数据库技术、数据挖掘技术及网络技术如何帮助ERP系统管理数据、传输数据。

6.3.1 ERP网络配件架构图

ERP系统利用信息化技术，搭建平台，即计算机网络，Internet网络把企业中的各电脑都统一连接到一台服务器上，不管业务部门在世界任何地方，他们都可以录入和查询相关业务数据，系统通过Internet将数据保存到系统服务器中(如图6-7所示)。所有的ERP数据都安装在这台服务器中，企业业务部门的计算机都用来输入数据，称为"客户端"，客户端不保存数据，如销售部门在自己的计算机中录入销售订单，这个订单信息就保存在服务器的数据库中，其他相关业务部门就可以从数据库查询到此订单。

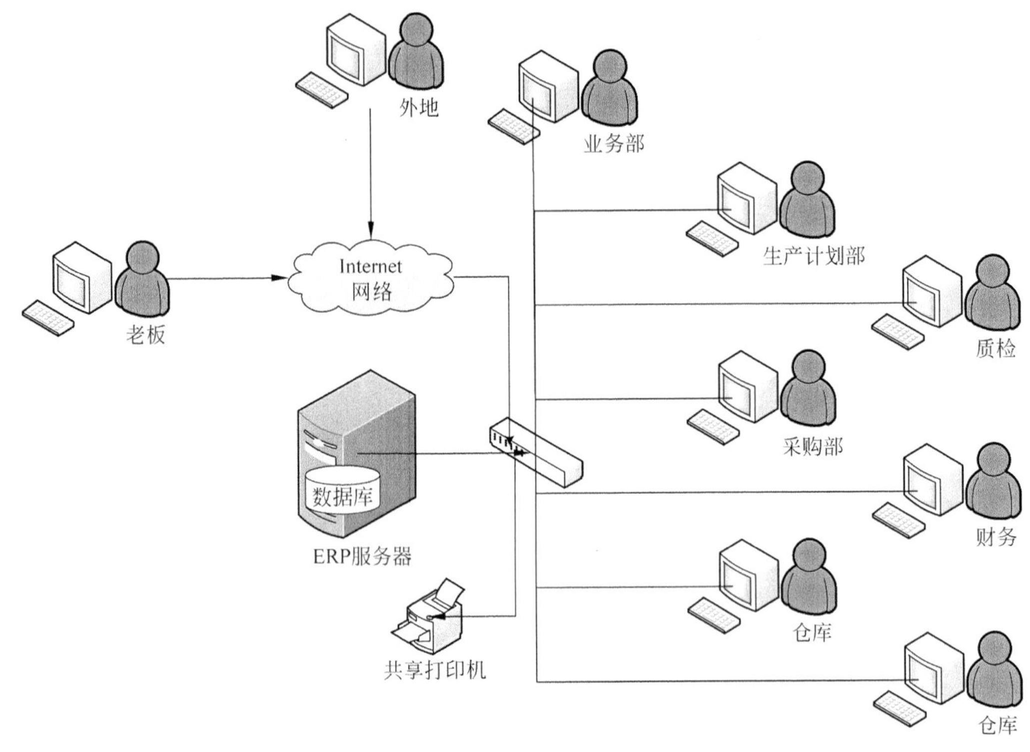

图 6-7　ERP 网络架构图

6.3.2　数据库技术

数据库是一种逻辑概念，是用来存放数据的仓库。数据库软件是一种软件，可以看得见，可以操作，用来实现数据库的逻辑功能，属于物理层。数据库由很多表组成，表是二维的，一张表里可以有很多字段。字段一字排开，对应的数据就一行一行写入表中。数据库的优点，在于能够用二维表现多维关系。目前市面上流行的数据库都是二维数据库，如 Oracle、DB2、MySQL、Sybase、MS SQL Server 等。

数据库是 ERP 系统的核心，其性能和表现直接影响到 ERP 系统的性能和表现，一个成功的 ERP 系统的背后，必定有一个默默支持它的数据库，因此，选择数据库是企业实施 ERP 的首要工作。生产企业中的各类数据数量繁多，从基础数据到报表数据，这些数据如何存放于系统中，需要使用相关的技术进行管理。

在 ERP 的架构体系中，数据库是必须存在的。必须要有地方存放数据——物品的存货数量、货品的价格、客户订单之类。这些数据都存放在后台数据库中。在后台数据库必然有一张 user 表，用来描述这些内容，属性字段起码有两个，数据就一行一行地存在表中。当某个产品发生出库或入库时，这些数据就会被传回到后台去，修改表中的数据。凡是跟业务应用挂钩的，都使用数据库。ERP 系统中的数据“仓库”存放生产企业所产生的所有数据，多数数据要经常变动，比如，销售订单数据经过计划产生生产计划单据数据和采购订单数据，经过处理，数据产生价值，指导企业生产管理。数据经过组织设计成一系列图表存在于数据

库中。

6.3.3 数据仓库

数据仓库是数据库概念的升级。从逻辑上理解，数据库和数据仓库没有区别，都是通过数据库软件实现的存放数据的地方，只不过从数据量来说，数据仓库要比数据库庞大得多。

数据仓库之父 Bill Inmon 在 1991 年出版的 *Building the Data Warehouse* 一书中所提出的定义被广泛接受：数据仓库(data warehouse)是一个面向主题的(subject oriented)、集成的(integrated)、相对稳定的(non-volatile)、反映历史变化(time variant)的数据集合，用于支持管理决策(decision making support)。

对于数据仓库的概念我们可以从两个层次予以理解：首先，数据仓库用于支持决策，面向分析型数据处理，它不同于企业现有的操作型数据库；其次，数据仓库是对多个异构的数据源的有效集成，集成后按照主题进行了重组，并包含历史数据，而且存放在数据仓库中的数据一般不再修改。

数据仓库技术和联机分析处理技术，为 ERP 软件提供了宏观决策分析工具。采用数据仓库技术，可以充分利用企业内部已有的海量数据资源，从中挖掘出有价值的知识和规则来支持企业决策，将客观翔实的经验数据与决策者自身的宝贵经验有效地结合起来，提高企业的市场竞争力。

数据仓库则是数据分析下的一种技术。由于数据库是跟业务应用挂钩的，所以一个数据库不可能装下一家公司的所有数据。数据库的表设计往往是针对某一个应用进行设计的。比如图 6-8 中产品销售表，这张表符合应用，没有问题。但是这张表不符合分析要求。如果需要分析在哪个时间段，产品销售的最多？哪个用户一年购物最多？这时就需要引入数据仓库概念。数据仓库的表结构是依照分析需求、分析维度、分析指标进行设计的。数据仓库的数据来源于那些后台持续不停运作的数据库表。

字段编号	产品名称	单价	订购量	库存量
111	蛋糕	537	22	
222	点心	232	33	666

图 6-8 产品销售明细表

比如，一家公司有 5 个分公司，月末要进行财务统计。那每家分公司都有自己的数据库可对自己分公司进行数据统计，可是，这 5 家分公司各自数据库的表结构设计都不同。可以理解为数据库中的表的数量不同，表中的字段也不同。如果要统计整个公司，那势必要制定统一标准。这里可以建立数据仓库，数据仓库作为一个新的汇总数据库，定义表的数量和字段内容。那各家分公司就要根据总公司的标准将自己数据库中的数据向总公司的字段安排靠拢，经过相关工具的抽取，导入过程，这样，数据就被运送到数据仓库中了，图 6-9 展示了数据仓库数据抽取过程及使用。

1. 数据仓库的特点

企业数据仓库是以现有企业业务系统和大量业务数据的积累为基础的。数据仓库不是静态的概念，只有把信息及时交给需要这些信息的使用者，供他们做出改善其业务经营的决

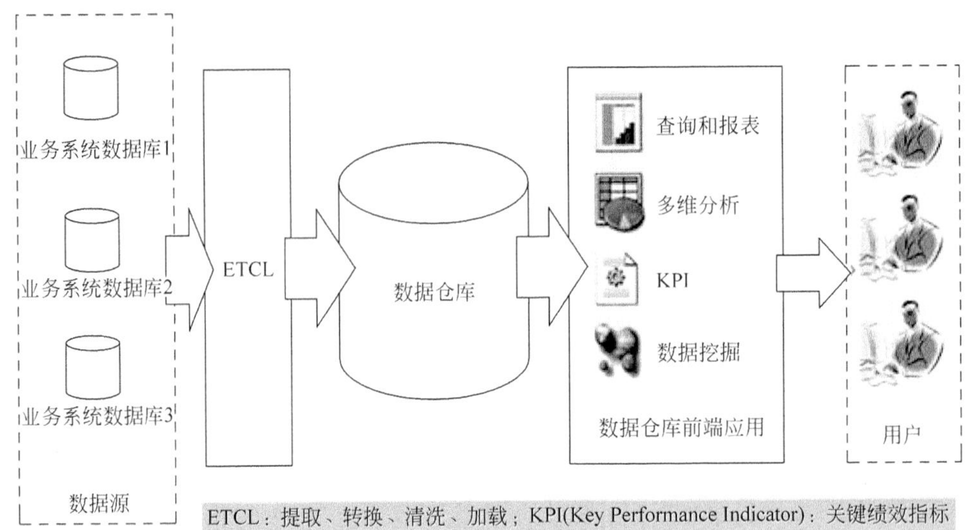

图 6-9 数据仓库抽取数据示意图

策，信息才能发挥作用，信息才有意义。数据仓库具有以下几个特点：

(1) 面向主题。操作型数据库的数据组织面向事务处理任务，各个业务系统之间各自分离，而数据仓库中的数据按照一定的主题域进行组织。主题是一个抽象的概念，是指用户使用数据仓库进行决策时所关心的重点方面，一个主题通常与多个操作型信息系统相关。

(2) 集成的。面向事务处理的操作型数据库通常与某些特定的应用相关，数据库之间相互独立，并且往往是异构的。而数据仓库中的数据是在对原有分散的数据库数据抽取、清理的基础上经过系统加工、汇总和整理得到的，必须消除源数据中的不一致性，以保证数据仓库内的信息是关于整个企业的一致的全局信息。

(3) 相对稳定的。操作型数据库中的数据通常会实时更新，数据根据需要及时发生变化。数据仓库的数据主要供企业决策分析之用，所涉及的数据操作主要是数据查询，一旦某个数据进入数据仓库以后，一般情况下将被长期保留，也就是数据仓库中一般有大量的查询操作，但修改和删除操作很少，通常只需要定期加载、刷新。

(4) 反映历史变化。操作型数据库主要关心当前某一个时间段内的数据，而数据仓库中的数据通常包含历史信息，系统记录了企业从过去某一时点(如开始应用数据仓库的时点)到目前的各个阶段的信息，通过这些信息，可以对企业的发展历程和未来趋势做出定量分析和预测。

2. 数据仓库体系结构

一般来说，ERP 系统内存在各子模块的数据库，这些应用数据库系统为企业不同的业务系统服务，具有不同接口和不同的数据表示方法，互相孤立。利用数据仓库技术可以动态地将各个异构系统中的数据抽取集成到一起，进行清洗、转换等处理之后加载到数据仓库中，通过周期性的刷新，为用户提供一个统一的、干净的数据视图，为数据分析提供一个高质量的数据源。企业的 ERP 系统向产业链延伸，借助后台的协同和数据的处理，及时掌握企业的运营方面的信息，辅助公司高层做出正确的决策。

例如，迪士尼每年都有 10 亿美元的商品销售收入，而建立一个 ERP 系统来处理这些信息是极具挑战性的。最新的集中式 ERP 系统是设计用来处理商品管理、存货管理和相关业务过程的。但是迪士尼也希望平衡财务和业务智能(BI)报告以及业务分析系统,这意味着要建立一个新的数据仓库。迪士尼在该项目中所使用的一些产品包括 SAS 分析软件和 Teradata 数据仓库技术。最新的集中式 ERP、数据仓库和分析系统正帮助 Disney 更好地管理存货、分析销售额和预报特定领域的商品需求。

数据源:是数据仓库系统的基础,是整个系统的数据源泉。通常包括企业内部信息和外部信息。内部信息包括存放于 RDBMS 中的各种业务处理数据和各类文档数据。外部信息包括各类法律法规、市场信息和竞争对手的信息等。

数据的存储与管理:是整个数据仓库系统的核心。数据仓库的真正关键是数据的存储和管理。数据仓库的组织管理方式决定了它有别于传统数据库,同时也决定了其对外部数据的表现形式。要决定采用什么产品和技术来建立数据仓库的核心,则需要从数据仓库的技术特点着手分析。针对现有各业务系统的数据,进行抽取、清理,并有效集成,按照主题进行组织。数据仓库按照数据的覆盖范围可以分为企业级数据仓库和部门级数据仓库(通常称为"数据集市")。

前端工具:主要包括各种报表工具、查询工具、数据分析工具、数据挖掘工具以及各种基于数据仓库或数据集市的应用开发工具。其中数据分析工具主要针对分析系统,报表工具、数据挖掘工具主要针对数据仓库。

数据仓库不会是一个完善的提供战略信息的软件或者硬件产品,而是一个用户可以从中找到战略信息的计算环境。在这个环境中,用户可以通过与数据的直接接触来做出更好的决策。它是一个以用户为中心的环境。

3. 建立基于 ERP 的数据仓库需要注意的问题

建立 ERP 和数据仓库的目的是将企业事务处理和决策支持相分离;而两者集成的目的是为了更好地把 ERP 中的事务处理数据和外部数据转化为管理决策所需的信息,并能够对这些数据进行多维深度挖掘。

但是,要真正建立一个良好的基于 ERP 的数据仓库却不是件容易的事。建立基于 ERP 的数据仓库面临的问题总的来说集中在两个方面:一是如何将事务处理逻辑模型和数据仓库模型对应起来,并将 ERP 事务处理和外部数据转入数据仓库中,即数据仓库的建立;二是在数据仓库基础上如何构建企业的商业智能来支持企业的管理决策活动,即数据仓库的应用。

ERP 的业务逻辑非常复杂,要从这些业务逻辑和外部的数据中提炼出数据仓库的主题和数据模型是很困难的,但由于 ERP 系统有着相对比较固定的业务逻辑,相对于其他数据仓库的开发来说,需求更加明确。在 ERP 系统中,一般数据库中的表会达到几千张,要将数据从 ERP 向数据仓库迁移,构建这种数据转换抽取程序也是非常困难的。由于数据仓库中存放的数据量很大,通常是一些合计表,而这些合计表的建立是决策支持程序所使用的,与这些程序相关,如多维分析和报表查询对数据模式的要求就不一样,因此,要重点考虑合计表如何建立。在建立商业智能应用时,如报表查询、多维分析和数据挖掘等,要结合企业具体的需求和一些高级商业应用系统所提供的功能进行考虑,还有可能要针对各个部门需要建立各自相应的分析应用系统。

本章小结

ERP 是 Enterprise Resource Planning(企业资源计划)的简称，是 20 世纪 90 年代美国一家 IT 公司根据当时的计算机信息、IT 技术发展及企业对供应链管理的需求，预测在今后信息时代企业管理信息系统的发展趋势和即将发生的变革而提出的概念。ERP 是针对物资资源管理(物流)、人力资源管理(人流)、财务资源管理(财流)、信息资源管理(信息流)集成一体化的企业管理软件。它将包含客户/服务架构，使用图形用户接口，应用开放系统制作。除了已有的标准功能，它还包括其他特性，如品质、过程运作管理以及调整报告等。

ERP 系统在实际应用中更重要的是应该体现其"管理工具"的本质。ERP 系统主要宗旨是对企业所拥有的人、财、物、信息、时间和空间等综合资源进行综合平衡和优化管理，ERP 软件协调企业各管理部门，ERP 系统围绕市场导向开展业务活动，提高企业的核心竞争力，从而取得最好的经济效益。所以，ERP 系统首先是一个软件，同时是一个管理工具。ERP 软件是 IT 技术与管理思想的融合体，ERP 系统也就是先进的管理思想借助计算机，来达成企业的管理目标。

习题

1. ERP 是什么?
2. 界定 ERP 的应用领域。
3. 阐述 ERP 体现的管理思想。
4. ERP 功能模块包括哪些?
5. 举例说明 ERP 系统在某一行业中如何应用。
6. 讨论 ERP 未来的发展趋势。
7. 你认为 ERP 是万能的吗? 为什么?
8. 什么是数据仓库?
9. 数据仓库在 ERP 中如何应用?
10. 未来有哪些新技术会用于 ERP 系统中?

参考文献

[1] 肯尼斯·C.劳顿(Kenneth C. Laudon).管理信息系统(原书第 13 版).黄丽华 等 译.北京：机械工业出版社，2015.

[2] 詹姆斯·A.奥布赖恩(James A. O'Brien)，乔治·M.马拉卡斯.管理信息系统(第 15 版).叶强 等 译.北京：中国人民大学出版社，2012.

[3] 哈格，卡明斯.信息时代的管理信息系统(原书第 8 版).严建援 等 译.北京：机械工业出版社，2015.

[4] 辛明珠.轻松图解 ERP 跟我学企业管控.北京：清华大学出版社，2011.

第 7 章　供应链管理——由牛鞭效应说起

本章学习目标

- 了解供应链的产生及管理思想。
- 了解和关注供应链管理系统的主要功能。
- 了解供应链管理系统的支撑技术。

开 篇 案 例

互联网+时代下的快递问题

"双十一"你有没有购物？你的快递真的很快到货了吗？在类似的促销及购物季你的快递配送效率如何？

1. 2015 年大闸蟹电商的运用模式全面变了：微商带来巨大的订单

2015 年之前过去几年的大闸蟹生鲜电商，主要是以 B2C 和 B2B2C 电商、淘宝及天猫平台。这样的平台产生的订单是以流量导向的方式，一个个的常规订单驱动，快递业能够支撑的。

2015 年的阳澄湖大闸蟹订单来得非常猛，从 9 月 20 日开湖以来，每天的快递公司接单量超过了 1 万单，导致了快递公司路由的瘫痪，导致这种情况的原因是当年的模式和过去几年完全不一样了。

(1) 微商的爆发，预售带来集中暴涨的订单。

2015 年农特微商这样的新模式的爆发，全部走的是预售模式。不仅仅是农特微商对接的养殖基地，其他阳澄湖的基地也全面推向微商运营。农特微商在阳澄湖 9 月 8 日就举行了走进基地体验活动，利用社交电商的思维全面启动，不仅仅走进产区体验，而且进行了场运营的操盘培训活动，数百位来自全国的运营操盘手集中推动，这导致每天数千个农特微商的订单在 9 月 20 日后集中爆发。

(2) 中秋假期时间约束，5 天时间的约束让物流全面瘫痪。大闸蟹无形中已经成为了中秋节过节送礼的一个重要单品，阳澄湖开湖是 9 月 20 日，中秋节是 9 月 27 日，开湖捕捞到 27 日之前，仅仅只有 5 天的时间。第一波的订单，大部分都是中秋送礼的订单，要处理大量的中秋订单，这是瘫痪的重要原因，其中根本没有弹性的时间。但对于用户来说，送的是大闸蟹，背后传达的是友情、客户关系、商业合作等，所以这让所有订单处理面临巨大的压力。

2. 快递公司服务快,那是在平时,在暴涨的订单面前,快递公司也会感觉力不从心

快递公司服务快,那是平时。快递公司网络每个结点是有一定的“负载均衡”的。在额定的流量前提下,快递公司绝对能够保证骨干网+城市配送的速度。一旦超过了“负载均衡”,快递公司一定会“趴下”,所以大家说快递业务速度快,其实是有前提条件的。

3. 过度依赖快递公司,没有备份方案的将会产生问题

不管是大闸蟹的生鲜电商、还是微商,打着发当天到货的旗号,本来是想赢得客户的认可,赢得更多的订单,但实际上背后就过度地依赖快递了。一旦订单数量暴涨,结果如下:

(1) 配送不保证时效,不能保证大闸蟹的新鲜。

(2) 快递公司系统不录单。当年大闸蟹在阳澄湖,快递公司接单了,但系统无法查询订单情况非常多。特别是面临中秋,购买者和收货者往往不是一个人,收货人不着急,购买下单的人着急了。

(3) 利润都给快递公司赚了,还不对物流负责。整体来说,快递的价格不便宜,对于做大闸蟹电商和微商的朋友来说,本来利润就不高,其实就是帮快递公司赚钱了。

总结:

(1) 作为生鲜电商,当物流自己不能控制的时候,一切风险都会随时存在;

(2) 当快递公司这样的物流商控制了你的价格、控制了你的服务、控制了你的时效、控制了你的大闸蟹死活,这一切都由他说了算的时候,你将无法控制后续的业务。

所以,生鲜电商,如果你靠传统快递做物流支撑,而且没有控制力度,也没有备份方案,一旦订单暴涨那就会产生巨大的问题。

4. 生鲜电商逃不过的“0 和 1”的原则

生鲜电商、农特微商都是“0 和 1”的原则,所有订单都是 0,物流供应链是 1,只有 1 做好了 0 才有价值。而且 1 一定要排在前面。比如 5 个单品,1 套健全的物流供应链体系,那有不同的 5 重结果:

结果一:100000

结果二:010000

结果三:000100

结果四:000001

结果五:00000(没有 1)

从这个原理可以看出,只有 1 做到位置最领先,整体价值才是最大的。

这也是为什么农特微商,作为全国最大的“互联网+农业”的万人创业孵化平台,敢孵化全国 600 多家基地覆盖 1000 多个重要单品的重要因素,因为其旗下拥有全行业都有的物流供应链资源。骨干网络+全国的城市配送网络资源,而且拥有独特的系统运营支撑。

所以说,没有物流一切生鲜电商、农产品电商都是白搭,商流、订单做得再多也没有用。

5. 大闸蟹的供应链的模式全面变革

从 2015 年的大闸蟹运营模式上看,供应链模式发生了全面的变革。

(1) 传统的电商模式,是单订单触发,不管是卖活蟹还是卖蟹券,最后都是客户的单个订单拉动的订单处理和物流作业。

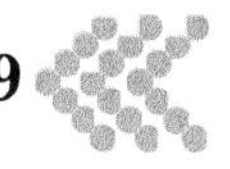

(2) 社交电商模式，全面变革了，社交电商(微商)走的是预售模式，预售带来的是批量的集中订单，这样的集中订单最佳的方式，不是发一家快递，而是进入快递网覆盖到全国，大闸蟹在这样的供应链驱动下走正常快递程序是严重的错误。最佳的方法是骨干网+城市落地配的“二段式”物流。

运营模式：

(1) 加强订单骨干网络，其实并不慢，而是专线的模式。

(2) 到达目的城市，快速物流分拨，在很短的时间内直接配送到用户。

(3) 包装作业后置，到目的城市再包装。

模式的好处：

(1) 将大闸蟹基地的物流压力释放到全国核心的订单城市。

(2) 快物流保证时效。

(3) 到目的城市再包装，降低死蟹的风险(完全实现无死蟹的风险)，可以提前补发一定损耗比例的螃蟹，提高客户的满意度。

(4) 根据订单的分布可以提前做库存计划，完全可以实现客户当天订单，当天收到货物，这个叫供应链计划前置，在亚马逊美国是通过大数据预测实现的，后台再通过补货计划有效地统筹整个供应链的计划。

6. 订单管理的变革，盲目承诺，一定埋下祸根

2015年的大闸蟹物流供应链的瘫痪，还有一个重要原因是，所有操盘单品的机构都不懂供应链，都不重视订单的控制节奏。所以导致全部压在快递公司的通路上，科学的运作方式是：限量预售。

(1) 有效地控制订单量，不要过度接受订单。提前告诉所有渠道，当日最大的作业流量。这其中包括大闸蟹捕捞能力、包装能力、订单处理能力、物流配送能力等多维度的控制。

(2) 物流能力方面，需要多渠道通路的调度。

(3) 不要盲目承诺客户，在基地订单执行能力有限的情况下，以日常快递的速度给客户承诺那是绝对错误。当前大量的投诉问题，大部分是盲目的承诺留下的祸根。

(4) 订单的波次分配，拉长了提前期，做好订单的波次分配与物流计划。特别是订单的预处理，拉长提前时间。

以上都是大闸蟹运营中的订单处理问题，在供应链运营中，分为供应链计划和供应链执行，计划没有做好，物流一定出问题。而大闸蟹运营中大部分基地都不懂物流计划，更不懂供应链计划了。

7. 硬伤物流问题，完全没有可视化的供应链支撑

爆仓情况下快递公司依然不停止收件，这本质上就是没有实现运营能力和订单需求之间的协同。

(1) 快递公司根本没有提前告知所有发货基地，当日的订单吞吐能力，如果在阳澄湖快递网点提前可视化的预告(哪怕是一个看板的公式)，同时实时共享到各大发货基地，这样一定不会出现困死在集散中心的情况。

(2) 缺乏预警预告能力，一切物流运营过程在高负荷运作过程中，一定需要预警机制，

一旦出现超负荷负载就应该黄灯预警。让大闸蟹的渠道和收货用户都清晰地知道运营状况。

所以,生鲜电商,没有可视化的供应链支撑,一定引来的是客户抱怨、投诉、退货等一系列问题。特别在社交电商时代,很容易一次导致今年你的运营全盘皆输。

8. 主动客服,解决社交电商运营的核心

农特微商(社交电商)是先有关系再有商业,任何一个订单的异常都会影响强关系客户的信任。传统的电商都是主动客服,最终导致的是大量的投诉问题和退货问题。农特微商今年提出的是主动客服思维,也就是将基地作业、订单处理、物流过程、异常情况全程分享给渠道,渠道主动沟通客户,让客户理解,其实一切埋怨、一切投诉都是信息不畅导致的。如果主动客服,一定会赢得客户理解的。

大闸蟹的运营问题,暴露的是传统电商+传统快递的运营模式的问题。是时候变革新型的互联网+农业的供应链模式了,这也许是中国电商的最后一个蓝海。互联网+农业,解决的不是卖货的问题,更重要的是农业电商供应链模式的重组,特别是社交电商时代。农特微商的优势不仅仅是对基地品牌的孵化、全渠道的布局、全网创业团队的孵化,更重要的是打造新型的扁平化的供应链体系,以新型物流模式的组合,为全国600多个农特基地、1000多个单品服务。这一任务不是一个人能解决的,一定是一群具有新思维的人,在结合2015年“互联网+”的大商业环境下,全面迭代创新。

思考:

(1) 互联网+时代供应链出现的问题有哪些?

(2) 传统快递公司如何应对互联网时代下的需求?有哪些业务需要重组?

7.1 企业上下游关系解密

当企业面临全球化的大市场竞争环境时,任何一个企业都不可能在所有业务上成为世界上最杰出者。如果所有的业务都由企业自己来承担,它必然面对所有相关领域的竞争对手。因此,只有联合该行业中其他上下游企业,建立一条业务关系紧密、经济利益相关的供应链,实现优势互补,才能适应社会化大生产的竞争环境,共同增强市场竞争实力。

中国经济正在向形态更高级、分工更复杂、结构更合理的阶段演化,经济发展已经进入“新常态”。对于中国制造业来说,亟待重塑竞争优势来主动适应中国经济发展的“新常态”。以往企业与企业之间单打独斗的形式已难以适应当前日益激烈的市场竞争需求,取而代之的是以协同商务、协同竞争和双赢原则为商业运作模式的,由客户、供应商、研发中心、制造商、经销商和服务商等合作伙伴组成的供应链与供应链之间的竞争,或者是一个跨国集团和另一个跨国集团之间的竞争。单个企业所参与的供应链规模越大,运作效率越高,这个企业的竞争力和生命力就越强。

新经济时代的供应链管理模式以市场需求为导向,以客户需求为中心,从而将客户、供应商、研发中心、制造商、经销商和服务商等合作伙伴联结成一个完整的网链结构,形成一个极具竞争力的战略联盟。因此,任何企业都无法脱离供应链管理。

支撑供应链管理模式运作的除了企业发展战略、市场分析、营销体系、敏捷制造、企业资源计划、协同产品研发、客户关系管理、物流、价值链管理和电子商务等现代企业管理理论和方法在内的管理平台,还必须拥有精益、高效、透明的信息技术平台,两者互为依存。

7.1.1　供应链结构

企业的最终目的是满足客户需求，同时实现自己的利润。它包括所有与满足客户需求相关的环节，不仅仅是生产商和供应商，还有运输、仓储、零售和顾客本身。客户需求这一个链条间的驱动因素，一条供应链正是从客户需求开始，逐步向上延伸的。例如，当一个顾客走进沃尔玛的商店去买洗发水，供应链条就开始于这个顾客对洗发水的需求，这个供应链条的下一阶段是沃尔玛、运输商、分销商、生产工厂。一个供应链条是动态的，并且包括在不同阶段之间流动的产品流、信息流和资金流。每一个阶段执行不同的过程并且与其他阶段互相作用。沃尔玛提供产品、价格信息给顾客，顾客付款获得产品，沃尔玛再把卖点信息和补货信息发给配送中心，配送中心补货给沃尔玛，分销商也提供价格信息和补货到达日期给沃尔玛。同样地信息流、物流、资金流在整个供应链过程中发生。

依照产品实体在价值链各环节的流转程序，企业的价值活动可分为上游环节和下游环节两大类。在企业的基本价值活动中，原材料供应、产品开发、生产运行可称为“上游环节”成品储运、市场营销和售后服务可称为“下游环节”。上游环节增值活动的中心是产品生产，与产品的技术特性密切相关；下游环节的中心是满足顾客，与市场紧密相联。任何企业都只能在“价值链”的某些环节上拥有优势，而不可能拥有全部的优势，在某些价值增值环节上本企业拥有优势，而在其余的环节上其他企业可能拥有优势。为达到“双赢”乃至“多赢”的协同效应，企业之间彼此在各自的关键成功因素——价值链的优势环节上展开合作，可以求得整体收益的最大化，这就是企业建立战略联盟的原动力，而循着价值链上溯、以原材料及产品供应和业务外包为特征的企业间的纵向联盟即可称为“供应链”或“供应链网络”。

供应链管理并不是一个全新的概念，它代表着始于 20 世纪 60 年代伴随实体配送的形成和对企业物流出货方的关注而产生演变的第三阶段。五六十年代大量的研究表明了这一系统概念所具有的潜在性，关注系统总成本并通过分析交易细节来达到最好的或最低的实体配送系统的成本。直到 20 世纪 90 年代，供应链管理这一术语才引起许多企业高级管理层的注意。他们认识到供应链的方法能够增强企业在国际上的竞争力，提高市场占有率，从而改善股东权益。

1. 供应链网链

供应链是指生产及流通过程中，涉及将产品或服务提供给最终用户活动的上游与下游企业，所形成的网链结构，如图 7-1 所示。

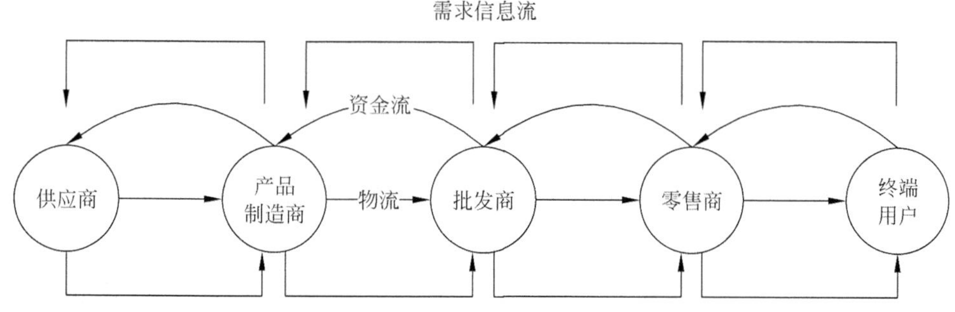

图 7-1　网链结构的供应链

供应链是一个非常复杂的网链模式(见图 7-1),覆盖了从原材料供应商、零部件供应商、产品制造商、分销商、零售商直至最终客户的整个过程。

在实际的供应链运作中,有一个企业处于核心地位,该企业扮演着对供应链上的信息流、资金流和物流的调度与协调中心的角色。由图 7-2 可以看出,其他结点企业在核心企业需求信息的驱动下,通过供应链的职能分工与合作(生产、分销、零售等),以资金流、物流和服务流为媒介实现整个供应链的不断增值。

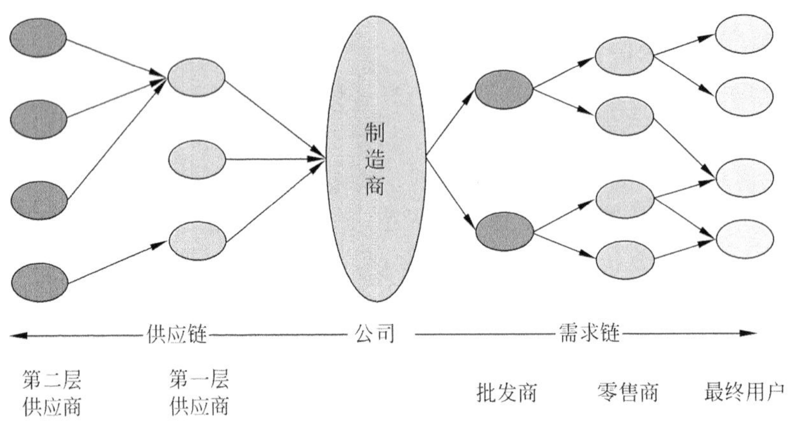

图 7-2 供应链层级图

可以把供应链描绘成一棵枝叶茂盛的大树:生产企业构成树根;独家代理商则是主干;分销商是树枝和树梢;满树的绿叶红花是最终用户;在根与主干、枝与干的一个个结点,蕴藏着一次次的流通,遍体相通的脉络便是信息管理系统。

供应链上各企业之间的关系与生物学中的食物链类似。在“草—兔子—狼—狮子”这样一个简单的食物链中(为便于论述,假设在这一自然环境中只生存这四种生物),如果把兔子全部杀掉,那么草就会疯长起来,狼也会因兔子的灭绝而饿死,连最厉害的狮子也会因狼的死亡而慢慢饿死。可见,食物链中的每一种生物之间是相互依存的,破坏食物链中的任何一种生物,势必导致这条食物链失去平衡,最终破坏人类赖以生存的生态环境。

同样,在供应链“企业 A—企业 B—企业 C”中,企业 A 是企业 B 的原材料供应商,企业 C 是企业 B 的产品销售商。如果企业 B 忽视了供应链中各要素的相互依存关系,而过分注重自身的内部发展,生产产品的能力不断提高,但如果企业 A 不能及时向他提供生产原材料,或者企业 C 的销售能力跟不上企业 B 产品生产能力的发展,那么可以得出这样的结论:企业 B 生产力的发展不适应这条供应链的整体效率。

2. 供应链的基本要素

一般来说,构成供应链的基本要素包括:

(1) 供应商——供应商指给生产厂家提供原材料或零、部件的企业。

(2) 厂家——厂家即产品制造业,是产品生产的最重要环节,负责产品生产、开发和售后服务等。

(3) 分销企业——分销企业为实现将产品送到经营地理范围的每一角落而设立的产品流通代理企业。

(4) 零售企业——零售企业将产品销售给消费者的企业。

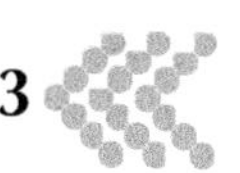

(5) 消费者——消费者是供应链的最后环节，也是整条供应链的唯一收入来源。

3. 供应链要素之间的流程关系

供应链各要素之间一般包括物资流通、商业流通、信息流通、资金流通四个流程。四个流程有各自不同的功能以及不同的流通方向。

1) 物资流通

这个流程主要是物资(商品)的流通过程，这是一个发送货物的程序。该流程的方向是由供货商经由厂家、批发与物流、零售商等指向消费者。由于长期以来企业理论都是围绕产品实物展开的，因此物资流程被人们广泛重视，各行业的物资流通如表 7-1 所示。许多物流理论都涉及如何在物资流通过程中在短时间内以低成本将货物送出去。

表 7-1 供应链物流举例

物流系统类型	流　　入	流　　出
流入为主的物流系统		
汽车装配厂	零部件、组件等	汽车
运输企业	燃料、食品(航空)、零件、设备	(客货) 运输服务
财务公司	管理和办公设备	财务服务
独立的零售店	商品和设施	无(商店不能不流动)
流出为主的物流系统		
采掘业	生产设施	大量的煤、矿石等
林产品企业	生产设施	大量的木材
双向平衡的物流系统		
日用品制造商	零部件、材料	面向最终用户大量的商品
食品加工	生鲜食品、罐头、瓶子	面向最终用户的包装食品
批发商	商品	商品

2) 商业流通

这个流程主要是买卖的流通过程，这是接受订货、签订合同等的商业流程。该流程的方向是在供货商与消费者之间双向流动的。商业流通形式趋于多元化，既有传统的店铺销售、上门销售、邮购的方式，又有通过互联网等新兴媒体进行购物的电子商务形式。

3) 信息流通

这个流程是商品及交易信息的流程。该流程的方向也是在供货商与消费者之间双向流动的。过去人们往往把重点放在看得到的实物上，因而信息流通一直被忽视。甚至有人认为，国家的物流落后同它们把资金过分投入物资流程而延误对信息的把握不无关系。

信息共享是消除需求信息不确定性的有效方法。作为下游终点的用户对商品的需求是起伏不定的，当下游需求发生变化时，由于供应链的固有属性，这种变化的信号就会沿着供应链自下而上逐渐放大。这种"牛鞭效应"现象产生的原因在于伴随销售信息流动的基础上其他相关动态信息不确定性所引起。信息共享即集中信息需求使供应链中所有的企业都能直接得到最终用户的实际需求信息，增加了供应链中各结点企业的透明度，减少了重复建设和重复运作中人、财、物等资源的浪费，大幅降低了供应链中各结点企业的库存，相应地减少了供应链上的不确定性。

4）资金流通

这个流程就是货币的流通，为了保障企业的正常运作，必须确保资金的及时回收，否则企业就无法建立完善的经营体系。该流程的方向是由消费者经由零售商、批发与物流、厂家等指向供货商。

7.1.2 供应链业务活动

供应链的设计，涵盖从原材料的供应商开始，经过工厂的开发、加工、生产至批发、零售等过程，最后到达用户之间有关最终产品或服务的形成和交付的每一项业务活动。因此供应链的内容也涵盖了生产理论、物流理论和营销理论三大理论。供应链的主要业务活动之间的关系及业务流程图如图 7-3 和图 7-4 所示。

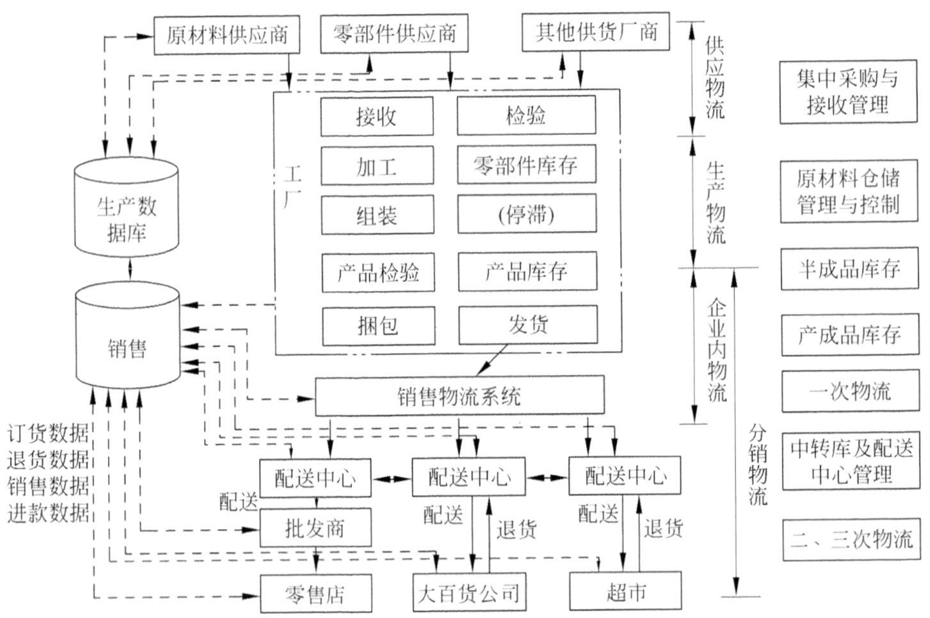

图 7-3 供应链各要素关系图

1. 客户关系和客户服务管理过程

客户关系管理过程提供了如何发展和维护与客户关系的方法。通过这个步骤，管理者能辨认关键客户和客户群，并把他们作为公司商业计划的一部分。目的是根据客户价值将他们分类，并通过为客户提供专门针对不同客户的个性化的服务来提升顾客的忠诚度。

客户服务管理表示公司对客户的态度。这是在客户关系管理步骤中由客户小组开发产品服务包的关键步骤。客户服务中通过与职能部门（比如制造和物流部门）联系，为客户提供他们想了解的关于运输日期和产品实用性等方面的实时信息。客户服务过程还包括帮助客户了解产品的应用。

2. 需求/供给管理过程

需求管理是一个平衡客户需求和供应能力的过程。通过在正确的地方使用正确的程序，这种管理能有预见性地使需求和供给相匹配并能使计划更有效地执行。必须注意到这个过程不仅仅是指预测。它还包括协调供给和需求、增强弹性、减少波动。一个优良的需求

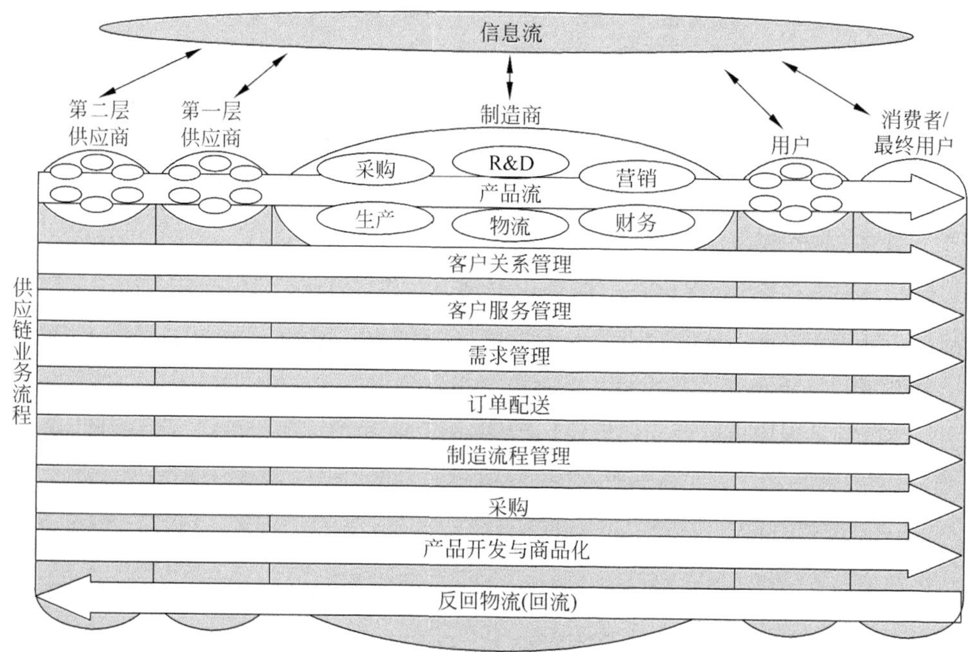

图 7-4 供应链业务流程图

管理系统，使用点对点的销售并了解关键客户的数据以减少不确定性，并对整个供应链提供应有效支持，也有效地协调市场需求和生产计划。

3. 客户订单履行过程

供应链的这个过程不仅仅指下达订单指令，它还包括定义客户需求，设计网络，在最小化配送成本的基础上满足客户需求等一系列活动。它的目的是建立一个从供应商到公司，再从公司到不同客户的无缝衔接的系统。

4. 生产流程管理过程

生产流程管理包括与以下生产活动有关的行为：原材料的取得、生产、管理供应链的生产环节和将产品运出工厂。这个过程的目的就是在既定的时间内以尽可能低的成本生产出尽可能多的产品。为了达到预期的生产要求，计划和执行就需要寻求供应链参与者的合作。

5. 采购和供应商关系管理过程

供应商关系管理过程是讨论如何与供应商建立和维持友好关系。这个过程与客户关系管理过程类似。简言之，供应商关系管理就是定义和管理产品服务包。

6. 产品开发制造过程

供应链管理的这个过程是指要和客户及供应商共同开发产品，并把产品投放到市场中。负责产品的设计和商业化过程的团队应该和 CRM（客户关系管理）过程中的团队合作以确认客户和需求，应该和 SRM（供应商关系管理）过程中的团队合作来选择材料和供应商，和生产流程管理过程中的团队合作根据市场的需求来发展新产品技术。包括：

- 商品的规划、设计、商品化；
- 需求预测和生产计划；
- 商品生产和质量管理。

7. 退货和逆向物流管理过程

回收管理过程包括与管理回收、逆向物流、闸口控制有关的活动，当然管理供应链过程尽量避免回收。适当地执行回收管理不仅能有效管理产品流中的次品，而且还能减少不期望出现的回收产品数量并能重复利用诸如包装盒之类的可循环利用的产品部分。有效的回收管理是供应链管理的重要步骤，它能使公司获得持续的竞争力。

7.1.3 供应链的特征

从供应链的结构模型可以看出，供应链是一个网链结构，由围绕核心企业的供应商、供应商的供应商和用户以及用户的用户组成。一个企业是一个结点，结点企业和结点企业之间是一种需求与供应关系。供应链主要具有以下特征：

(1) 复杂性。因为供应链为网链结构模式，结点企业组成的跨度(层次)不同，供应链往往由多个、多类型甚至多国企业构成，所以供应链结构模式比一般单个企业的结构模式更为复杂。

(2) 动态性。供应链是一个动态系统，它包括不同环节之间持续不断的信息流、物流和资金流。还有，因企业战略和适应市场需求变化的需要，供应链中结点企业需要动态地更新，这也使得供应链具有明显的动态性。

(3) 面向用户需求。顾客是供应链中一个不可或缺的组成部分。任何一个供应链存在的主要目的，都是为了满足顾客需求，并在这一过程中赢利。供应链活动始于顾客订购。

(4) 交叉性。结点企业可以是这个供应链的成员，同时又是另一个供应链的成员，众多的供应链形成交叉结构，增加了协调管理的难度。

7.1.4 供应链的分类

根据不同的划分标准，供应链可以划分为以下几种。

1. 稳定的供应链和动态的供应链

根据供应链存在的稳定性划分，可以将供应链分为稳定的和动态的两种。基于相对稳定、单一的市场需求而组成的供应链稳定性较强，而基于相对频繁变化、复杂的需求而组成的供应链动态性较高。在实际管理运作中，需要根据不断变化的需求，相应地改变供应链的组成。

2. 平衡的供应链和倾斜的供应链

根据供应链容量与用户需求的关系可以划分为平衡的供应链和倾斜的供应链。一个供应链具有一定的、相对稳定的设备容量和生产能力(所有结点企业能力的综合，包括供应商、制造商、运输商、分销商、零售商等)，但用户需求处于不断变化的过程中，当供应链的容量能满足用户需求时，供应链处于平衡状态；而当市场变化加剧，造成供应链成本增加、库存增加、浪费增加等现象时，企业不是在最优状态下运作，供应链则处于倾斜状态。

平衡的供应链可以实现各主要职能(采购/低采购成本、生产/规模效益、分销/低运输成本、市场/产品多样化和财务/资金运转快)之间的均衡。

3. 有效性供应链和反应性供应链

根据供应链的功能模式(物理功能和市场中介功能)可以把供应链划分为两种：有效性供应链(Efficient Supply Chain)和反应性供应链(Responsive Supply Chain)。有效性供应链主要体现供应链的物理功能，即以最低的成本将原材料转化成零部件、半成品、产品，以及

在供应链中的运输等；反应性供应链主要体现供应链的市场中介的功能，即把产品分配到满足用户需求的市场，对未预知的需求做出快速反应等。

7.2 打造"0"库存的供应链管理系统

一个鞭子你稍微一甩，尖的那个地方的波动就会比较大。在供应链中，也存在类似的现象，假如生产需要100个产品，可能给三家外包商各下100个订单，看他们谁先做完。等到哪一家做完了，就把另外两家的订单取消掉，这是一般的做法，因为要保护自己，库存压力就可以转嫁给供货商。这样，供货商们总共拿到300个订单，而实际需要的只有100个订单。供货商们拿到这300个订单之后，也是用同样的做法，又找他上一层的供货商，各给他们300个订单。越往上游走，订单数目就越大。虽然实际上真正需要的只是100个订单，到了第三层以上时，就变成900个订单，这就是可怕的放大效应。不管你是哪一类的供应链，都存在类似的现象，可以将处于上游的供应方比作梢部，下游的用户比作根部，一旦根部抖动，传递到末梢端就会出现很大的波动。这个现象在供应链理论中被称为Bullwhip Effect，翻译成"牛鞭效应"，指的是供应链上的一种需求变异放大现象，是信息流从最终客户端向原始供应商端传递时，无法有效地实现信息的共享，使得信息扭曲而逐级放大，导致了需求信息出现越来越大的波动。

市场是消费者的天下，当市场发生微小的变化时，你就可以看到，越往上游走，发生的变化越大。一旦"牛鞭效应"产生，将会给企业带来严重后果，最终使每一个供应链成员蒙受巨大损失(见图7-5)。

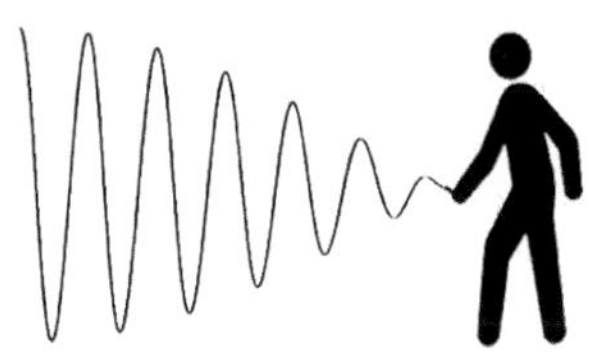

图7-5 牛鞭效应图

解决这类问题的核心所在就是上下游企业间信息及时共享问题，构建上下游间的信息共享系统，即供应链管理系统。

7.2.1 供应链管理系统的结构

供应链是一个包含供应商、制造商、运输商、零售商以及客户等多个主体的系统。供应链管理就是指对整个供应链系统进行计划、协调、操作、控制和优化的各种活动和过程，其目标是将顾客所需的正确的产品，能够在正确的时间，按照正确的数量、质量和状态送到正确的地点，并使这一过程所耗费的总成本最小。显然，供应链管理是一种体现着整合与协调思想的管理模式。它要求组成供应链系统的成员企业协同运作，共同应对外部市场复杂多变的形势。

供应链管理模式下的信息整合方式下，企业应该尽可能地选择供应链伙伴作为信息化合作对象，实施供应链信息化。这是因为企业的根本目标在于追求自身利润的最大化，而这一目标的实现，是通过很好地满足下游企业的需求来实现的。在这一过程中，还必须依赖于上游企业的供应。所以供需关系是联结企业与企业的最紧密的关系。每个企业都应该从供需匹配的视角来思考问题。对于供应链中的一个结点企业来说，它很关心来自于上游的供应信息和下游的需求信息。如果能够充分了解这些信息，它就能有的放矢地进行生产、运输和销售等方面的安排。供应链管理要求信息化完成以后，企业的管理人员能够通过信息系统有效地了解到这些信息，而不是像传统的单企业信息化那样，只能形成掌控本企业中局部信息的能力。

供应链管理系统主要通过电子商务与供应链的整合来实现，整合的角度包含企业的整个组织流程，如产品开发设计、采购和资源搜索、营销及客户服务、生产制造及日常安排、物流供应、人力资源等。通过对上文供应链管理相关内容的阐述，图 7-6 给出供应链管理的基本框架。

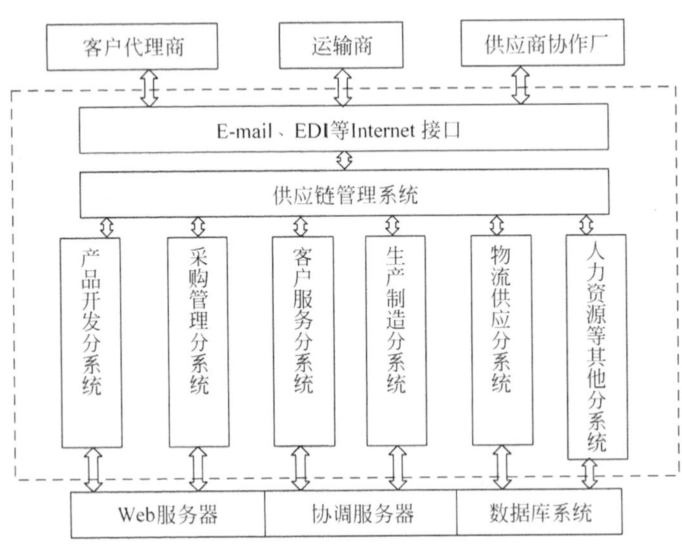

图 7-6　供应链管理系统框架

从图 7-6 中可以看出，供应链管理系统的实施，有助于企业与其供应商采购事务的协调、物料人员与仓储运输公司之间的协调、销售机构与其批发商的协调，以及公司日常活动和客户服务的协调。

此外，企业还可以通过供应链管理系统优化其流通网络与分销渠道，减少库存量，加快库存周转，从而有效地改进它们的供应链。其中关键是要进行更好的企业间的信息集成，提高供应链中每个成员对整体信息的可见度。

在电子商务时代里，企业供应链系统利用网络技术实现企业内部和企业之间的信息集成和信息协作，利用 Internet 在国际市场进行信息与资金流的交换，其中企业内部的信息流和资金流的交换利用 Intranet 实现，企业之间的信息流和资金流的交换通过 Internet 利用电子数据交换方式交换。在这些信息技术的全力支持下，要求其供应链上各成员围绕物流和资金流进行信息共享和经营协调，实现柔性的和稳定的供需关系，具体如图 7-7 所示。

从图中可看出，供应链管理系统具有如下几个功能：

(1) 企业与其供应商采购事务的协调。企业通过外部网浏览供应商的产品目录，根据需求签发订单，并发送给供应商，合同审核人员通过企业内部网查看库存情况、生产计划情况和销售商的信誉度来确定是否接受订单，并与供应商通过网络进行信息交换、协商合同条款、签订合同。

比如，在线订货，企业通过系统将产品目录及价格发布订货平台上，经销商通过在线订货平台直接订货并跟踪订单后续处理状态，通过可视化订货处理过程，实现购销双方订货业务协同，提高订货处理效率及数据准确性。企业接收经销商提交的网上订单，依据价格政策、信用政策、存货库存情况对订单进行审核确认，以及后续的发货及结算。

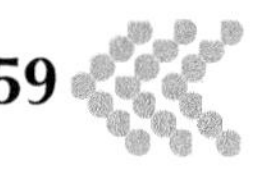

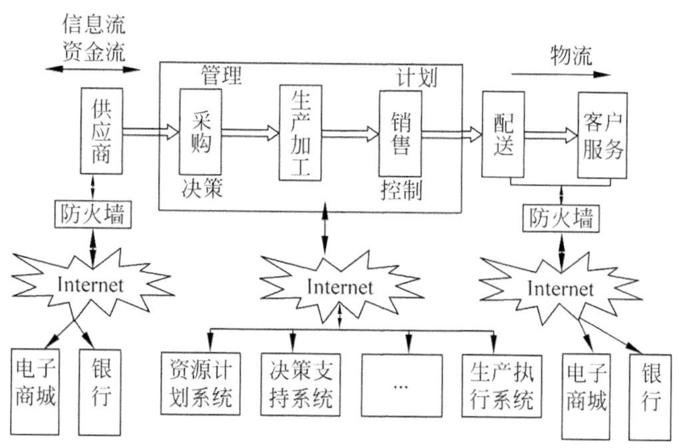

图 7-7 供应链管理系统结构图

(2) 物料计划人员与仓储运输企业之间的业务协调。通过企业的内部网,物料计划人员可以查看仓储情况,及时地安排物料的运输。库存管理人员根据原材料供应情况和产品销售情况及时更新数据库以便有关人员查询。

比如,经销商库存管理中,经销商网上确认收货,自动增加经销商库存,减少信息的重复录入;提升了经销商数据的及时性和准确性;通过经销商定期维护出库信息,帮助经销商和企业掌握准确的渠道库存信息,消除牛鞭效应,辅助企业业务决策。

通过定期从系统自动生成对账单,批量将对账单发布到网上,经销商上网即可查看和确认对账单,帮助企业提高对账效率,减少对账过程的分歧,加快资金的良性循环。

(3) 销售机构与其他产品批发商、零售商之间的协调销售机构可以通过互联网进行产品宣传和与客户进行交流,并将信息反馈给生产计划部门,来帮助计划部门制定合理的生产计划。

(4) 通过内部网,企业中的各部门可以进行及时的信息交换,实现"无纸办公",将企业内部经营的所有业务单元诸如采购、库存、计划、生产、质量、运输、市场、销售、服务等以及相应的财务活动、人事管理均纳入一条供应链内进行统筹管理,使得各种业务和信息能够实现集成和共享。

(5) 通过互联网,可以方便地接收客户的反馈信息,为客户提供及时的服务。客户可以方便地获取信息,并且更多地参与到商业过程中。企业也可以深入了解客户需求,并及时将客户意见反馈到产品、服务设计中,为客户提供更加个性化、深入化的服务。

比如在线退订货。企业通过在线订货平台,接收经销商提交的网上退货申请,依据销售政策、退货类型等对申请进行审核确认,经销商通过订单平台,实时查看退货申请的审批状态,帮助企业提高退货处理效率。

供应链管理系统在统一了人、财、物、产、供、销各个环节的管理,规范了企业的基础信息及业务流程的基础上,实现外部电子商务与企业内部 ERP 系统的无缝集成,实现商务过程的全程贯通。

供应链管理的实质是深入供应链的各个增值环节,将顾客所需的正确产品(Right Product)在正确的时间(Right Time),按照正确的数量(Right Quantity)、正确的质量(Right Quality)和正确的状态(Right Status)送到正确的地点(Right Place),即"6R",并使总成本最小。

7.2.2 供应链管理系统的管理思想

供应链管理系统是一种先进的管理理念,它的先进性体现在以顾客和最终消费者为经营导向,以满足顾客和消费者的最终期望来生产和供应。

供应链系统通过网络技术可以方便迅速地收集和处理大量信息,使供应商、制造商、销售商及时得到准确的数据,制定切实可行的需求、生产和供货计划,以利于供应链的组织和协调运作。采用电子商务,企业可以及时处理信息、跟踪客户订单执行,进行有效的采购管理、存货控制以及物流配送等系统服务,促进供应链向动态的、柔性的、虚拟的、全球网络化的方向发展,提高供应链的持续竞争优势。

1. 实现供应链业务协同

供应链是由供应商、制造商、分销商、销售商、客户和服务商组成的网状结构。链中各环节不是彼此分割的,而是环环相扣的一个有机整体。供应链管理把物流、信息流、资金流、业务流和价值流的管理贯穿于供应链的全过程。它覆盖了整个物流,从原材料和零部件的采购与供应、产品制造、运输与仓储到销售各种职能领域。它要求各结点企业之间实现信息共享、风险共担、利益共存,并从战略的高度来认识供应链管理的重要性和必要性,从而真正实现整体的有效管理。

供应链管理系统完善企业的信息管理,通过平台帮助企业快速地实现信息流、资金流和物流的全方位管理和监控。同时,利用供应链电子商务可以对供应链上下游的供应商、企业、经销商、客户等进行全面的业务协同管理,从而实现高效的资金周转。

2. 供应链管理系统是一种集成化的管理模式

供应链管理系统把所有结点企业看作是一个整体,实现全过程的战略管理。传统的管理模式往往以企业的职能部门为基础,但由于各企业之间以及企业内部职能部门之间的性质、目标不同,造成相互的矛盾和利益冲突,各企业之间以及企业内部职能部门之间无法完全发挥其职能效率,因而很难实现整体目标化。供应链管理的关键是采用集成的思想和方法,是一种从供应商开始,经由制造商、分销商、零售商,直到最终客户的全要素、全过程的集成化管理模式,是一种新的管理策略,它把不同的企业集成起来以增加整个供应链的效率,注重的是企业之间的合作,以达到全局最优。

3. 供应链管理系统提出了全新的库存观念

传统的库存思想认为:库存是维系生产与销售的必要措施,是一种必要的成本。因此,供应链管理使企业与其上下游企业之间在不同的市场环境下实现了库存的转移,降低了企业的库存成本。这也要求供应链上的各个企业成员建立战略合作关系,通过快速反应降低库存总成本。

4. 供应链管理系统以最终客户为中心,这也是供应链管理的经营导向

供应链管理思想由以前的"推式"转为以客户需求为原动力的"拉式"供应链管理,也就是更加重视客户。即以顾客的需求为大前提,透过供应链内各企业紧密合作,有效地为顾客创造更多附加价值;对从原材料供应商、中间生产过程到销售网络的各个环节进行协调;对企业实体、信息及资金的双向流动进行管理;强调速度及集成,并提高供应链中各个企业的即时信息可见度,以提高效率。无论构成供应链的结点的企业数量有多少,也无论供应链结点企业的类型、层次有多少,供应链的形成都是以客户和最终消费者的需求为导向的。正是由于有了客户和最终消费者的需求,才有了供应链的存在。而且,也只有让客户和最终消费者的需求得到满足,才能有供应链的更大发展。

5. 转变经营方式

供应链电子商务可以帮助企业从传统的经营方式向互联网时代的经营方式转变。随着互联网技术的深入应用、网上交易习惯的逐渐形成,使得企业的经营模式也需要相应转变,借助供应链电子商务平台,可以帮助企业分享从内部管理到外部商务协同的一站式、全方位服务,从而解放了企业资源、显著提升企业的生产力和运营效率。

通过对供应链管理的概念与特点的分析,相对于旧的依赖自然资源、资金和新产品技术的传统管理模式,以最终客户为中心、将客户服务、客户满意、客户成功作为管理出发点的供应链管理的确具有多方面的优势。但是由于供应链是一种网状结构,一旦某一局部出现问题,马上就会扩散到全局,所以在供应链管理的运作过程中就要求各个企业成员对市场信息的收集与反馈要及时、准确,以做到快速反应,降低企业损失。而要做到这些,供应链管理还要有先进的信息系统和强大的信息技术作为支撑。

7.3 供应链中环环相扣的跟踪技术

随着全球竞争的加剧、经济的不确定性增大、信息技术的高速发展以及消费者需求的个性化增加等环境的变化,当今世界已经由以机器和原材料为特征的工业时代进入了以计算机和信息为特征的信息时代,原有的企业组织与管理模式越来越不能适应激烈的市场竞争,从而开始了探索能够提高企业竞争力的新型管理模式的艰苦历程。

信息共享是实现供应链管理的基础。供应链的协调运行建立在各个结点企业高质量的信息传递与共享的基础之上,如图 7-8 所示,全球供应链需要先进的信息技术才能实现信息的有效传递,因此,有效的供应链管理离不开信息技术(Information Technology,IT)系统提

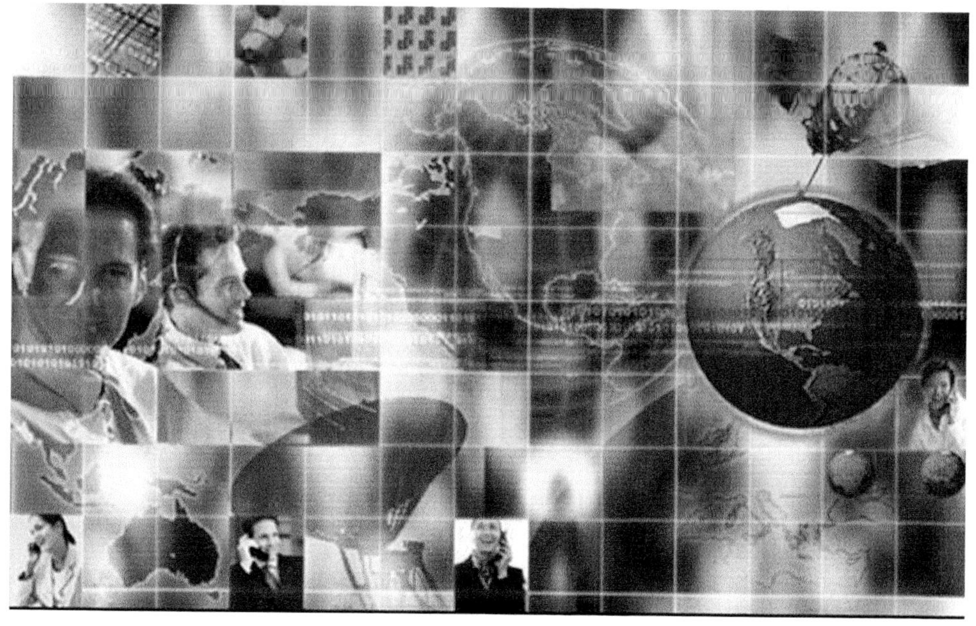

图 7-8 供应链技术示意图

供可靠的支持。IT的应用有效地推动了供应链管理的发展，它可以节省时间和提高企业信息交换的准确性，减少了复杂、重复工作中的人为错误，因而减少了由于失误而导致的时间浪费和经济损失，提高了供应链管理的运行效率。本节主要讨论供应链管理过程中的跟踪技术，具体阐述了基于编码技术、自动识别与数据采集技术、Internet/Intranet 及电子商务的供应链管理信息技术支撑体系。

7.3.1 条码技术

随着经济全球化的发展，各种物流、信息流、资金流都在以更快的速度运转。为了实现对物流信息的迅速传递，必须在全球范围内对物品进行统一编码，从而实现管理对象的识别。自动识别与数据采集技术的核心内容在于能够快速、准确地将现场的庞大的数据有效地登录到计算机系统的数据库中，从而加快了物流、客流、资金流的速度，明显提高了商家的经济效益和客户服务水平，因此受到了社会各界的广泛关注。

条码起源于美国，最早是在 20 世纪 50 年代美国铁路部门用条码标识车辆。1973 年由美国统一代码委员会 UCC 所推出的 UPC 条码，促进了条码技术在美国的应用。在 UCC 的影响下，1974 年欧洲 12 国的制造商和销售商自愿组成了一个非赢利的机构，在 UPC 条码的基础上开发出了与 UPC 兼容的 EAN 条码，并于 1977 年正式成立了欧洲物品编码协会，简称 EAN。

现存的条码码制多种多样，但国际上通用的和公认的物流条码码制只有三种：ITF-14 条码、UCC/EAN-128 条码及 EAN-13 条码。

条码用来表示标识代码，主要是用来供机器识读的(如图 7-9 所示)。供应链物流条码的几个特点是：贸易单元的标识全球唯一；用于供应链管理全过程；可表示的信息多；信息可变性强；易维护性。

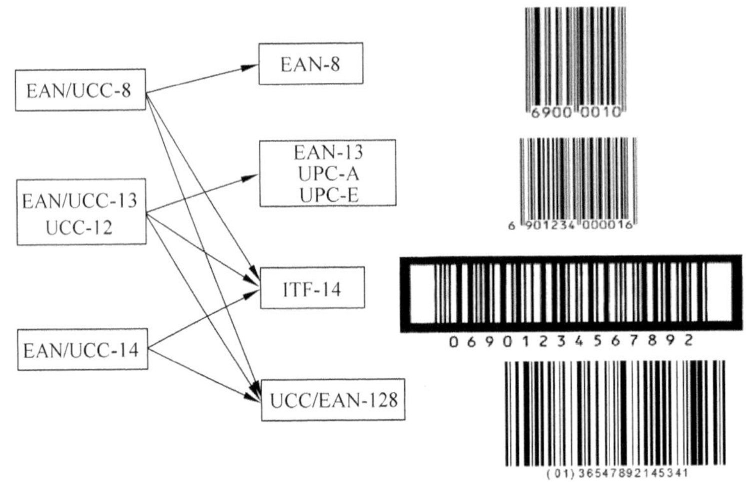

图 7-9 条形码示意图

条码技术在供应链中的作用：

1. 物料管理

现代化生产物料配套的不协调极大地影响了产品生产效率，杂乱无序的物料仓库、复杂

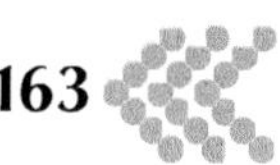

的生产备料及采购计划的执行几乎是每个企业所遇到的难题，而条码技术正是解决这些问题的关键技术。

(1) 将物料编码并打印条码标签，不仅便于物料跟踪管理，而且有助于做到合理的物料库存准备，提高生产效率，便于企业资金的合理运用。对采购的生产物料按照行业及企业规则建立统一的物料编码，可杜绝因物料无序而导致的损失和混乱。

(2) 按照企业的生产计划或从企业的ERP、MRPⅡ接收生产物料需求计划，作为建立采购订单的依据，并向物料供应商下达采购订单。对需要进行标识的物料打印其条码，以便在生产管理中对其进行单件跟踪，从而建立完整的产品档案。

(3) 利用条码技术，对仓库进行基本的进、销、存管理，有效地降低库存成本。

(4) 通过产品编码，建立物料质量检验档案，产生质量检验报告，与采购订单挂钩建立对供应商的评价体系。

2. 生产管理

条码生产管理是产品条码应用的基础。在生产中应用产品识别码监控生产，采集生产测试数据，采集生产质量检查数据，进行产品完工检查，建立产品识别码和产品档案。有序地安排生产计划，监控生产及流向，提高产品下线合格率。

(1) 制定产品识别码格式。根据企业规则和行业规则确定产品识别码的编码规则，保证产品规则化和唯一标识。

(2) 建立产品档案。通过产品标识条码在生产线上对产品生产进行跟踪，并采集生产产品的部件、检验等数据作为产品信息，在生产批次计划审核后建立产品档案。

(3) 通过生产线上的信息采集点来监控生产信息，并通过图表或表格实时反映产品的未上线、在线和完工情况，从而保证生产的正常运行，提高生产效率。

(4) 通过产品条码在生产线采集质量检测数据，以产品质量标准为准绳判定产品是否合格，从而控制产品在生产线上的流向以及是否建立产品档案，并对合格的产品打印合格证。

(5) 为ERP的生产管理提供准确的统计数据，接收计划部门的生产订单，建立生产线的计划批次，按照不同的时间段、生产计划、产品品种实时统计出生产报表，并显示生产计划批次产品列表。此外，统计分厂生产、生产线完成数、包装线工作量、产品完工等生产数据。

3. 仓库管理

仓库管理中涉及货物流入、存放及流出，其中可能产生的问题是货物数量的不匹配，为提高仓库管理效率，条码管理起到非常重要的作用。

(1) 根据货物的品名、型号、规格、产地、牌名、包装等划分货物品种，并且分配唯一的编码，即“货号”。按照货号管理货物库存和管理货号的单件集合，并且应用于仓库的各种操作。

(2) 仓库库位管理。仓库分为若干个库房，每一库房分为若干个库位。仓库管理系统是按仓库的库位记录仓库货物库存，在产品入库时将库位条码号与产品条码号一一对应，在出库时按照库位货物的库存时间可实现先进先出或批次管理。

(3) 货物单件管理。不仅管理货物品种的库存，而且管理货物库存的每一个具体单件。采用产品条码记录单件产品所经过的状态，从而实现对单件产品的跟踪管理。

(4) 仓库业务管理包括出库、入库、盘库、月盘库、移库等，不同业务以各自的方式进行，完成仓库的进、销、存管理。

(5) 一般仓库管理只能完成仓库运输差错处理(根据人机交互输入信息);而条码仓库管理根据采集信息建立仓库运输信息,直接处理实际运输差错,同时能够根据采集单件信息及时发现出入库的货物单件差错(入库重号、出库无货),并且提供差错处理。

此外,还包括市场销售链管理、产品售后跟踪服务、产品质量管理及分析等方面的解决方案。在供应链中采用上述条码技术解决方案,为加强企业管理提供了以下基础:提高产品质量;客观评价供应商,降低成本;制定合理的服务战略;加强对市场的控制与管理;指导企业产品的设计定位;提高经营决策的及时性。借助自动识别技术、POS 系统、EDI 等现代技术手段,条码技术的应用可使企业随时了解有关产品在供应链上的位置,并及时做出反应。

7.3.2 射频识别技术

射频识别技术(RFID)是一项利用射频信号通过空间耦合(交变磁场或电磁场)实现无接触信息传递并通过所传递的信息达到识别目的的技术。

射频识别系统通常由电子标签(射频标签)和阅读器组成。电子标签内存有一定格式的电子数据,常以此作为待识别物品的标识性信息。应用中将电子标签附着在待识别物品上,作为待识别物品的电子标记。阅读器与电子标签可按约定的通信协议互传信息,通常的情况是由阅读器向电子标签发送命令,电子标签根据收到的阅读器的命令,将内存的标识性数据回传给阅读器。这种通信是以无接触方式,利用交变磁场或电磁场的空间耦合及射频信号调制与解调技术实现的(如图 7-10 所示)。

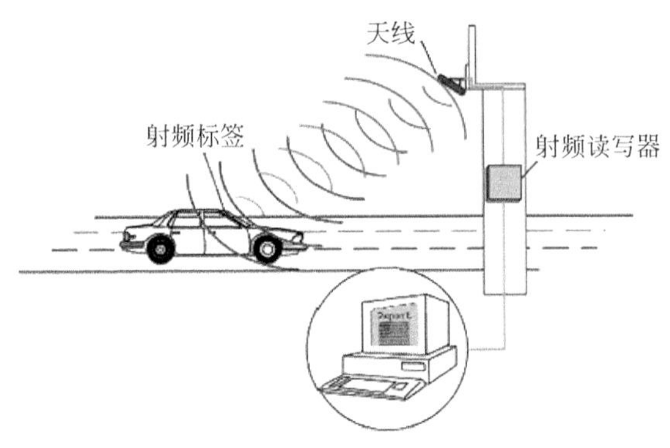

图 7-10 射频技术示意图

射频技术(RF)的基本原理是电磁理论。射频系统的优点是不局限于视线,识别距离比光学系统远,射频识别卡可具有读写能力、可携带大量数据、难以伪造和有智能等特点。

RF 适用的领域:物料跟踪、运载工具和货架识别等要求非接触数据采集和交换的场合,由于 RF 标签具有可读写能力,对于需要频繁改变数据内容的场合尤为适用。

射频识别技术在供应链上各环节中的应用

1) 在零售环节

防窃技术就是将射频识别技术标签置入商品内,由计算机系统来实时监控商店中各种商品的标签来实现。商品实现标签化之后,零售商就能放心地开架销售。

除此之外，RFID 还可以改进零售商的库存管理，实现适时补货，有效跟踪运输与库存，提高效率，减少出错。

2）在存储环节

在仓库里，射频技术最广泛的使用是存取货物与库存盘点，它能用来实现自动化的存货和取货等操作。RFID 技术的另一项好处就是在库存盘点时减少人力。

3）在运输环节

射频识别技术在运输环节的主要应用有高速公路的自动收费及交通管理、火车和货运集装箱的识别、防伪等。

4）在配送/分销环节

在配送环节，采用射频技术能大大加快配送的速度和提高拣选与分发过程的效率与准确率，并能减少人工、降低配送成本。

5）在生产环节

在生产制造环节应用射频技术可以完成自动化生产线运作，实现在整个生产线上对原材料、零部件、半成品和产成品的识别与跟踪，减少人工识别成本和出错率，提高效率和效益。

6）在食品质量控制环节

在对肉类食品来源识别的解决方案中，能够应用 RFID 芯片来记载每个动物的诊治史，在养殖场中就可对每个动物建立电子身份，并将所有信息存入计算机系统，直到它们被屠宰。然后，所有数据被存储在出售肉类食品的 RFID 标签中，随食品一起送到下游的销售环节。这样，通过在零售环节中的超市、餐馆等对食品标签的识别，人们在购买时就能清楚地知道食品的来源、时间、中间处理过程的情况等信息，因而能放心地购买。

7.3.3 电子数据交换

国际标准化组织（ISO）将电子数据交换（Electricity Data Interchange，EDI）定义为“将商业或行政事务处理，按照一个公认的标准，形成结构化的事务处理或信息数据格式，从计算机到计算机的数据传输”。在供应链整个环节中各结点企业都需要相应的 EDI 信息技术以提高信息传输效率，如图 7-11 所示。

EDI 的特点归纳如下：

(1) EDI 的使用对象是不同的组织之间，EDI 传输的企业间的报文，是企业间信息交流的一种方式；

(2) EDI 所传送的资料是一般业务资料，如发票、订单等，而不是指一般性的通知；

(3) EDI 传输的报文是格式化的，是符合国际标准的，这是计算机能够自动处理报文的基本前提；

(4) EDI 使用的数据通信网络一般是增值网、专用网；

(5) 数据传输由收送双方的计算机系统直接传送、交换资料，不需要人工介入操作；

(6) EDI 与传真或电子邮件的区别是：传真与电子邮件，需要人工的阅读判断处理才能进入计算机系统。人工将资料重复输入计算机系统中，既浪费人力资源，也容易发生错误，而 EDI 不需要再将有关资料人工重复输入系统。

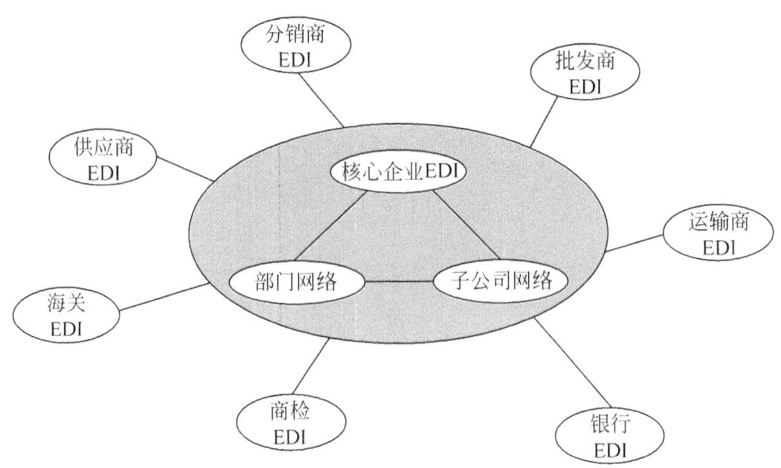

图 7-11 基于 EDI 的信息组织与集成模式图

7.3.4 定位技术

全球定位系统(Global Positioning System,GPS)是利用卫星星座(通信卫星)、地面监控部分和信号接收机对对象进行动态定位的系统。GPS 是由美国从 20 世纪 70 年代开始研制,历时 20 年,耗资 200 亿美元,于 1994 年全面建成,具有在海、陆、空进行全方位实时三维导航与定位能力的新一代卫星导航与定位系统。

1. 地理信息系统技术

地理信息系统(Geographic Information System,GIS)是 20 世纪 60 年代开始迅速发展起来的地理学研究新成果,是多种学科交叉的产物,它以地理空间数据为基础,采用地理模型分析方法,适时地提供多种空间的和动态的地理信息,是一种为地理研究和地理决策服务的计算机技术系统。GIS 的基本功能是将表格型数据(无论它来自数据库、电子表格文件或直接在程序中输入)转换为地理图形显示,然后对显示结果浏览、操作和分析。其显示范围可以从洲际地图到非常详细的街区地图,显示对象包括人口、销售情况、运输线路以及其他内容(如图 7-12 所示)。

GIS 用于供应链和物流分析,主要是指利用 GIS 强大的地理数据功能来完善物流分析技术。国外公司已经开发出利用 GIS 为供应链和物流分析提供专门分析的工具软件。完整的 GIS 供应链和物流分析软件集成了车辆路线模型、最短路径模型、网络物流模型、分配集合模型设施定位模型等。

2. 全球卫星定位技术

全球卫星定位系统(Global Positioning System,GPS)是随着现代科学技术的发展建立起来的高精度、全天候和全球性的无线电导航定位、授时的多功能系统。它利用位于距地球 2 万多公里高的,由 24 颗人造卫星组成的卫星网,向地球不断发射定位信号。在地球上的任何一个 GPS 接收机,只要接收到三颗以上的卫星发出的信号,瞬间就可以解算出被测载体的运动状态,比如经度、纬度、高度、时间、速度、航向等,图 7-13 显示了 GPS 的拓扑结构。

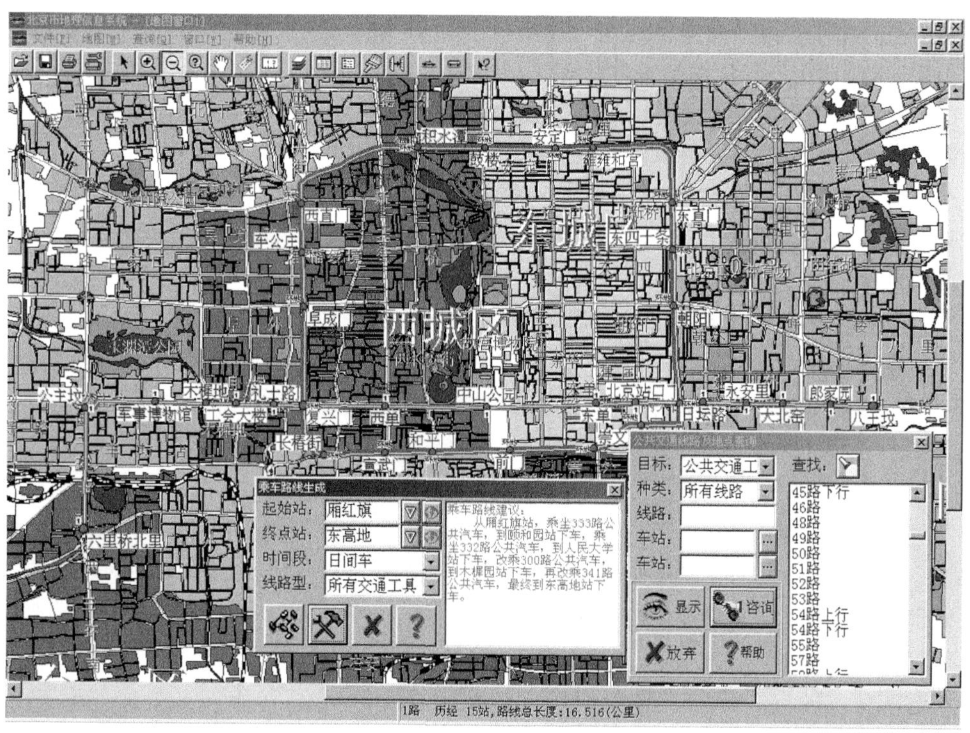

图 7-12　GIS 路线示意图

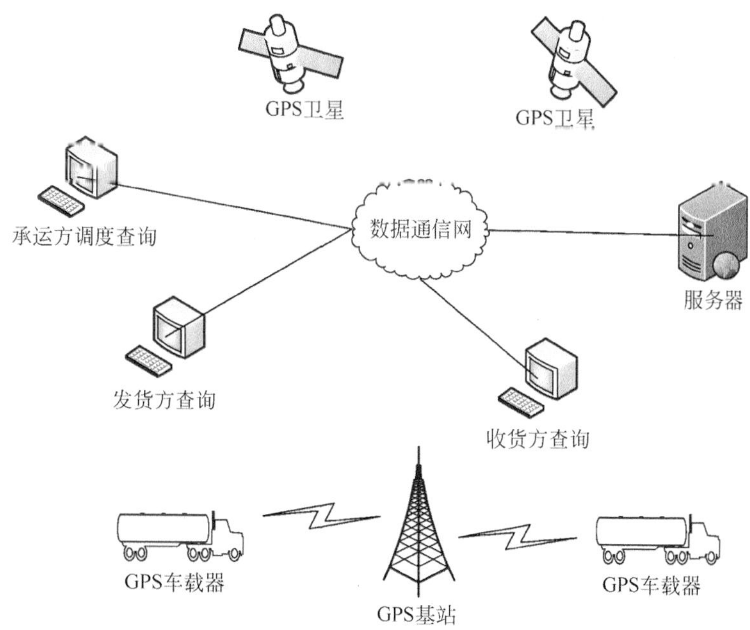

图 7-13　GPS 定位拓扑图

货物跟踪是指在供应链上的企业利用现代信息技术及时获取有关货物运输状态的信息（如货物品种、数量、货物在途情况、交货期间、发货地和到达地、货物的货主、送货责任车辆和人员等），提高物流运输服务的方法。

（1）当顾客需要对货物的状态进行查询时，只要输入货物的发标号码，马上就可以知道有关货物状态的信息。查询作业简便迅速，信息及时准确。

（2）通过货物信息可以确认是否货物将在规定的时间内送到顾客手中，能即时发现没有在规定时间内把货物交给顾客的情况，便于马上查明原因并及时改正，从而提高运送货物的准确性和及时性，提高顾客服务水平。

（3）作为获得竞争优势的手段，提高物流运输效率，提供差别化物流服务。

（4）通过货物跟踪系统所得到的有关货物运送状态的信息丰富了供应链的信息分享源，货物运送状态信息的分享有利于顾客做好接货以及后续工作的准备。

7.3.5 互联网技术和电子商务

"互联网＋"目前已经上升为国家战略，各行各业也都在探索如何利用"互联网＋"推动行业与企业创新，特别是互联网如何推动产业供应链的创新发展，探索互联网技术推动三大产业的供应链变革，实现智慧供应链。

1. 互联网技术

互联网技术的发展带动了供应链管理的效率，Internet 及 Intranet 技术把各结点企业有效地形成一个虚拟整体，如图 7-14 所示，所有供应链企业围绕核心企业开展工作，大大提高了整个链条的协同效率。随着 4G 移动网络的部署，供应链已经进入了移动时代。移动供应链，是利用无线网络实现供应链的技术。它将原有供应链系统上的客户关系管理功能迁移到手机。移动供应链系统具有传统供应链系统无法比拟的优越性。移动供应链系统使业务摆脱时间和场所局限，随时随地与公司进行业务平台沟通，有效提高管理效率，推动企业效益增长。数码星辰公司的移动供应链系统就是一个集 4G 移动技术、智能移动终端、VPN、身份认证、地理信息系统（GIS）、Webservice、商业智能等技术于一体的移动供应链产品。

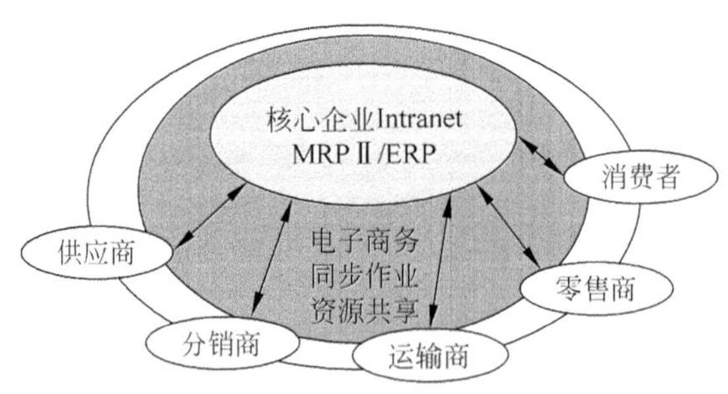

图 7-14 基于 Internet/Intranet 的供应链企业网络结构

2. 电子商务

电子商务作为商业贸易领域中一种先进的交易方式，已经风靡全球，并对该领域中传统的观念和行为方式产生着巨大的冲击和影响。它在 Internet 的广阔联系与传统信息技术系统的丰富资源相互结合的背景下应运而生，是一种在互联网上展开的相互关联的动态商务活动。

本章小结

供应链是围绕核心企业，通过对信息流、物流、资金流的控制，从采购原材料开始，制成中间产品以及最终产品，最后由销售网络把产品送到消费者手中的将供应商、制造商、分销商、零售商，直到最终用户连成一个整体的功能网链结构。它不仅是一条连接供应商到用户的物流链、信息链、资金链，而且是一条增值链，物料在供应链上因加工、包装、运输等过程而增加其价值，给相关企业带来收益。

供应链是一个系统，是由相互作用、相互依赖的若干组成部分结合而成的具有特定功能的有机整体。供应链管理的实质是深入供应链的各个增值环节，将顾客所需的正确产品(Right Product)能够在正确的时间(Right Time)，按照正确的数量(Right Quantity)、正确的质量(Right Quality)和正确的状态(Right Status)送到正确的地点(Right Place)，即"6R"，并使总成本最小。

互联网+时代供应链需要重组，以适应快速变化的市场需求，供应链系统要充分利用先进的信息技术，如物联网、云计算等技术打造智慧型供应链。

习题

1. 供应链是什么？
2. 供应链中有哪些业务流程？
3. 供应链的特征是什么？
4. 供应链管理系统功能模块包括哪些？
5. 供应链的作用是什么？
6. 你认为零库存的供应链可以实现吗？为什么？
7. 什么是电子数据交换技术？
8. 供应链与电子商务之间的关系是什么？
9. 什么是 GIS 和 GPS？它们在供应链管理中的作用是什么？
10. 你觉得供应链管理系统实施可能存在哪些问题？

参考文献

[1] 肯尼斯·C. 劳顿(Kenneth C. Laudon). 管理信息系统(原书第 13 版). 黄丽华 等 译. 北京：机械工业出版社，2015.

[2] 哈格，卡明斯. 信息时代的管理信息系统(原书第 8 版). 严建援 等 译. 北京：机械工业出版社，2015.

[3] 巴罗. 企业物流管理——供应链的规划、组织和控制. 王晓东 等 译. 北京：机械工业出版社，2006.

[4] 鲍尔索克斯等. 供应链物流管理. 马士华，黄爽，赵婷婷 译. 北京：机械工业出版社，2010.

[5] 莱桑斯，法林顿. 采购与供应链管理. 鞠磊 等 译. 北京：电子工业出版社，2007.

[6] 曹雄彬. 供应链管理. 北京：机械工业出版社，2001.

[7] 马士华，林勇. 供应链管理. 北京：机械工业出版社，2010.

[8] 刘宝红. 采购与供应链管理：一个实践者的角度. 北京：机械工业出版社，2012.

[9] 辛奇-利维等. 供应链设计与管理——概念、战略与案例研究. 第 3 版. 季建华 等 译. 北京：中国人民大学出版社，2010.

[10] 艾弗等. 丰田供应链管理. 高懿，李可雪，高婕 译. 北京：机械工业出版社，2010.

[11] 张光明. 供应链管理. 武汉：武汉大学出版社，2011.

第 8 章　电子商务——新商业文明的引擎

本章学习目标

- 理解电子商务是如何驱动企业创新的。
- 了解电子商务的商业模式和赢利模式有哪些。
- 了解电子商务如何改变传统市场。

开篇案例

Groupon 的商业模式：社会化和本地化

Groupon 是一家为客户提供团购交易预订服务的公司。一个团购群体通常最少包含 25 人，在其进行团购交易前，首先需要从类似 Groupon 的公司购买打折优惠券，如当你想获得某个意大利餐厅的 5 折优惠券时，你首先需要联合你的朋友一起来购买优惠券，一旦你联合的团购群体达到优惠券所需的最低人数，那么你这个团购群体中的所有人就都可以获得该优惠券提供的折扣。

Groupon 的运作模式如下：Groupon 大多数的团购优惠券都可为客户提供当地商家商品或服务的五折优惠，如原价 50 元的“发型设计”团购价只要 25 元。优惠券可通过电子邮件发送给成千上万围绕在零售商附近的潜在客户。如果有足够多的客户通过计算机或智能手机进行注册并购买此优惠券，那么这笔交易就达成了，购买者将通过电子邮件收到一份 Groupon 的团购优惠券。Groupon 将获得 50%的收益(12.5 美元)，剩余的 12.5 美元收益则归理发店。换句话说，理发店相当于打了 2.5 折，因为与之前 50 美元的发型设计收益相比，现在理发店只能收到仅仅 12.5 美元。

在上面的例子中，谁获利了呢？客户以五折的价格得到了发型设计服务，Groupon 得到了优惠券面值的一半收益，而理发店则迎来了大量(有时候甚至过多)的客户。虽然当地厂商(在上面的例子里是理发店)在这些单笔交易上收益可能是亏损的，但是通过这种方式可赢得客户的重复购买，获得更多的忠诚客户，并形成一个更大的客户群。且这种交易通常只持续一天，都是短期的。尽管当地厂商在团购那天亏损了，但在其他的时间里按原价出售商品或服务可能赚到更多的钱。这就是客户撷取成本。

Groupon 由 Andrew Mason 在 2008 年成立，在不到三年的时间里迅速增长，并在 2011 年 6 月上市。在上市时，Groupon 已经拥有了来自于 43 个国家的 8300 万用户，卖出超过了

7000万份的优惠券。尽管如此,像很多社交网站一样,Groupon也为公司赢利而苦苦挣扎着。2011年,Groupon损失了16亿收入中的2.54亿,其中主要花费在客户撷取(customer acquisition)上。Groupon坚信寻找新的客户是值得的,2011年公司花费了7.68亿美元用于拓展市场。

一个需要思考的问题是Groupon的商业模式是否能长期有效。评论家指出Groupon从每个客户那里获得的收益一直在下降,客户转化率也在下降,大量通知客户优惠券信息的邮件缺乏针对性,平均每个客户购买的优惠券在减少,因此每份优惠券获得的收益也在减少。

Groupon认为解决上述问题的办法在于迅速扩大规模,提升Groupon的品牌,让其他竞争者根本找不到拥护者,在拥有足够大量的客户和足够快速的增长速度时,Groupon也许可以仍然保持赢利。在2012年年初,Groupon就着手筹划一项客户撷取行动,买下了Uptake(一家社交旅游研究创业公司)、Hyperpublic(一家位置服务初创公司)、Adku(一家电子商务目标初创公司,能利用大数据为eBay、Amazon和Zappos等电子商务网站的用户提供个性化的购物体验)、FeeFighters(美国一家信用卡服务对比网站)等公司。Groupon相信这一商业策略能够提升自身在中小企业市场中的地位。

没有人知道这一商业策略是否真的有效。许多商家报告称Groupon的团购交易并不能带来大量的回头客,因为只有对价格最为敏感的客户才会光顾,而当价格恢复到原价时,他们就再也不出现了。此外,全球也不断涌现出包括Google Offers(Google在2011年4月22日推出的网络团购和折扣服务)和AmazonLocal(Amazon推出了自有团购服务)在内的行业竞争者。

Groupon也许可以通过品牌提升和规模扩展克服一些面临的发展障碍,但是投资者希望的是持续赢利,所以在未来的几年里,Groupon面临最大的挑战将是提升自身的收益能力。

Groupon融合了电子商务的两大主流新趋势:本地化及社交网络。通过互联网的商品与服务交易越来越依赖于社交网络——由客户向自己的好友推荐商品或服务,而非商家来推荐。如同案例中Groupon那样,在Facebook和Twitter这样的社交网络中,其用户以及他们的朋友也已经成为企业的目标群体。而随着企业对用户位置信息的详细了解,并以提供基于位置的商品和服务为目标时,电子商务也在变得本地化。在移动终端平台上,Groupon和很多其他公司的移动应用程序在不断增加,电子商务由此变得越来越移动化。

8.1 电子商务带来新商业文明

随着互联网的诞生与发展,人类社会进入到了电子商务(Electronic Commerce,EC)时代。电子商务的迅猛发展,使企业生存与发展的环境发生了根本性的变化:顾客需求瞬息万变、技术创新不断加速、产品生命周期不断缩短、市场竞争日趋激烈、全球一体化加剧成型,企业面对着一个与以往完全不同的商业世界;同时电子商务也深刻地改变着人们的生活与工作方式,电子商务带来的跨越时空的方便、互动和乐趣使它成为时代发展的趋势。

电子商务是信息化技术与商务活动相结合的产物,如何更深刻地认识、利用与发展电子商务是整个社会面临的一个挑战。因此,需要通过我们共同的努力学习与实践,才能更有效地推动电子商务为人类社会服务。

8.1.1 电子商务概述

全面深刻地理解电子商务概念有助于我们更好地利用电子商务来进行创新活动，通过电子商务与传统商务的对比分析，可以更深入地研究电子商务对人类社会可能产生的影响。

1. 电子商务的定义

自从电子商务的概念提出以来，许多研究者都从各个角度对它进行了定义，并且所用的英文词汇也有所不同，如 e-Commerce 和 e-Business 等。下面是一些具有代表性的电子商务参与者、积极倡导者和规则制定者对电子商务的定义。通过这些定义的总结，可以帮助我们更加全面和深刻地认识电子商务。

全球信息基础设施委员会(GIIC)电子商务工作委员会报告草案中对电子商务定义如下：电子商务是以电子通信作为手段的经济活动，通过这种方式人们可以对带有经济价值的产品和服务进行宣传、购买和结算。这种交易的方式不受地理位置、资金多少或零售渠道的所有权影响，公有和私有企业、公司、政府组织、各种社会团体、一般公民、企业家都能自由地参加广泛的经济活动，其中包括农业、林业、渔业、工业、私营和政府的服务业。电子商务能使产品在世界范围内交易并向消费者提供多种多样的选择。

联合国国际贸易法委员会：电子商务是指在 Internet 上进行的商务活动，它是纸上信息交流和存储方式的一种替换形式。其主要功能包括网上的广告、订货、付款、客户服务和货物递交等销售、售前和售后服务，以及市场调查分析、财务核计及生产安排等多项利用 Internet 开发的商业活动。电子商务的一个重要技术特征是利用 Web 进行技术传输和商业信息处理。

联合国经济合作和发展组织对电子商务的定义如下：发生在开放网络上的包含企业之间(Business to Business)、企业和消费者之间(Business to Consumer)的概念。它包括三部分：企业内部网、企业外部网、Internet。

欧洲经济委员会对电子商务的定义如下：电子商务是各参与方之间以电子方式而不是以物理交换或直接物理接触方式完成任何形式的业务交易。这里的电子方式包括电子数据交换(EDI)、电子支付手段、电子订货系统、电子邮件、传真、网络、电子公告系统、条码、图像处理、智能卡等。

美国政府《全球电子商务纲要》对电子商务的定义如下：电子商务是通过互联网进行的各项商务活动，包括广告、交易、支付、服务等活动，全球电子商务将涉及世界各国。

IBM 公司对电子商务的定义如下：电子业务即 E-business。它包含三个部分：企业内部网、企业外部网、电子商务。它所强调的是把买卖双方、厂商和协作伙伴在 Internet 上、企业内部网和企业外部网结合起来的应用。要实现电子商务关键要解决 3C 问题：Content(信息管理)、Collaboration(合作)、Commerce(商务交易)。

著名电子商务学者 Ravi Kalakota 博士在其著作《电子商务 2.0：成功之路》中，将电子商务定义为企业的业务流程、应用系统和组织结构的复杂融合，从而形成高效的企业经营模式。

美国著名学者 Peter Weill 对电子商务更广泛的理解是：电子商务是指企业基于开放式网络(主要指 Internet)执行业务流程，从而用信息技术取代原来手工的业务处理。

上述的各种定义均从不同的角度阐述了对电子商务的理解，涵盖了电子商务的本质。从字面上来看，电子商务由电子和商务两个词组成。电子是构成原子的基本粒子之一，质量极小，传输速度极快。商务是指商业事务，这里的商业是指以买卖方式进行商品流通的经济活动。所以，从电子商务这个词本身来说，其含义是指商务过程的电子化。事实上，电子商务的萌芽自电话、传真出现以来便已经开始，20 世纪 60 年代伴随着电子计算机的出现及其在商业中的成功应用，电子商务又有了进一步的发展；随着信息技术发展的突飞猛进，特别是互联网的出现以及网络技术的迅猛发展，电子商务终于完成了从量变到质变的飞跃，迎来了一个全新的时代，它正在给整个社会带来一场全面而深刻的变革。纵观各组织和机构对电子商务的定义，虽然都从不同的侧面反映了电子商务的本质，但在企业业务和信息技术的涵盖面和侧重点上还是有所不同的。

由于对电子商务的概念在不同的场合有不同的理解，我们需要对电子商务的定义和内涵进行详细界定。

一部分人认为电子商务就是建设网站。其实电子商务给企业带来的影响，远远不止只是建设网站这么简单，网站只是一种最为简单的形式，而电子商务给企业带来的更多则是管理思想的变革、组织形式的更新、先进技术的创新使用、企业业务流程的重组、企业间合作的变化、营销手段的更新等，这些都不是一个网站所能概括的。

还有人认为企业做电子商务就是开一间网上商店。实际上网上商店只是目前所知的众多电子商务经营模式的一种，还有其他众多的商业模式。如果谈到把电子商务应用到各个行业中去，那么电子商务的行业模式则更多，如网络拍卖、网上学校、网络医院、在线彩票、网上招聘、网络广告、网上售票、网上旅游、网上房地产、网络调查、网上证券、网上银行、网络贷款、网上保险、个人理财、网上游戏、网上电影、在线音乐、在线杂志、电子图书、网上邮政、IP 电话等。

在了解了目前人们对电子商务理解的误区之后，我们通过大量的国内外文献综述，纵观以上对电子商务的各种定义，基本上可以把电子商务定义分为两大类：狭义的和广义的电子商务。

狭义的电子商务(e-Commerce)：是指利用电子手段、信息技术来进行贸易(或称交易)的买卖活动。这种理解是在电子商务发展的早期阶段形成的，那时互联网刚刚开始流行，在互联网上出现了许多新的业务形式，人们都在探索互联网上从事网上贸易的可能性。因此，在这个阶段，对于电子商务的技术实现方面的讨论占据了相当大的比重。

广义的电子商务(e-Business)：是指随着对互联网应用的不断深入和对电子商务的不断探索，人们逐渐认识到电子商务不再只是技术层面的问题，电子商务应该更加关注企业，关注管理，关注互联网给各个行业、各个企业所带来的深远影响。因而出现了现在的广义的电子商务。比较典型的定义是：基于互联网并采用相关信息技术进行商务活动，这些商务活动包括实物产品和信息产品的交易、客户的服务、企业间的协作等。而更广泛的理解是：电子商务是指企业基于开放式网络(主要指因特网)执行业务流程，从而用信息取代原来手工的业务处理。这种定义是比较广泛的，包括了 B2B、B2C、C2C 交互处理模式。这种理解涉及到了信息技术在企业中所有可能的应用。本书对电子商务的理解是基于广义的电子商务。它们之间的关系如图 8-1 所示。

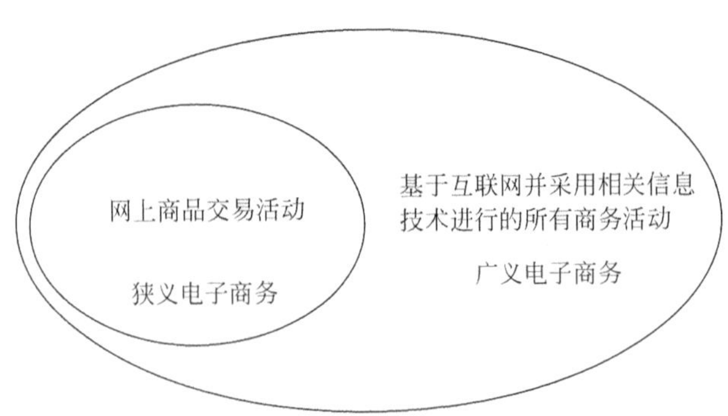

图 8-1 狭义与广义的电子商务

2. 为什么电子商务与众不同

为什么电子商务发展得如此快速？答案来自于互联网和网站的独特性。简单来说，和以前收音机、电视和电话等技术革新相比，互联网和电子商务技术更加丰富和强大。表 8-1 描述了互联网和网站作为商业媒介的独特特征。接下来将更为详细地逐一探究这些特性。

表 8-1 电子商务技术的独特特点

电子商务技术	商 业 意 义
无所不在(Ubiquity)：互联网技术随处可得，在工作地点、家里，以及具有桌面电脑和移动设备的任何地方。移动设备拓展了区域和商家的服务	市场拓展超越了传统的时间和空间边界。产生了无时无刻不在的“市场空间”，购物可在任何地方进行，提高了消费者购物的便利性，节约了购物成本
全球化(Global Reach)：技术可以超越国界，环绕全球	商业无缝地跨越文化和国界，且无须经过修饰。潜在的市场空间包括了世界范围数以亿计的消费者和数以百万的企业
统一标准(Universal Standards)：有一组技术标准，称为互联网标准	在一组跨越全球的技术标准支持下，不同的计算机系统之间能够互相通信
丰富性(Richness)：影像、声音和文本信息均可被传递	将影像、声音和文本等营销信息集成为单一的营销信息和客户体验(consumer experience)
交互性(Interactivity)：该技术可以和用户进行交互	消费者参与到与商家对话当中，给消费者带来动态的体验，使消费者成为产品向市场传递过程中的联合参与者
信息密度(Information Density)：该技术减少了信息成本，提高了质量	信息的处理、存储、通信成本显著降低，而流通性、准确性和及时性极大改善。信息变得丰富、便宜，同时更为准确
个性化(Personalization)/客户化(Customization)：该技术可以将个性化的信息传递给消费者个体和群体	基于个体特征的个性化营销信息以及定制和客户化的产品和服务
社交技术(Social Technology)：该技术支持内容产生和社交网络	新的互联网社交和商业模式使用户可以创建和传播内容，并维护社交网络

1) 无所不在

在传统商务中，市场是一个具有实体的地方，比如一家零售商店，你可以去这个地方来进行商务交易。而电子商务具有无所不在的特性，即意味着电子商务可以随时随地地进行。这使得你在家中或在工作地点使用计算机，甚至坐在你自己的车里使用智能手机都能进行

购物。无所不在的电子商务造就了一个市场空间(market space)——一个超越了传统意义上时间和地理界限的市场。

从消费者的角度来看,无所不在的特性降低了交易成本(transaction costs)——即参与市场交易的成本。你不再需要花时间和金钱去某个市场完成交易,而选购商品需要耗费的精力也更少了。

2) 全球化

相比传统商业,电子商务技术使跨文化和国界的商业交易更加便利和经济。因此,对从事电子商务的商家而言,潜在的市场规模大约等于全世界的上网人数(据估算已经超过20亿)。

相比之下,绝大多数的传统商业是地方性或区域性的——即只涉及地方或国内商家在当地的店面,如电视、电台和报纸基本都是地方性或区域性的,有限但强大的全国性网络可以吸引来自全国的受众,但却很难超越国界去吸引全球性的受众。

3) 统一标准

电子商务技术具有一个显著的特性,那就是互联网的技术标准,也即开展电子商务的技术标准,是全球通用的。这一标准被全球各国所共享,使得任何两台计算机之间能够互联而不必考虑各自使用的技术平台。相比之下,绝大多数的传统商业技术从一个国家到另一国家总有不尽相同之处,如各国电视和电台的广播标准有很大差异,手机技术也是如此。

互联网和电子商务全球通用的技术标准极大地降低了市场准入成本(market entry costs)——即商家仅将商品带入市场就必须付出的成本。同时对消费者而言,通用标准降低了搜索成本(search costs)——即寻找称心产品所花费的精力。

4) 丰富性

信息丰富性(Richness)指的是信息内容的复杂性和多样化。在传统的市场中,不论是全国性的营销人员还是小型的零售商店,都具有信息丰富性的特点。在销售产品时,他们利用听觉和视觉为消费者提供个性化的、面对面的服务。传统市场丰富多彩的表达方式使其成为强有力的销售和商业环境。在网站得到充分发展之前,信息的丰富性和可达范围是成反比的:信息的接收范围越广,信息的丰富性往往越低。而网站的发展则使得同时向大量人群传递内容丰富的文字、声音和视频信息成为可能。

5) 交互性

与20世纪任何一种商业技术不同(或许电话除外),电子商务技术具有交互性(Interactivity),这意味着在电子商务中,商家和消费者之间可以进行双向交流。以电视为例,通过电视无法向观众提问或者与他们进行交谈,同样通过电视也无法要求消费者将反馈信息填写到表格中。与此相比,这些活动在电子商务网站上都可以实现。电子商务的交互性使得商家可以通过网络与全球规模的大量消费者进行类似面对面的交流。

6) 信息密度

互联网和网站极大地提高了信息密度(Information Density)——即所有市场参与者(如消费者和商家)能够获得的信息数量和质量。电子商务技术降低了信息的收集、存储、处理和通信的成本,并极大地提高了信息的流通性、准确性和及时性。

电子商务市场中的信息密度使得价格和成本更加透明化。价格透明(Price Transparency)指的是消费者可以轻松地在市场上找到各种不同的价格。成本透明(Cost Transparency)指的是消费者发现商家产品真实成本的能力。

信息密度的增加也可以使商家受益。相比从前，商家通过网络可以更多地了解消费者。这使得商家可以把市场细分为具有不同价格偏好的消费群体并对其实施价格歧视(price discrimination)——以不同的价格将相同或基本相同的商品销售给不同的目标群体。例如，一个网络商家发现某个消费者热切期盼昂贵的国外度假游，便以较高的价格向该消费者提供高档次的旅行计划，因为商家知道这个消费者会愿意为这样的度假旅行支付额外的费用。同时，商家还可以以较低的价格将同样的旅行计划提供给对价格更敏感的消费者。信息密度的提升还可以帮助商家根据成本、品牌和质量对其产品进行差异化处理。

7) 个性化/客户化

电子商务技术可以提供个性化(Personalization)的服务——根据消费者的点击行为、姓名、兴趣爱好和购物记录，商家可以调整信息，将特定的营销信息传递给特定的消费者个体。电子商务技术同样可以提供客户化(Customization)的服务——根据消费者的偏好和行为记录，为消费者提供不同的产品或服务。由于电子商务技术具有交互性，市场中很多关于消费者的信息可以在消费者购物的那一刻被收集。随着信息密度的增加，网络商家可以存储并利用大量有关消费者以往购物行为的信息。

电子商务的这些特性造就了传统商务技术所无法实现的个性化和客户化服务。例如，你也许可以通过切换频道来选择在电视上所看到的东西，但你无法改变所选择频道播放的内容。相比之下，在“华尔街在线(Wall Street Journal Online)”网站上，你可以选择先看哪一类新闻，你还可以让网站在某一类事件发生时及时提醒你。

8) 社交技术：用户内容的创建和社交网络

与以往的技术相比，互联网和电子商务技术变得更具社交性，允许用户创建文本、视频、音乐和照片等形式的内容，并且将这些内容与他们的私人朋友以及世界更大范围内的社交圈共享。运用这些形式的交流，用户可以组建新的社交网络(social network)和巩固现有的社交网络。

以前所有的大众媒体，包括印刷出版物，采用的都是广播的传播模式，即一对多的模式。在这种模式中，内容是由职业作家、编辑、导演和制片人等处于中心位置的专家们创造的，大量的观众则聚集在一起消费这些标准化的产品。全新的互联网和电子商务赋予普通用户大规模创建和传播内容的能力，并允许用户安排属于自己的内容消费方式。互联网提供了一种独特的、多对多模式的大众交流方式。

8.1.2 电子商务发展的理论基础

电子商务与互联网技术是密切相关的，对互联网自身特征的分析是认识电子商务发展的非常重要的一个方面；另一方面，电子商务发展的相关分析理论主要有交易费用理论、劳动分工理论、网络外部效应理论等。

1. 互联网特性分析

互联网自身的特性极大地驱动着电子商务快速发展。2001年，美国IBM公司咨询部分析总结出了互联网的五大特质形成的五种力量在驱动电子商务的发展，使企业的生存环境发生巨变，它们是：

(1) 连通性(Connectivity)——互联网开放与全球化的本质，创造了一个全球共享的市场，急剧增长的互联网应用使得企业内部各个活动之间、企业与外部环境之间能够无限丰富

与创新它们的连通方式。

(2) 可用性(Availability)——以互联网为核心的信息通信技术(ICT)可以支持企业一天 24 小时不停运营。

(3) 互动性(Interactivity)——互联网实时在线的本质，可以让企业不断创新传统价值链中运营范式，并构建新的客户关系管理体系。互动性使得组织内以及与外部合作伙伴建立新的协同机制成为可能。

(4) 信息元素(Information elements)——企业提供的产品与服务中，信息元素密度(information intensive)是企业在市场中是否拥有竞争力的关键所在。

(5) 注意力效用(Attention utilization)——企业能否充分利用信息技术有效地与顾客进行互动，并吸引顾客的注意力，会极大地影响企业的发展。

正是互联网的这五大特性促使了企业积极推动电子商务应用，是驱动电子商务发展的关键内在因素。同时，电子商务应用使企业提高了效率与效益，使企业更加适应外部商业环境的变化，最终让企业能够持续快速地发展。

互联网的五大特性可以让企业的整个价值链的各个环节不断进行电子商务创新。价值链(value chain)是哈佛商学院著名教授波特(Porter)于 1985 年在其著作《竞争优势》中提出的理解企业行为和指导企业竞争的重要的理论方法。价值链是原材料经过一系列的价值增值活动，最终转化为满足顾客所需要的产品或服务的过程。这些活动紧密衔接，使物流和信息流顺畅流通，而且每项活动及其衔接都要强调对顾客的增值，整个价值链就成为了一条价值增值链。为了更好地分析价值增值过程，价值链模型将业务活动分为两大类：基本活动和辅助活动。前者是指那些在价值链中直接创造价值的活动，包括采购、进货物流、生产、出货物流、销售和服务。而企业的基础设施、人力资源管理和技术研发等属于支持价值创造的活动，即辅助活动。这些活动既可能发生在企业的内部，也可能发生在企业的边界上。信息系统与互联网的应用使企业价值链活动产生了革命性的创新。图 8-2 显示了企业价值链中电子商务与信息系统的应用。

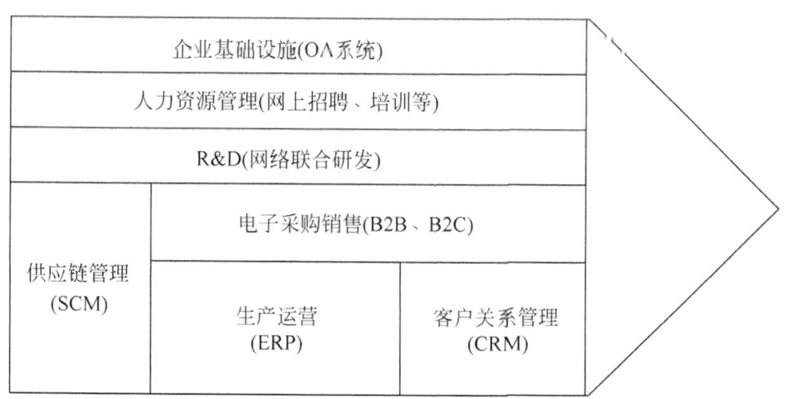

图 8-2 企业价值链中电子商务与信息系统应用

2. 电子商务的理论分析

电子商务为什么能够得到快速应用与发展？最主要原因当然是电子商务能够极大地提高企业的运营效率和促进整个社会经济的发展。我们可以从经济学中的交易费用理论、劳动分工理论和网络外部性理论来进行分析与解释。

交易费用理论是整个现代产权理论大厦的基础。1937年,著名经济学家罗纳德·科斯(Ronald Cosas)在《企业的性质》中首次提出交易费用理论,该理论认为,企业和市场是两种可以相互替代的资源配置机制,由于存在有限理性、机会主义、不确定性与小数目条件使得市场交易费用高昂,为节约交易费用,企业作为代替市场的新型交易形式应运而生。交易费用决定了企业的存在,企业采取不同的组织方式最终目的也是为了节约交易费用。

传统经济中垂直一体化的企业在多个业务领域的经营成本均低于市场交易成本,所以企业会将这些领域都纳入经营范围之内。电子商务技术的应用可以减少信息不对称,通过互联网,企业只需要花费较低的成本便能够获得更多的供应商信息,同时利用网络的交互能力更加有效地监控交易合同的执行状况,降低企业寻找互补资源的障碍。同样电子商务的开展也会使市场交易成本明显降低,整个经济发展效率也因此大大提高。因此,能够极大地降低企业在市场商务活动中的交易费用是驱动电子商务迅猛发展的重要因素之一。

劳动分工理论阐述了经济的繁荣与增长起源于劳动分工与协作的原理。电子商务的发展能够降低市场交易费用,企业所关注的业务就会更加集中化和专业化,导致分工更细,生产效率提高,促进经济的发展。因此,电子商务的应用能够使社会劳动分工网络更加完善也是电子商务快速发展的重要因素之一。

网络外部性是指连接到一个网络的价值,取决于已经连接到该网络的其他人的数量。通俗地说就是每个用户从使用某产品中得到的效用,与用户的总数量有关。用户人数越多,每个用户得到的效用就越高,网络中每个人的价值与网络中其他人的数量成正比。互联网的网络外部性是一个积极的外部性,联网的用户越多,用户之间发生交易行为的可能性增加,电子商务也就得到快速发展。

上面三个方面理论解释了驱动电子商务的迅猛发展的内在动力,使我们能够更深刻地理解电子商务的本质。

8.1.3 电子商务对社会产生的影响

电子商务飞速发展对社会产生的影响是全方位的,不仅仅影响着社会的经济、人们的工作与生活,还深深地影响着人们思维方式。

1. 电子商务对经济的影响

电子商务是互联网技术发展日益成熟的直接结果,是网络技术发展的新方向。它不仅改变了企业本身的生产、经营和管理,而且对传统的贸易方式带来了巨大的冲击。电子商务最明显的标志便是增加了贸易机会、降低了贸易成本、提高了贸易的效益。它大大地改变了商务模式,带动了经济结构的变革,对现代经济活动产生了巨大的影响。

(1) 电子商务将改变商务活动的方式。传统上的推销员满天飞和采购员遍地跑及说破了嘴、跑断了腿的现象不复存在了,消费者在商场中筋疲力尽地寻找自己所需要的商品的现象也不会有了。现在,只要轻轻点击鼠标就可以浏览和购买各类商品,而且还能得到在线服务,非接触式经济前景光明。

(2) 电子商务将改变人们的消费方式。网上购物的最大特征是消费者的自主性,购物主动权掌握在消费者手中;在网上购物时还能以一种轻松自由的自我服务的方式来完成交易。

(3) 电子商务将改变企业的生产方式。电子商务促成了直接经济的产生,取消了许多中间环节,一切都将更加直接。大大缩短了生产厂家与消费者之间供应链的距离,改变了传

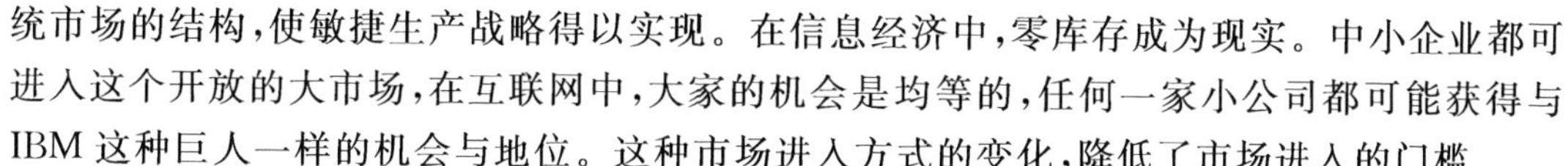

统市场的结构，使敏捷生产战略得以实现。在信息经济中，零库存成为现实。中小企业都可进入这个开放的大市场，在互联网中，大家的机会是均等的，任何一家小公司都可能获得与IBM这种巨人一样的机会与地位。这种市场进入方式的变化，降低了市场进入的门槛。

(4) 电子商务将对传统行业带来一场革命。电子商务是一种崭新的贸易形式，通过人机结合方式，可极大地提高商务活动的效率，减少不必要的中间环节，"零库存"成为可能。传统大批量生产的制造业进入小批量、多品种的时代，"无店铺"和"网上营销"的新模式为传统企业的重新崛起提供了全新的工具。

(5) 电子商务将带来一个全新的电子金融业。由于在线电子支付是电子商务的关键环节，也是电子商务得以顺利发展的基础条件，随着电子商务在电子交易环节上的突破，网上银行、银行卡支付网络、银行电子支付系统以及电子支票、电子现金等服务，将传统的金融业带入一个全新的领域。

(6) 电子商务将转变政府的行为。政府承担着大量的社会、经济、文化的管理和服务的功能，尤其是作为"看得见的手"，在调节市场经济运行，防止市场失控方面起着很大的作用。电子政务或称网上政府的出现，将使政府的角色重新进行定位。

2. 电子商务对人们思维方式的影响

电子商务是商务领域的一场信息革命，它将对人们的思维方式产生根本性的影响。新的思维方式体现在：

(1) 时空观念的转换方面，电子商务没有时间上的间断和没有地域界限，一切都以虚拟方式出现；

(2) 低成本扩张的可能性方面，这种电子交易方式降低了成本，提高了交易效率；

(3) 营销观念的变革方面，商务活动必须速度快、信用高和服务周到；

(4) 学习的重要性方面，不断地学习是工作和生存的必要条件。

3. 电子商务对人类工作和生活方式的影响

电子商务不仅影响我们的经济、企业管理，同时也在改变着我们的生活、工作、学习以及娱乐方式。

(1) 在信息传播方面，无论对信息传播者还是信息受众，网上信息的传播都是最佳的选择。这也是电子商务受欢迎的原因之一。网上信息传播的优势使网络广告也越来越受到广告主的欢迎。

(2) 在生活方式方面，电子商务的发展使人们的生活方式也发生了变化。现在只要轻轻点击鼠标，就可以在网上商场购买物品，在网上聚会、购物、看电影、玩游戏、看书、收藏、讨论。当然，也出现了新的问题，如网上垃圾污染、家庭隐私问题、网上安全问题等。

(3) 在办公方式方面，利用计算机与网络在家办公已成为可能，不再局限于办公室，既节约了时间和费用，也减轻了交通负担，在家里办公已成为一些企业的时尚。

(4) 在消费方式方面，消费者不必将时间花在选购和排队等待上，在家里就可以利用互联网完成整个购物过程。网上购物和咨询、电子支付、送货上门等整个过程都可以通过鼠标点击来完成，消费者可以十分轻松的心情在网上尽情畅游。

(5) 在教育方式方面，交互式的网络多媒体技术给人们的教育带来了很大的方便，远程的数字化课堂让很多人的教育问题得到解决。讲课、作业、讲评，一切都在网络上进行。网络大学作为远程教育的一种方式，打破了时间和空间的限制，为越来越多的人所接受。

8.2 丰富多彩的电子商务模式创新

电子商务革命仍在继续。随着更多的产品和服务被放到网上,以及更多的家庭采用宽带通信,个人和企业也将更多地利用互联网进行商务活动。更多的行业将被电子商务所改变,比如旅行订票行业、音乐和娱乐行业、新闻行业、软件行业、教育行业、金融行业等。

8.2.1 电子商务驱动商业创新

电子商务作为一种新的商务方式发展迅猛,对人类社会经济的发展产生了巨大的影响,那么电子商务为什么会发展这么快呢?我们需要对电子商务发展的内在驱动因素以及在企业应用的发展阶段做更深入的理论分析与探索。表 8-2 显示了电子商务基于技术驱动商业创新案例。

表 8-2 电子商务驱动商业创新

信息技术驱动	商业创新案例
商业转型	• 相比实体零售商店、服务和娱乐行业,电子商务仍然是增长最快的商业模式。 • 社交、移动和位置服务开始成为增速最快的电子商务形式。 • 第一波电子商务浪潮改变了书籍、音乐和航空产业。第二波浪潮中,又有 9 个新的行业遇到需要转变的相似情形,这 9 个行业分别为营销、电话、电影、电视、奢侈品、地产、在线旅游、账单支付和软件。 • 电子商务提供的带宽增长了,尤其是在服务经济中的社交网络、旅游、信息交换中心、娱乐、服装零售、家用电器和家具等行业。 • 在线购物的人数增长到与普通购物人数相当。 • 单纯的电子商务模式被改良以获得更强的获利能力,同时传统的零售品牌商,如 Sears、JCPenney、L. L. Bean、Walmart 等,开始使用电子商务以保持它们在零售业中的统治地位。 • 电子商务市场中持续充满小企业和企业家,依附于 Amazon、Apple、Google 等行业巨头,同时对基于云的计算资源的利用有所增加。 • 随着基于位置的服务和电子书、电影和电视剧等娱乐下载的兴起,移动商务开始在美国起步
技术基础	• 无线互联网连接(Wi-Fi、WiMAX 和 3G/4G 智能手机)增长迅速。 • 强大智能手机、平板电脑和移动设备支持音乐、网络冲浪和娱乐,以及语音通信。播客和流(podcasting and steaming)作为一种影视、无线广播和用户自传内容(user-generated content)的一种媒介起步。 • 随着传输价格的下降,家庭和企业的互联网宽带基础更为强大。2012 年,约有 8200 万家庭通过宽带电缆或 DSL 访问互联网,约占美国家庭数的 69%(eMarketer,2012)。 • Facebook、MySpace、Twitter、LinkedIn 以及其他数以千计的社交网络软件和网站,成为开展电子商务、营销和广告的新主流平台。脸谱全球点击用户达到 10 亿,其中美国占 1.6 亿(comScore,2012)。 • 新的基于互联网的运算模式,如智能手机应用程序、云计算、软件即服务(SaaS)和 Web 2.0 软件极大地降低了电子商务网站的成本

续表

信息技术驱动	商业创新案例
新商业模式的产生	• 一半以上的互联网用户加入了在线社交网络，维护社会书签网站（social bookmarking），创造博客，分享照片。这些网站一起创造的大量在线观众，像电视观众一样吸引着市场人士。据估算，2012年社交网络占据了20%的用户在线时间。 • 在线广告以两倍于电视和印刷广告的速度增长，传统广告行业严重受损；谷歌（Google）、雅虎（Yahoo）和脸谱（Facebook）上展示的广告每年达到约1万亿条。 • 报纸和其他的传统媒体采用在线、交互模式，尽管获得在线读者，但仍然损失广告收入。《纽约时报》（*New York Times*）通过在在线版本上设置网上服务费专区，成功锁定50万位订购者。 • 在线娱乐商业模式提供电话、电视、音乐、体育和电子书，和好莱坞及纽约主要的出版权所有者合作，以及与苹果公司、谷歌、YouTube和脸谱等互联网分销商（Internet distributors）合作

8.2.2 不同的商业模式

随着电子商务的应用和发展，电子商务的创新越来越丰富，出现了多种不同类型的电子商务模式，通过对电子商务的分类可以使我们更加深入地认识电子商务运行方式。

1. 电子商务的类型

划分电子商务交易的方法有很多种，其中一种划分方法根据的是电子商务交易参与者的性质。这种方法主要将电子商务分为三类，分别为企业对消费者（B2C）电子商务、企业对企业（B2B）电子商务和消费者对消费者（C2C）电子商务。

（1）企业对消费者（B2C）电子商务指企业向个体购物者零售产品及服务。向个体消费者出售书籍、软件和音乐产品的BarnesandNoble.com就是B2C电子商务的典型例子。

（2）企业对企业（B2B）电子商务指企业之间的产品和服务销售。销售化工产品和塑料制品的ChemConnect's的网站是B2B电子商务的典型例子。

（3）消费者对消费者（C2C）电子商务指消费者个体之间直接的买卖。比如，作为大型网上拍卖网站，eBay使得人们可以通过拍卖的方式把商品销售给其他那些出价最高的竞买者，或者以固定的价格销售商品。Craigslist网站也是消费者买卖商品广泛使用的网络平台。

另一种划分电子商务交易的方式是根据参与者进行交易时使用的平台进行划分。目前，大部分电子商务交易都是使用个人计算机通过有线网络进行的。如今，多种无线移动设备已经涌现：如iPhone等智能手机、iPad等平板电脑、Kindle等使用蜂窝网络连接的专用电子阅读器以及Tablet等通过无线网连接的智能手机和小型平板电脑。这种可使用便携式无线设备随处购买商品或服务的方式被称为移动商务（mobile commerce或m-commerce）。企业对企业和企业对消费者电子商务交易都可以通过移动商务技术来实现。

2. 电子商务的商业模式

如前所述，信息经济的变化为全新商业模式的出现创造了条件，同时许多老的商业模式则难以为继。表8-3描述了迄今为止出现的最重要的互联网商业模式。所有这些商业模式都以某种方式利用互联网为现有产品或服务带来额外的价值，或为新的产品或服务提供基础。

表 8-3 互联网商务模式

类 别	描 述	例 子
门户网站(portal)	提供进入网站的初始接入点以及有特色的内容和服务	Sina. com; Yahoo. com; qq. com
网络零售商(E-tailer)	直接销售实物产品给消费者或个体企业	Amazon. com; Jd. com
内容提供商(content provider)	通过为网站提供新闻、音乐、图片、视频等数字内容获取收益。客户可能需要为访问的内容付费,或通过收取广告投放费用产生收益	WSI. com; Gettylmages. com; iTunes. com; Games. com
交易代理商(transaction broker)	通过在线交易节省用户的钱和时间,对每一项发生的交易收费	Etrade. com; Expedia
服务提供商(service provider)	提供如照片分享、视频分享、用户原创内容等 Web 2.0 应用服务和在线数据存储以及备份等其他服务	Google Apps; Photobucket. com; Dropbox
在线商场(market creator)	提供一个数字环境,在这个环境中买卖双方可会晤、搜寻产品、展示产品、为产品设置价格。可服务于消费者 C2C 或 B2B 电子商务,通过收取交易费获益	Taobao; eBay; Priceline. com
社区服务提供商(community provider)	提供在线会议的场所,具有相似兴趣的人们可以相互交流,获得有用的信息	Facebook; QQ; 微信; Twitter

1) 门户网站

门户网站(portal)指的是网站的入口,通常被定义为是那些被用户设为主页的网站,但也有定义包括了 Google、Bing 等很少被客户设为主页的搜索引擎。Yahoo、Facebook、MSN 和美国在线(AOL)这些门户网站提供强有力的网站搜索工具,还提供了新闻、邮箱、即时信息、地图、日历、购物、音乐下载、视频流等内容和服务,它们所有的内容和服务都被整合在一个页面中。起初,门户网站主要作为互联网的入口存在。然而今天,门户网站为互联网用户提供了一个目标站点,用户可以通过门户网站开始网站搜索、阅读新闻、寻找娱乐节目、接触其他人、接触广告。门户网站的收益主要是通过吸引大量用户,向广告商收取费用,引导消费者去其他站点并获取介绍费,以及其他额外的服务收费。在 2012 年,门户网站(不包括 Google 和 Bing)产生了大约 85 亿美元的收益。尽管有上千种门户网站和搜索引擎,但排在前四的站点(Yahoo、Facebook、MSN 和 AOL)基于其品牌认知度,其流量已经占据了互联网门户网站流量的 95%(eMarketer,2012)。

2) 网络零售商

在线零售商店,通常也称为网络零售商(E-tailer),从 2011 年收益额超过 480 亿美元的亚马逊到拥有各自网站的小型地方性商店,都具有各种不同的规模。除了为消费者提供在线查询和订单外,网络零售商和典型的传统实体商店十分类似。2012 年的网络零售收入将达到 2240 亿美元。网络零售商的价值定位是为客户提供方便、低成本、7 天 24 小时不间断(24×7)的购物服务及更多的消费选择。一些网络零售商,如 Walmart. com 或者 Staples.

com,属于传统商业模式与互联网商业模式的结合的传统产业(bricks-and-clicks),与已有实体店出售相同的产品,是已有实体店的分支。也有一些的网络零售商,如Amazon、BlueNile.com和Drugstore.com,只在虚拟世界中运作,与实体场所没有任何联系。当然也存在其他不同形式的网络零售商,如在线邮购目录、在线商城和厂商在线直销等形式。

3) 内容提供商

在电子商务成为商品零售渠道的同时,它也逐渐成为全球内容的传播渠道。这里的"内容"指的是所有具有知识产权的表现形式。知识产权(intellectual property)指文本、CD或DVD等可以显示在有形媒介及包括网络在内的数字化(或者其他)媒介上的、所有形式的人类表达。内容提供商(content provider)在网络上发布信息内容,如数字视频、音乐、图片、文本和艺术品等。在线内容提供商的价值定位是使消费者通过多种计算机设备或智能手机,可在线便捷地找到大量的内容并廉价地购买这些内容,而达到娱乐和观赏的目的。

内容提供商可能是内容的原创者,也可能不是(如Disney.com),其更像是基于互联网传播创作内容的发行人。例如,Apple公司在其iTunes商店里出售音乐唱片,但它并不负责创作或制作音乐。

大受欢迎的iTunes商店和iPhone、iPod、iPad等智能设备,催生了从播客到流媒体的数字化内容传送新模式。播客(Podcasting)是通过互联网发布音频或视频广播的一种方式,允许订阅用户将音频或视频文件下载到他们自己的电脑或是便携音乐播放器上。流媒体(Streaming)也是一种音乐和视频文件的发布方式,通过不间断的媒体流将内容传输到用户的设备上而无须本地保存。

2012年通过下载、流量和订阅实现的媒体总收益大约达到了190亿美元,是电子商务中增长最快的部分,年增长速度的可达到20%。

4) 交易代理商

通过人、电话或电子邮件为消费者处理交易的网站通常被称为交易代理商(Transaction Broker)。应用这种模式的最大产业是金融服务和旅游服务。在线交易代理商基本的价值定位是节省金钱和时间,在单一的地点提供各种各样的金融产品和旅游套餐(travel packages)。相比通过传统形式提供的相同服务,在线股票代理商和旅游预订服务所收取的费用要少得多。

5) 服务提供商

网络零售商在线销售产品,服务提供商(service provider)则在线提供服务。在线服务历经过一次爆发式革命。Web 2.0应用、照片共享、在线提供数据备份和存储的网站采用的都是服务提供商的商业模式,使得软件不再是一张放在CD盒子中的实体产品,而是逐渐成为一种通过在线订购而不是从零售商那里购买的服务(如SaaS),或者一项可以下载的应用程序。通过Google Apps、Google Sites、Gmail和在线数据存储服务,谷歌(Google)正在引领在线软件服务应用的发展。

6) 在线商场

在线商场(market creator)则是提供一个数字环境,在这个环境中买卖双方可会晤、搜寻产品、展示产品、为产品设置价格。可服务于消费者C2C或B2B电子商务,通过收取交易费获益。典型的企业有中国的淘宝、美国的eBay等电子商务平台,它们都是一个信息中介平台提供者,让大量的买卖双方进行有效的交易。

7) 社区服务提供商

社区服务提供商(community provider)提供一个数字化的网络环境,在这个环境中,具有相似爱好的人们可以交易(买卖商品)、交流,分享兴趣,获取图片、视频,接收感兴趣的信息,甚至通过定义在线的人物形象将自己置身于虚幻的想象中。像 Facebook、Google+、Tumblr、LinkedIn 和 Twitter 之类的社交网络网站、iVillage 之类的在线社区,以及 Doostang 和 Sportsvite 之类的数以百计、小型的专营(niche)网站都为用户提供了建立社区的工具和服务。社交网络网站已成为近几年成长最快的网站,通常一年用户规模就能翻倍,但仍需要努力地实现赢利。

找到和巩固合适的互联网商业模式并不容易。美国的三家零售巨头——Walmart、Amazon 和 eBay——在与彼此的相互竞争中是如何改进自身的电子商务商业模式从而在网络零售业中占据主导地位的,是值得我们深入研究的案例。

8.2.3 电子商务赢利模式

一个公司的赢利模式(revenue model)描述了这个公司怎样获得收入、赚取利润,通过投资获取较高的回报。尽管至今已发展出很多种不同的电子商务赢利模式,但许多公司还主要依赖于以下六种赢利模式中的某一种,或者是某几种的组合:广告收益模式、销售收益模式、订阅收益模式、免费/免费增值收益模式、交易费收益模式、合作收益模式。

1. 广告收益模式

在广告收益模式(advertising revenue model)中,一个互联网站的收益方式是通过吸引大量的访问者并使他们能够阅读到广告信息。在电子商务中,广告模式是使用最为广泛的赢利模式,可以说,没有广告收益,互联网体验将会与现在大为不同。互联网上的内容——从新闻到视频和评论的所有内容——都是免费提供给访问者的,因为广告客户为了获得向访问者播放广告的权利支付了内容的产生和发布成本。2012 年公司为所有广告的花费将达到大约 1660 亿美元,其中约 390 亿美元的费用用于在线广告、视频、应用程序、游戏或其他在线媒体的形式(如即时信息)。在过去的五年,广告客户已经增加了在线广告投放开销,削减了在广播和报纸等传统的广告渠道上的费用。在 2012 年,美国在线广告将增长 15% 并占据全美所有广告业务的 30%。电视广告的收入也随着在线广告收入的增长而增长。

拥有大量访问者或者高度专业化、具有区别于一般的访问群体的网站能够保持用户的黏性,并能收取较高的广告费率。例如,雅虎(Yahoo)公司所有的收益几乎都来自于陈列式广告(banner ads)和少量的搜索引擎文本广告;Google 的收益中 95%都来自于广告,包括销售关键字(AdWord)、销售广告空间(AdSense)和销售陈列式广告空间给广告客户(DoubleClick);Facebook 2012 年的广告占据所有网站万亿陈列式广告量的三分之一,其用户平均每周在网站上逗留的时间高达 8 个小时时间,远远超过其他门户网站。

2. 销售收益模式

在销售收益模式(sales revenue model)中,公司通过向消费者销售产品、信息或者服务来获取利润。例如,Amazon 销售书籍、音乐和其他产品;LLBean.com 和 Gap.com 这些公司采用的都是销售收益模式;内容提供商通过收取下载音乐唱片(如 iTunes 商店)或书籍等完整文件的费用,或者通过收取音乐和视频流量(如 Hulu.com TV shows)获得收益。微支付系统(micropayment systems)向内容提供商提供了一种具有成本效益(cost-effective)

的方法来进行大量小型现金交易，每笔交易从 0.25 美元到 5 美元不等。互联网上最大的微支付系统是 Apple 的 iTunes 商店，它拥有 2.5 亿信用卡消费者，这些消费者频繁地在商店中以 99 美分的价格购买音乐单曲。MyMISlab 的 Learning Track 中具有关于微支付和其他电子商务支付系统的细节。

3. 订阅收益模式

在订阅收益模式(subscription revenue model)中，网站对它所提供的内容和服务收取订阅费用，支付费用后才可以访问某些或所有该网站提供的原创内容或服务。内容提供商通常使用这种赢利模式。例如，Consumer Reports 提供只对订阅者开放的高级内容，如详细的评级、评论和推荐，订阅者想要访问这些内容，可以选择支付每月 5.95 美元或者全年 26 美元的订阅费；Netflix 是最成功的订阅网站之一，在 2012 年 9 月已拥有超过 2500 万的订阅者；The Wall Street Journal 拥有最大的在线报纸订阅量，超过 100 万的在线订阅者。为了获得成功，订阅收益模式要求提供的内容要有很高的附加价值，这些内容区别于普通信息，是不能随处可得也不能轻易复制的。一些基于订阅模式提供内容和服务获得成功的公司包括提供婚恋服务的 Match.com 和 eHarmony、提供家谱查询服务的 Ancetry.com 和 Genealogy.com、提供视频游戏服务的 Microsoft Xboxlive.com 和提供音乐服务的 Pandora.com 等。

4. 免费/免费增值收益模式

在免费/免费增值赢利模式(free/freemium revenue model)中，公司免费提供基础的服务和内容，但对那些高级的或是特殊的服务收费。例如，Google 公司提供免费的应用但增值服务需要收费；提供订阅广播服务的电台 Pandora，对有限的点播和广告服务是免费的，而增值服务提供没有限制的点播；Flickr 的照片分享服务为用户与朋友和家人分享照片提供免费的基础服务，但如果用户想要享受无限量的存储空间、高清的视频存储和回放，并且跳过广告，则需要支付合计 24.95 美元的增值服务费。Flickr 的策略是通过提供免费服务吸引大量用户，然后说服其中一些用户为增值服务支付费用。这个模式的难点在于将"吃白食者(free loaders)"转变为付费用户，"免费"可能变成一种造成亏损的强有力模式。

5. 交易费收益模式

在交易费收益模式(transaction fee model)中，公司对支持或履行的交易收取费用。例如，eBay 提供了一个在线拍卖市场，并对那些成功销售出物品的卖家收取小额的交易费；在线的股票代理商 E*Trade 每次代理消费者进行一次股票交易后都会收取一定的交易费用。交易赢利模式被广泛接受的部分原因是使用这些平台的真正成本不会被用户立即感受到。

6. 合作收益模式

在合作收益模式(affiliate revenue model)中，网站(称为"加盟网站")将访问者引导到其他网站，同时通过收取介绍费(referral fee)或是按比例收取销售收益来获得回报。例如，MyPoints 通过向会员提供特价商品将潜在消费者和公司链接起来以获得收益。当会员表示对提供的特价商品感兴趣并购买了商品，他们将会赢得一些网站提供的"积分(points)"，这些"积分"可以用来兑换免费的产品和服务，而与此同时 MyPoints 将获得相应的介绍费。社区反馈网站比如 Epinions 和 Yelp 通过引导潜在消费者到购物网站上购买商品来获得收益。Amazon 利用合作的方式通过将 Amazon 的商标放置在联营者的博客上，从而为

Aamazon 带来业务。个人博客上也常常会放置一些广告。一些博主通过赞赏某些产品并提供销售渠道的链接，直接从厂家收取费用或是接受免费产品。

8.2.4 移动数字平台和移动商务

随意地走在一个大都市的街头，数一数多少人在低头摆弄他们的苹果或者黑莓手机。搭乘火车时，乘坐飞机时，你都会看到与你同行的旅行者正在阅读网络报纸、在手机上观看视频，或者 Kindle(Amazon 推出的电子阅读器)上阅读小说。5 年之内，美国绝大多数的互联网用户将主要通过移动设备访问互联网。移动商务正在飞速发展。

在 2012 年，移动商务大约占所有电子商务的 10%，通过商品和服务零售、应用服务(Apps)、广告、音乐、视频、手机铃声、应用程序、电影、电视和基于位置服务(比如本地餐馆定位和交通信息更新)等产生的年收入大约 300 亿美元。但是移动商务是电子商务中增长最快的模式，在某些地区的年增长速度达到甚至超过了 50%。2012 年全球约有 40 亿手机用户，其中有超过 8.55 亿用户在中国，2.42 亿在美国(eMarketer，2012(M-commerce sales)；eMarketer，2012(mobile phone users))。

移动商务最主要的增长来自于移动 400 强企业的零售销售，包括 Amazon)和 eBay(大约 188 亿美元)；Apple 和 Android 的应用服务(大约 87 亿美元)；数字内容、音乐、电视节目和电影(大约 30 亿美元)(Internet Retailer，2012)。上述这些估计值并未将移动广告和基于位置的服务包括在内。

移动商务应用开始致力于推出比一般方式更具时效、适合移动人群、更能有效完成任务的服务。接下来的部分将列举一些移动商务的例子。

1. 基于位置的服务

基于位置的服务(Location-based service)包括地理定位(geosocial)服务、基于位置的广告(geoadvertising)服务和基于位置的信息(geoinformation)服务。74%的智能手机用户使用基于位置的服务。将上面这些内容联系在一起的全球定位系统(Global Positioning System，GPS)是移动商务的基础，通过 GPS 可以在智能手机上使用地图服务。地理定位服务(geosocial service)可以告诉你在哪里与朋友们见面。基于位置的广告服务(geoadvertising service)可以帮助你找到最近的印度餐馆。基于位置的信息服务(geoinformation service)可以告诉你正在关注的楼盘的价格，或者告诉你路过的博物馆里哪些展出正在进行。

Wiketude. me 是基于位置的信息服务的一个例子。Wiketude. me 为具有内置定位功能的智能手机提供了一种特殊的浏览器，可以指出你所在的精确位置和你手机所指向的方位。应用 800 000 个来自 Wikipedia 以及数千个来自本地网站的兴趣点信息，这款浏览器可以将你所查看的区域内所有兴趣点的信息叠加并在智能手机屏幕上的地图中呈现。例如，用户可以在旅游车上将他们的智能手机摄像头对准前面的山，屏幕上便会出现山的名字和高度。Wikitude. me 允许用户给自己周围的世界添加地理标签，再将标签传送到 Wikitude 上和其他用户分享。

Foursquare、Gowalla(现在由 Facebook 公司拥有)、Loopt、Facebook 和 Google 提供的新产品都是地理定位服务的例子。地理定位服务帮助你找到朋友，或者被你的朋友找到，通过“登录”服务，宣布你出现在某个餐厅或其他地方。你的朋友们会立刻得到通知。大约

20%的智能手机用户使用地理定位服务。随着 Facebook 和 Google+开始提供地理定位服务并将这些服务作为社交网络的延伸,Foursquare 这类专业从事地理定位服务网站的受欢迎程度正在下降。

Loopt 在 2012 年拥有 500 万用户,提供的服务不是将信息销售给广告客户,而是基于用户所在的位置发布广告。Loopt 的定位是开展步行范围(200～250m 以内)的广告业务。Foursquare 为 2200 万注册用户提供类似的基于位置的社交网络服务,这些用户可以通过网站与朋友联系并更新他们所在的位置。在指定场所登录可以获得奖励积分。用户可以选择将他们的登录信息发布到 Twitter 或 Facebook 的账号中,或者在两个账号上同时发布。在带有特定标签的位置登录,以及根据不同的登录频率或者在不同的时间登录也能帮助用户获得奖励。全世界有超过 50 万的区域性商家运用这种商业平台进行营销。

将人们与当地商家联系在一起的位置广告是移动商务的经济基础。2012 年移动广告的规模将达到 26 亿美元。位置广告根据 GPS 展示的用户所在位置将广告发送给用户。智能手机可以把他们的位置反馈给 Google 和 Apple 公司。当消费者经过商家所在的范围内时,商家交付一定的费用就能与这些消费者接触。例如,化妆品零售商店 Kiehl Store,当消费者来到距离他们商店 100 码以内的地方时,会收到商店发来的特价商品信息和通告(eMarketer,2012)。

2. 其他移动商务服务

银行和信用卡公司推出了能使顾客通过移动设备管理银行账户的服务。JPMorgan Chase 和 Bank of America 的客户可以使用手机来查询账户余额、转账和支付账单。据估计约有 1.34 亿人至少每月使用一次在线银行。

尽管目前移动广告的市场规模还小(26 亿美元),但随着越来越多的公司开始探索开发位置信息数据库的使用,它的增长速度很快,在去年的基础上增长了 44%,并有望在 2016 年突破 120 亿美元。最大的移动广告展示提供商是 Apple 的 iAD 平台和 Google 的 AdMob 平台,两者都占据 21%的市场份额,随后是 Millenial Media。Facebook 排位第四,但在快速地追赶。Alcatel-Lucent 提供了一项由 Placecast 托管的新服务,该服务可以在特定的距离之内识别出与手机用户距离最近的商店,并将商店的地址和电话告知用户,也许还包括一个折扣券或其他促销活动的链接。Placecast 的客户包括 Hyatt、FedEx 和 Avis Rent A Car。

Yahoo 在其移动主页上为 Pepsi、Procter & Gamble、Hilton、Nissan、Intel 等公司展示广告。Google 将广告展示给使用谷歌移动搜索引擎的手机用户。微软则在美国的 MSN 移动门户网站上提供条幅和文字广告。广告也被嵌入到游戏、视频和其他移动应用程序中。

Shopkick 是一款移动应用软件,通过该软件,Best Buy、Sports Authority 和 Macy's 等零售商可以在人们进入商店时为人们提供折扣券。当使用者进入与 Shopkick 有合约商户的零售商店时能够被自动识别,并给予一定数量名为 kickbuck 的虚拟货币。这种虚拟货币可以用来兑换 Facebook 的信用等级,iTunes 的礼品卡、旅游消费券、DVD,或者在任何一个合作商户那里即时获得现金返还。

今天,有 55%的在线零售商拥有移动商务网站——通常是可以使购物者通过手机下订单的互联网站的简化版。Lilly Pulitzer 和 Armani Exchange 等服装零售商、Home Depot、Amazon,沃尔玛(WalMart)以及 1-800 Flowers(一家在线鲜花零售商)都是开展移动商务应用的公司。

3. 游戏和娱乐

智能手机和平板电脑逐渐发展成便携式的移动娱乐平台。智能手机如苹果手机(iPhone)和基于安卓系统的设备提供可以进行下载或以流媒体形式体验的数字游戏、电影、音乐和铃声。

主流移动服务商的宽带用户可以按需要即时下载视频片断、新闻片段和天气预报。由Verizon Wireles、AT&T Wireless和其他移动通信运营商提供的MobiTV能够直播电视节目,包括来自微软全国有线广播电视公司(MSNBC)和福克斯体育(Fox Sports)的节目。电影公司也开始制作专门在手机上播放的微电影。用户自创内容也开始在移动设备上出现。Facebook、MySpace、YouTube和其他社交网站都建立了移动设备版本。2012年,Facebook上前10项最受欢迎的应用都是游戏,位居前三的分别是Words with Friends、Farm Wille和City Ville,每一款游戏的日均用户量都超过500万。

8.3 电子商务技术与建设

电子商务平台的形成是由市场上多方参与来完成的,而建设一个电子商务平台需要各种相关技术来构建,我们需要对它们进行分类研究。

8.3.1 电子商务系统的组成

电子商务覆盖的范围很广泛,一个完善的电子商务系统由多个部分组成。图8-3描述了构成一个电子商务系统的基本组成部分。

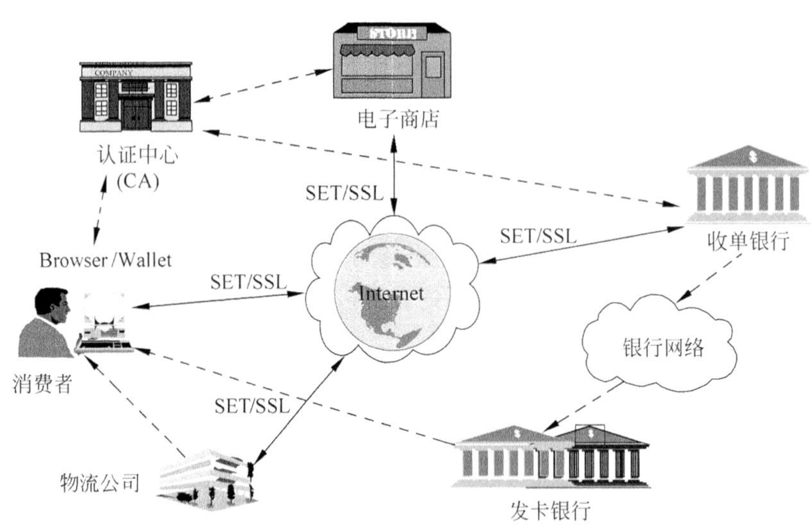

图8-3 电子商务系统基本框架

因此,一个电子商务系统主要包括:

(1) 网络及安全协议,包括企业内部网Intranet、企业外部网Extranet和Internet三个部分。Internet是电子商务的基础,是商务、业务信息传递的载体;企业内部网是利用Internet技术构造的,面向企业内部的专用计算机网络系统,是企业内部服务活动的场所;企业外部网与企业内部网相对应,侧重于企业电子商务的外部环境以及与合作伙伴或外协

单位的信息交换关系，是企业与用户进行商务活动的纽带。网络安全协议方面，目前有两种安全在线支付协议被广泛采用，即安全套接层(Secure Sockets Layer，SSL)协议和安全电子交易(Secure Electronic Transaction，SET)协议。SSL 和 SET 协议保证了电子交易与信息的真实性、完整性、身份的合法性和防抵赖性。

(2) 消费者，包括企业用户和个人用户。企业用户建立 Intranet、Extranet 和 MIS(管理信息系统)，对人、财、物、产、供、销进行科学管理。个人用户利用浏览器、电视机顶盒、个人数字助理(Personal Digital Assistance，PDA)等接入互联网获取信息和购买商品等。

(3) 电子商店。电子商店是在网络上建立起来的为消费者出售商品与服务的网上商店。企业和个人都可以开设电子商店。

(4) 认证中心。CA 认证中心是法律承认的权威机构，负责发放和管理电子证书，使网上交易的各方都能够互相确认身份。

(5) 物流公司。物流公司接受商家的要求，合理组织商品运输，跟踪确定商品流向，准确地将商品送到消费者手中。

(6) 网上银行。网上银行是虚拟银行，在网上使进行交易的买卖双方能够结算，完成传统的银行业务，为商品交易中的用户和商家提供全天的实时服务。

(7) 商务活动的管理机构，包括工商、税务、海关和经贸等部门。

电子商务的功能从不同视角会有不同的归类方法，在此仅从电子商务的应用方面来划分。它具有广告宣传、咨询洽谈、网上订购、服务传递、网上支付、虚拟银行、意见征询、业务管理等功能。

8.3.2 电子商务中的新兴信息技术

现代电子商务，除了传统的网页技术、数据库技术、通信技术、安全技术等技术应用外，新兴的云计算技术、大数据技术、物联网技术都得到了广泛的应用。

1. 云计算技术

云计算是一种计算模式，在这种计算模式中，计算机的处理、存储、软件和其他服务都通过网络(主要是因特网)由虚拟资源池来提供。这些"云"计算资源可以以按需提供的方式从任何连接的设备和位置来访问。图 8-4 显示了云计算的概念。

美国国家标准与技术研究所(The U. S. National Institute of Standards and Technology，NIST)定义云计算定义具有如下基本特征。

(1) 按需自服务：消费者能够按其需要自动获取如服务器时间或网络存储一类的计算能力。

(2) 泛网络接入：通过标准网络和因特网设备来访问云计算资源，包括移动平台。

(3) 位置无关的资源池：计算资源集聚在一起为各种用户提供服务，根据用户需求，动态分配不同的虚拟资源，用户通常不用知道计算资源的位置在何处。

(4) 高度灵活性：计算资源能够迅速组织起来，增加或减少以满足用户需求的变化。

(5) 基于标准的服务：云资源的使用费用按照实际的资源使用量来计算。

云计算中，硬件和软件能力构成了一个虚拟资源池，它通过网络(通常是因特网)来提供。企业和员工可以在任何地点、任何时候、使用任何设备来访问其应用和 IT 基础设施。

云计算由三种不同类型的服务构成：

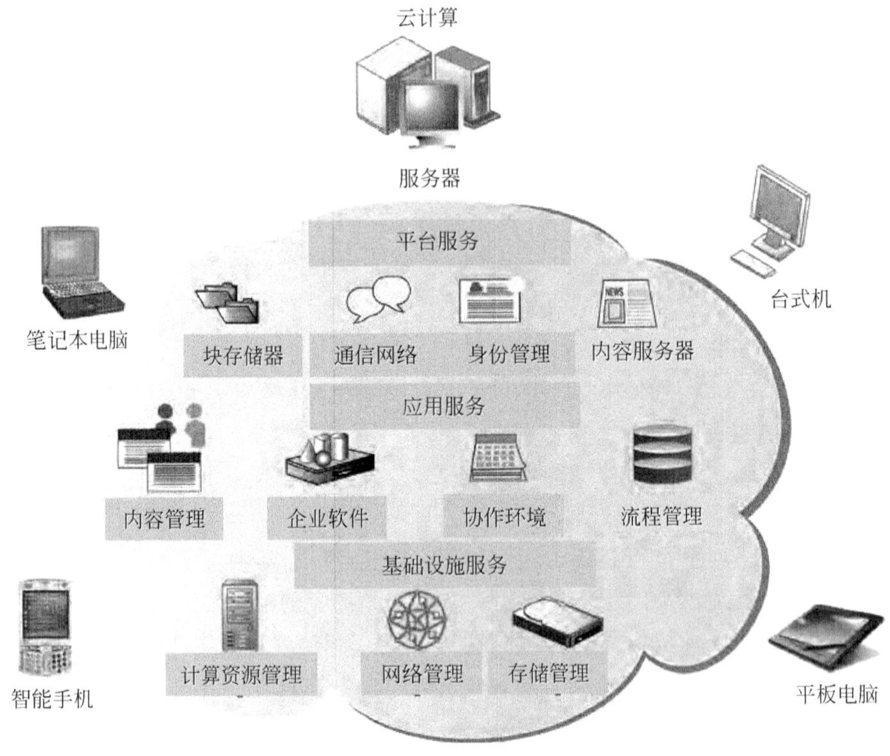

图 8-4 云计算平台

(1) 云基础设施服务(Cloud infrastructure as a service)。客户从云服务商获取处理、存储、网络及其他计算资源,运行信息系统。例如,亚马逊利用其空余的 IT 基础设施能力提供具有广泛用途的云环境,以出售其 IT 基础设施服务。这些服务包括可供存储客户数据的简单存储 S3 服务(Simple Storage Service)和供客户运行其应用的弹性计算云 EC2 服务(Elastic Compute Cloud)。客户仅需按其实际使用的计算和存储能力的使用量来付费。

(2) 云平台服务(Cloud platform as a service)。客户可以使用云服务供应商提供的基础设施和程序工具来开发自己的应用。例如,IBM 提供了智能商务应用开发及检测服务(Smart Business Application Development & Test),可用于 IBM 云环境下的软件开发和检测。另一个例子是 Salesforce. com 公司的 Force. com 网站,它允许开发者在其公司的服务器上建立应用。

(3) 云软件服务(Cloud software as a service)。客户可以通过网络使用供应商提供的安装在供应商云基础设施上的软件。谷歌的 Apps 是提供这类服务的领先者,它提供在线通用商业应用。此外还有 Salesforce. com,它通过因特网提供客户关系管理及其相关的软件服务。它们向客户按年收取订金,而谷歌的 Apps 还有一个删减的免费版。用户通过 Web 浏览器来访问在供应商的远程服务器上的这些应用。

云分为私有云和公有云。公有云(public cloud)由云服务供应商拥有和维护,可以供公众和行业机构使用,如亚马逊的 Web Services。私有云(private cloud)由某个组织所拥有,它可以由组织自身或者某个第三方来管理,既可以在组织的工作场所内也可以在工作场所之外。同公有云一样,私有云也能够实现无缝分配存储、计算能力或其他资源,以按需提供的方式来提供计算资源。需要柔性 IT 资源以及云服务模式的企业，在保留对自己的 IT 基础设施能够控制的同时，向私有云方面加速发展。

因为使用公有云的组织不拥有基础设施，它们不需要进行大量的硬件和软件投资。的确，它们从远程服务供应商购买计算服务，仅需为它们实际使用的计算能力付费（效用计算，utility computing)，或者以按月或按年订购的方式付费。按需计算（on-demand computing）一词，就是用来指这种服务。

云计算也有一些不足。除非用户有对其数据本地存储的特殊要求，数据存储和控制则由供应商负责。一些企业担忧把它们的重要数据和系统委托给也与其他一些企业合作的供应商，这样就会存在安全风险。企业希望它们的系统能够 24×7 全天候工作，不希望因云基础设施故障给公司带来任何业务损失。虽然云计算的局限性就是用户变得更加依赖于云计算供应商了，然而，企业把其更多的计算机处理和存储转移到某种形式的云基础设施，已是大势所趋。

云计算对缺乏资源来购置和拥有自己的硬件和软件的中小企业具有直接的诱惑力。但是，大型企业拥有资金能够对复杂的支持独特业务流程的专用系统进行大量的建设投入，这样能够给企业带来战略优势。对已经拥有自己的 IT 基础设施的大型企业，转向云服务节省的成本不容易确定。企业的数据中心通常按 IT 预算开展工作，所发生的支出以运行费用和资本支出混合的方式来计算。云服务的价格通常基于小时或其他单位来定价。即便一个公司能够大约估算出在其公司场所内运行一个特定计算任务的硬件和软件成本，它还需要估算出公司的网络管理、存储管理、系统管理、电费和房屋成本等分摊到每个单独的内部 IT 服务的费用。信息系统部门没有适当的信息来逐个评估每项服务。

大型企业很可能采用混合云（hybrid cloud）计算模式。其中，使用自己的基础设施来处理最核心的活动业务，使用公有云计算来运行次要的系统或在业务高峰期间提供额外的处理能力。云计算将使企业从拥有固定的基础设施能力转向更为灵活的基础设施，一些由公司自己所拥有，一些从计算机硬件供应商所拥有的大型计算机中心租用。通过本章的跟踪学习模块，可以了解到更多关于云计算的知识。

2. 大数据技术

从 2009 年开始，“大数据”成为互联网信息技术行业的流行词汇，大数据起初成熟应用多在互联网行业，互联网上的数据每年增长 50%，每两年翻一番，全球互联网企业都意识到“大数据”时代的来临，数据对于企业有着重要意义。2011 年 5 月，麦肯锡全球研究院发布题为《大数据：创新、竞争和生产力的下一个新领域》的报告。报告发布后，“大数据”迅速成为计算机行业的热门概念。2012 年 4 月美国奥巴马政府推出“大数据研究和发展倡议”，并划拨 2 亿美元的专项资金之后，在全球掀起了一股大数据的热潮。根据 Wikibon 2011 年发布的大数据报告，大数据市场正处在井喷式增长的前夕，未来五年全球大数据市场价值将高达 500 亿美元。2012 年年初，大数据相关软件、硬件和服务的收入总和只有约 50 亿美元。但随着企业逐渐认识到大数据和相关分析将形成新的差异化竞争优势，提升运营效率，大数据相关技术和服务将获得长足发展，大数据将逐渐落地，并在未来五年保持 58%的惊人复合增长速度。投资银行 JMP Securities 分析师 Greg McDowell 则表示大数据工具市场预计将在 10 年内由去年的 90 亿美元增长至 860 亿美元。到 2020 年，企业在大数据工具方面的投资将占整体企业 IT 开支的 11%。

目前,业界对大数据还没有一个统一的定义,常见的大数据定义如下:

"大数据是指无法在一定时间内用传统数据库软件工具对其内容进行抓取、管理和处理的数据集合。"——麦肯锡。

"大数据是指无法在一定时间内用常规软件工具对其内容进行抓取、管理和处理的数据集。"——维基百科

"大数据是需要新处理模式才能具有更强的决策力、洞察发现力和流程优化能力的海量、高增长率和多样化的信息资产。"——Gartner

大数据具备 Volume、Velocity、Variety 和 Value 四个特征(简称 4V,即数据体量巨大、处理速度快、数据类型繁多和价值密度低),下面对每个特征分别作简要描述。

Volume:表示大数据的数据量巨大。数据集合的规模不断扩大,已从 GB 到 TB 再到 PB 级,甚至开始以 EB 和 ZB 来计数。比如一个中型城市的视频监控头每天就能产生几十 TB 的数据。

Variety:表示大数据的类型复杂。以往我们产生或者处理的数据类型较为单一,大部分是结构化数据。而如今,社交网络、物联网、移动计算、在线广告等新的渠道和技术不断涌现,产生大量半结构化或者非结构化数据,如 XML、邮件、博客、即时消息等,导致了新数据类型的剧增。企业需要整合并分析来自复杂的传统和非传统信息源的数据,包括企业内部和外部的数据。随着传感器、智能设备和社会协同技术的爆炸性增长,数据的类型无以计数,包括文本、微博、传感器数据、音频、视频、点击流、日志文件等。

Velocity:数据产生、处理和分析的速度持续在加快,数据流量大。加速的原因是数据创建的实时性天性,以及需要将流数据结合到业务流程和决策过程中的要求。数据处理速度快,处理能力从批处理转向流处理。业界对大数据的处理能力有一个称谓——"1 秒定律",也就充分说明了大数据的处理能力,体现出它与传统的数据挖掘技术有着本质的区别。

Value:大数据由于体量不断加大,单位数据的价值密度在不断降低,然而数据的整体价值在提高。有人甚至将大数据等同于黄金和石油,表示大数据当中蕴含了无限的商业价值。根据 IDC 调研报告中预测,大数据技术与服务市场从 2010 年的 32 亿美元攀升至 2015 年的 169 亿美元,年增长率达 40%,并且将会是整个 IT 与通信产业增长率的 7 倍。通过对大数据进行处理,找出其中潜在的商业价值,将会产生巨大的商业利润。

大数据带来的不仅是机遇,同时也是挑战。传统的数据处理手段已经无法满足大数据的海量实时需求,需要采用新一代的信息技术来应对大数据的爆发。我们把大数据技术归纳为五大类,如表 8-4 所示。

表 8-4 大数据技术分类

大数据技术分类	大数据技术与工具
基础架构支持	云计算平台
	云存储
	虚拟化技术
	网络技术
	资源监控技术
数据采集技术	数据总线
	ETL 工具

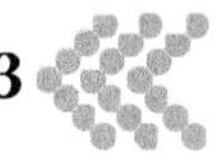

续表

大数据技术分类	大数据技术与工具
数据存储技术	分布式文件系统
	关系型数据库
	NoSQL 技术
	关系型数据库与非关系型数据库融合
	内存数据库
数据计算	数据查询、统计与分析
	数据预测与挖掘
	图谱处理
	BI 商业智能
数据展现与交互	图形与报表
	可视化工具
	增强现实技术

(1) 基础架构支持。主要包括为支撑大数据处理的基础架构级数据中心管理、云计算平台、云存储设备及技术、网络技术、资源监控等技术。大数据处理需要拥有大规模物理资源的云数据中心和具备高效的调度管理功能的云计算平台的支撑。

(2) 数据采集技术。数据采集技术是数据处理的必备条件,首先需要有数据采集的手段,把信息收集上来,才能应用上层的数据处理技术。数据采集除了各类传感设备等硬件软件设施之外,主要涉及的是数据的 ETL(采集、转换、加载)过程,能对数据进行清洗、过滤、校验、转换等各种预处理,将有效的数据转换成适合的格式和类型。同时,为了支持多源异构的数据采集和存储访问,还需设计企业的数据总线,方便企业各个应用和服务之间数据的交换和共享。

(3) 数据存储技术。数据经过采集和转换之后,需要存储归档。针对海量的大数据,一般可以采用分布式文件系统和分布式数据库的存储方式,把数据分布到多个存储结点上,同时还需提供备份、安全、访问接口及协议等机制。

(4) 数据计算。我们把与数据查询、统计、分析、预测、挖掘、图谱处理、BI 商业智能等各项相关的技术统称为数据计算技术。数据计算技术涵盖数据处理的方方面面,也是大数据技术的核心。

(5) 数据展现与交互。数据展现与交互在大数据技术中也至关重要,因为数据最终需要为人们所使用,为生产、运营、规划提供决策支持。选择恰当的、生动直观的展示方式能够帮助我们更好地理解数据及其内涵和关联关系,也能够更有效地解释和运用数据,发挥其价值。在展现方式上,除了传统的报表、图形之外,我们还可以结合现代化的可视化工具及人机交互手段,甚至是基于最新的如 Google 眼镜等增强现实手段,来实现数据与现实的无缝接口。

本章小结

本章首先介绍了电子商务基本概念,把电子商务分为狭义的电子商务(e-Commerce)和广义的电子商务(e-Business);狭义的电子商务是指利用电子手段、信息技术来进行贸易

(或称交易)的买卖活动；这种理解是在电子商务发展的早期阶段形成的。广义的电子商务主要是指基于互联网并采用相关信息技术进行商务活动，这些商务活动包括实物产品和信息产品的交易、客户的服务、企业间的协作等。一般我们更多地从广义的电子商务概念上来理解电子商务。接着从多个维度详细对比分析了电子商务与传统商务的区别，以及电子商务的应用与发展对人类社会各个方面的影响。通过这些深入的分析，有助于帮助我们更好地利用现代电子商务来进行创新活动。同时从经济学理论视角阐述了电子商务发展的原动力，分析了网络经济环境下市场新的运行规律。

本章还对电子商务发展的新阶段，也即移动商务的特征，以及产生的各类创新商业模式进行了分析。最后介绍了构建一个电子商务平台所需要的相关技术，特别是云计算和大数据的发展将会极大地推动电子商务新变革的到来。

习题

1. 谈谈你对狭义和广义电子商务概念的理解。
2. 电子商务与传统商务主要有哪些区别?
3. 电子商务对我们的社会有哪些方面的影响?
4. 什么是主要的电子商务业务和收益模式?
5. 电子商务主要有哪几种模式?
6. 电子商务如何改变市场?
7. 移动商务在业务中角色是什么？最重要的移动商务应用是什么?
8. 列举并描述移动商务服务和应用的重要类型。
9. 云计算技术将对电子商务运营产生哪方面的影响?
10. 大数据技术将会对商务产生哪方面的影响?

参考文献

[1] 肯尼斯·C.劳顿(Kenneth C. Laudon).管理信息系统(原书第13版).黄丽华 等 译.北京：机械工业出版社，2015.

[2] K. C. Laudon, J. P. Laudon.管理信息系统：管理数字化公司.第8版.周宣光 译.北京：清华大学出版社，2005.

[3] 刘兰娟.管理信息系统.上海：上海财经大学出版社，2012.

[4] 方美琪.电子商务概论.北京：清华大学出版社，2002.

[5] 黄丽华.中国制造企业电子商务模式及其实施方法与技术研究.国家863项目研究报告，2004.

[6] 兰宜生.电子商务概论.北京：清华大学出版社，2003.

[7] 邵兵家.电子商务概论.北京：高等教育出版社，2003.

[8] 赵卫东，黄丽华.电子商务模式.上海：复旦大学出版社，2006.

第 9 章　互联网时代的金融创新

本章学习目标

- 了解互联网金融的五种主要商业模式。
- 了解互联网金融的信息系统架构。
- 了解推动金融创新的互联网技术。

开篇案例

布局互联网金融，打造阿里金融帝国

在阿里金融的布局中，既有自身已经渐成气候的互联网金融业务，包括支付宝、阿里小贷等，也有向传统金融领域的尝试与渗透，包括融资担保、基金、保险、银行等，积极打造阿里金融帝国，参见图 9-1。

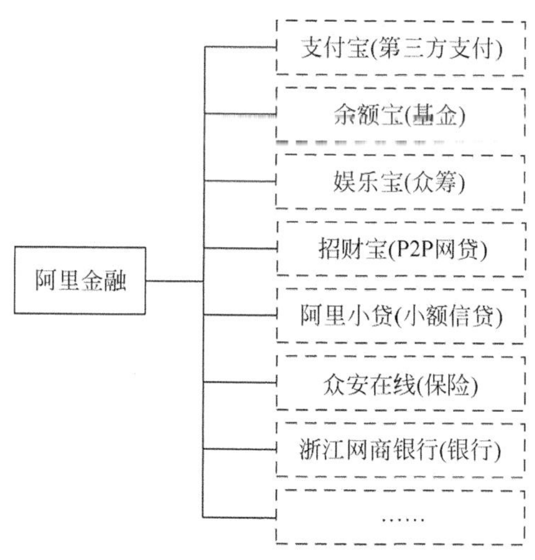

图 9-1　阿里巴巴金融帝国

1. 支付宝

在阿里的金融体系中，支付宝是起步较早、发展得最好的一个板块。艾瑞咨询(iResearch)发布的 2015 年第三方支付市场核心数据显示，在 2015 年中国第三方互联网支付交易规模市场份额中支付宝稳居第一，占比达 47.5%，参见图 9-2。

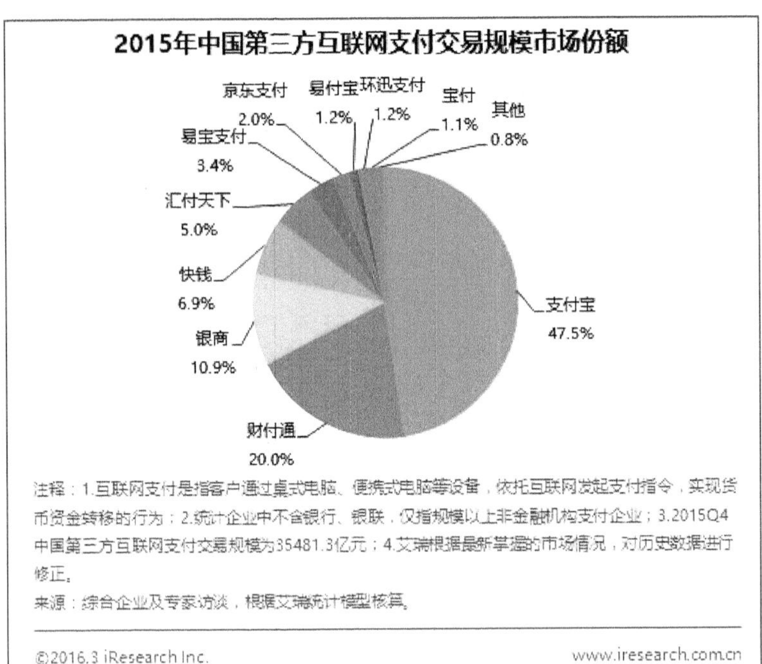

图 9-2 2015 年中国第三方互联网支付交易规模市场份额

随着智能手机的广泛普及，移动支付已然成为热点，其市场规模将数倍于互联网支付，与移动支付相伴而生的个人移动金融服务则具有更大的想象空间。目前，支付宝已经将移动支付作为布局的重点，先后推出了条码收银、条码支付、摇摇支付、二维码扫描支付、声波支付等移动应用特色服务。

比达咨询(BigData-Research)发布了《2015 年度中国第三方移动支付市场研究报告》显示，移动支付在 2013—2014 年得到高速发展，2015 年中国第三方移动支付市场交易总规模已达 9.31 万亿元，同比增长 57.3%，2015 年中国第三方移动支付交易规模市场份额中，支付宝也是稳居首位，占比高达 72.9%，占据绝对的领先地位，参见图 9-3。

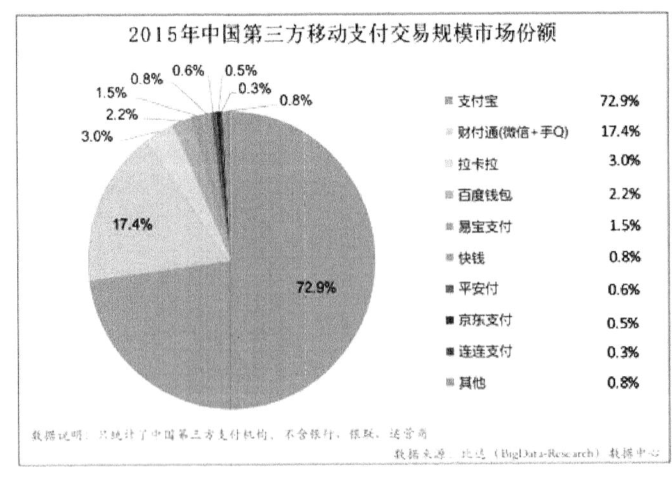

图 9-3 2015 年中国第三方移动支付交易规模市场份额

未来，预计支付宝的重点一方面是继续向更多支付领域渗透以巩固其在互联网支付中的地位，如基金市场、证券市场等，加快推进移动支付和线下支付的布局，抢占市场先机；另一方面就是基于现有庞大用户基数和平台业务，加速推进消费金融创新。

支付宝具有庞大的用户基数，涉及的业务与消费者的日常生活紧密相连，因此支付宝是阿里面向消费者最重要的金融工具，也必将成为阿里消费金融创新的支点。

2. 余额宝

2013年6月，阿里巴巴与天弘基金合作，推出余额宝产品，引发市场的高度关注。余额宝是理财方式的一种创新与突破，也是阿里巴巴实现金融梦的又一次尝试。

支付宝用户开通余额宝后，将资金转入余额宝内，既能像支付宝余额一样随时用于消费、转账等支出，还能享受基金公司提供的货币基金投资收益，获得增值，余额宝的主体架构如图9-4所示。支持支付宝账户余额支付、储蓄卡快捷支付(含卡通)的资金转入余额宝，并且不收取任何手续费。通过余额宝，用户存留在支付宝的资金不仅能拿到“利息”，而且和银行活期存款利息相比收益更高。余额宝的资金运作流程如图9-5所示。余额宝的出现让人们有了一种全新的理财方式。

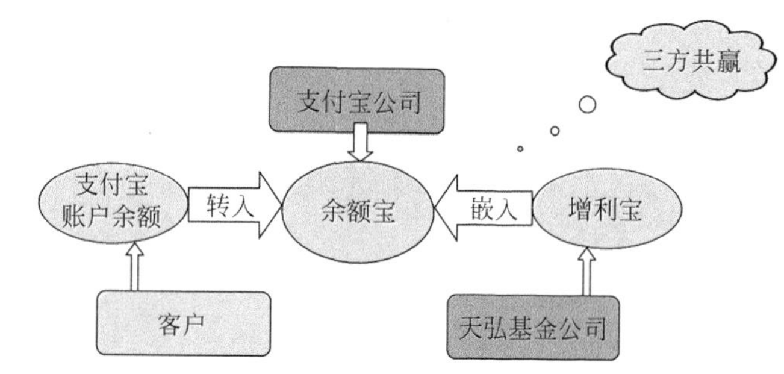

图9-4 余额宝主体架构

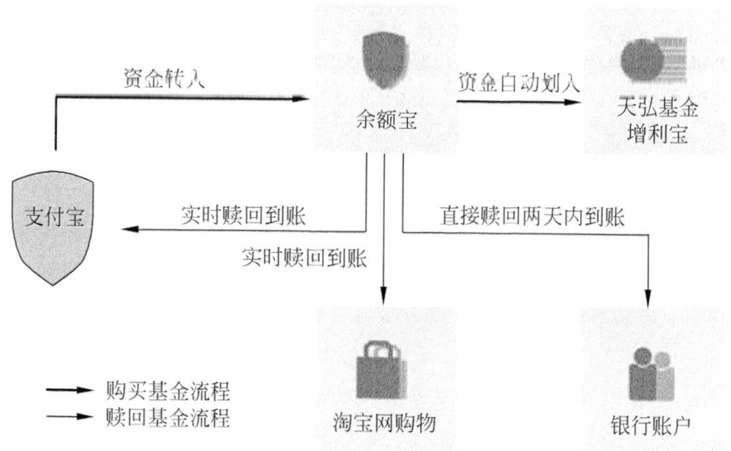

图9-5 余额宝的资金运作流程

余额宝上线以来，用户和资金规模不断增长。2013年，余额宝资金规模达到1853亿元，用户达到4300万户；进入2014年，截止到2014年1月15日，余额宝规模已超过2500亿元，用户数超过4900万户；截止到2014年6月30日，余额宝用户数超过1亿人，超过我

国的股民数，余额宝资金规模达到5741.6亿元，这意味着其管理方天弘基金或已取代华夏基金成为国内管理资产规模最大的基金公司；2015年4月，天弘基金一季报数据显示，余额宝对接的天弘增利宝货币基金一季度规模再增1327.88亿元，达7117.24亿元，这也是余额宝规模首次突破7000亿元。受益于余额宝的强势增长，天弘基金公司截至一季末的总规模为7274.04亿元，稳坐基金市场头把交椅，余额宝也顺利晋升全球第二大货币基金。正因为余额宝取得如此快速的增长，也激发了众多基金公司、网络公司和银行投身互联网理财领域。

3. 娱乐宝

近年来，众筹模式在我国发展十分迅猛，吸引了创业者、互联网企业、传统金融企业纷纷涌入。阿里巴巴金融帝国一个重要目标就是提供所有的金融服务，众筹必将成为其布局金融帝国的必然选择。2014年3月，阿里巴巴在互联网金融领域重拳出击，推出类众筹产品——娱乐宝，进入文化产业。娱乐宝为大众提供一个大众化的投资平台，拉近普通网民和文化产业之间的距离。

娱乐宝首期投资项目主要包括电影《小时代3》《小时代4》《狼图腾》《非法操作》和大型社交游戏《魔范学院》等，总投资额7300万元，娱乐宝首期产品的投资轨迹如图9-6所示。除了投资电影和游戏外，娱乐宝下一步将投资电视剧、演唱会等文化领域。

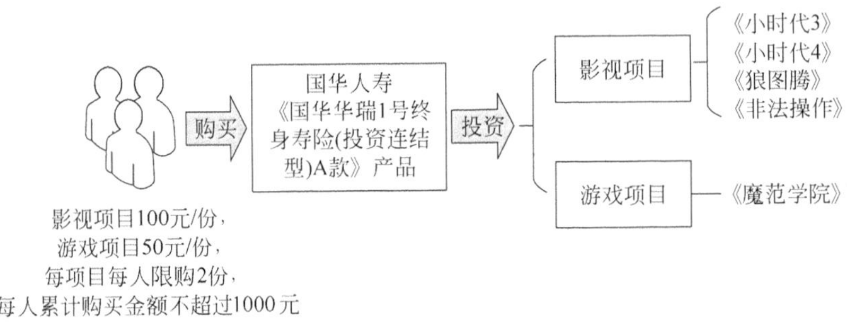

图9-6 娱乐宝首期产品的投资轨迹

网民出资100元即可投资热门影视作品，预期年化收益率7%，并有机会享受剧组探班、明星见面会等娱乐权益。可以说，娱乐宝为粉丝们打造了从投资影视剧，到关注创作动态、与明星互动玩乐，到上映购票观影，最终获得年化收益的全流程参与，提供一种全新的娱乐生活方式。

对电影制作方而言，娱乐宝不仅可以带来资金保障，还可以帮助征集最真实的用户声音。用户们"用钱投票"，评判对某个影视项目导演、演员、剧本的喜好程度。这些第一手的用户数据，将成为影视娱乐行业新的风向标，从投资制作环节就对内容产生影响，实现真正的"大数据创作"。

虽然众筹项目不能以股权或资金作为回报，项目发起人更不能向支持者许诺任何资金上的收益。但从娱乐宝的实际运作来看，从本质上讲它也是一种众筹模式，只不过娱乐宝是为网民投资者提供预期资金收益的保险理财产品，资金采取合法合规的方式投向文化产业，获取投资收益。

阿里推出娱乐宝是阿里打造金融帝国的重要一步，也是其通过引导用户娱乐消费的参与感，旨在大举拓展文化产业，这与2014年3月阿里巴巴以62亿港元收购文化中国传播进入文化产业和数字娱乐一脉相承。

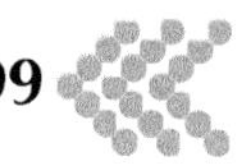

4. 招财宝

阿里小微金融服务集团于2014年8月25日正式对外发布又一款互联网金融创新产品“招财宝”。阿里推出招财宝产品的目标是打造一个开放的投融资交易平台，做到10 000亿元的规模，为100万家中小企业提供融资服务。

招财宝是一个面向银行、保险、基金、信托等各类金融机构的开放的投融资交易平台，这一平台将提供公募基金管理公司、保险公司、银行等金融机构发布的定期理财产品，以及中小企业或个人融资者发布的借款产品(见图9-7)。

图9-7　招财宝平台发布的借款产品

在提供中小企业融资方面，招财宝与P2P十分类似，也是阿里涉足P2P网贷的积极探索。招财宝平台自身不发布任何理财产品和借款项目，也不设立资金池，不提供投资担保，不做期限错配。同时，招财宝平台不干预定价，价格由融资方、投资方和提供风险管理的金融机构共同确定。

招财宝通过云计算和海量的大数据，让集中交易撮合成为现实，用碎片化的理财资金直接去满足碎片化的融资需求，降低融资成本。目前，招财宝接入的金融机构约有40家，平台交易总规模已突破110亿元，用户人次超过50万。

5. 阿里小贷

2007年，阿里巴巴旗下淘宝网进入快速发展期，对资金的需求急剧增加。当时阿里巴巴先后与建设银行、工商银行等签署了中小企业贷款的战略协议，阿里巴巴为银行系统提供平台上商家的行为数据，银行根据这些数据为平台上的中小企业提供“e贷通”贷款产品，但合作最终还是以失败告终。经过3年的尝试后，阿里巴巴决定通过自己的实践解决中小企业融资难题，以“服务小微企业，满足其小额信贷需求”为经营理念，发力小额信贷，阿里小贷就是在这种环境下发展起来的。阿里小贷的发展路径如图9-8所示。

阿里小贷是基于纯互联网提供小额信贷服务，支持信贷的24小时开放、随时申请、随时审批、随时发放。小贷和微贷是阿里金融的重要组成部分，试水较早。借助“诚信通”“诚信

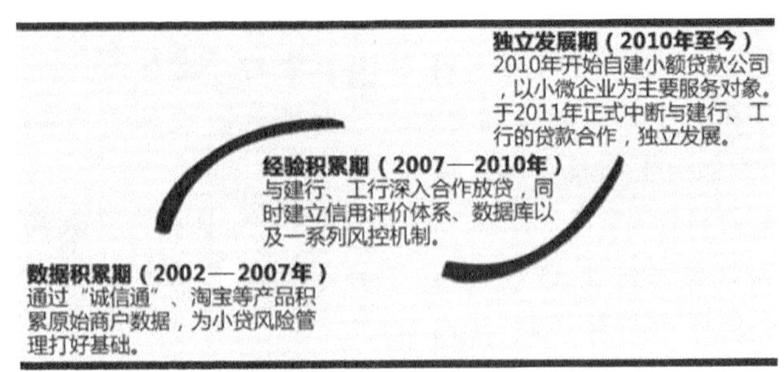

图 9-8 阿里小贷发展路径

通指数"等服务建立的商家"网上征信系统"是阿里金融得以顺利运行的基础和根本。阿里巴巴的信贷业务主要通过浙江和重庆的两家小贷公司进行，阿里小贷的商业模型如图 9-9 所示。

目前，阿里小贷提供两种不同类型的贷款服务——淘宝贷款和阿里巴巴贷款，见图 9-10。阿里小贷贷款的基本要求见表 9-1，从阿里小贷贷款比例来看，阿里小贷中的 80%为淘宝贷款，投向了淘宝、天猫和聚划算的商家，剩余的 20%为阿里巴巴贷款，投向了阿里巴巴的会员企业。

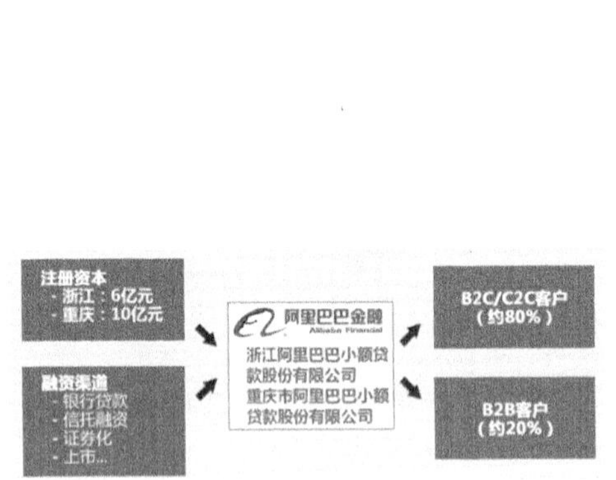

图 9-9 阿里小贷的商业模型

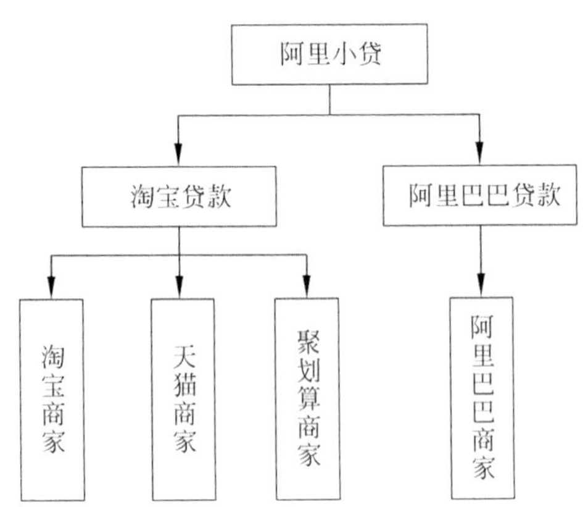

图 9-10 阿里小贷贷款服务类型

表 9-1 阿里小贷的基本条件和要求

类 型	阿里巴巴贷款	淘宝贷款	
		订单贷款	信用贷款
贷款额度	最高 300 万元	最高 100 万元	最高 100 万元
贷款期限	12 个月	30 天	最长 6 个月
计息方式	按月等额本息还款	按日计息	按日计息
贷款利率	最低 1.5%/月	0.05%/天	0.05%/天
还款方式	每月还款日提前 5 天通知，支付宝自动扣款	系统自动还款	按月付息，到期还本，每月归还固定利息及本金
贷款流程	网上填写申请单→补充资料→审批通过后获贷	网上填写申请单→确认页面→申请成功（资金转入支付宝账户）	网上填写申请单→确认页面→申请成功（资金转入支付宝账户）

6. **众安保险**

2013年2月，阿里、腾讯、平安投资设立的中国第一家互联网保险公司"众安在线财产保险股份有限公司"(以下简称"众安保险")正式获得中国保险监督管理委员会的批复，允许其互联网相关的财产保险业务，这一事项标志着中国保险业与互联网的融合实现了重大突破。众安保险官网首页截图见图9-11。众安保险的股权结构见图9-12。

图9-11 众安保险官网首页截图(网址：https://www.zhongan.com)

在全新的互联网保险领域，作为拓荒者，众安保险最初从电商场景切入业务，从退货运费险、网络支付安全保障责任险、虚拟货币失盗险等创新型产品起步，如今已完成投资型产品、信保产品、健康险、车险、开放平台、航旅及商险等多个事业线的搭建，开发了步步保、糖小贝、摇一摇航空延误险、维小宝、极有家综合保障服务等200多款产品，并推出了国内首个O2O互联网车险品牌保骉车险。截至2015年12月31日，众安保险累计服务客户数量超过3.69亿，保单数量超过36.31亿。众安保险提供的产品及服务对象参见图9-13。

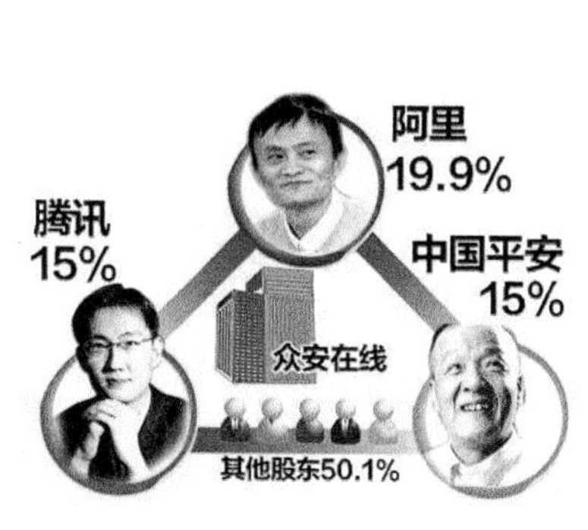

图9-12 众安保险的股权结构

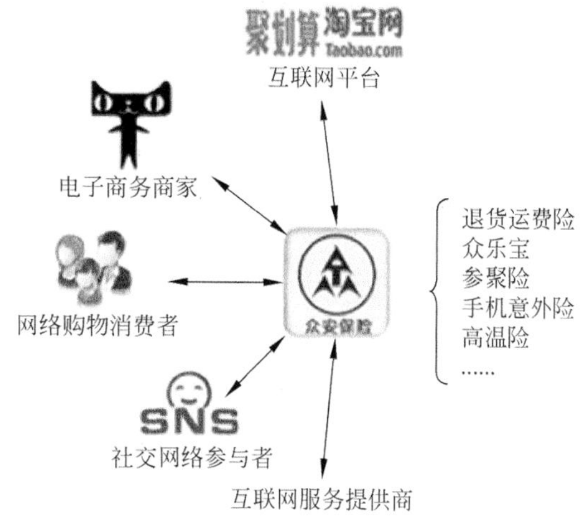

图9-13 众安保险提供的产品及服务对象

众安保险的业务流程全程在线，全国均不设任何分支机构，完全通过互联网进行承保和理赔服务。与一般的保险代售的互联网保险公司相比，众安保险能够因地制宜以互联网的思维结合“大数据”设计服务于互联网经济的保险产品，能够在线提交理赔申请、提供证明材料等。实现了从“保险设计—保险销售—保险理赔”一体化、互联化的互联网保险服务。

自成立以来，众安保险已形成核心优势：产品设计基于场景定制，快速响应需求；定价基于互联网大数据，动态承保；销售则无缝接入场景，直面客户，交叉销售；理赔服务实现高度自动化，迅速而透明。

7. 浙江网商银行

浙江网商银行是中国首批试点的民营银行之一，于2014年9月底获准筹建，由浙江蚂蚁小微金融服务集团、上海复星工业技术发展有限公司、万向三农集团有限公司、宁波市金润资产经营有限公司共同发起设立，注册资本40亿元。浙江蚂蚁小微金融服务集团有限公司为第一大股东，占公司总股本30%，见表9-2。2015年6月25日，网商银行在杭州宣布正式开业(见图9-14)。网商银行官网截图见图9-15和图9-16。

表9-2 浙江网商银行的股权结构

浙江网商银行股东	股权占比
蚂蚁金服	30%
上海复星	25%
万向三农	18%
金润资产	16%
金字火腿	3%
其他	8%

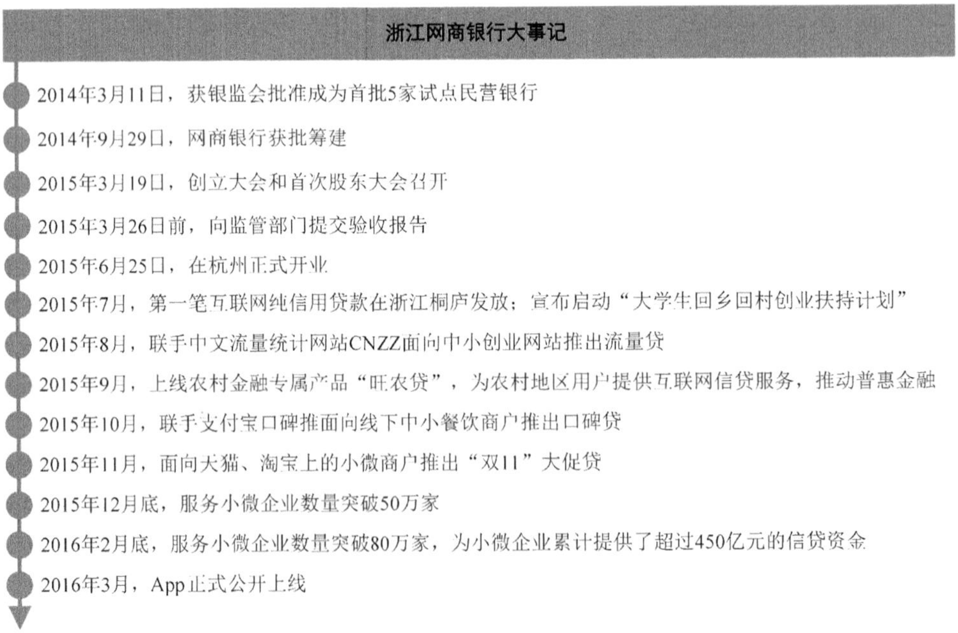

浙江网商银行大事记

- 2014年3月11日，获银监会批准成为首批5家试点民营银行
- 2014年9月29日，网商银行获批筹建
- 2015年3月19日，创立大会和首次股东大会召开
- 2015年3月26日前，向监管部门提交验收报告
- 2015年6月25日，在杭州正式开业
- 2015年7月，第一笔互联网纯信用贷款在浙江桐庐发放；宣布启动“大学生回乡回村创业扶持计划”
- 2015年8月，联手中文流量统计网站CNZZ面向中小创业网站推出流量贷
- 2015年9月，上线农村金融专属产品“旺农贷”，为农村地区用户提供互联网信贷服务，推动普惠金融
- 2015年10月，联手支付宝口碑推面向线下中小餐饮商户推出口碑贷
- 2015年11月，面向天猫、淘宝上的小微商户推出“双11”大促贷
- 2015年12月底，服务小微企业数量突破50万家
- 2016年2月底，服务小微企业数量突破80万家，为小微企业累计提供了超过450亿元的信贷资金
- 2016年3月，App正式公开上线

图9-14 浙江网商银行大事记

图 9-15　浙江网商银行官网首页截图(网址：https://www.mybank.cn)

图 9-16　浙江网商银行融资贷款首页截图(网址：https://loan.mybank.cn)

网商银行将立足于服务小微，不做500万元以上的贷款，不做“二八法则”里20%的头部客户，而是以互联网的方式，服务“长尾”客户。网商银行定位为网商首选的金融服务商、互联网银行的探索者和普惠金融的实践者，为小微企业、大众消费者、农村经营者与农户、中小金融机构提供服务。

网商银行将以互联网方式经营，不设物理网点、不做现金业务，没有分行、没有柜台，纯粹线上运营。网商银行是中国第一家将核心系统架构在金融云上的银行。基于金融云计算平台，网商银行拥有处理高并发金融交易、海量大数据和弹性扩容的能力，可以利用互联网和大数据的优势，给更多小微企业提供金融服务。

在云计算技术与大数据驱动的基础上，通过“轻资产、交易型、平台化”的经营思路，网商银行希望最终形成一个“小银行、大生态”的局面，与同业金融机构一起为小微企业、个人消费者和农村用户提供普惠金融服务。

不仅仅是阿里，还有很多行业和企业都在积极地布局互联网金融。互联网在经历了多年的发展后，已逐渐向金融领域延伸，互联网金融作为整个金融创新中的制高点，是以综合运用移动互联网、云计算、大数据等信息技术，重塑金融支付方式、信息处理、资源匹配等功能，提高资金融通与金融服务效率的创新金融模式。互联网金融是现代经济进入互联网时代在金融上所表现出的新特征、新技术、新平台、新模式和新实现形式，在“互联网＋”进程和国民经济转型升级中举足轻重。

在 2015 年的两会上，李克强总理在《政府工作报告》中，对未来经济提出明确愿景：“要制定‘互联网＋’行动计划，推动移动互联网、云计算、大数据、物联网等与现代制造业结合，促进电子商务、工业互联网和互联网金融健康发展，引导互联网企业拓展国际市场。”

互联网金融带来的金融新世界开始了！

9.1 互联网金融全景

金融即资金的融通，是一个将资金由供给者输送给需求者的行业。金融行业最初的形式是古代的钱庄。它们一方面收取储户的钱，到期支付本金和利息，另一方面把收到的钱借出，到期收回本金和利息，借款利息和储蓄利息之间的差额，就是它们的收入，见图 9-17。

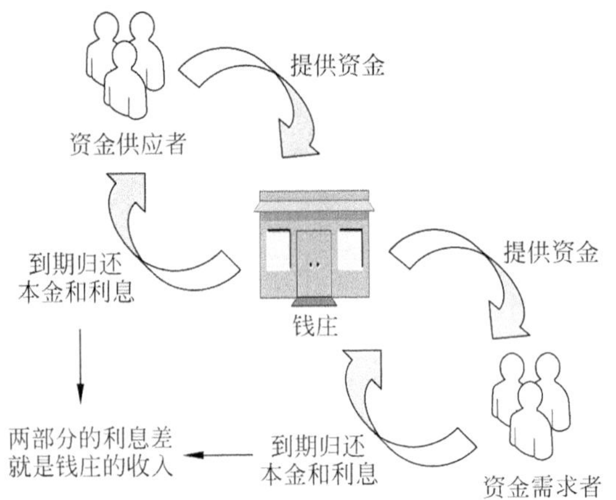

图 9-17　古代钱庄的资金融通

随着时代的发展，金融行业被更细致地进行了划分，出现了股票、债券、基金、保险等多种金融市场。我们可以把这些金融市场划分为两个大类：一类是间接金融市场，例如基金市场、保险市场等。这种模式和古老的钱庄经营非常相似，都是由一个专门的机构负责经营，见图 9-18。

另一类是直接金融市场，例如股票市场、债券市场等。这种模式下，没有专门的机构在中间负责经营，资金直接在供给者和需求者之间融通，见图 9-19。

最近几十年来，互联网在金融领域内的应用越来越广泛，于是出现了一个新兴的门类：互联网金融。与传统金融行业一样，互联网金融也负责使资金在供需双方之间融通起来，只不过融通的渠道不再是传统金融机构，而是互联网，见图 9-20。

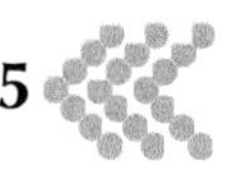

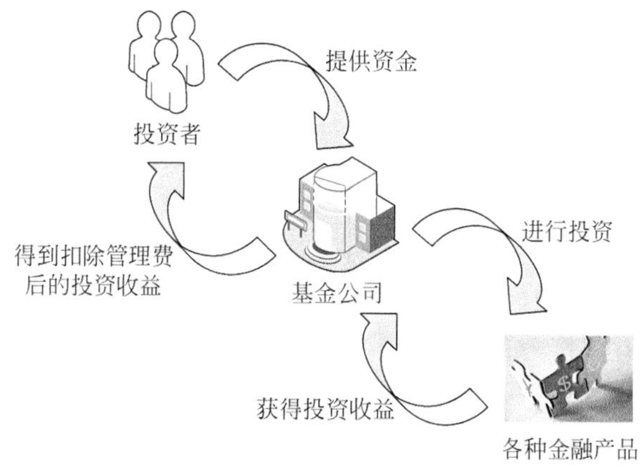

图 9-18　间接金融市场的资金融通

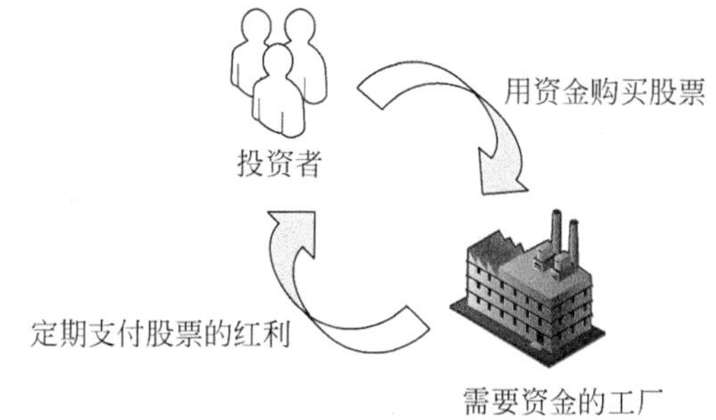

图 9-19　直接金融市场的资金融通

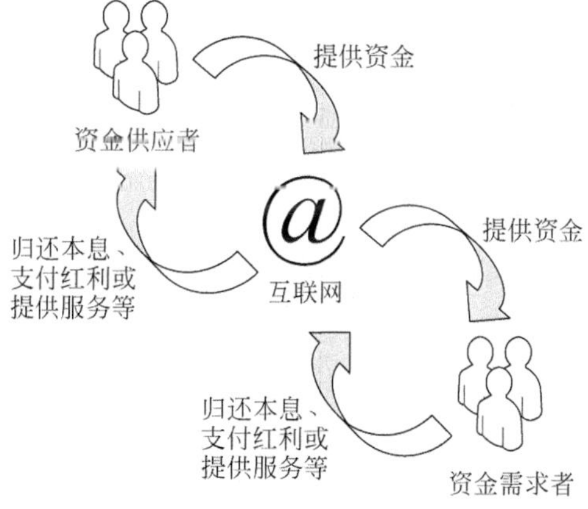

图 9-20　互联网金融的资金融通

互联网金融是指传统金融机构与互联网企业利用互联网技术和信息通信技术实现资金融通、支付、投资和信息中介服务的新型金融业务模式。互联网金融不是互联网和金融业的简单结合，而是在实现安全、移动等网络技术水平上，被用户熟悉接受后(尤其是对电子商务的接受)，自然而然为适应新的需求而产生的新模式及新业务，是传统金融行业与互联网精神相结合的新兴领域。

目前,互联网金融主要有两种格局,分为传统金融机构的互联网化和新兴互联网企业的金融化。传统金融机构的互联网化主要指传统金融机构,如银行、保险、证券、基金的互联网产品服务创新及电商化等;而新兴互联网企业主要是指利用互联网技术进军金融业的企业。

互联网金融拥有互联网及金融的双重属性,有以下五个特点:方式虚拟化、产品服务新、资金融通快、交易成本低、覆盖范围广。现如今,互联网金融在支付方式、赢利模式、信息处理、资源配置等方面深入传统金融业的核心,在给人们带来金融理念转变的同时,也给人们理财、支付、融资等带来翻天覆地的变化,给传统金融机构带来一定的冲击。

根据互联网金融的广义概念和发展现状将其分为以下几种商业模式:传统金融业务互联网化、第三方支付、互联网理财、互联网投融资和大数据金融。

9.1.1 传统金融业务互联网化

传统金融业务的互联网化,即金融活动从线下向线上转移,是一个必然趋势。一方面,越来越多的人习惯使用互联网,而且随着生活节奏的加快,很多人没有时间去柜台办理业务,金融机构要通过互联网化来满足客户需求;另一方面,互联网技术的快速发展,有助于金融机构降低交易成本。

1. 网络银行

网络银行又称网上银行或在线银行(Internet bank 或 Network bank),是一种以信息技术和互联网技术为依托,通过互联网平台向用户开展和提供开户、销户、查询、对账、行内转账、跨行转账、信贷、投资理财等各种金融服务的新型银行机构与服务形式,为用户提供全方位、全天候、便捷、实时的快捷金融服务系统。

在大致经历了业务处理电子化、经营管理电子化、银行再造三个阶段(关键技术创新的发展见表 9-3)后,网络银行得以产生。

表 9-3 信息技术与商业银行创新

时　　间	创 新 主 题	相 关 技 术
20 世纪 50 年代	信用卡	磁条
20 世纪 60 年代初	自动转账	电话
20 世纪 60 年代	支票处理机	磁记录
1969 年	ATM 机	机电一体化技术
20 世纪 70 年代	POS 机	计算机和通信
20 世纪 70 年代	信用打分模型	数据库技术
1970 年	CHIPS	通信
1973 年	自动付款技术	通信、微机
1977 年	SWIFT 系统	通信
20 世纪 80 年代	衍生产品	高速运算计算机和信息通信技术
1982 年	家庭银行	计算机和信息通信技术
20 世纪 80 年代中期	企业银行	计算机和信息通信技术
1988 年	EDI	通信、安全控制
1990 年	客户关系管理	数据库技术
1990 年	信用打分模型	数据库技术
20 世纪 90 年代	网络银行	信息通信技术和互联网

资料来源:姜建清.金融高科技的发展及深层次影响研究.北京:中国金融出版社,2000.

在第一阶段，银行主要运用信息通信技术来辅助和支持业务发展，例如数据保存、财务集中处理等，主要是实行办公自动化，即由手工操作向计算机处理转变，但当时信息通信技术还不够发达，银行信息系统分散而封闭。

在第二阶段，信息技术的快速发展与成本的大幅降低，为银行业广泛应用网络信息技术提供了有利的条件。这一阶段银行实现了联网实时交易，同时内部网络电子银行开始兴起，出现了 POS 机、ATM 机等。

在第三阶段，随着 1995 年 10 月美国第一家网络银行——安全第一网络银行（Security First Network Bank，SFNB）的诞生，出现了网络银行、电话银行、手机银行和电视银行等新型服务渠道，客户可以在任何时间、任何地点，以任何方式获得银行服务。这一阶段的创新使银行业务发生了革命性变革，突破了银行、保险、证券之间的分业限制，使金融业不断融合。银行业务的发展，反过来又增加了对信息通信技术的需求，出现了大量 IT 外包活动。

我国网络银行的发展经历了三个层次，见图 9-21。这三个层次涉及的银行业务逐渐深入，功能也逐渐完善。

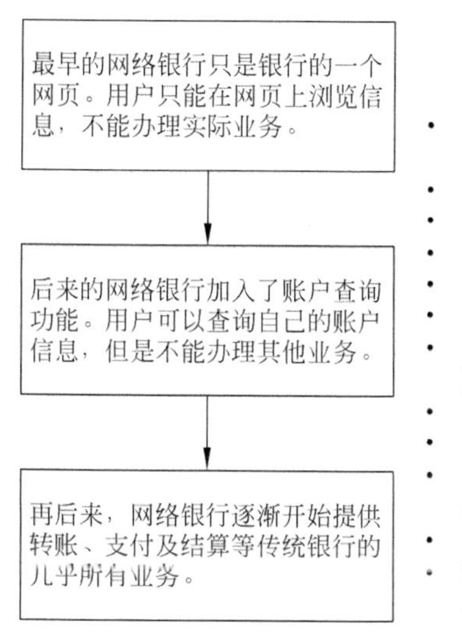

- 1996年2月，中国银行在互联网上建立了主页，开始在网上发布信息
- 1997年4月，招商银行开通自己的网站
- 1998年，中国银行开始提供网络银行服务
- 1998年3月，国内第一笔互联网支付业务成功实现
- 2000年5月，中国工商银行在国内率先推出了网络银行品牌“金融e通道”

图 9-21 我国网络银行的发展历程

国外的网络银行有两种模式：一种是大银行开办的网络银行业务。这种网络银行与实体银行网点、ATM 机以及电话银行等，共同组成银行的综合业务体系，见图 9-22。这种模式与国内的网络银行类似。

另一种是只通过互联网业务、电话业务为客户建立银行服务平台，没有实体银行网点。这种模式的优点是机构、人员较少，经营成本低，可以为用户提供更优惠的存贷款、转账汇款等服务（见图 9-23）。这种网络银行模式目前在国内刚刚起步，例如深圳前海微众银行、浙江网商银行等。

2. 手机银行

手机银行也称移动银行、移动金融服务，指利用手机、PDA 或其他移动设备等来实现客户与金融机构的对接。手机银行在 20 世纪 90 年代末诞生于捷克，由该国的 Expandia Bank 与移动运营商 Radio Mobile 打造，目前已经出现了多种模式和大量案例。2013 年 12 月，中国人民银行行长周小川在接受《财经》杂志专访时也表示，应该借鉴国际经验，通过手机银行

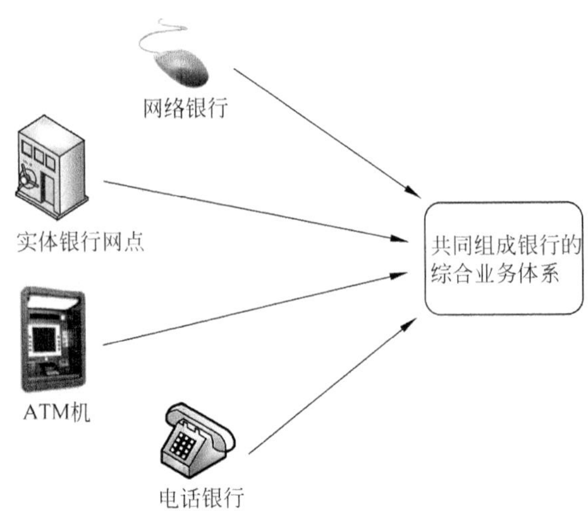

图 9-22　银行的综合业务体系

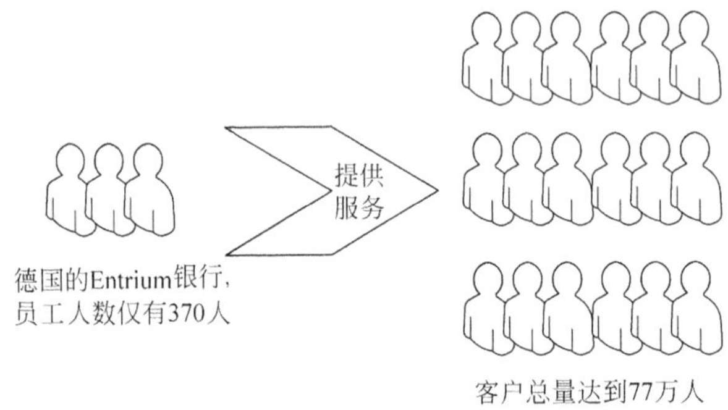

图 9-23　纯网络银行员工人数与客户人数情况

为农村地区、边远地区和贫困地区提供基本金融服务。表 9-4 归纳了手机银行的四种主要模式。

表 9-4　手机银行的主要模式

主要模式	银行主导	合伙企业	非银行主导	非银行发起
账户或存款的持有者	银行	银行	银行	运营商或者其他非银行机构
提现机构	银行	银行	银行或者代理商	运营商或者其他非银行机构
支付指令的执行者	任何运营商	特定运营商	特定运营商	特定运营商
典型案例	多数手机银行	MTN Mobile Money，Smart	M-PESA，Wizzit	Globe，Celpay

这里需要说明两点：

第一，多数手机银行属于银行主导模式，移动运营商只提供运营平台。这也是手机银行最早的模式，至今在发达国家仍是主流。

第二，非洲国家出现了大量手机银行创新，而且移动运营商、第三方支付公司等非银行

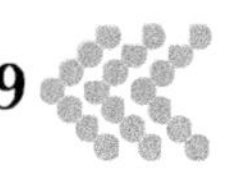

机构在手机银行中扮演了重要角色。比如，肯尼亚的手机银行 M-PESA 由移动运营商主导，已经成为全球接受度最高的手机支付系统，在肯尼亚的汇款业务已超过该国所有金融机构的汇款业务之和。非洲国家金融系统不发达，难以满足人们对金融服务的基本需求，特别是经营网点不足，给这些新兴的手机银行模式带来了巨大的发展空间(见表 9-5)。

表 9-5　非洲国家手机银行概览

比较项目 \ 手机银行	Celpay	M-PESA	MTN Mobile Money	Wizzit
是否针对金融空白	否	是	部分是	是
安全性	资金存放在银行	资金存放在银行	需要银行账户	需要银行账户
提现方式	不能提现	代理商	ATM；银行分支机构	ATM；银行分支机构
是否可以转账	是	是	是，任何银行账户	是，任何银行账户
特殊硬件要求	是	否	32k SIM 卡	否

资料来源：David Porteous，2006，The Enabling Environment for Mobile Banking in Africa，Working paper.

3. 网络证券

网络证券业务指投资者利用互联网网络资源(包括公用互联网、局域网、专网、无线互联网等)传送交易信息和数据资料并进行与证券交易相关的活动，包括获取实时行情及市场资讯、投资咨询和网上委托等一系列服务。网络证券公司是证券公司运用互联网的一种表现形式。

曾几何时，穿着红马甲的交易员做着各种手势，争分夺秒地打电话和下订单，是证券交易所里的一道风景线。但是信息通信技术的发展使得这一切成为历史，以前通过电话和传真委托的交易，现在都可以通过网上交易系统来完成。证券公司的交易大厅也逐渐被网上交易取代。1992 年美国 E-Trade 公司推出了网上证券交易，此后网上证券交易业务蓬勃发展。现在大多数客户都习惯于网上交易，开户后下载一个交易软件，就可以在家炒股。手机交易也在快速发展，手机交易所具有的可移动的特点，能使其随时满足客户的需求。

虽然我国的证券业起步较晚，但因信息通信技术而受到的影响非常深远，先后经历了集中交易、网上交易、手机证券等阶段。1990 年上海证券交易所和深圳证券交易所的成立，标志着我国证券交易进入集中交易阶段；1997 年 3 月华融信托投资公司湛江营业部推出的网上交易系统则标志着我国证券交易进入网上交易阶段；在手机证券阶段，证券交易进入了可移动时代，人们可以在任何时间、任何地点获得证券服务。

根据利用互联网的深度，可以把国外网络证券的运营模式分为三种：以 E-Trade、TD Ameritrade 为代表的纯粹网络证券经纪公司(即 E-Trade 模式)，以嘉信理财、Fidelity 为代表的综合型证券经纪公司(即嘉信模式)，以美林证券、A. G. Edwards 为代表的传统证券经纪公司(即美林模式)，见图 9-24。

1) 国外网络证券的运营模式

(1) E-Trade 模式。

1992 年 E-Trade 公司正式成立，通过美国在线向投资者提供网上证券服务，1996 年建立 www.etrade.com 网站，完成了证券交易的电子化革命。目前，E-Trade 已经成为全球最大的个人在线投资服务网站，客户遍及全球 100 多个国家。E-Trade 模式的最大优势就是交易成本低。E-Trade 有较强的技术开发能力、便捷的网上交易通道，同时未设立实体营业网

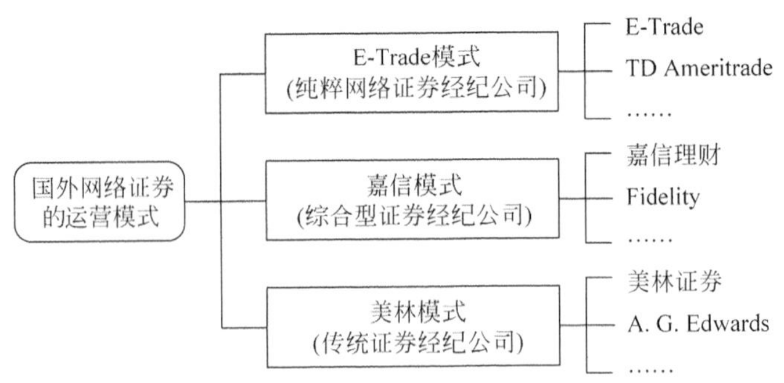

图 9-24 国外网络证券的运营模式

点，平均每笔佣金仅约 10 美元。E-Trade 的缺点在于缺乏长期积累的投资顾问和客户群体。

(2) 嘉信模式。

1971 年成立的嘉信理财(Charles Schwab)是一家总部设在旧金山的金融服务公司，如今已成为美国个人金融服务市场的领导者。20 世纪 90 年代中期，嘉信理财实现重大突破，推出了基于互联网的在线理财服务。公司主要通过电话、传真、网上交易向投资者提供相对廉价的服务。与 E-Trade 模式不同的是，嘉信理财不仅是纯粹的网络证券公司，还通过店面向投资者提供服务。嘉信模式的优点是成本低廉，缺点是资讯研发方面的能力较弱。

(3) 美林模式。

成立于 1885 年的美林证券，是世界领先的财务管理和顾问公司之一，总部位于美国纽约。与嘉信模式不同，美林模式主要定位于高端客户，为客户提供面对面、全方位的资产投资咨询服务，拥有强大的投资研究能力和资产组合咨询能力，但是其高端定位也使得客户群体存在局限性。此外，由于高端客户大多需要个性化的服务，导致其利用互联网的深度不及前两种模式。

2) 国内网络证券的运营模式

我国证券公司的互联网形态，主要是提供资讯和资金服务(主要是经纪业务)。根据提供主体不同，可以将我国证券公司涉足网络的运营模式分为三种：券商自建网站模式、独立第三方网站模式以及券商与银行合作模式，见图 9-25。

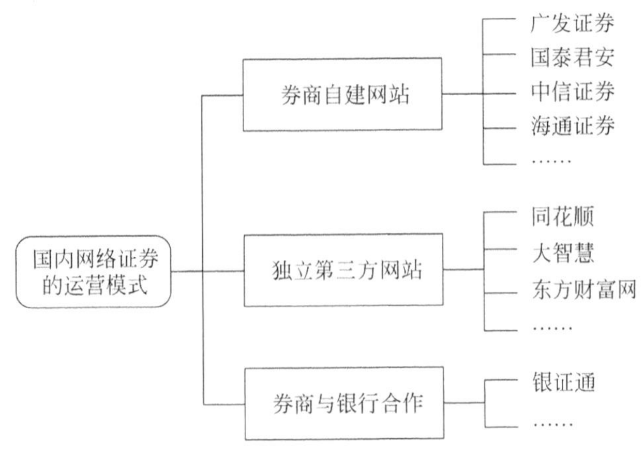

图 9-25 国内网络证券的运营模式

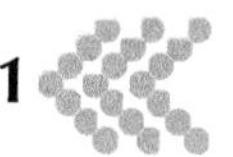

(1) 券商自建网站模式。

这种模式在证券公司中普遍存在,比较有代表性的是广发证券、国泰君安、中信证券、海通证券等。这些证券公司的交易和服务网站属于公司内部的一个服务部门(中心)。随着互联网金融的兴起,广发证券推出了易淘金平台,这一平台不限于传统经纪业务,客户在该平台上还可以购买资管产品、基金等。这一模式的优点在于证券公司可以直接将其在传统市场上的服务通过网站提供给网络客户,券商的服务优势可以充分发挥。缺点在于专用网站的建设需要大量资金投入,这是中小券商力所不能及的。

(2) 独立第三方网站模式。

在这种模式下,网上服务公司、资讯公司和软件系统开发商等负责开设网络站点,为客户提供资讯服务,券商则在后台为客户提供网上证券交易服务。这种模式是一种开放的平台,如果需要证券交易,则需要在其提供的软件上通过"添加券商"这一功能来实现,典型代表如同花顺、大智慧等。有些则只提供资讯服务,如东方财富网。这一模式的优点在于可以充分发挥技术优势和信息优势,缺点在于证券服务的内容和专业水平要得到客户认同需要一段时间。

(3) 券商与银行合作模式。

在银行、保险和证券分业经营的情况下,券商与银行合作的典型模式是银证通。银证通是在银行与券商联网的基础上,投资者直接利用在银行各网点开立的活期储蓄存款账户作为证券保证金账户,通过银行的委托系统(如电话银行、网络银行、手机银行、银行柜台等),或通过券商的委托系统(如电话委托、手机证券委托、网上委托等)进行证券买卖的一种新型金融服务业务。这一模式为商业银行直接参与证券市场业务创造了条件,其优点在于方便快捷且手续费低,同时还能规避保证金被券商挪用的风险。缺点在于存在法律风险,2006年银证通被全面叫停就是明证。

4. 网络保险

网络保险是指保险公司或者其他中介机构利用互联网来开展保险业务的行为,有狭义和广义之分。狭义的网络保险指保险公司或其他中介机构通过互联网为客户提供有关保险产品和服务的信息,并实现网上投保,直接完成保险产品和服务的销售。广义的网络保险还包括保险公司内部基于互联网的经营管理活动,以及在此基础上的保险公司之间,保险公司与股东、保险监管、税务、工商管理等机构之间的交易和信息交流活动。网络保险公司是保险公司运用互联网的一种表现形式。

在保险业,信息通信技术最初主要应用于保险产品电子化(即电子保单)。同时销售也部分实现了电子化,主要是网络营销和电话销售等。例如,英国十家最大的车险公司都有自己的电话销售系统,1/3的私人汽车保险业务是通过电话系统完成的。随着信息技术的发展,逐渐开发出了保险产品的电子商务平台,提高了客户的自助能力,同时也加强了保险公司与客户之间的联系,如保险产品的在线报价与交易、个人之间的信息共享等。

目前,一些保险公司网络保险的业务量已经达到一定规模,还出现了一些纯粹的互联网保险公司。1999年7月,日本出现首家完全通过互联网推销保险业务的保险公司,这家保险公司由美国家庭人寿保险公司和日本电信共同投资设立并管理,服务对象定位为40岁以下的客户。美国InsWeb公司是目前全球最大的保险电子商务网站,在业界有着很高声誉,被福布斯称为"最优秀网站",该网站涵盖了汽车、房屋、医疗、人寿、宠物等方面的保险业务。

我国的网络保险尚处于初级阶段。大多数保险公司只是建立了自己的门户网站，而网上销售和网上交易基本上还没形成气候。虽然2000年中国平安保险公司推出了货运险网上交易系统，但我国保险业的信息化水平仍然较低。2012年6月19日放心保成功上线，兼具B2B和B2C交易模式，属于网络保险的一种，同时也是保险产品的第三方销售平台。2013年，众安在线财产保险公司突破了国内现有的保险营销模式，不设实体分支机构，代之以互联网销售和理赔。

网上开展保险业务的模式主要有三种：一是保险公司提供网上保险服务；二是专门公司经营的网上保险服务业务；三是多家保险机构共建的网上保险业务。借鉴上述分类方法，结合目前网络保险公司的服务内容，可以将网络保险公司的运营模式分为三种：保险公司网站模式、网络保险超市模式和网络保险淘宝模式，见图9-26。

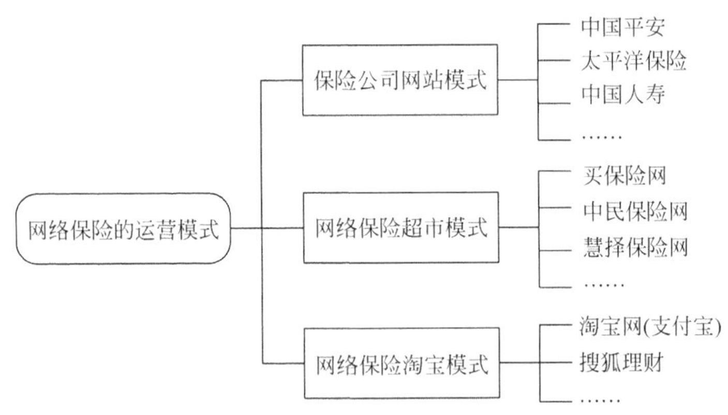

图9-26　网络保险的运营模式

1）保险公司网站模式

在这种模式下，各家保险公司通过自己的门户网站，向客户展示保险产品，提供联系方式，拓展销售渠道等。可以起到如下作用：第一，宣传公司及产品；第二，在网上推销保险，拓展产品销售渠道；第三，保险公司通过电子商务对客户资料进行管理；第四，提供其他增值服务，如免费短信俱乐部活动、个性化邮件订阅等。这种模式的缺点是内容信息量不足(因为只展示了自己公司的产品，没有融合其他保险公司的产品)，对公司的信息技术水平要求较高。在美国，Ecoverage是第一家通过互联网向客户提供从报价到理赔服务的公司，在该公司的网站上，客户可以在比过去短的时间内了解报价、购买方法以及理赔等信息，并且可以获得全天候的服务。

2）网络保险超市模式

在这种模式下，网络平台把有关联的所有保险公司的保险产品信息放在一个网站上介绍，让客户根据自身实际情况自主选择所需要的保险产品，将客户与保险公司联系起来，只在交易完成后收取较低的佣金或手续费。在该模式下，客户可以快速寻找到自己需要的各种保险产品信息，可以针对多家保险公司的产品进行对比选购。我国的代表是慧择网，是我国首家集产品对比、保险垂直交易与预约购买、保险专业咨询互动于一体的综合型第三方保险电子商务平台，联合十几家大型保险公司共同实现了网上保险实时投保。国外比较典型

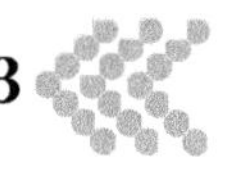

的是美国的InsWeb，已经与世界上50多家著名保险公司签署了业务协议，同时还通过与其他180多个著名网站链接合作的方式，吸引源源不断的客户访问该站点。客户只需在网上输入需求信息，网站就会根据相关信息自动对各家会员保险公司的产品进行比较分析，并将结果反馈给客户。这种模式的赢利点主要有三个：一是供求匹配的中介费，一般向消费者收取；二是为代理人提供消费者信息和需求，向代理人收取费用；三是广告费等其他费用。

3）网络保险淘宝模式

在这种模式下，网络保险网站既不提供保险产品，也不提供专业的保险信息，只是提供平台，由保险供求双方自行匹配。这个网站的核心是为供求双方提供平台，由供求双方自主选择，同时供求双方的相互交流可以为保险市场提供一些软信息，有利于客户进行决策。目前，很多保险公司已经入驻淘宝，包括中国平安、中国人保在内的保险公司纷纷在淘宝平台开设了自己的网上旗舰店，在线销售意外险、车险、健康险等保险产品。

通过互联网购买保险有许多好处：可以使投保交易更加快捷，省去了许多实地办理的麻烦；可以让投资者轻松地在多家保险公司提供的产品中挑选自己需要的产品，并快速计算出所需保费，方便投资者了解资金需求；可以让保险公司减少实体网点的建设，从而降低保险公司的成本，也能够让投资者享受到更优惠的投保价格（见图9-27）。

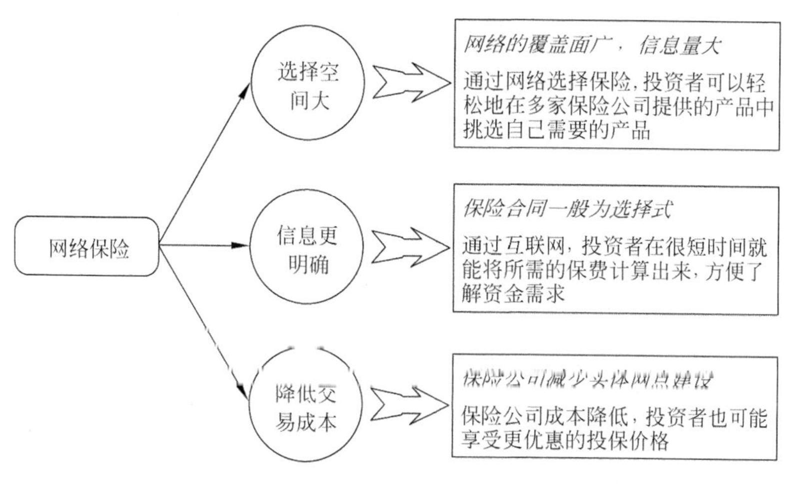

图9-27　网络保险的优势

9.1.2　第三方支付

第三方支付是指具备一定实力和信誉保障的非银行机构，借助通信、计算机和信息安全技术，采用与各大银行签约的方式，在客户与银行支付结算系统间建立连接的电子支付模式。第三方支付通过采用二次结算的方式，实现了大量小额交易在第三方支付公司的轧差后清算，在一定程度上承担了类似中央银行的支付清算功能，同时还能起到信用担保的作用。第三方支付模式与传统支付模式的对比如图9-28所示。

第三方支付通过其支付平台在消费者、商家和银行之间建立连接，起到信用担保和技术保障的作用，实现从消费者到商家以及金融机构之间的货币支付、现金流转、资金结算等功能。采用第三方支付，既可以约束买卖双方的交易行为，保证交易过程中资金流和物流的正

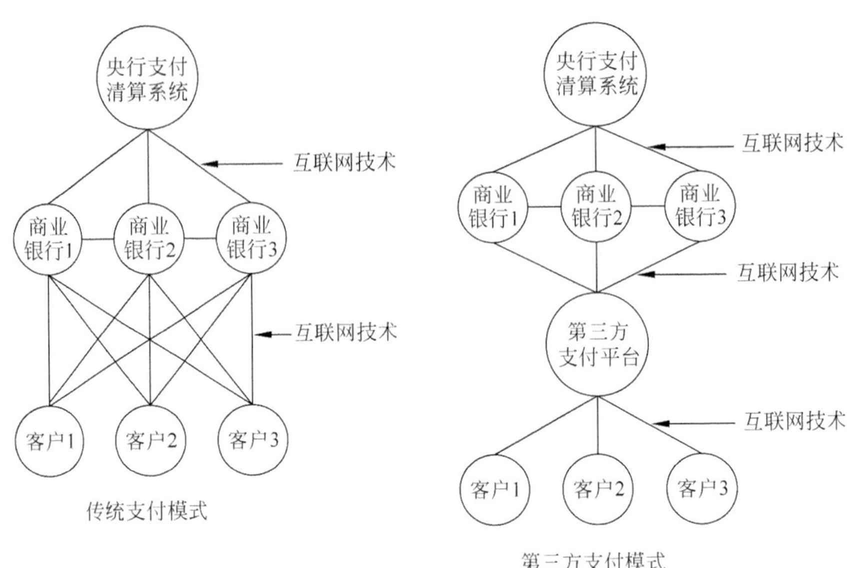

图 9-28　第三方支付模式与传统支付模式的对比

常双向流动，增加网上交易的可信度，同时还可以为商家开展 B2B、B2C、C2C 交易等提供技术支持和其他增值服务。

根据央行 2010 年在《非金融机构支付服务管理办法》中给出的非金融机构支付服务的定义，从广义上讲第三方支付是指非金融机构作为收、付款人的支付中介所提供的网络支付、预付卡、银行卡收单以及中国人民银行确定的其他支付服务。第三方支付已不仅仅局限于最初的互联网支付，而是成为线上线下全面覆盖、应用场景更为丰富的综合支付工具。

从发展路径与用户积累途径来看，目前市场上第三方支付公司的运营模式可以归为两大类：

完全独立于电子商务网站、不承担担保功能的独立第三方支付模式，仅仅为用户提供支付产品和支付系统解决方案，以快钱、易宝支付、汇付天下、拉卡拉等为典型代表。

依托于自有 B2C、C2C 电子商务网站、具有担保功能的第三方支付模式，以支付宝、财付通为典型代表。此类支付模式中，买方在电商网站选购商品后，将货款支付给第三方支付平台，由平台通知卖方货款到达、进行发货，买方收货、验货后，通知平台付款给卖方，这时平台再将款项转至卖方账户，见图 9-29。

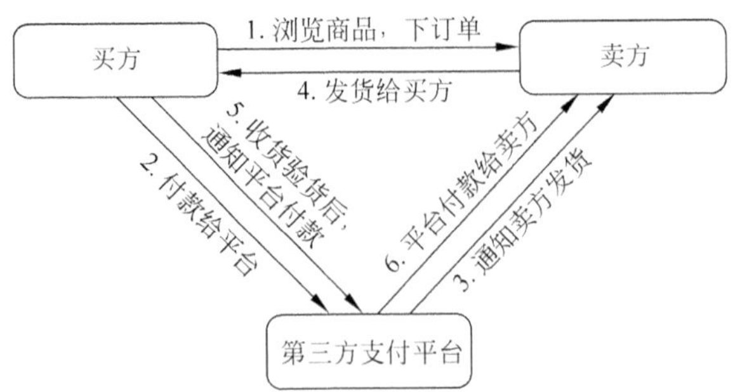

图 9-29　具有担保功能的第三方支付的交易流程

9.1.3 互联网理财

互联网理财是指投资者通过互联网获得理财知识、理财建议和理财产品推荐等服务。对于普通收入阶层来说，如何让“小钱”获得方便、省心的投资渠道；对于富裕阶层来说，如何让财富保值、增值，都离不开理财规划的指引，其首要任务是解决理财规划成本及投资门槛问题。传统的解决方式要么沦为纯粹的产品推销，要么有着极高的门槛，而借助互联网所带来的数字化洪流以及智能化的数据分析能力，国外（主要是美国）基于互联网的低门槛的自动化理财规划、理财咨询平台纷纷涌现，吸引了大量客户，展现出了良好的发展前景。

互联网理财之所以得到了快速发展，主要是因为这种方式为普通投资者解决了很多实际的问题（见图 9-30）。互联网理财的具体表现形式虽然千差万别，但本质的运作流程大同小异，目标都是为投资者提供理财建议、制定理财规划、推荐理财产品（见图 9-31）。互联网理财网站的特征如图 9-32 所示。

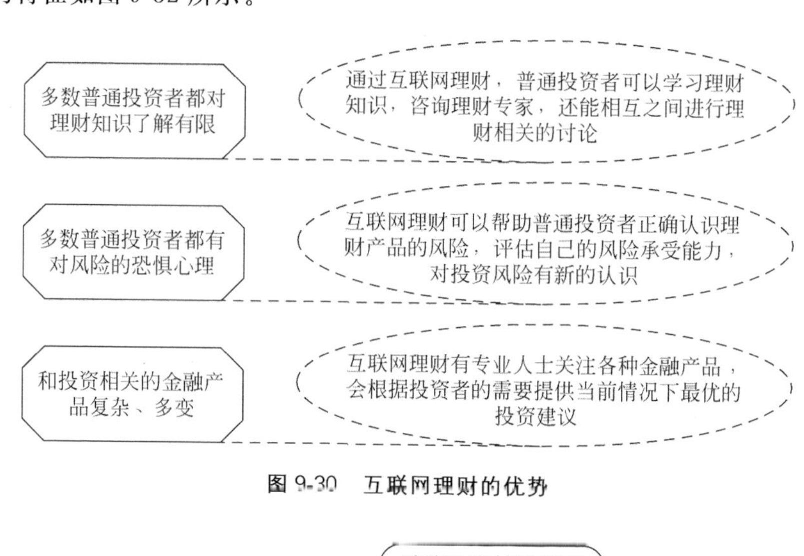

图 9-30 互联网理财的优势

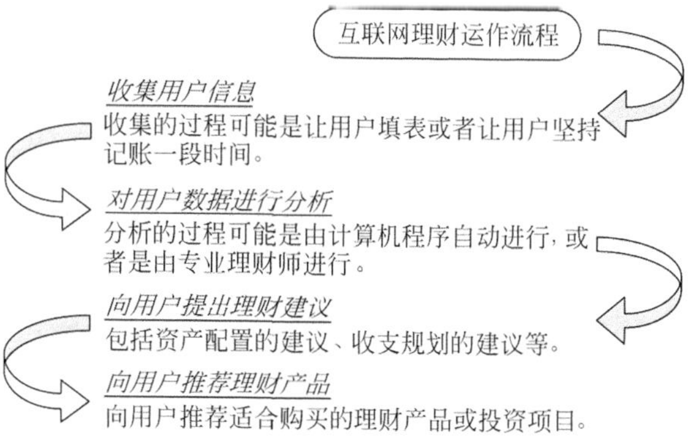

互联网理财运作流程

收集用户信息
收集的过程可能是让用户填表或者让用户坚持记账一段时间。

对用户数据进行分析
分析的过程可能是由计算机程序自动进行，或者是由专业理财师进行。

向用户提出理财建议
包括资产配置的建议、收支规划的建议等。

向用户推荐理财产品
向用户推荐适合购买的理财产品或投资项目。

图 9-31 互联网理财的运作流程

在国际上，互联网理财已经有了较大发展，衍生出了很多模式。根据美国的自动化理财平台提供的核心服务、目标客户以及赢利方式等，可以将互联网理财网站大致分为工具型理财网站、建议型理财网站和交易型理财网站三大类（见图 9-33）。

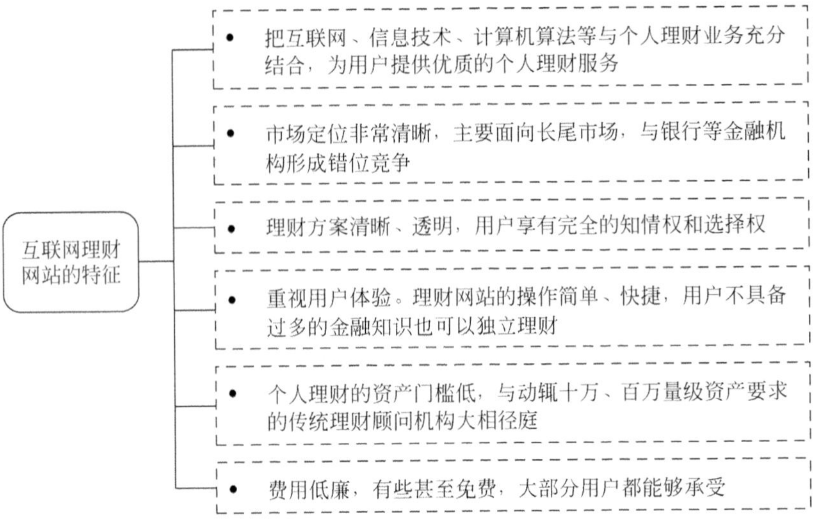

互联网理财网站的特征

- 把互联网、信息技术、计算机算法等与个人理财业务充分结合，为用户提供优质的个人理财服务
- 市场定位非常清晰，主要面向长尾市场，与银行等金融机构形成错位竞争
- 理财方案清晰、透明，用户享有完全的知情权和选择权
- 重视用户体验。理财网站的操作简单、快捷，用户不具备过多的金融知识也可以独立理财
- 个人理财的资产门槛低，与动辄十万、百万量级资产要求的传统理财顾问机构大相径庭
- 费用低廉，有些甚至免费，大部分用户都能够承受

图 9-32　互联网理财网站的特征

工具型理财网站

- 互联网理财只是提供机械化的理财建议，这些建议由电脑程序自动给出
- 例如，用户输入自己的财务状况后，计算机程序会计算出用户的负债率，然后按照标准判断用户负债是否过多
- 代表网站：Mint、Bundle、Quicken等

建议型理财网站

- 用户提供资料后，有专人为用户提供全面的理财规划和理财建议
- 这种服务要比单纯的计算机程序给出的服务更加贴心，考虑更加周到。但是这种服务通常需要付费
- 代表网站：Learn Vest、Daily Worth、SigFig等

交易型理财网站

- 互联网理财网站不仅给出理财建议，还提供可以购买的理财产品列表
- 用户可以直接在网站上选择购买理财产品。网站收入来源于销售理财产品的提成
- 代表网站：Personal Capital、Wealthfront、Motifinvesting等

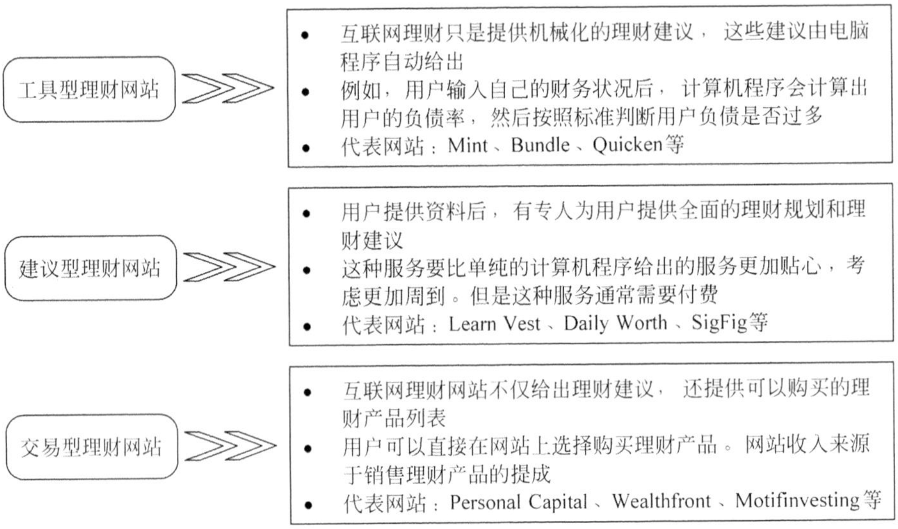

图 9-33　互联网理财网站的类型

目前，国内已经小有规模的在线理财机构有存折网、挖财、铜板街等。但是在国内，互联网理财的经营受到了很大限制，业务只能局限在记账、理财论坛、理财产品超市等领域。造成这种局面的原因主要有缺乏专业人才、信息难以共享、客户信任问题三方面(见图 9-34)。

理财规划毕竟是一个高度专业化的领域，除数据分析与处理能力外，还需要精深的金融行业知识和模型等，这也是美国互联网理财规划服务多由前华尔街人士领衔或参与支持的重要原因。而国内的互联网理财网站的创始人多是技术人员出身，并不像美国的互联网理财网站那样多由华尔街的金融从业人员建立，因此在服务的深度以及专业性方面还有一定差距。

互联网理财规划需要大量用户数据的支撑，而在我国，不同投资账号的数据难以实现共享、互通，这将大大限制原始数据的获得，进而限制模型的生成与应用。

- 互联网理财的发展难以得到传统金融机构的认可。用户的银行账户、股票账户等信息，无法从开户机构直接同步到互联网理财网站上
- 互联网理财网站无法全面了解用户的财务状况，也就无法做出合理的理财规划

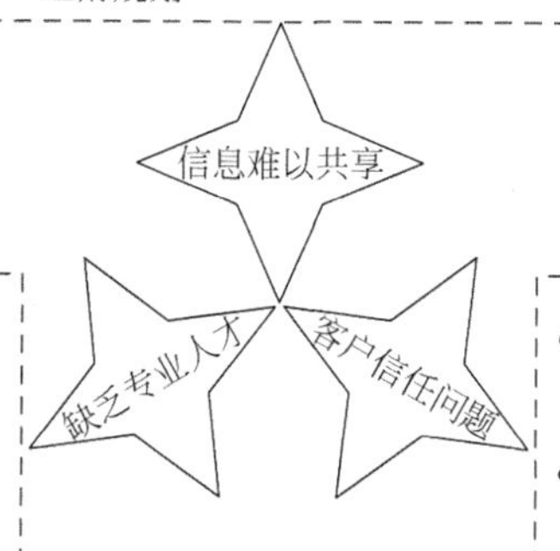

- 国外互联网理财网站多数都是由华尔街的专业人士创立，而国内的互联网理财网站多数由IT行业人士创立
- 国内互联网理财网站的创始人缺乏专业的理财知识，很难为用户提供全面的理财服务

- 国内的用户普遍不信任互联网理财网站，不愿意提供真实的个人资料和账户信息
- 互联网理财网站无法得到全面的用户信息，也就无法为用户提供全面的理财服务

图 9-34 国内互联网理财发展的障碍

互联网理财在国内的发展还面临客户信任问题。目前来看，国内的用户显然更信任银行。在商业诚信相对缺失的环境中，互联网理财这种只能通过网络或电话进行沟通的方式很难让用户真正放心。

9.1.4 互联网投融资

基于互联网投融资的商业模式可细分为 P2P 网贷和众筹，这两者最具有互联网属性，也是目前我国典型的互联网金融模式。不管是 P2P 还是众筹，人们都是为了获得一定的收益才会将资金投入到这样的平台上去，说到底，互联网金融的投融资模式也是一种互联网理财模式。然而，P2P 和众筹对人们的影响除了理财方式的变化，还有生活方式的变化。

1. P2P 网贷

P2P(Peer-to-Peer)网贷是一种个人对个人的直接信贷，是由网络信贷公司提供平台，借贷双方在此平台上自由竞价、撮合成交的一种资金借贷方式。这种方式最早起源于英国，之后在世界各国快速发展起来。国外 P2P 网贷平台的发展历程如图 9-35 所示。我国的 P2P 网贷平台最早出现在 2007 年，但是直到 2010 年才开始快速发展。我国 P2P 网贷平台的发展历程如图 9-36 所示。

在 P2P 网贷的过程中，借款人和出借人通过 P2P 平台完成借贷，见图 9-37。P2P 平台只是提供交易信息，并不参与实际的现金交割。

经过几年的快速发展，P2P 网贷平台已经衍生出了五种不同的运营模式。不同模式的风险不同、收益不同，适合不同的投资者。

(1) 单纯中介模式。这种模式下，P2P 网贷平台只是提供一个信息发布场所，并收取一定费用。由出借人自己负责评估并承担风险，由出借人和借款人商议确定交易利率。单纯中介模式 P2P 网贷平台的职责如图 9-38 所示。

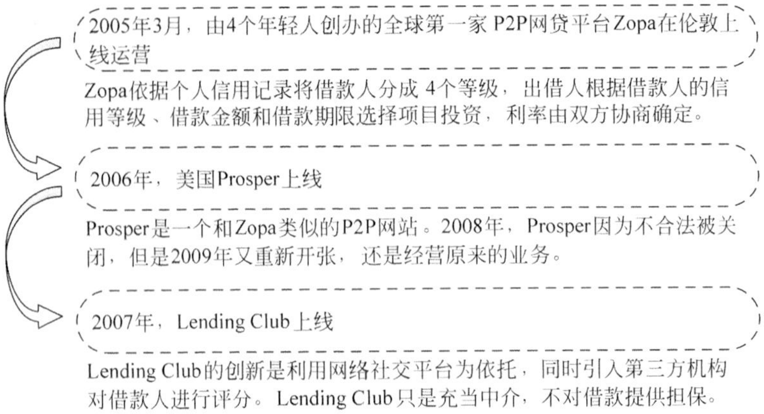

2005年3月，由4个年轻人创办的全球第一家P2P网贷平台Zopa在伦敦上线运营
Zopa依据个人信用记录将借款人分成4个等级，出借人根据借款人的信用等级、借款金额和借款期限选择项目投资，利率由双方协商确定。
2006年，美国Prosper上线
Prosper是一个和Zopa类似的P2P网站。2008年，Prosper因为不合法被关闭，但是2009年又重新开张，还是经营原来的业务。
2007年，Lending Club上线
Lending Club的创新是利用网络社交平台为依托，同时引入第三方机构对借款人进行评分。Lending Club只是充当中介，不对借款提供担保。

图 9-35 国外 P2P 网贷平台的发展历程

2007年8月，拍拍贷上线，成为我国最早的P2P平台
2007年10月，宜信网贷上线
之后几年，P2P平台都不被重视，新的平台凤毛麟角
2010年，网贷平台再次受到追捧，很多新的平台陆续出现，例如人人贷、E速贷、365易贷、盛融在线等
2011年，平安集团投资4亿元成立陆金所，开启了P2P行业的大资本时代
2011年，宜信网贷得到资本市场注资
2012年，拍拍贷得到资本市场注资
2012年开始，P2P平台的发展进入爆发期
2012年后，因为快速发展，行业内的企业良莠不齐，不断有P2P平台经营出现问题
2013年10月开始，平均每天都有一家P2P平台倒闭或跑路

图 9-36 我国 P2P 网贷平台的发展历程

出借人
② 获取信息
③ 签订协议
P2P网贷平台
① 发布信息
④ 借出资金
⑤ 按照协议还本付息
借款人
由P2P平台自身或者专门的担保机构对交易进行担保。如果借款人到期无力偿还，担保机构负责还款
担保机构

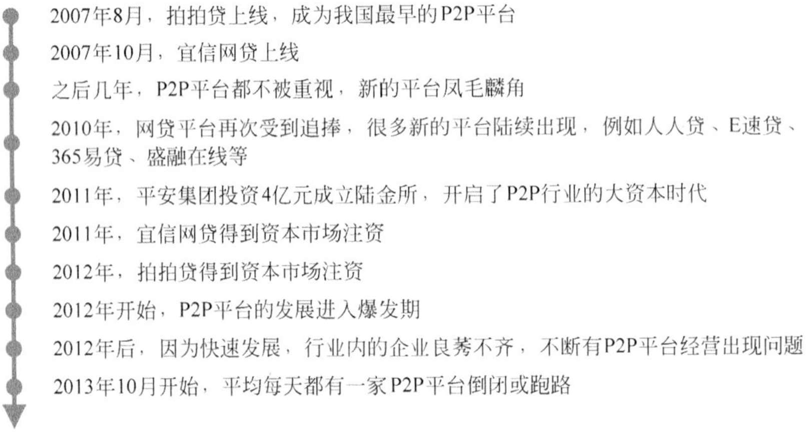

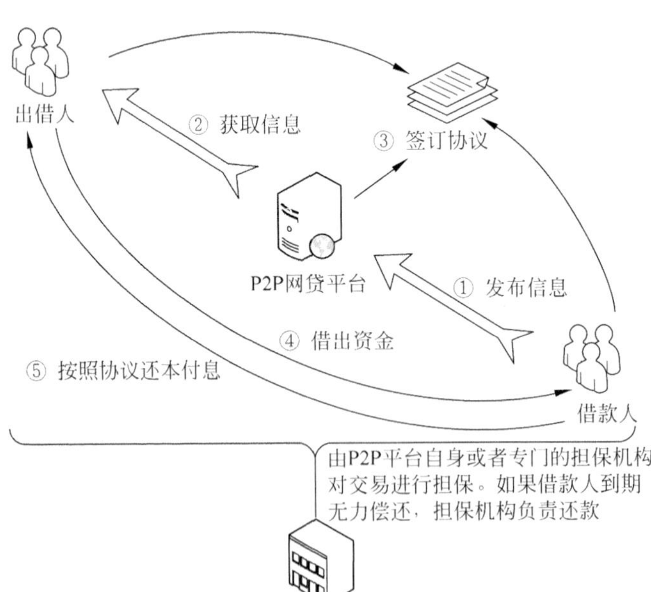

图 9-37 P2P 网贷平台的借贷过程

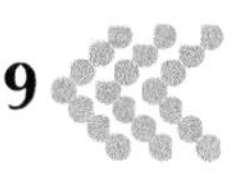

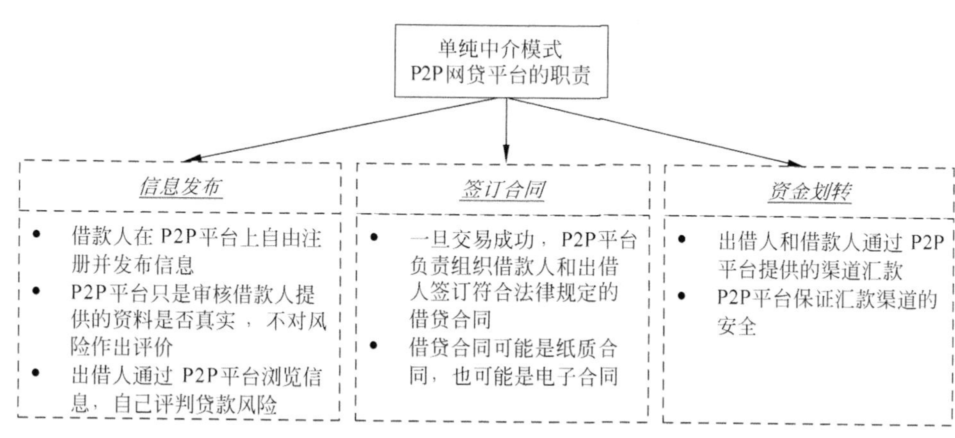

图 9-38　单纯中介模式 P2P 网贷平台的职责

(2) 担保平台模式。这种模式下，P2P 网贷平台深度介入交易，包括对借款项目进行细致的审查，确定风险等级，再根据风险等级确定利率。此外，平台还会对借款进行一定的担保，可能是平台自身的担保，也可能是第三方担保机构的担保。一旦借款人到期无法还款，将由担保人把钱还给出借人。担保平台模式 P2P 网贷平台的职责如图 9-39 所示。

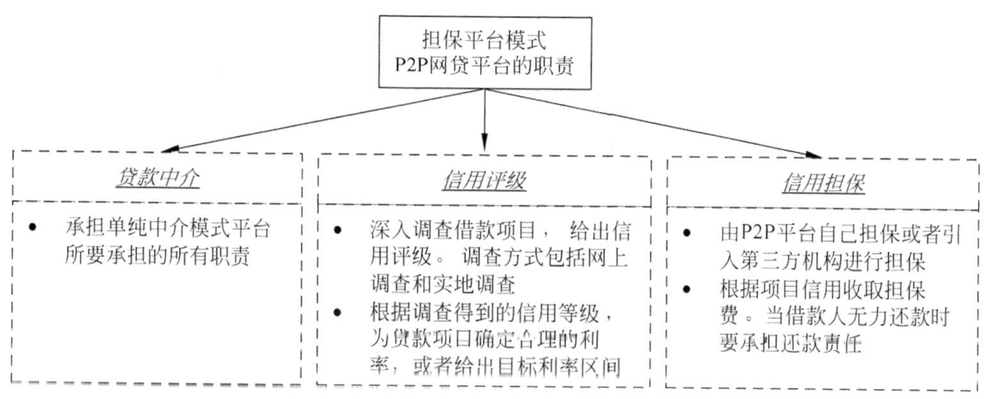

图 9-39　担保平台模式 P2P 网贷平台的职责

(3) 抵押贷款模式。这种模式下，借款人要想获得贷款，必须将一定的资产（一般是房产）抵押给 P2P 网贷平台。如果借款人到期后无法还款，P2P 网贷平台会将抵押品出售，所得资金用来偿还贷款。这种模式的优点是可以有效保护出借人的利益，降低 P2P 平台经营风险；缺点是实物抵押的模式使 P2P 平台的发展受到地域限制，多数平台只能局限于一个城市的业务。抵押贷款模式 P2P 网贷平台的运作流程如图 9-40 所示。

(4) 社交网络模式。这种模式是以社交网络的好友为基础发展起来的借款模式。出借人和借款人是社交媒体上的好友，在 P2P 网贷平台上完成借贷业务。出于朋友之间的相互信任，这种模式下借贷的成功率较高，并且到期后不还款的风险较小。社交网络模式 P2P 网贷平台的运作流程如图 9-41 所示。

(5) 公益性平台模式。这种模式致力于向落后地区以及创业人员、农民、大学生等群体提供贷款。公益性 P2P 网贷平台的特点如图 9-42 所示。

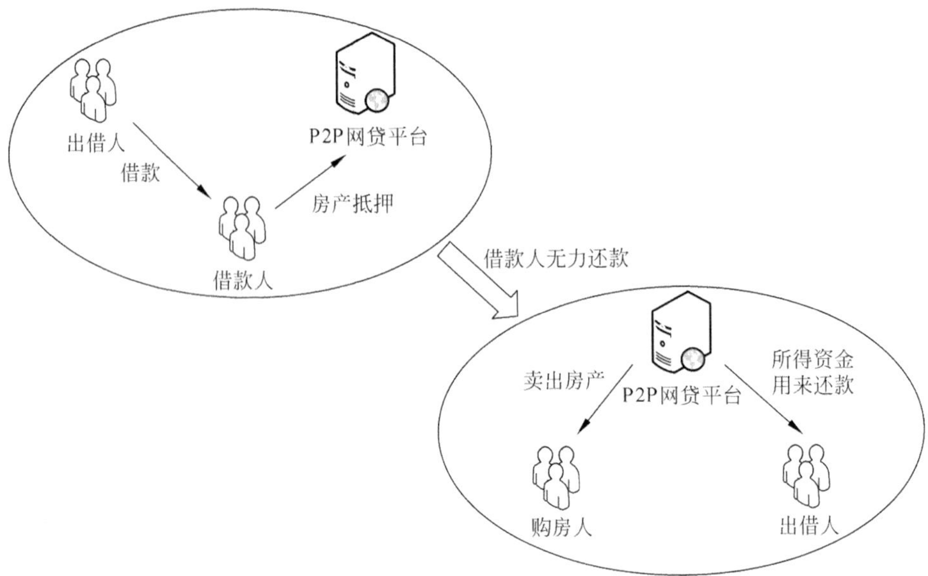

图 9-40　抵押贷款模式 P2P 网贷平台的运作流程

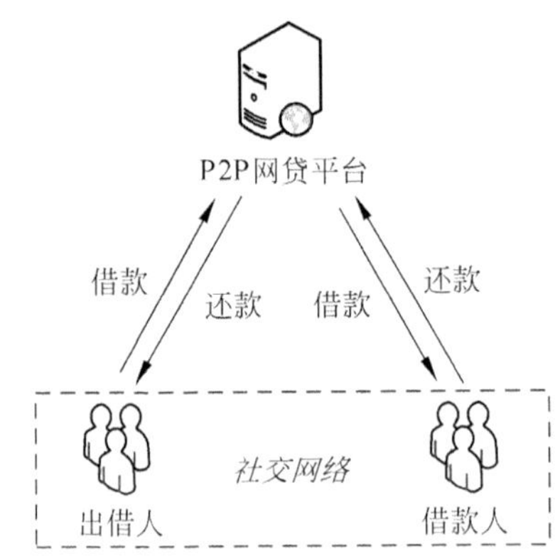

图 9-41　社交网络模式 P2P 网贷平台的运作流程

2. 众筹

案例：《十万个冷笑话》给投资人带来什么？

《十万个冷笑话》是国内一家原创漫画公司制作的动画短片，该片以其诙谐幽默的风格受到了网友的极大欢迎。制作方期待将动画片制作成电影版，但是缺乏资金支持。在这种情况下，国内的一个众筹网站——点名时间网帮助了制作方。通过标准的众筹流程，点名时间网帮助该电影筹集了足够的资金，见图 9-43。

《十万个冷笑话》发起的是一次成功的众筹，项目结束后筹集了 137 万多元。如此成功的原因是这部影片给投资者提供了有趣的回报。图 9-44 是该影片根据投资者的投资金额划分的几档回报，正是这种有趣的回报方式吸引了许多投资者参与投资这部影片的制作。

弱势的借款人

平台上的借款人普遍是当前比较弱势，但未来有广阔发展前景的群体。

较低的利率

平台上给出的利率普遍较低，甚至很多项目都没有利息，还有的项目是捐赠的性质。

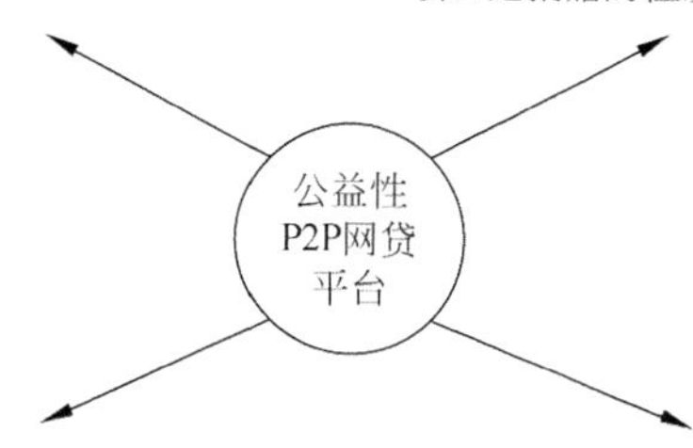

有可靠的担保

平台上的大多数借款项目都由地方政府、学校等可靠的机构作担保。即使借款人到期无法还款，也不用担心资金安全。

平台不收费

平台本身完全不收费，或者只收取很低的运作费用。

图 9-42　公益性 P2P 网贷平台的特点

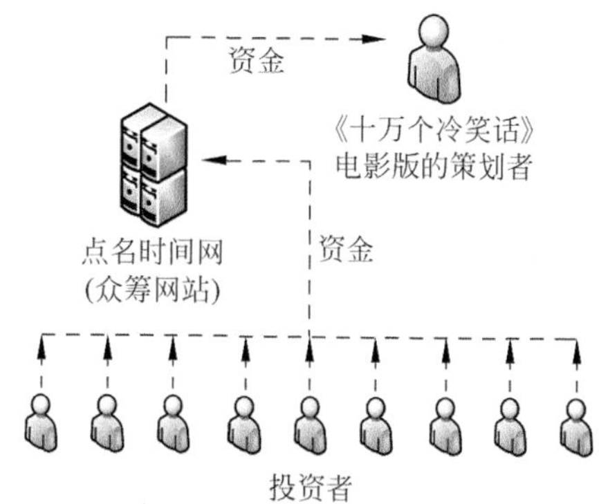

图 9-43　《十万个冷笑话》电影版的众筹过程

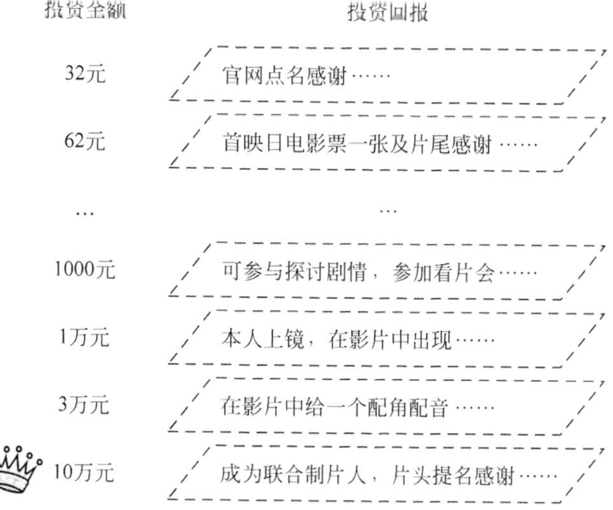

图 9-44　《十万个冷笑话》电影版投资者的投资回报

众筹并不是一个新鲜的概念。所谓众筹，就是指通过大众参与完成集资的活动。早期有记录的众筹活动可以追溯到1997年，英国 Marillion 乐团向民众发起众筹，集资6万美元完成了美国巡演。现代的众筹，是指通过互联网和第三方支付平台完成的众筹活动，即项目发起人通过互联网平台向大众筹集资金。虽然现代众筹活动通常是利用众筹网站完成的，但是与早期的众筹活动在本质上是相同的，即都是通过大众参与完成筹集资金的目的。众筹网站与投资者、筹资者的关系见图9-45。

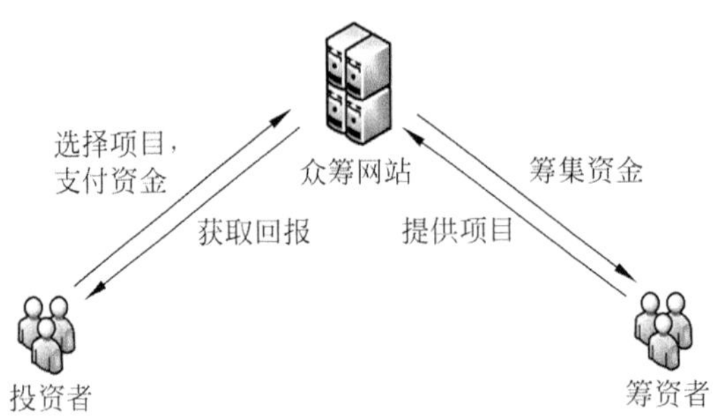

图 9-45 众筹网站与投资者、筹资者的关系

2009年世界第一家众筹网站 Kickstarter 在美国诞生，2011年中国首家众筹网站点名时间网成立，随后，追梦网、好梦网、众筹网、天使汇、大家投等众筹网站纷纷成立。目前这些网站使用的众筹运作流程基本相同，如图9-46所示。

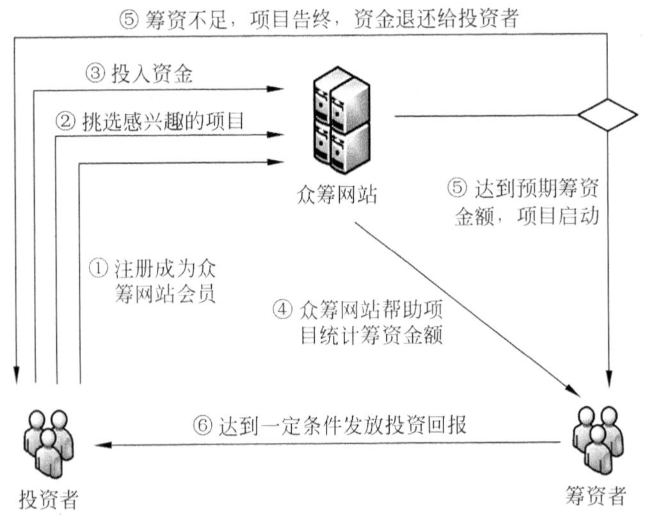

图 9-46 众筹的运作流程

众筹的项目多种多样，可以是影视、音乐、出版、科技、动漫、摄影、食品、游戏等。众筹融资是一种新型的融资方式，融资方通过众筹融资的平台发布自己的创意、项目或企业信息，互联网用户根据自己的判断用金钱投票，以少量的资金就可以成为一个企业的股东。对创意的提出者或创业者来说，他们的创业成本更低，众筹融资能更好地促进创新创业，众筹融资的潜力十分巨大。一方面，众筹融资的过程也是对项目的一个宣传过程，有利于聚拢人气，这对商家来说也有着巨大的吸引力；另一方面，众筹融资的出现能够帮助好的创意变为

现实，这与目前国家鼓励创新的政策导向是相符合的。

并非所有的众筹活动都能成功。在互联网上，一次成功的众筹活动需要满足许多要素。在《十万个冷笑话》的成功案例中，有趣的投资回报设计是筹资成功的关键因素。除此以外，还有许多因素对实现众筹目标有重要影响，见图 9-47。

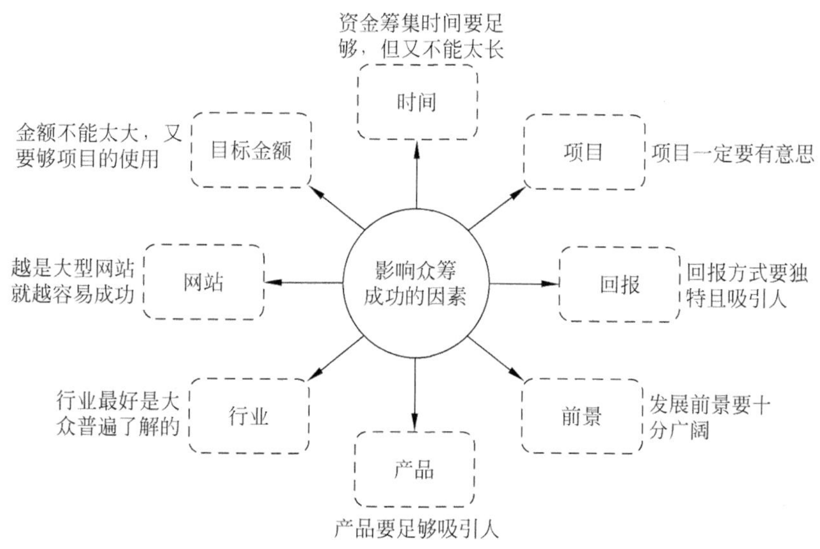

图 9-47 影响众筹成功的因素

众筹平台可以分为四类：债权众筹、股权众筹、奖励众筹和公益众筹。

债权众筹(Lending-Based Crowd-Funding)：投资者对项目或企业进行投资，获得其一定比例的债权，未来获取利息收益并收回本金(我给你钱之后你还我本金和利息)。债权众筹模式和 P2P 模式很相似，实际上 P2P 确实是属于债权众筹。债权众筹有两种：一种是 P2P，另一种是 P2B(person-to-business)，就是做企业债。

股权众筹(Equity-Based Crowd-Funding)：投资者对项目或企业进行投资，获得其一定比例的股权(我给你钱你给我企业股份)。股权众筹其实并不是很新奇的事物，投资者在新股 IPO 时申购股票就是股权众筹的一种表现方式。但在互联网金融领域，股权众筹主要特指通过网络的较早期的私募股权投资，是 VC 的一个补充。由于是基于互联网渠道进行的融资，所以也称股权众筹是“私募股权互联网化”。股权众筹比较适合成长性较好的高科技创业融资；投资人对项目模式要有一定理解；有最低投资门槛，且门槛较高。

奖励众筹(Reward-Based Crowd-Funding)：也称回报众筹，投资者对项目或企业进行投资，获得产品或服务(我给你钱你给我产品或服务)。以往的产品推销、活动推广大都是传统的 B2C 模式，即先生产、后推广，引导客户接受。而奖励众筹模式则是 C2B，是客户接受后商家才生产。奖励众筹的兴起源于美国网站 Kickstarter，该网站通过搭建网络平台面对公众筹资，让有创造力的人可能获得他们所需要的资金，以便使他们的梦想有可能实现。

公益众筹(Donate-Based Crowd-Funding)：也称捐赠众筹，投资者对项目或企业进行无偿捐赠(我给你钱你什么都不用给我)。像红十字会这类 NGO 的在线捐款平台可以算是公益众筹的雏形，即有需要的人由本人或他人提出申请，NGO 做尽职调查、证实情况，并在网上发起项目，由公众募捐。众筹平台可以为公益组织提供募资、宣传等多种服务。众筹的社交属性可以吸引更广泛的群体参与到慈善事业中，这种市场化的公益运作阳光、透明，是开放式众筹的最大优势。

9.1.5 大数据金融

大数据金融是指集合海量非结构化数据，通过对其进行实时分析，可以为互联网金融机构提供客户全方位信息，通过分析和挖掘客户的交易和消费信息掌握客户的消费习惯，并准确预测客户行为，使金融机构和金融服务平台在营销和风险控制方面有的放矢。

大数据金融有着传统金融难以比拟的优势。互联网的迅速发展不仅极大地扩展着企业拥有的数据量，也使得企业更能够贴近客户，了解客户需求，实现非标准化的精准服务，增加客户黏性；企业通过自己的征信系统，实现信用管理的创新，有效降低坏账率，扩大服务范围，增加对小微企业的融资比例，降低了运营成本和服务成本，可以实现规模经济。

大数据能够通过海量数据的核查和评定，增加风险的可控性和管理力度，及时发现并消除可能出现的风险点，对于风险发生的规律性有精准的把握，将推动金融机构对更深入和透彻的数据的分析需求，支持业务的精细化管理。虽然银行有很多支付流水数据，但是各部门不交叉，数据无法整合，大数据金融的模式促使银行开始对沉积的数据进行有效利用。大数据将推动金融机构创新品牌和服务，做到精细化服务，对客户进行个性定制，利用数据开发新的预测和分析模型，实现对客户消费模式的分析以提高客户的转化率。大数据必将给金融企业带来更多更新的基于数据的业务和内部管理优化机会。

大数据金融分为平台金融和供应链金融两大模式(见图 9-48)。

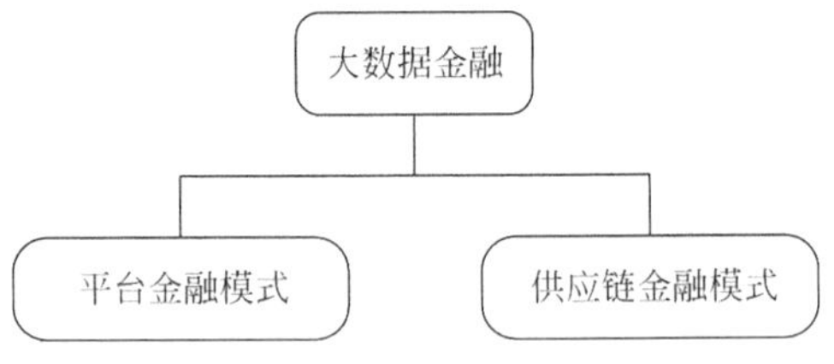

图 9-48 大数据金融的运营模式

平台金融模式，是对平台上长期积累的网上交易信息与网上支付信息形成的大数据，通过云计算和模型数据处理进行专业化的挖掘和分析，形成信用或订单融资的模式，例如阿里小贷。

供应链金融模式，是核心龙头企业依托自身的产业优势地位，通过其对上下游企业现金流、进销存、合同订单等信息的掌控，依托自有资金平台或者合作金融机构对上下游企业提供金融服务的模式，例如京东供应链金融。

1. 平台金融模式

与传统依靠抵押或担保的金融模式不同，平台金融模式主要基于对电商平台的交易数据、社交网络的用户交易与交互信息和购物行为习惯等大数据进行云计算来实时计算得分和分析处理，形成网络商户在电商平台中的累积信用数据，通过电商所构建的网络信用评级体系和金融风险计算模型及风险控制体系，来实时向网络商户发放订单贷款或者信用贷款，批量快速高效，如阿里小贷可实现数分钟之内发放贷款。

阿里小贷以“封闭流程＋大数据”的方式开展金融服务，凭借电子化系统对贷款人的信用状况进行核定，发放无抵押的信用贷款及应收账款抵押贷款，单笔金额在 5 万元以内，与银行的信贷形成了非常好的互补。阿里金融目前只统计、使用自己的数据，并且会对数据进行真伪性识别、虚假信息判断。阿里金融通过其庞大的云计算能力及优秀建模团队的多种模型，为阿里集团的商户、店主时时计算其信用额度及其应收账款数量，依托电商平台、支付宝和阿里云，实现客户、资金和信息的封闭运行，一方面有效降低了风险因素，另一方面真正做到了一分钟放贷。

随着微贷技术的成熟以及资产转让等方式对信贷能力的扩充，2013 年阿里小贷的信贷服务风生水起。数据显示，阿里小贷 2013 年全年新增贷款近 1000 亿元，截至 2014 年 2 月中旬，累计投放贷款已经超过 1700 亿元，服务小微企业超过 70 万家，户均贷款余额不超过 4 万元，不良率小于 1%。

在阿里小贷业务决策中，数据分析发挥了核心作用。阿里小贷有超过上百个数据模型，覆盖贷前、贷中、贷后管理，反欺诈，市场分析，信用体系，创新研究等板块。其决策系统每天处理的数据量达到 10TB。数据分析用于向公司的管理决策层提供科学客观的分析结果及建议，并对业务流程提出优化改进方案。水文模型就是阿里小贷 2013 年着重搭建的重要数据模型之一。

水文模型参考了人们日常所熟悉的水文管理。以某个城市的水文管理工作为例，城市河道的水位达到某个值，单看这个数据，水利部门无从判断这个值背后的趋势，也无法依据这个单维度的数值采取应对措施，但如果将该值放到历史的水文数据以及周边河道的数据中，就可以做出一定的判断，例如相比过往同期，这个数据是否变高了？高了多少？以往在这个时期以后，河道水位又是怎么变化的，走高还是走低？依据这种结合历史水文数据的方式，就可以对水位的变化、变化值有所判断。

案例：阿里小贷的水文模型运用

一是完善风险管理，站在更详尽数据基础之上进行授信，减少特殊因素对授信判断的影响。譬如某个经营手机的店铺，在“双 11”期间达到 300 万元销售额，相比平时可能显得很高，若单看这个数据给予用户分层或授信，很可能做出错误的判断，因为如果把这个店铺放到水文模型中，去观察它不同时间、季节的经营数据以及其所处类目同类店铺的数据变化，可以看到也许平常该店铺经营额并不高，甚至和过往“双 11”的数据相比，这个店铺当年的营业额反而下降了。因此，水文模型能平滑各种特殊因素对于授信对象的影响，帮助授信单位在最全面的因素上来考量授信对象，以做出最准确的授信或判断。

一是通过模型进行预判，包括对小微企业自身经营的走向，以及小微企业资金需求的结点和量的判断。和城市水位变化的例子类似，当系统考虑为一个客户授信时，结合水文模型，通过该店铺自身数据的变化，以及同类目类似店铺数据的变化，系统就能判断出这个客户未来店铺的变化。例如，过往每到某个时间节点，该店铺的营业额就会进入旺季，销售额就会出现增长，同时，每在这个时段，该客户对外投放的额度就会上升，结合这些水文数据，系统则可以判断该店铺的融资需求，结合该店铺以往资金支用数据以及同类店铺资金支用数据，甚至可以判断出该店铺资金需求的额度。

在信贷风险防范上，阿里小贷微贷技术中有完整的风险控制体系。阿里小贷建立了多层次的微贷风险预警和管理体系，具体来看，贷前、贷中以及贷后三个环节环环相扣，利用数据采集和模型分析等手段，根据小微企业在阿里巴巴平台上积累的信用及行为数据，可以对企业的还款能力及还款意愿进行较准确的评估。同时结合贷后监控和网络店铺/账号关停机制，可以提高客户违约成本，有效地控制贷款风险。

2. 供应链金融模式

所谓供应链金融，就是核心企业为其上下游的原料商、制造商、分销商、零售商提供金融服务，是企业利用自身所处的产业链上下游，充分整合供应链资源和客户资源而形成的金融模式。京东商城是供应链金融模式的典型代表,其作为电商企业并不直接开展贷款的发放工作,而是与其他金融机构合作,通过京东商城所累积和掌握的供应链上下游的大数据金融库,来为其他金融机构提供融资信息与技术服务,把京东商城的供应链业务模式与其他金融机构实现无缝连接,共同服务于京东商城的电商平台客户。在供应链金融模式当中,电商平台只是作为信息中介提供大数据金融,并不承担融资风险及防范风险等。

一般企业在与核心企业合作时,既要保证供货,还要承受应收账款周期过长的风险,资金往往成为最大的压力。而这些企业往往因为规模小,资金薄弱,难以得到银行的贷款,资金链断裂成为笼罩在这些企业头上的阴影。京东正是利用用户数据和现有金融体系,根据每个环链上的业务需求,满足中小微企业的金融需求。

京东做金融是有天然优势基因存在的。京东有非常优质的上游供应商,还有下游的个人消费者,积累了非常多潜在的金融业务客户。有大数据现成的资源,京东选择金融水到渠成。

在传统的贸易融资中,金融机构只针对单一企业进行信用风险评估并据此做出是否授信的决策,而在供应链金融模式下,银行更加关注的是申贷企业的真实贸易背景、历史信誉状况,而不仅是财务指标。这样,一些因财务指标不达标而难以融资的中小企业,就可以凭借交易真实的单笔业务来获得贷款,满足其资金需求。并且银行通过资金的封闭式运作,确保每笔真实业务发生后的资金回笼,以达到控制贷款风险的目的。

如今,大数据的应用更让京东在这方面如虎添翼。例如,2013 年 12 月推出的京保贝,针对京东上下游合作商提供快速融资的服务,供应商可凭采购、销售、财务等数据快速获得融资。通过大数据,以往需要人工进行的判断、审核等流程可实现自动化审批和风险控制,从供应商申请融资开始,全部由系统实现对放款审核的判断,放款过程全程自动化,因此可以做到 3 分钟融资到账;且无须任何担保和抵押,能有效地提高企业营运资金周转效率。

未来京东金融会覆盖更多的融资服务,而对于产生的数据,包括消费数据、物流数据、供应商财务信息以及金融状况信息,将通过大数据技术进行有效的分析,风险状况也能够时时监控。同时,在了解客户需求的前提下,提供简单融资、快乐融资的融资服务。

9.2 走进互联网金融平台

本节将简要介绍支持手机银行、支付宝、众筹等互联网金融业务的信息系统的系统架构。

9.2.1 手机银行

手机银行是利用移动通信网络及终端办理相关银行业务的简称。作为一种结合了货币电子化与移动通信的崭新服务,手机银行业务不仅可以使人们在任何时间、任何地点处理多种金融业务,而且极大地丰富了银行服务的内涵,使银行能以便利、高效而又较为安全的方式为客户提供传统和创新的服务。

1. 手机银行技术实现形式

随着移动通信技术的发展,手机银行经历了 SMS、USSD、STK、WAP、客户端软件等不同的技术实现形式。下面对几种常见的技术实现形式进行介绍。

1）SMS 手机银行

基于手机短信息提供银行服务的一种手机银行模式。SMS(Short Messaging Service)是最早的短消息业务，也是现在普及率最高的一种短消息业务。SMS 以简单方便的使用功能受到大众的欢迎，但 SMS 属于第一代的无线数据服务，在内容和应用方面存在技术标准的限制。

2）WAP 手机银行

WAP 方式是一种无线应用协议，是一个全球性的开放协议。WAP 定义可通用的平台，把目前 Internet 网上 HTML 语言的信息转换成用 WML 描述的信息，显示在移动电话或者其他手持设备的显示屏上。客户通过手机内嵌的 WAP 浏览器访问银行网站。相对于其他手机银行技术，WAP 具有无须下载客户端、门槛较低、通用性好、实时交互强、安全性高等优势，目前已逐渐成为我国手机银行的业界技术主流。

3）客户端手机银行

该手机银行系统针对指定的手机终端进行开发，然后在手机上下载客户端软件，通过 Client 方式访问实现手机银行功能。客户端手机银行有 iPhone、Android、Windows Mobile 等不同平台的版本。随着智能手机的普及，客户端手机银行系统由于更接近用户的使用习惯而被越来越多的人所接受。

2. 手机银行系统具体方案

手机银行系统可以由 STK、SMS、WAP 等不同的技术实现，各个银行系统、方案厂家采用的技术、具体的方案也各不相同。下面对几个典型的手机银行系统方案进行介绍。

1）SMS 手机银行系统

SMS 手机银行系统基于 SMS 技术实现，在现有的网络架构和设备基础上，利用了银行核心业务系统接口和手机短信息平台，该系统的网络拓扑结构见图 9-49，软硬件配置见表 9-6。

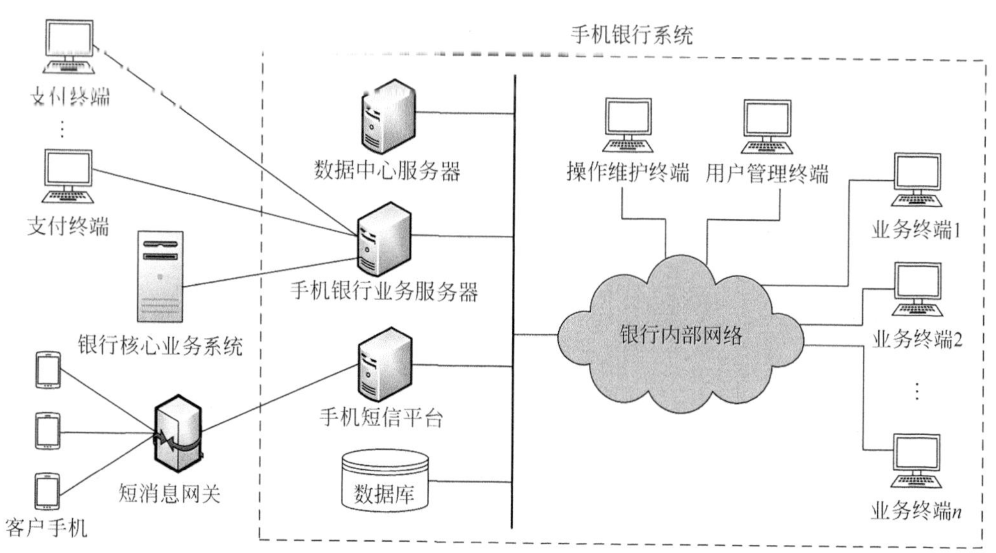

图 9-49 SMS 手机银行系统网络拓扑结构

表 9-6　SMS 手机银行系统软硬件配置

软件、硬件	手机银行系统组成模块
硬件部分	手机短信息接入平台收发服务器 手机银行业务服务器 数据库服务器 用户管理终端 业务受理终端 移动支付终端 数据中心管理终端 系统操作维护终端
软件部分	业务受理终端模块：实现开户、销户、更改各种服务等功能 理财通知功能模块 查询模块 缴费模块：包括定额缴费模块和不定额缴费模块 证券买卖模块 外汇买卖模块 移动支付模块：包括服务器端模块和客户端模块，与银行 POS 系统配合，实现移动支付功能 系统监控和管理模块 短信收发处理模块 数据管理中心模块

2）WAP 手机银行系统

WAP 手机银行系统采用 WAP 技术和客户端软件两种方式实现，该系统根据银行现有业务系统主要分布在各个分行和网银的结构特点，在技术上采用全行统一入口，数据转发到相应分行进行处理的方式。由移动运营商统一转发到设置在总行的手机银行中心（WAP 服务器）接受客户请求，再通过网关交换系统分发到各个分行的相关业务系统实现交易。该系统的网络拓扑结构见图 9-50。

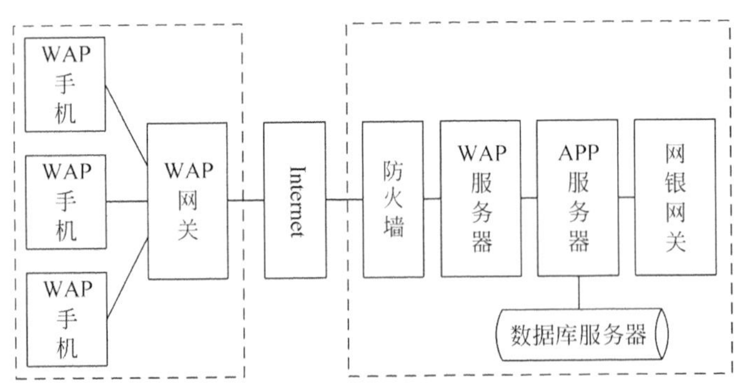

图 9-50　WAP 手机银行系统网络拓扑结构图

该系统各个组成模块功能如表 9-7 所示。

表 9-7 WAP 手机银行系统模块功能说明

服务器名称	服务器功能
WAP 网关	移动运营商内部网络,实现通信协议转换和数据加密
WAP 服务器	用于发布静态信息,并作为和应用服务器交互的渠道
应用服务器	运行 JSP、Servlet 等程序,生成手机页面,提供了业务逻辑的处理
数据库服务器	提供手机银行数据存储服务
总行网关系统	实现业务数据按分行路由等功能

3) 综合采用多种技术的手机银行系统

综合采用多种技术的手机银行系统,适用于普通手机、STK 卡用户以及 WAP 客户等多种手机客户,手机银行系统由"银信通"系统、theEasySMS 短信息服务器、theEasyWAP 服务器、NVR 服务器等组成,该系统的网络拓扑结构见图 9-51。

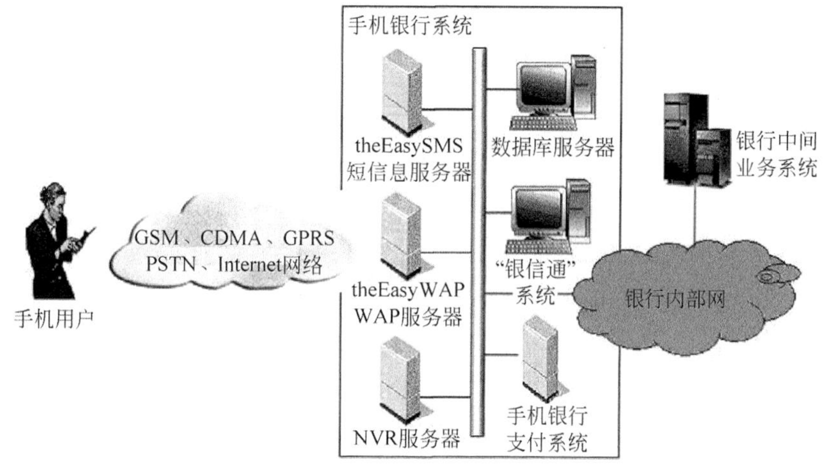

图 9-51 综合技术手机银行系统网络拓扑结构图

系统技术特点如下:XML 在整个系统中被应用于外部数据交换,这样做到接口统一,系统结构性好;数据传输采用 XML over Https 技术,采用 SSL 加密方式传输数据,保证了数据传输的安全性;J2EE 服务器技术支撑了整个支付系统,使系统更加稳定可靠并且可以实现跨平台应用。

该系统的运行环境如表 9-8 所示。

表 9-8 综合技术手机银行系统软硬件运行环境

平 台	系统运行环境
硬件平台	UNIX 系列服务器如 IBM、Sun、HP、PC Server
软件平台	操作系统:AIX、Solaris、Windows NT、HP-UN 数据库:Oracle、Informix、DB2、SyBase

9.2.2 支付宝

支付宝(中国)网络技术有限公司是国内领先的第三方支付平台,致力于提供"简单、安全、快速"的支付解决方案。支付宝公司从 2004 年建立开始,始终以"信任"作为产品和服务的核心。旗下有“支付宝”与“支付宝钱包”两个独立品牌。自 2014 年第二季度开始成为全球最大的移动支付厂商。

支付宝的系统架构见图 9-52，典型处理模式见图 9-53。

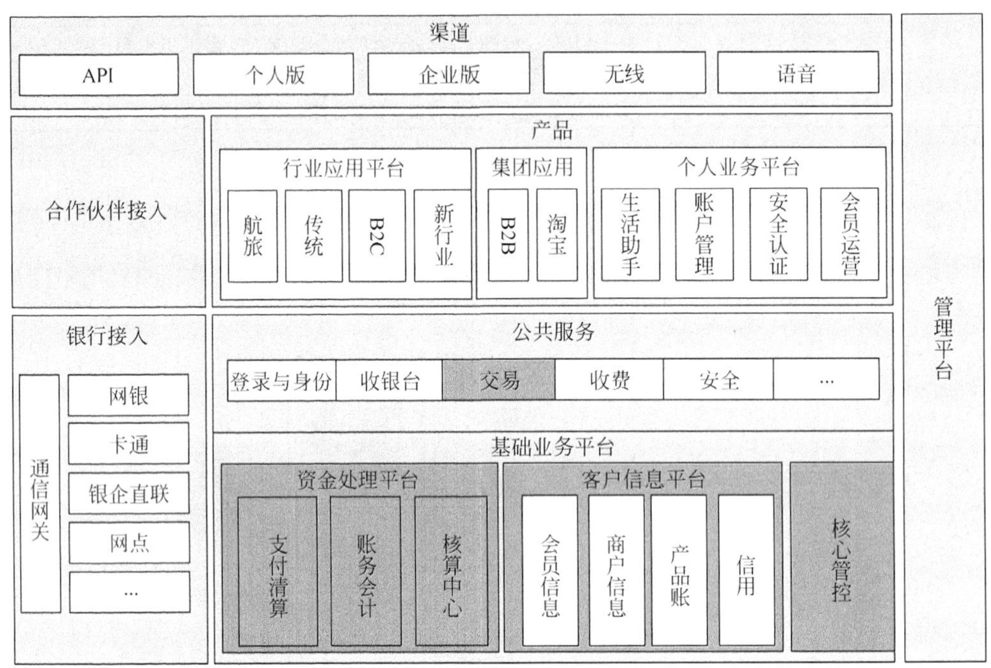

图 9-52　支付宝系统架构

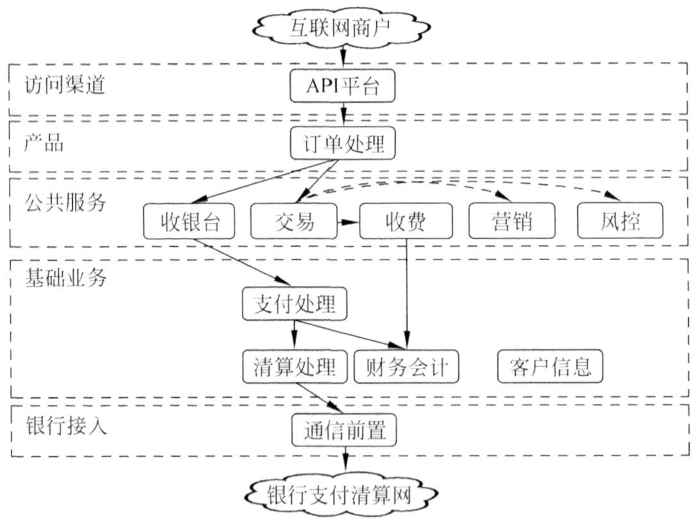

图 9-53　支付宝的典型处理模式

9.2.3　众筹系统

众筹系统可以为金融企业、投资机构和孵化园区提供完整投融资综合解决方案，能够实现众筹平台的快速搭建。众筹系统类型包括股权众筹、公益众筹和产品众筹；版本分为 PC

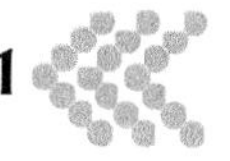

端、微信版以及手机客户端；根据客户实际需求能灵活增加系统功能模块，致力于为项目人和投资人搭建一个安全、高效、稳定的众筹系统。

系统特点：针对当前互联网金融领域新兴的在线融资模式，精心开发制作的系统。能够帮客户建立公共众筹平台，让互联网中的用户在众筹平台上进行众筹投融资活动，并且通过众筹系统后台，可以对参与用户、众筹项目、众筹资金等相关信息进行有效管理，从现实众筹项目的申请、审核、线下路演材料的上传到投资经费的全周期管理。支持当前主流的众筹业务模式，能够最大程度地满足客户的业务需求，快速地为客户企业搭建拥有自身品牌特点的网络众筹平台。

(1) 适用业务：天使投资、融资业务、产业园区、孵化器、资本运营。

(2) 适用企业：具有自身品牌特色 P2P 网贷平台、互联网投资企业、产业园区、孵化器机构、投资机构、投资理财类公司、金融中介类公司、财富管理类公司、资本运营类公司。

(3) 技术参数。

- 开发语言：PHP、JAVA、HTML5、Object C。
- 数据库：MySQL(Oracle)。
- 第三方控件：第三方支付 API、短信平台 API、企业邮箱 API、身份通 API。

(4) 系统架构(见图 9-54)。

- Web 服务器：Ngnix＋Apache 做负载均衡。
- Struts ＋SpringMVC＋ Mybaties ＋SOA 架构。
- 运行环境：Windows＋ Linux。

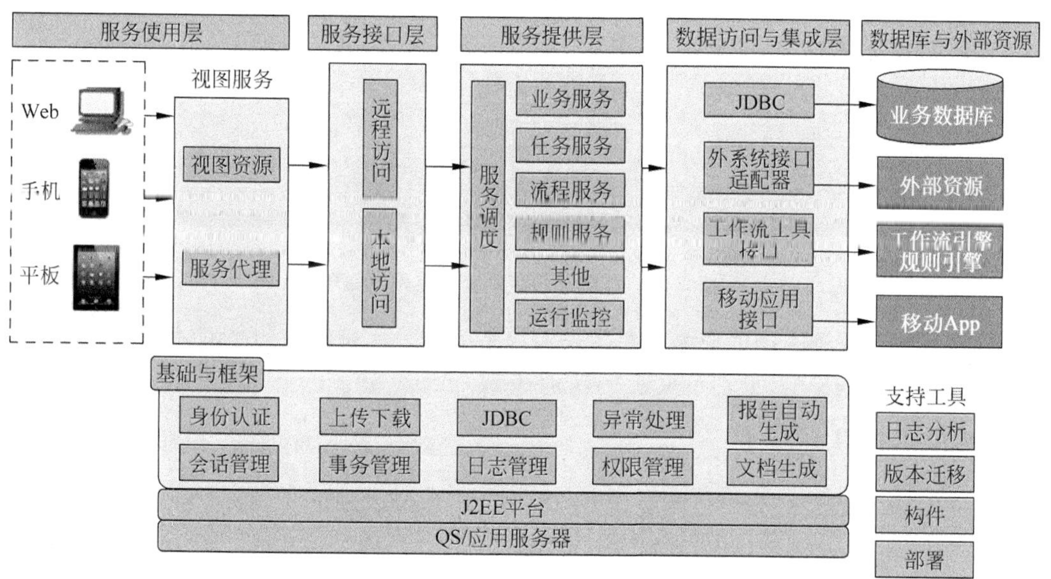

图 9-54　众筹平台的系统架构

9.3　推动金融创新的信息技术

互联网金融的产生、发展和创新都离不开信息技术这个坚实的物质基础。信息技术的发展对传统金融行业的影响是全方位的。最近几年，对金融行业影响最大的信息技术有移动互联网、云计算和大数据，参见图 9-55。

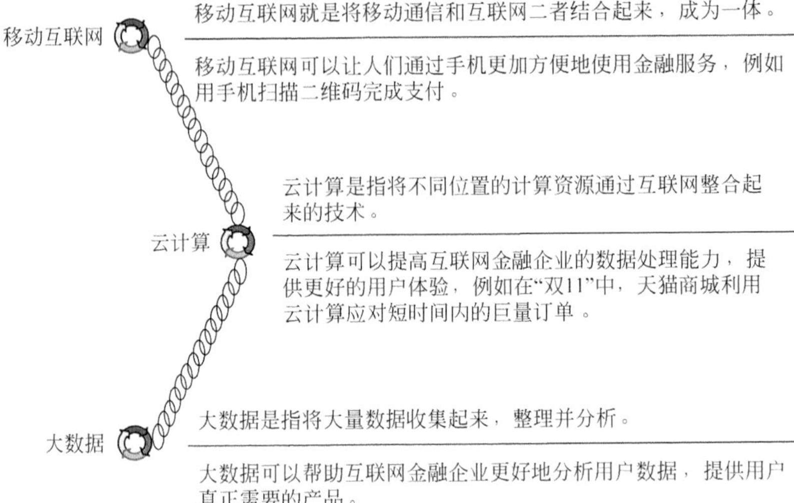

图 9-55　对金融行业影响最大的信息技术

移动互联网对传统金融模式的影响主要体现在两个方面——移动支付和移动交易，参见图 9-56。

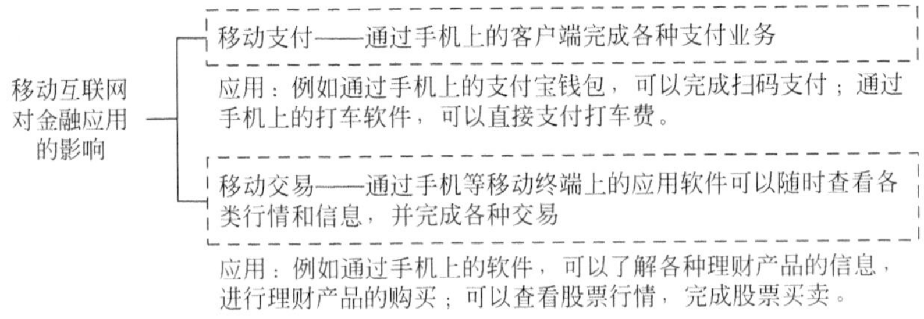

图 9-56　移动互联网对金融应用的影响

云计算对互联网金融的影响主要体现在三个方面——对银行的影响、对支付行业的影响和对资本市场的影响，分别参见图 9-57、图 9-58 和图 9-59。

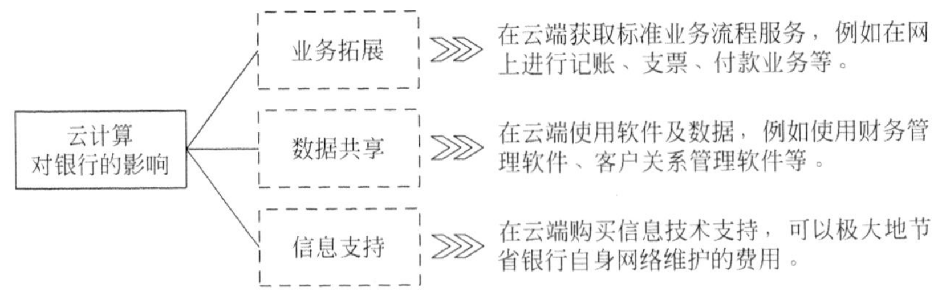

图 9-57　云计算对银行的影响

互联网金融企业利用大数据技术，可以更好地收集并分析数据，为客户提供更好的服务。不仅如此，大数据还催生了很多新的金融产业，参见图 9-60。

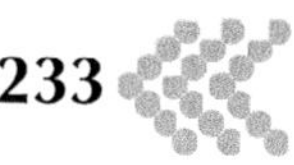

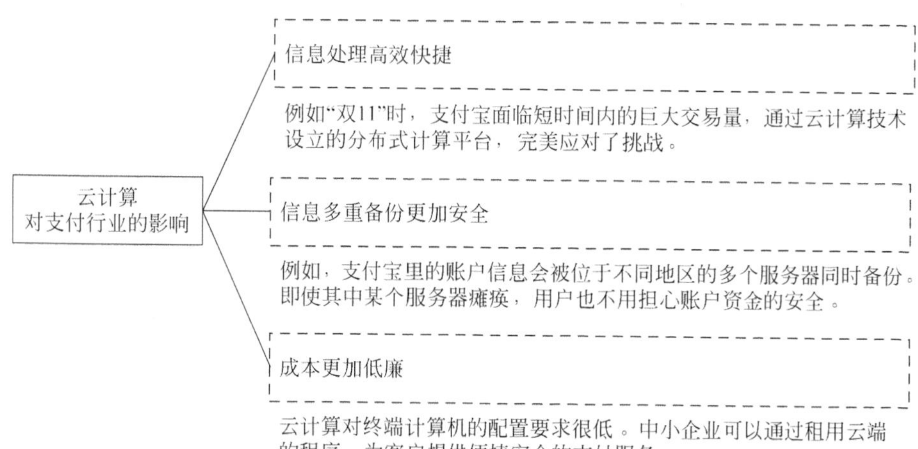

图 9-58　云计算对支付行业的影响

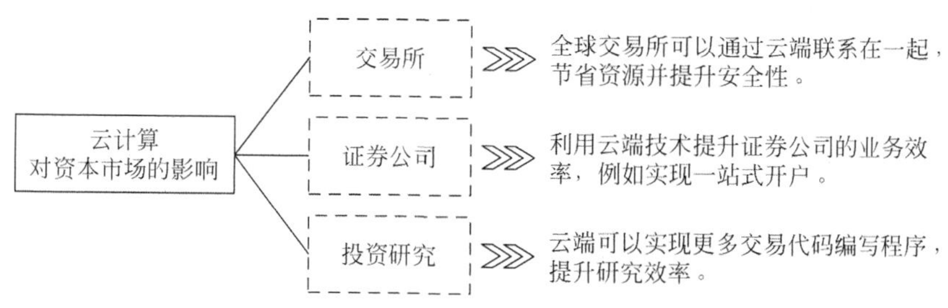

图 9-59　云计算对资本市场的影响

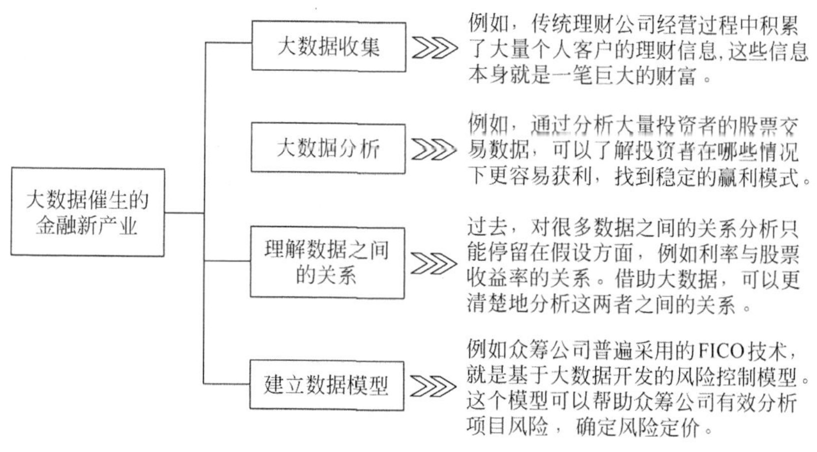

图 9-60　大数据催生的金融新产业

9.3.1　移动互联网

移动互联网是以移动通信网作为接入网的互联网。移动通信技术、终端技术与互联网技术的聚合，使得移动互联网不是固定互联网在移动网上的复制，而是一种新能力、新思想和新模式的体现，并将不断催生出新的产业形态和业务形态。它主要由公众互联网上的内容、移动通信网接入、便携式终端和不断创新的商业模式所构成，大致包括3种类型：以移动运营商为主导的封闭式移动互联网、以终端厂商为主导的相对封闭式移动互联网和以网络运营商为主导的开放式移动互联网。

当然，移动互联网是有别于互联网的。互联网是一个对等的、没有管理系统的网络；移动互联网基于电信网络，是具有管理系统的层次管理网，具有完整的计费和管理系统；而且，移动互联网的移动终端具有不同于互联网终端的移动特性、个性化特征，用户体验也不尽相同。

1. 移动互联网的特征

1）移动性

相对于固定互联网，移动互联网灵活、便捷、高效。移动终端体积小而易于携带；移动互联网里包含了各种适合移动应用的各类信息，用户可以随时随地进行采购、交易、咨询、决策、交流等各类活动。移动性带来接入便捷、无所不在的连接以及精确的位置信息，而位置信息与其他信息的结合蕴藏着巨大的业务潜力。

2）个性化

移动互联网创造了一种全新的个性化服务理念和商业运作模式。对于不同用户群体和个人的不同爱好和需求，为他们量身定制出多种差异化的信息，并通过不受时空地域限制的渠道，随时随地传送给用户。终端用户可以自由自在地控制所享受服务的内容、时间和方式等，移动互联网充分实现了个性化的服务。

3）私密性

与固定互联网不同，移动互联网业务的用户一般对应着一个具体的移动话音用户，即移动话音、移动互联网业务承载在同一个个性化的终端上。而移动通信终端的私密性是与生俱来的，因此移动互联网业务也具有一定的私密性。同时，移动通信技术本身具有的安全和保密性能与互联网上的电子签名、认证等安全协议相结合，可以为用户提供服务的安全性保证。

4）融合性

首先，移动话音和移动互联网业务的一体化导致了业务融合；其次，手机终端趋向于变成人们随身携带的唯一的电子设备，其功能集成度越来越高。

2. 移动互联网的基本结构

从层次上看，移动互联网可分为终端/设备层、接入/网络层和应用/业务层，其最显著的特征是多样性：应用或业务的种类是多种多样的，对应的通信模式和服务质量要求也各不相同；接入层支持多种无线接入模式，但在网络层以IP协议为主；终端也是种类繁多，注重个性化和智能化，一个终端上通常会同时运行多种应用。

图9-61 移动互联网参考模型

世界无线研究论坛WWRF认为移动互联网是自适应的、个性化的、能够感知周围环境的服务，它给出的移动互联网参考模型如图9-61所示。各种应用

(App)通过开放的应用程序接口(API)获得用户交互支持或移动中间件支持。移动中间件层由多个通用服务元素构成,包括建模服务、存在服务、移动数据管理、配置管理、服务发现、事件通知和环境监测等。互联网协议簇主要有 IP 服务协议、传输协议、机制协议、联网协议、控制与管理协议等,同时还负责网络层到链路层的适配功能。操作系统完成上层协议与下层硬件资源之间的交互。硬件/固件则指组成终端和设备的器件单元。

移动互联网支持多种无线接入方式,根据覆盖范围的不同,可分为无线个人局域网(WPAN)接入、无线局域网(WLAN)接入、无线城域网(WMAN)接入和无线广域网(WWAN)接入,如图 9-62 所示。各种技术客观上存在部分功能重叠的相互补充、相互促进的关系,具有不同的市场定位。

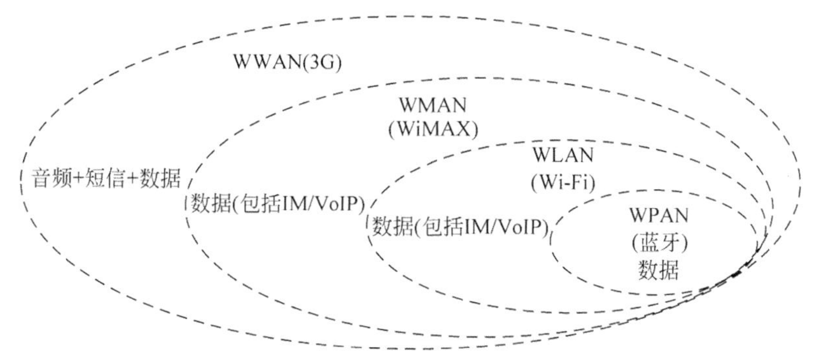

图 9-62 移动互联网的接入方式

WPAN 主要用于家庭网络等个人区域网场合,以 IEEE 802.15 标准为基础。蓝牙(Bluetooth)是目前最流行的 WPAN 技术,其典型通信距离为 10m,带宽为 3Mbps。其他技术,如超宽带(UWB)技术侧重于近距离高速传输,而 ZigBee 技术则专门用于短距离的低速数据传输。

WLAN 主要用于商务休闲和企业、校园等网络环境,以 IEEE 802.11 标准为基础,被广泛称为 Wi-Fi 网络,支持静止和低速移动,覆盖范围约 100m,带宽可达 54Mbps。Wi-Fi 技术成熟,目前处于快速发展阶段,已在机场、酒店和校园等场合得到广泛应用。

WMAN 是一种新兴的适合于城域接入的技术,以 IEEE 802.16 标准为基础,常被称为 WiMAX(全球微波互联接入)网络,支持中速移动,视距传输可达 50km,带宽可至 70Mbps。WiMAX 可以为高速数据应用提供更出色的移动性,但在互联互通和大规模应用方面尚存在很多亟待解决的难点问题。

WWAN 是指利用现有移动通信网络实现互联网接入,具有网络覆盖范围广、支持高速移动性、用户接入方便等优点。基站覆盖范围可达 7km,室内应用带宽可达 2Mbps,但在高速移动时仅支持 384kbps 的数据速率。目前三种主流 3G 制式分别是 WCDMA、CDMA2000 和 TD-SCDMA,已在世界范围内展开应用,其共同目标是实现移动业务的宽带化。

移动互联网的代际分期如表 9-9 所示。

表 9-9 移动互联网的代际分期

代 际	1G	2G	2.5G	3G	4G
信号	模拟	数字	数字	数字	数字
制式		GSM CDMA	GPRS	CDMA2000 WCDMA TD-SCDMA	TD-LTE LTE
主要功能	语音	语音与数据	语音与数据	低级宽带	广带
典型应用	通话	短信、彩信	WAP 网	高速上网、多媒体	高清

9.3.2 云计算

云计算(Cloud Computing)是基于互联网的相关服务的增加、使用和交付模式，通常涉及通过互联网来提供动态易扩展且经常是虚拟化的资源。

对云计算的定义有多种说法。现阶段广为接受的是美国国家标准与技术研究院(NIST)给出的定义：云计算是一种按使用量付费的模式，这种模式提供可用的、便捷的、按需的网络访问，进入可配置的计算资源共享池(资源包括网络、服务器、存储、应用软件、服务)，这些资源能够被快速提供，只需投入很少的管理工作，或与服务供应商进行很少的交互。

1. 云计算的特征

云计算是通过使计算分布在大量的分布式计算机上，而非本地计算机或远程服务器中，企业数据中心的运行将与互联网更相似。这使得企业能够将资源切换到需要的应用上，根据需求访问计算机和存储系统。好比是从古老的单台发电机模式转向了电厂集中供电的模式。它意味着计算能力也可以作为一种商品进行流通，就像煤气、水电一样，取用方便，费用低廉；最大的不同在于，它是通过互联网进行传输的。

被普遍接受的云计算特点如下：

(1) 超大规模。“云”具有相当的规模，Google 云计算已经拥有 100 多万台服务器，Amazon、IBM、微软、Yahoo 等的“云”均拥有几十万台服务器。企业私有云一般拥有数百上千台服务器。“云”能赋予用户前所未有的计算能力。

(2) 虚拟化。云计算支持用户在任意位置、使用各种终端获取应用服务。所请求的资源来自“云”，而不是固定的有形的实体。应用在“云”中某处运行，但实际上用户无须了解、也不用担心应用运行的具体位置。只需要一台笔记本或者一个手机，就可以通过网络服务来实现我们需要的一切，甚至包括超级计算这样的任务。

(3) 高可靠性。“云”使用了数据多副本容错、计算结点同构可互换等措施来保障服务的高可靠性，使用云计算比使用本地计算机可靠。

(4) 通用性。云计算不针对特定的应用，在“云”的支撑下可以构造出千变万化的应用，同一个“云”可以同时支撑不同的应用运行。

(5) 高可扩展性。“云”的规模可以动态伸缩，满足应用和用户规模增长的需要。

(6) 按需服务。“云”是一个庞大的资源池，用户可以按需购买；可以像自来水、电、煤气那样计费。

(7) 极其廉价。由于“云”的特殊容错措施可以采用极其廉价的结点来构成云，“云”的

自动化集中式管理使大量企业无须负担日益高昂的数据中心管理成本,“云”的通用性使资源的利用率较之传统系统大幅提升,因此用户可以充分享受“云”的低成本优势,经常只要花费几百美元、几天时间就能完成以前需要数万美元、数月时间才能完成的任务。

(8) 潜在的危险性。云计算服务除了提供计算服务外,还必然提供了存储服务。但是云计算服务当前垄断在私人机构(企业)手中,而他们仅仅能够提供商业信用。政府机构、商业机构(特别像银行这样持有敏感数据的商业机构)对于选择云计算服务应保持足够的警惕。一旦商业用户大规模使用私人机构提供的云计算服务,无论其技术优势有多强,都不可避免地让这些私人机构以“数据(信息)”的重要性挟制整个社会。对于信息社会而言,“信息”是至关重要的。另一方面,云计算中的数据对于数据所有者以外的其他云计算用户是保密的,但是对于提供云计算的企业而言却是毫无秘密可言。所有这些潜在的危险,是商业机构和政府机构选择云计算服务,特别是国外机构提供的云计算服务时,不得不考虑的一个重要的前提。

2. 云计算的概念模型

云计算作为一种新技术,包含了多层含义,云计算的概念模型如图 9-63 所示。

图 9-63 云计算的概念模型

用户的公共性:云计算所提供的服务对象,既有企业/政府/学术/个人等最终用户,也包括应用软件、中间件平台等“用户”,这是根据云计算提供不同层次的服务所决定的。

设备的多样性:云计算所提供服务的设备也是多样的,既包括各种规模的服务器、主机、存储设备,也包括各种类型的终端设备,如计算机、智能手机、各种智能传感器、RFID 设备等。

商业模式的服务性:云计算是以服务的方式提供设备和应用的。这种服务特性体现在两个方面:简化和标准的服务接口,按需计费的商业模式。

提供方式的灵活性:云计算既可以作为一种共用设施,提供社会服务,即“公共云”,也可以作为企业信息化的集中计算平台来提供,即“私有云”。

3. 云计算的技术体系

云计算一点也不神秘,云计算就是虚拟化、网格计算、软件即服务 SaaS 三个概念的结合体,见图 9-64。

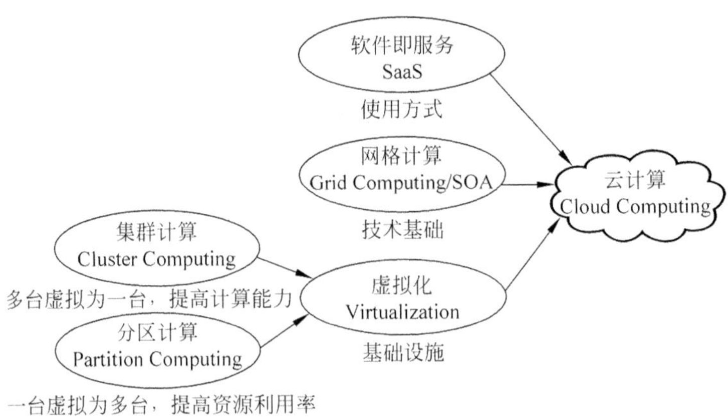

图 9-64 云计算的技术体系

1）云计算的虚拟化

虚拟化即基础设施的虚拟化（Virtualization），核心是传统已经成熟的集群技术和分区技术的结合。集群计算（Cluster Computing）是将多台服务器虚拟为一台服务器的技术，目的是提高计算能力和提升设备的容错、实现负载均衡。集群技术已经广泛应用于操作系统、数据库和中间件等系统软件平台。分区计算（Partition Computing）是大型主机和 UNIX 小型机上一种成熟的技术，就是将一台服务器虚拟为多台服务器，每个虚拟单元叫一个分区，各分区之间是相互隔离的，目的是提高资源利用率。只不过，现在低端的 INTEL 架构的 PC 服务器也支持虚拟化而已。

虚拟化目前还包括网络虚拟化（VPN）和存储虚拟化（SAN/NAS）等技术，与服务器虚拟化一起，构建为一个完整的计算资源虚拟化环境，在虚拟化管理系统的控制下，实现动态的可配置的智能系统，见图 9-65。

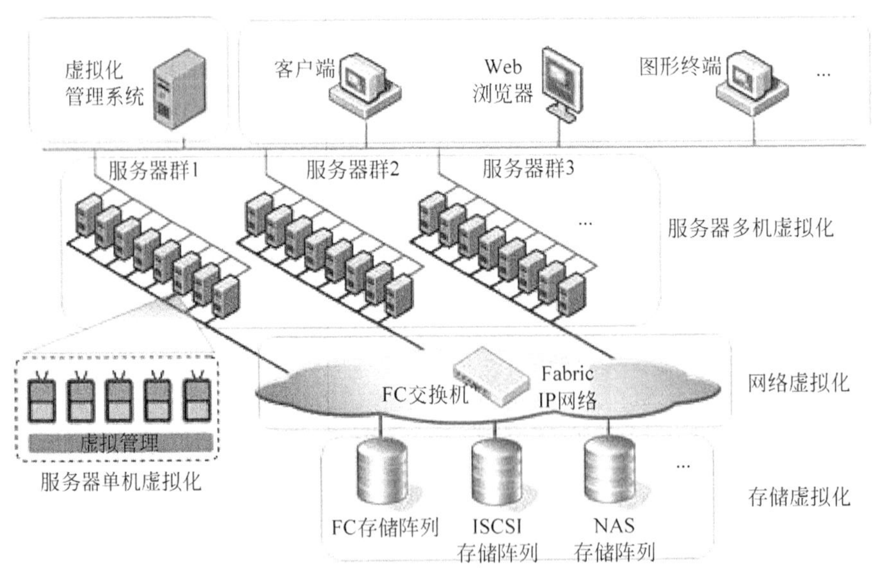

图 9-65 云计算的虚拟化

2）网格计算

云计算是网格计算(Grid Computing)的另一种表现形式，是相似技术的两种表现形式，见图 9-66。

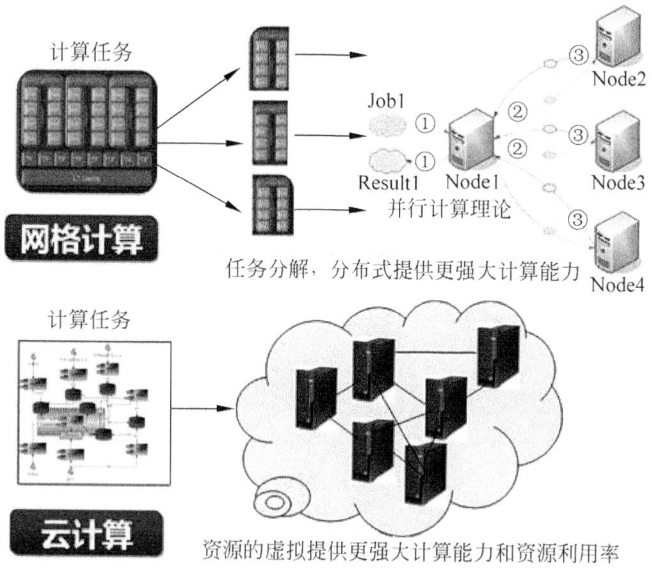

图 9-66 云计算与网格计算

网格计算是一种计算能力提升的方式，其原理是依据并行计算理论，通过任务分解，将子任务分布式提交到其他服务器上运行，以获得更强大的计算能力。

应用场景：科学计算，天气预报，地震分析，地质勘探，石油勘探等；

任务特色：重计算，弱流程，少交互；这种计算任务需要消耗大量的 CPU 计算，网络流量不大，存储和硬盘访问量不大。

计算模式：任务通过服务分解，分布式计算。

因此，网格计算尽管有 IBM 等公司的大力推动，但实际商业应用并不成功，主要在一些高校、科研机构等建设有这样的实验环境，因为这种计算场景并不普遍。

而云计算就是解决商业应用环境下的计算资源的虚拟，提供更强大计算能力和资源利用率。

应用场景：企业管理，电子政务，电子商务等；

任务特色：弱计算，强流程，多交互；这种应用很难进行分解，频繁的人机交互，CPU 消耗并不大，但存储和硬盘访问量很大，因此网络的访问流量也非常大。

计算模式：资源的虚拟提供更强大的计算能力。

网格计算的基础技术是 Web Services，通过任务分解为服务，这些服务可以在分布式的计算环境中，实现和设备无关的标准交互，并且通过服务的封装，可以实现并行的事务处理。

云计算的平台技术，主要是依赖于 SOA，而 SOA 的主要实现技术体系也是 Web Services，因此云计算和网格计算的核心技术基础是相似的。

因此，云计算的商业用途将非常广泛，能够得到厂商和用户的大力支持。

3）云计算的服务化

云计算的使用模式即服务化。所谓服务化，即消费者只需提供服务的请求，并提交服务的输入，不关心服务的实现方法、技术和流程，而直接得到服务的结果。云计算的服务模式包括以下几个层次的服务：软件即服务（SaaS）、平台即服务（PaaS）和基础设施即服务（IaaS），见图 9-67。

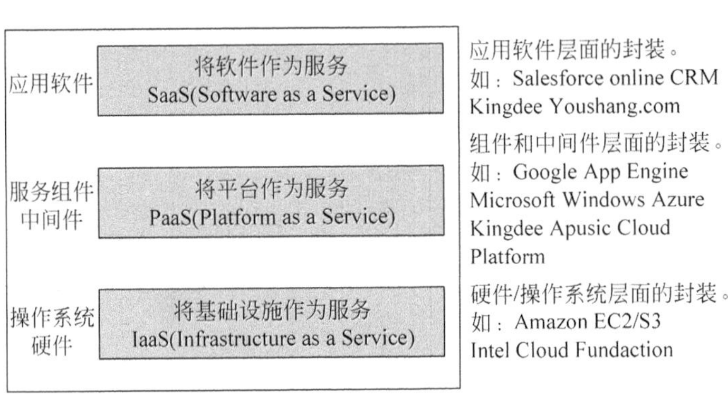

图 9-67 云计算的服务化

软件即服务（Software as a Service，SaaS），是随着互联网技术的发展和应用软件的成熟，在 21 世纪开始兴起的一种完全创新的软件应用模式。著名的 SaaS 提供商 Salesforce 公司提出 SaaS 并运用于 CRM 行业，它是一种通过 Internet 提供软件的模式，SaaS 提供商将应用软件统一部署在服务器上，用户可以根据自己实际需求，通过互联网向提供商订购所需的应用软件服务，按订购的服务多少和时间长短向提供商支付费用，并通过互联网获得提供商提供的服务。用户不用再购买软件，而改用向提供商租用基于 Web 的软件，来管理企业经营活动，且无须对软件进行维护，提供商会全权管理和维护软件。软件提供商在向用户提供互联网应用的同时，也提供软件的离线操作和本地数据存储，让用户随时随地都可以使用其订购的软件和服务。对于许多小型企业来说，SaaS 是采用先进技术的最好途径，它消除了企业购买、构建和维护基础设施和应用程序的需要。

平台即服务（Platform as a Service，PaaS），是云计算一种重要的服务模式，其核心是将计算环境和应用程序的运行平台作为一项服务进行提供。PaaS 的实现方式是将中间件平台及其组件和运行环境进行封装。例如，如果用户拥有 Java 应用程序，或者个性化的一个应用需要电子地图组件，传统上必须购买和配置服务器硬件和操作系统，以及应用服务器软件和电子地图组件等，还必须购买 Oracle 数据库等系统软件，才能提供一个综合的计算平台，其应用软件才能够运行。而现在，云计算可以提供给用户一个应用运行的平台，用户无须关心平台的配置硬件环境和软件系统，只要部署到 PaaS 之中的平台实例或者电子地图的接口上（WebService）就可以按照租用的方式来运行系统了。

基础设施即服务（Infrastructure as a Service，IaaS），是将硬件资源进行虚拟化，在操作系统层面将计算基础设施（CPU/内存和存储/操作系统）等以出租的方式在虚拟网络 VPN 下为用户提供服务的模式。

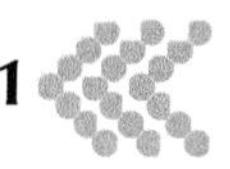

4）云计算的智能化

云计算的虚拟化和动态管理本质上是系统的管理智能化，通过动态配置的资源管理、自动动态配置的自适应性和自我恢复能力，将云计算设计为智能系统。这些智能的自我管理特性表现为：

- 虚拟化设置——可以非常简化地在控制台配置虚拟化的计算资源；
- 资源动态配置——可以在运行期动态调整资源配置；
- 系统自动监测——自动监测系统运行的健康状况，对异常情况自动报警；
- 安全隔离——各虚拟资源之间进行安全的隔离，各个实例之间实现自治；
- 负载自动均衡——系统在虚拟设备之内实现多个资源之间的自动负载均衡；
- 资源管理决策支持——可以对云计算资源的适应状况进行优化的管理决策，实现自优化；
- 自恢复——云计算的实例和虚拟化资源出现运行故障或者死锁，系统具备自我恢复功能。

通过这些智能化的管理功能，云计算是一个自适应、自优化的智能系统。

9.3.3 大数据

大数据(Big Data)指无法在可承受的时间范围内用常规软件工具进行捕捉、管理和处理的数据集合，是需要新处理模式才能具有更强的决策力、洞察发现力和流程优化能力来适应的海量、高增长率和多样化的信息资产。

大数据技术的战略意义不在于掌握庞大的数据信息，而在于对这些含有意义的数据进行专业化处理。换言之，如果把大数据比作一种产业，那么这种产业实现赢利的关键，在于提高对数据的“加工能力”，通过“加工”实现数据的“增值”。

1. 大数据的特征

业界将大数据的特征归纳为4V：Volume、Velocity、Variety和Value。

Volume(大量)：到目前为止，人类所生产出来的全部印刷材料的数据总量为200PB(1TB=1024G，1PB=1024TB)，而历史上全人类说过的所有的话的数据量大约是5EB(1EB=1024PB)。现在，个人计算机硬盘的容量一般为TB量级，某些大企业的数据量已经惊人地达到EB量级。

Velocity(高速)：例如我们要存储1PB的数据，假设带宽(网速)能达到1Gps，电脑24小时不间断运行且容量足够，将其存入电脑需要12天完成。而大数据通过云计算在短短的20分钟之内便可以完成。

Variety(多样)：结构化数据和非结构化数据构成了数据的多样性。以往的结构化数据是以文本为主来对数据进行存储，现在的诸如音频、视频、图片、网络日志、地理位置信息、购物记录、搜索记录等非结构化数据越来越多。

Value(价值)：如果我们能够合理利用数据，能够进行正确、准确的数据分析，那么它将会为我们带来很高的价值回报。

2. 大数据的结构

大数据就是互联网发展到现今阶段的一种表象或特征而已，没有必要神化它或对它保持敬畏之心，在以云计算为代表的技术创新大幕的衬托下，这些原本很难收集和使用的数据开始容易被利用起来了，通过各行各业的不断创新，大数据会逐步为人类创造更多的价值。

想要系统地认知大数据，必须要全面而细致地分解它，可以从三个层面来展开（见图 9-68）：

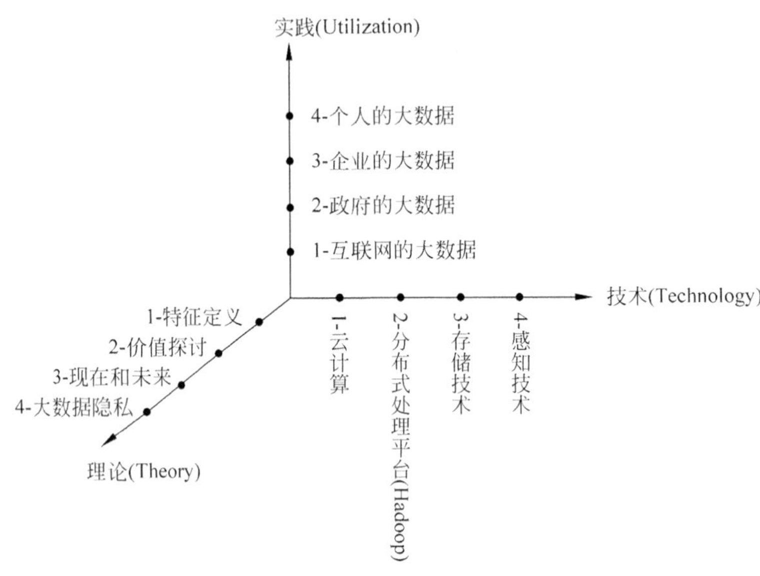

图 9-68　大数据的结构

第一层面是理论，理论是认知的必经途径，也是被广泛认同和传播的基线。可以从大数据的特征定义理解行业对大数据的整体描绘和定性；从对大数据价值的探讨来深入解析大数据的珍贵所在；从对大数据的现在和未来去洞悉大数据的发展趋势；从大数据隐私这个特别而重要的视角审视人和数据之间的长久博弈。

第二层面是技术，技术是大数据价值体现的手段和前进的基石。可分别从云计算、分布式处理技术、存储技术和感知技术的发展来说明大数据从采集、处理、存储到形成结果的整个过程。

第三层面是实践，实践是大数据的最终价值体现。可分别从互联网的大数据，政府的大数据，企业的大数据和个人的大数据四个方面来描绘大数据已经展现的美好景象及即将实现的蓝图。

3. 大数据与云计算的关系

从技术上看，大数据与云计算的关系就像一枚硬币的正反面一样密不可分。大数据必然无法用单台的计算机进行处理，必须采用分布式架构。它的特色在于对海量数据进行分布式数据挖掘。但它必须依托云计算的分布式处理、分布式数据库和云存储、虚拟化技术。

云计算和大数据之间的关系可以用图 9-69 来说明，两者之间结合后会产生如下效应：可以提供更多基于海量业务数据的创新型服务；通过云计算的不断发展降低大数据业务的创新成本。

如果将云计算与大数据进行比较，最明显的区别在两个方面：

第一，在概念上两者有所不同，云计算改变了 IT，而大数据则改变了业务。然而大数据必须有云作为基础架构，才能得以顺畅运营。

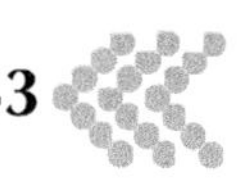

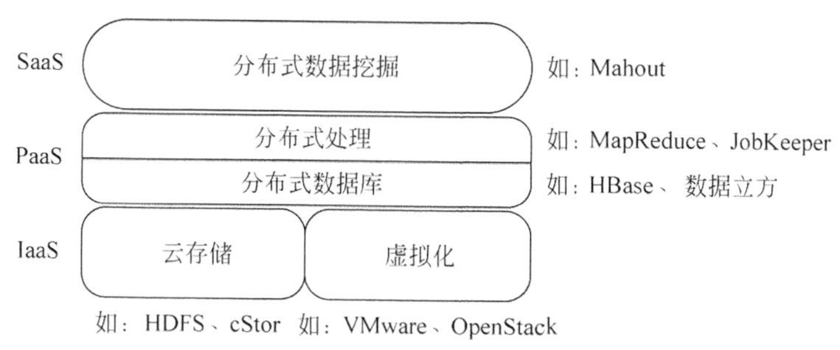

图 9-69 大数据与云计算的关系

第二，大数据和云计算的目标受众不同，云计算是 CIO 等关心的技术层，是一个进阶的 IT 解决方案。而大数据是 CEO 关注的业务层的产品，大数据的决策者在业务层。

本章小结

互联网金融是指传统金融机构与互联网企业利用互联网技术和信息通信技术实现资金融通、支付、投资和信息中介服务的新型金融业务模式，是传统金融行业与互联网精神相结合的新兴领域。

互联网金融可以分为传统金融业务互联网化、第三方支付、互联网理财、互联网投融资和大数据金融等几种商业模式。传统金融业务的互联网化即金融活动从线下向线上转移。第三方支付是指具备一定实力和信誉保障的非银行机构采用与各大银行签约的方式，在客户与银行支付结算系统间建立连接的电子支付模式。互联网理财是指投资者通过互联网获得理财知识、理财建议和理财产品推荐等服务。互联网投融资可细分为 P2P 网贷和众筹。大数据金融通过分析和挖掘客户的交易和消费信息准确预测客户行为，使金融机构在营销和风险控制方面有的放矢。

互联网金融的产生、发展和创新都离不开信息技术这个坚实的物质基础。对金融行业影响最大的信息技术有移动互联网、云计算和大数据。移动互联网对传统金融模式的影响体现在移动支付和移动交易两方面。云计算对互联网金融的影响体现在对银行的影响、对支付行业的影响和对资本市场的影响三方面。大数据技术可以帮助互联网金融企业更好地收集并分析数据，为客户提供更好的服务。

习题

1. 试分析京东金融帝国的版图。
2. 互联网金融对人们的日常工作和生活带来哪些影响？
3. 推广手机银行的主要障碍是什么？
4. P2P 网贷平台有哪些运营模式？
5. 我国 P2P 网贷发展过程中遇到的问题有哪些？
6. 众筹平台有哪些类型？
7. 一个众筹项目能否成功的影响因素有哪些？
8. 移动互联网对金融创新有哪些影响？

9. 云计算对金融创新有哪些影响？

10. 大数据对金融创新有哪些影响？

参考文献

[1] 姚文平. 互联网金融. 北京：中信出版社，2014.

[2] 胡世良. 互联网金融模式与创新. 北京：人民邮电出版社，2015.

[3] 史册. 图解互联网金融. 北京：化学工业出版社，2014.

[4] 曹磊，钱海利. 互联网＋普惠金融：新金融时代. 北京：机械工业出版社，2015.

[5] 谢平，邹传伟，刘海二. 互联网金融手册. 北京：中国人民大学出版社，2014.

[6] 李耀东，李钧. 互联网金融. 北京：电子工业出版社，2014.

[7] 余来文，温著彬，边俊杰，石磊. 互联网金融：跨界、众筹与大数据的融合. 北京：经济管理出版社，2015.

[8] 汤凌冰. 互联网金融：技术与应用. 北京：电子工业出版社，2015.

[9] 王文博，刘瑞曾，纪红. 现代通信技术. 北京：北京邮电大学出版社，2010.

[10] 郑凤，杨旭，胡一闻，彭扬. 移动互联网技术架构及其发展. 北京：人民邮电出版社，2015.

[11] 黄明科，姜福利. 手机银行技术及系统实现方案. 通信与信息技术，2011，(6)：59-61.

[12] 计世资讯. 中国云计算发展现状与趋势. http://www.newhua.com/2010/1220/111353.shtml，2010-12-20.

[13] 奉继承. 云计算的表达等式. http://tech.it168.com/a2010/0125/843/000000843080_all.shtml，2010-01-25.

[14] 中文互联网数据资讯中心. 大数据究竟是什么？一篇文章让你认识并读懂大数据. http://www.thebigdata.cn/YeJieDongTai/7180.html，2013-11-04.

第三篇　系统建设与安全

第 10 章 信息系统的实现

本章学习目标

- 充分了解信息系统的开发过程。
- 了解信息系统开发过程所需要的信息技术。
- 熟知信息系统的运维要求。

开 篇 案 例

北京某啤酒集团成功实现了信息系统

对于一个企业而言,要实现企业管理的信息化,投资巨大。那么信息系统的实现能为企业带来什么效果呢?

1. 企业简介

北京某啤酒集团公司是 1993 年以原北京市的啤酒厂为核心发展组建的国家二级企业,是国家重点支持的大型企业之一。集团现拥有总资产 50 多亿元、员工 12 800 人,占地超过 230 万平方米、年产销能力超过 200 万吨,目前该集团已经成为中国啤酒行业名列前茅的大型生产商。集团下属拥有控股子公司(厂)十六个,并拥有在资本市场上市的公司。该集团 2009 年啤酒产销量 467 万千升,进入世界啤酒产销量前八名、销售收入 133.08 亿元、实现利税 29.98 亿元、实现利润 8.65 亿元。

一个企业的成功固然与其生产技术息息相关,然而管理的科学与否直接影响到这些先进的生产技术能否真正给企业带来效益。良好的技术只有与优秀的管理思想相结合才能产生预期的效果。作为一个大规模的企业,企业管理水平的高低依赖于其信息化建设情况和信息管理水平,而企业的信息系统是企业管理思想的综合体现。

2. 信息系统解决方案

硬件方案。由于公司财务、销售、仓库等部门位于不同的办公楼,办公楼之间相距上千米,为了便于各部门实时传递信息,加强对各部门的管理和监控,需要在公司厂区内建立一个内部网。

软件应用方案。公司的管理系统主要由财务系统、销售管理系统、采购管理系统和存货管理系统等构成。目前采购管理系统为预留系统。财务系统主要包括总账、固定资产管理、工资管理、应收应付管理、UFO 报表、现金流量表、财务分析等子系统;销售管理系统包括销售开票、送货管理、运输费管理、结算管理、退货管理、退变质酒管理等模块；存货管理系统主要包括包装物周转管理、扎鲜啤酒桶周转管理和产成品库房管理等模块。各模块之间实时传递信息，完全实现了销售、财务信息共享。

3. 信息系统应用效果评析

公司在实现企业信息共享、加强业务控制和利用信息加强企业管理等方面取得了显著成效。

1）满足财务和业务协同，实现企业信息共享

销售发票一次录入，销售业务信息全公司使用，实现了数据共享和信息的有机集成，全公司各部门可以根据管理需要和相应的权限及时、准确地获取财务、业务以及管理信息；销售部门和仓库部门数据的共享，为杜绝假票现象创造了条件。手工条件下，会出现利用假票骗取企业利益的情况，使用计算机后，只要录入票据的保密信息系统就会自动显示该票据的全部真实信息，票据的真伪当即就可以识别。

2）降低原始数据错误率，减低企业经济损失，保证统计信息真实性

系统对于产品和客户信息都提供了参照，可以直接从系统中选取，无须人工录入，而且在系统中选定某产品后，其对应成套包装物会自动进入销售发票。这种便捷的录入方式不仅减轻了操作员的劳动强度，而且最大程度地消除了发票原始数据错误的可能性，为企业对外保送报表和提取内部管理报表等提供了准确的数据源。

3）强化客户满意与忠诚度管理

客户是企业存在和发展的支柱，维护客户的权益、在客户心目中树立良好的公司形象至关重要。公司在企业运作过程中强调以客户为中心的管理，因此用友公司在为公司的管理系统规划中，从大模块的设计到每个功能的实现处处体现着这一理念。

4）加强产品管理，满足市场需求

对于产品的研究分析是管理的一个重要组成部分，不同的产品适合不同的市场，不同产品其市场需求量不同，同一种产品在不同时期其需求量也不同，这些信息不仅直接影响到产品的销售，而且决定着产品的生产。

5）业绩考核有据可依，部门、职员评价科学合理

怎样使业绩考核更科学，更有说服力，一直是理论界和实务界研究的重要课题。在该管理系统中为部门业绩考核、员工业绩考核提供了定量分析方法，使业绩考核更科学合理。

6）加强应收账款管理，加速资金周转

在客户数量众多的情况下，不为每个客户都建立一本账，不仅可能违背成本效益原则，而且信息不准确、不及时。因此，即便企业已有很先进的应收账款管理方法，手工处理方式也制约了这些方法的使用，造成应收账款管理上出现失误。在公司的管理系统中，通过对各客户所欠款项进行账龄分析，从而快捷、全面地了解其欠款情况，及时对应收账款项进行催收，加速资金周转，减少坏账损失；同时也是在上市公司中采用账龄法计提坏账的第一家，账龄分析表为账龄法的使用创造了前提条件。

7）及时、准确地对外提供报表，为利益相关者提供决策信息

下属的上市公司，其财务数据必须对外披露，为债权人、所有者、政府部门等利益相关者进行分析决策提供信息。公司的管理系统实现了财务和销售的集成，销售系统可以将有关业务信息实时进行提炼，编制成账务凭证，自动传递到财务系统。财务系统根据需要即可在

UFO中快速生成企业所需各种报表和分析图表。这不仅保证对外报表能及时、快速获取，而且对外报表的准确性也有了可靠保障。

总之，公司的信息系统实现了财务业务一体化，对企业的业务进行了有效的控制，为企业管理提供了丰富的工具和手段，准确、及时地为企业提供各种对内管理报表和对外财务报表，在企业管理升级中起到了非常重要的作用。

通过这个案例，需要思考以下几个问题：

(1) 一个组织机构在实现信息系统时，首先需要考虑哪些问题？

(2) 在实现系统时，如何定位人的因素？

(3) 如何在维系复杂的信息处理中找到解决问题的入口？

(4) 在实现系统时，需要注意什么问题？

(5) 当系统得以实现后，如何评价信息系统所产生的成效？

(6) 在信息系统的运维管理中，如何保持其青春永驻？

10.1 实现信息系统的过程

对任何一个组织机构而言，要奔向管理现代化，充分利用现有的一切资源，并使其发挥出最大的效用，往往离不开一个高效的计算机信息系统。这已经被大量事实所证明了。

10.1.1 实现信息系统的准备工作

对一个要实现计算机化的信息系统的组织机构而言，必须直面几个问题，否则实现系统很有可能成为无本之木、无源之水。

1. 提高认识，建立制度

在建立信息系统时，需要相关的人员提高思想认识，并建立起科学的规章制度。

1) 一整套科学的管理制度

可以想象，在一个管理混乱的现行管理系统的基础上，是无法有效地实现信息系统的；即使已经建立起信息系统，也不会有效地运行，甚至很可能会出现信息系统的运行结果与实际情况南辕北辙的情况。因此，对任何一个组织机构来说，要实现系统首先必须对基础的管理工作进行整顿规范，对工作流程进行调整，建立起一套科学的、健全的管理体制，做到管理工作程序化，管理业务标准化，数据代码完整化，报表文件统一化。

2) 各级领导、管理人员的重视

各级领导及管理人员的重视，健全的管理制度是实现系统的重要前提。换言之，首先需要各级领导和管理人员明确，实现信息系统对一个组织机构来说是一项庞大的系统工程。在实施过程中，会涉及组织机构的方方面面；其次一旦系统建立起来，其运行和维护也需要得到组织机构中各个部门的支持和配合。

实现系统，需要加强组织领导，提高思想认识。在信息系统的建立过程中，需要多次召开组织机构内部各职能部门的信息交流与传递的协调会议，需要各级管理人员分析形势，明确要求，强化措施，促使全局统一思想，提高认识，坚定目标，形成强有力的团队合力。

领导重视，能够把实现系统的任务排上议事日程。在组织机构内部，不仅能加强学习培训，提供宽松的环境，鼓励和支持员工边工作边学习，在实践中提高，在提高中发展，在发展中创新，而且能经常关注工程进展情况，定期听取工程进度汇报，并可根据年度的工作重点，安排和部署每一阶段的工作要点。

领导重视，可以做到注重实际，突出特色。实现信息系统是一项需要付出艰辛劳动才能有所收获的工程。如果缺乏各级员工扎实苦干的作风和高度敬业的精神，建立的信息系统必然会失去前瞻性、时效性、针对性等一系列的特点，其结果就会使组织机构内部的各级管理人员无法从建立起的信息系统中动态地得到经营的状况，也无法据此做出科学的决策。

领导重视，就可做到实现系统的各个环节严格把关、规范审核，确保出精品。因为信息系统运行会涉及组织机构中的各个部门，环节众多，数据繁杂，因此对这些环节、数据的梳理，必须站在全局的高度，结合所处的环境，因地制宜，实事求是地进行。

3）组织准备

信息系统是整个组织机构中的一部分。只有当信息系统的使命、目标和运行机制与组织机构相一致，才能充分发挥信息系统的应有作用，给组织机构的运营提供正能量。反过来，组织机构的目标、结构、管理模式、改革和发展进程，甚至员工的素质、组织文化对信息系统的建立和应用都有重大影响。特别是在当下，我国许多组织机构都处在改革与转型过程中，其战略、规模、运营机制等都会影响到信息系统的实现。所以组织机构的信息系统建立与应用需要与其目标、战略、改革与发展进程相适应，为组织机构的管理人员和广大员工所接受。

组织机构在实现系统时，完全可以信息化建设为契机，按照信息化的管理模式与运作机制改造组织结构，进行业务流程的改革与创新，提高管理人员与全体员工的素质，建立管理与业务工作的科学标准与规范，并且为信息系统的建立与应用创造良好的法治环境。组织机构要适应信息系统建设与应用的需要，克服由于旧的制度、落后的管理模式和习惯势力对信息化建设的各种阻力和障碍，做到管理、技术与人的素质相互促进、和谐发展。

4）开发人才的准备

要建立信息系统，不仅和组织机构的结构及业务流程有关，而且还与信息技术密切相关。因此要实现信息系统首先是技术人才的准备，例如需要系统分析员、系统设计员、网络工程师、程序设计员、系统操作员等；其次需要对组织机构中的业务人员进行培训，让他们了解系统分析和设计的一般概念、方法、步骤，学习有关信息技术知识。因为在实现系统的整个过程中，需要用户的全程参与。

5）用户参与的重要性

信息系统建立需求，绝不是来自于开发人员，也不是来自于上级部门的要求，而是来自于用户本身，来自于组织机构的管理需要。这种与用户及业务紧密相关的特点，使得在整个信息系统建立包括系统的运维过程中，用户的认识及参与程度显得尤为重要。大量事实证明，实现系统如果完全依赖于信息系统的开发商，往往耗资巨大，而其结果则不尽如人意，甚至与用户的初衷或意愿背道而驰。

在实现信息系统的这个庞大的工程中，用户应当清楚地认识到自己是整个项目的管理者，也要明确自身在整个项目中的地位和作用。用户的参与，不仅仅从“时间、成本、质量”等几方面进行管理和控制，最重要的是能够不断把对业务处理的各项需求在信息系统的处理功能中得以体现。

只有用户的参与，才能有效地把握信息系统建立期间的各项工作，建立起各阶段切实可行的工作计划以及与之相配套的、有效的质量监督管理办法，并负责监督检查。用户的参与能及时协调解决实现过程的遇到的各种问题，前瞻性地发现和思考可能会影响信息系统建设周期、质量的问题，并及时提出相应的建议、意见和解决方案。实际上就是要组织、建立起一个能充分交流环境，让最终用户、开发人员、监理、顾问、专家及时沟通交流，共同解决实现过程中的系统平台、数据库、网络传输、业务数据、处理环节等问题。一个信息系统建立和运行的各个阶段要解决的问题及工作方法均有所不同，各级系统的用户应全面参与各阶段的管理，并且要成为每个阶段开始与结束的最终决策者。

总之，实现信息系统需要组织机构投入巨大的资源，作为项目的管理者——用户方，既要求有敬业精神，更要有一整套科学的工作方法；既要懂业务，又要懂技术，还要懂管理，要在整个系统的实现过程中发挥主人翁的作用，保证信息系统建立是按照用户的合理要求推进，同时还要带出一支学习型的队伍，保证系统的运行能实现用户的需求。只有这样，才可能建立起一个高质量的信息系统，管好、用好、维护好的信息系统，实现真正的计算机化信息系统。

6）充分认识信息系统的复杂性

对组织机构所拥有的信息系统，其中往往有不少系统并没有实现当初开发时所承诺的效益，有的甚至是半途而废，因此人们就会为信息系统的建设的效率及成败所担忧。应该看到，信息系统的多学科性、综合性决定了其开发必定是一个周期长、投资大、风险高的过程，比一般的技术工程有更大的难度和复杂性。

技术手段复杂。信息系统是信息技术与现代管理理论相结合的产物。当今的社会发展最快的技术就要数计算机硬件和软件、数据通信与网络技术、人工智能技术、各类决策方法等多个领域，而这些领域恰恰是信息系统借以实现各种功能的手段和途径。掌握这些技术手段，合理地应用以达到预期的效果就是信息系统实现的主要任务之一。

内容复杂，目标多样。面向管理是信息系统最重要的特征。信息系统涉及的信息量大而广，形式多样，来源复杂。一个组织机构中的信息系统要支持各级部门的管理，规模庞大，结构复杂，而且还必须满足各职能部门的各级管理人员的需求，甚至有的需求是模糊的，不易表达清楚。另外信息系统在实际投入运行前无法进行现场试验，系统建设过程中的各种问题只有当其投入运行后才能充分暴露。

环境复杂多变。信息系统要成为组织机构在市场竞争的有力工具，就必须适应所处的竞争环境。因此信息系统的开发者和维护者就要深刻理解组织机构所面临的内外环境及其发展趋势，既要注意到管理体制、管理思想、管理方法和手段，也要考虑到人们的行为习惯、心理状态、社会政治等因素。同时信息系统的目标、功能也需要系统能适应组织机构当前及未来的发展水平，能够在一定范围内适应当前及未来的规章制度变化，促进管理水平的提高。一句话，信息系统对多变的环境要有足够的适应性。

投资大，效益难以计算。信息系统从其规划、分析、设计到运行和维护，都需要投入大量的人力、物力、财力。虽然信息系统采用大量的先进技术，但目前的开发过程的自动化程度还是比较低，仍需要投入相当多的人力进行系统分析、设计等工作，是一项高度的脑力劳动密集型项目。同时信息系统的运行能给组织机构带来的无形效益和间接效益都不像其他技术工程所取得的效益那样可以直接和容易地计算出来。

受社会人文因素的影响。信息系统是人机交互系统，其开发与运维都需要人员的参与。在其实施过程中，用户、系统分析员、技术专家、程序员等参与者相互联系，相互影响。由于开发人员的知识背景、经历不同，如果彼此沟通不畅所造成的误解是信息系统功能实现的重大隐患。此外，实施信息系统不可避免地要改变业务流程乃至组织结构，很有可能会对某些既得利益者的地位和势力造成冲击，甚至引起部门之间、人员之间的利益冲突。这些人文因素很可能会成为信息系统实施的阻力，从而影响信息系统的开发和建设。

总而言之，如果把信息系统的实施、应用、管理看成是纯技术过程，那么许多问题永远得不到解决。只有从更深层次探讨、重视非技术因素，才有可能解决长期困扰信息系统建设的难题。

2. 确定实现系统的策略

前已述及，信息系统的开发会受到多个因素的影响，如果从软件工程的角度分析，信息系统的规模会影响信息系统建立策略的选择；如果从组织机构的资源配置的角度分析，机构内部的人力资源、智力资源、资金实力等也会影响信息系统建立方案的选择。

不论采用什么样的实现系统的策略，用户方必须清楚自己对信息系统有什么样的需求，需要信息系统实现什么样的功能，并为此准备相应的资料和数据，建立起系统的需求文档。在此基础上，用户方根据自身的情况，决定采用实现系统的策略。

1）购置系统策略

购置策略，主要是指购置相应信息技术的硬件设备和软件系统。除了硬件设备外，更多的是要注意所购置软件的适用范围、运行特点、实现的功能等。

购置软件的适用范围：如果是购置软件系统，一般情况下，软件公司所开发的往往是通用的处理系统，软件中加工处理所涉及的业务流程也比较规范。因此用户需要对所购置的软件有个全方位的调查了解，特别是所购置的软件系统能否完全与本组织机构的业务信息的处理流程相吻合。如若不同，就有可能需要对机构内部的业务处理做出调整。

购置软件的特点：购置的软件系统往往具有可靠性和稳定性高的特点，并能够反映先进的管理思想，建立信息系统的周期也短，开发的费用较低。但另一方面，组织机构往往失去了对软件的控制权，对未来系统的维护也完全要依靠软件开发商。一旦组织机构的经营需要转型或扩大规模时需要对软件进行修改时难度会很大，这时实施的费用就会大幅增加。

2）自主开发策略

这是组织机构的使用者在充分分析组织的战略发展目标、资源约束、管理模式的基础上，依靠机构内部的各种力量，如人力资源、技术资源等自行建立起信息系统，从而实现组织机构的信息系统。

自主开发策略的适用范围：由于系统不仅是一个庞大的人-机系统，也是一个复杂的技术系统，它的建立需要有专门的技术人员。因此采用自主开发策略的组织机构就需要配置专门的技术资源和人力资源，与专业的开发商相比，在开发人员的专业素养、软件系统的可靠性、团队协作、融入新的思想和理论、系统的规模等方面都相对比较薄弱。但采用这种开发策略可以充分发挥用户的专业知识和经验，同时能牢牢地控制软件的开发权和日后的使用维护权，而且可以为组织机构培养不少的系统开发人员，有利于日后系统的运行和维护。

自主开发策略的特点：这是由组织机构内部的技术人员及用户共同合作形成开发机构，因此开发人员比较容易了解的掌握使用者对信息系统的需求，所以在沟通和协作方面具有优势，既可以锻炼组织机构内部的信息系统建设的队伍，也易于信息系统日后的维护，特别是当组织机构的经营转型或业务发展有变化时，可以及时对系统进行变更、改进和扩充。而对于那些需要保密的行业就必须要采用这一开发策略。当然，自主开发也存在着一些缺点，如开发周期比较长；对开发人员的要求比较高；一些新的理论及技术不能很快运用到信息系统中；容易受到使用者经验的影响，或许难以摆脱长期以来形成的习惯势力的影响，从而难以开发出质量比较高的信息系统。

3）合作开发策略

这是利用组织机构对系统开发目标和管理的专业能力，结合相关的软件开发商计算机技术能力强的特点，共同开发信息系统的策略。

合作开发的适用范围：这种开发策略可以充分发挥双方各自的特长。组织机构的员工对本机构的业务流程非常清楚，也非常清楚本机构对信息系统的需求。因此只要在开发过程中加强沟通，相互取长补短，开发出适应性比较强、功能比较完善的信息系统是完全有可能的。

合作开发的特点：合作开发，可以充分发挥本组织机构人员对信息系统目标和管理的专业能力和软件公司强大的系统能力，也有利于本组织机构的计算机技术队伍的培养与提高。但在开发过程中，如果双方人员存在沟通障碍，尤其在一些专业性比较强的领域存在交流不畅时，则会使开发过程相互掣肘，成为开发过程的负能量。

4）外包开发策略

这是由使用系统的组织机构通过签订合同的方式，与专门从事信息系统构建和服务的软件供应商确定相应的责任和义务关系。采用这一开发策略，信息系统的使用者还是需要明确自己对信息系统的需求，并要和外包的开发商进行有效的沟通。

外包开发策略的适用范围：在当前竞争日益激烈的环境中，大多数组织机构都越来越重视信息技术在日常经营管理中的应用，组织机构的信息化势在必行。但是组织机构往往面临着这些困难，如高额的前期投入和后期维护费用、专业技术人才的匮乏、管理信息化对领导精力的牵扯等等。因此面对复杂的信息技术应用环境，如何实现组织机构的信息化就成为众多机构，特别是一些中小机构亟待解决的共同问题。

实施外包策略，就是借助于组织机构的外部力量，通过资源共享和支付方式节约信息技术的投入，促使信息技术在管理中的应用。所以外包开发策略成为组织机构信息化管理的重要途径和解决方案。

外包开发策略的特点：运用这个策略往往是选择具有一定开发经验，又熟悉本系统业务的专业开发公司。虽然开发公司熟悉信息系统的开发方法，掌握信息系统的开发技术，但不一定熟悉或掌握组织机构的业务处理需求。因此能否将本组织机构对新信息系统的需求准确地、清楚地、完整地传递给开发商就是外包开发与实施策略能否成功的关键。

实施外包开发策略，不仅使信息系统的开发周期缩短，而且可以节省大量的人力。因为不需要自己组建开发队伍，使组织机构能够有更多的精力去在自己熟悉或擅长的领域从事各项工作。不过当组织机构管理的业务发生变化或扩展时，特别是当信息系统维护时就会有一定的困难，至少还要依靠外包的开发商来完成。

5）二次开发策略

二次开发往往是指：一是确定购置的系统运行的软件后，对于其中不能满足的组织机构业务处理需求的部分，要求软件开发商对这部分需求进行定制化开发；二是在现有的信息系统基础上，根据业务处理的新需求，从而扩充、增加新的信息系统处理功能。

二次开发策略的适用范围：对于一些通用性比较强的软件系统，当其不能满足组织机构的业务处理需求时就需要进行二次开发。二次开发也要委托原信息系统建设的开发商来承担此项工作。

二次开发策略的特点：开发的周期不会太长，对系统的维护也可以做得比较好，同时组织机构内部对系统开发的阻力也相对较小。但它的实施费用会随着开发商工作量的增加而急剧上升。

表 10-1 是以上各种开发策略的比较。

表 10-1　各种开发策略的比较

信息系统开发策略	组织机构所投入的精力	对组织实施开发能力的要求	本组织对系统维护的难易程度	用于组织机构内部的费用	用于组织机构外部的费用
购置策略	小	很低	很困难	少量	少量
自主开发	非常大	很高	很容易	大量	少量
合作开发	大	比较高	比较容易	中等	中等
外包开发	小	中等	比较困难	少量	大量
二次开发	比较小	很低	困难	较少	较大

10.1.2　实现系统所涉及的技术

一旦组织机构决定上马信息系统，实现系统，不论采用何种系统开发的技术或方法，其实现过程一般需要经历系统规划、提出系统需求、进行分析整理几个阶段。若是走自主开发或是合作开发的道路，还要经历详细的系统分析、设计、程序设计调试、系统上线等步骤，然后进入日常的运维管理。

信息系统的开发涉及计算机技术基础与运行环境，包括计算机系统技术、计算机网络技术、数据库技术等多个方面。

(1) 计算机系统技术。这里主要是指计算机的硬件和软件共同构成的相互作用、相互影响的运行平台。这是信息系统的基础平台，它的设施包括网络平台、计算机主机和外部设备。计算机硬件系统是信息系统的运行平台。其中，网络平台是信息传递的载体和用户接入的基础。

软件是各种程序的集合，可分为系统软件和应用软件。系统软件是指为管理、控制和维护计算机及外设，以及提供计算机与用户操作界面的软件。各种语言和它们的汇编或解释、编译程序、计算机的监控管理程序、调试程序、故障检查和诊断程序、程序库、数据库管理程序、操作系统等都属于系统软件。

应用软件是为满足用户不同领域、不同问题的应用需求而提供的软件。它可以大大拓宽计算机系统的应用领域，充分挖掘计算机的潜力，有效地发挥计算机的处理功能。因此计算机的应用软件种类繁多，品种五花八门。

(2) 计算机网络技术。计算机网络是运用了相关的通信理论，利用通信介质把分布在不同地理位置的计算机、计算机系统和其他网络设备连接起来，以功能完善的网络软件实现信息互通和网络资源共享的系统。计算机网络根据通信距离可分为局域网、广域网等几种。

(3) 数据库技术。用通俗的话讲，数据库本身可以视为电子化的文件柜——存储电子数据文件的处所。用户可以根据自己业务处理的需要对该“文件柜”中的数据进行新增、截取、更新、删除等操作。因此，数据库指的是具有以一定方式存储在一起、能为多个用户共

享、具有尽可能小的冗余度的特点，是与应用程序彼此独立的数据集合。

任何一个组织机构在日常的经营管理工作中，常常需要把某些相关的大量数据放进这样的“文件柜”中，并根据管理的需要进行相应的处理。

10.1.3 信息系统规划

由于信息系统是一个庞大、复杂的人机系统，因此要完成一个满足管理需要的信息系统，并实现之，往往需要经历几个阶段，而且每一个阶段都是环环相扣、紧密相连的。

因为信息系统的服务对象是组织机构的各级管理人员，也包括组织机构中的具体办事人员，所以在信息系统投入开发之前，就有必要进行信息系统的规划，既要把组织机构的发展目标与信息系统实现结合起来，也需要对具体的业务处理流程进行规范，同时明确各级管理部门及工作对信息的需求。因此对所开发的信息系统进行规划将会影响到组织机构从上到下的方方面面，应该引起组织机构的各级领导和管理人员的重视。

在组织机构中进行信息系统的规划，从上至下常用的方法有以下 3 种。

1. 战略目标集转换法(Strategy Set Transformation，SST)

SST 是由 William King 于 1978 年提出的。他把整个战略目标看成“信息集合”，由使命、目标、战略和其他战略变量组成。信息系统的规划过程就是把组织的战略目标转变为信息系统战略目标的过程。具体为：

第一步，识别组织的战略集。先考查一下组织机构是否有已经成文的战略式长期计划。如果没有，就要构造这种战略集合：描绘出组织机构各类人员结构，如卖主、经理、员工、供应商、顾客、贷款人、政府代理人、地区社团及竞争者等；识别每类人员的目标、使命及战略。

这第一步工作就是要识别组织机构的使命，因为组织机构的使命是对组织机构存在价值的长远设想，是组织机构最本质、最宏观的内核。有了使命的组织机构就有了自身的目标，通常表现为层次结构，包括总目标、分目标和子目标。有了使命和目标，就可以对所支撑因素包括发展趋势、机遇和挑战、管理复杂性、环境对组织机构的约束等进行识别了。

第二步，将组织战略集转化成信息系统战略。信息系统战略应包括系统目标、约束，以及设计原则等。这个转化的过程包括了组织机构战略集中所识别的每个元素与对应的信息系统战略约束相对应的步骤，然后提出整个信息系统的结构。最后，选出一个方案送组织机构的最高层。如图 10-1 所示。

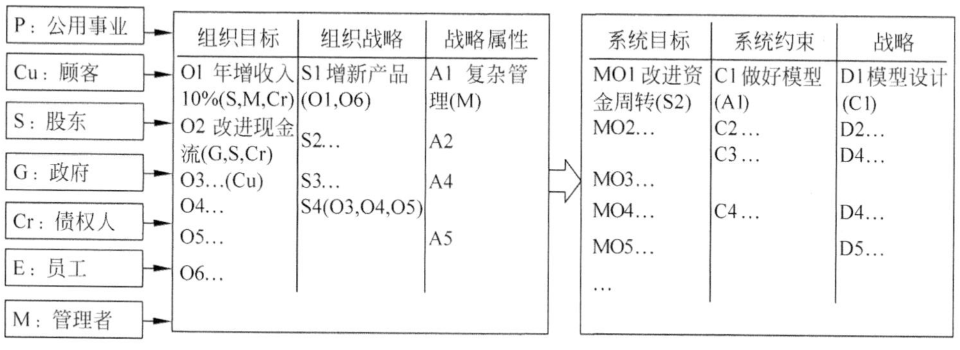

图 10-1 战略目标集转化法

由图 10-1 可以看出，这里的目标是由不同群体引出的。例如，组织目标 O1 由股东 S、债权人 Cr，以及管理者 M 引出；组织战略 S1 由目标 O1 和 O6 引出，以此类推。这样就可以列出信息系统的目标、约束及设计战略。

例如，对于某超市在开发信息系统时，采用战略目标集转化法进行信息系统规划的方法，如图 10-2 所示。

组织使命	零售业
组织目标	销售业绩年增长10%
组织战略	降低库存成本
其他战略属性	技术优先数据重要

⇨

系统目标	改进库存管理系统
系统约束	开发人员人手不足
系统开发战略	成熟的开发工具和方法，存储安全

图 10-2　超市的战略目标集转化法

SST 方法是从识别组织机构的管理目标开始，反映了各级人员的要求，而且给出了按这种要求的分层，然后转化为信息系统目标的方法。它能保证目标比较全面，疏漏较少。

2. 关键成功因素法(Critical Success Factors，CSF)

在日常生活中，大多数人在考虑需要完成某些工作时，比较多关注的是希望达到的首要目标，而不是工作的本身。一旦确立了一个目标，要思考的便是如何去实现它。

1970 年哈佛大学教授 William Zani 在信息系统模型中用了关键成功变量，这些变量就是确定信息系统成败的因素。十年后，麻省理工学院教授 Jone Rockart 将 CSF 提高成为信息系统规划的战略。运用 CSF，包含了以下几个步骤：

第一步，了解组织机构(包括要实现系统)的战略目标；

第二步，识别所有的成功因素和影响这些因素的子因素；

第三步，确定关键成功因素；

第四步，明确各关键成功因素的性能指标和评估标准。

例如某企业希望提高销售业绩，运用上述的这几个步骤进行分析，得到如图 10-3 所示的树枝图。通过分析，找出使得企业成功的关键因素，然后再围绕这些关键因素来确定系统的需求，并进行规划。

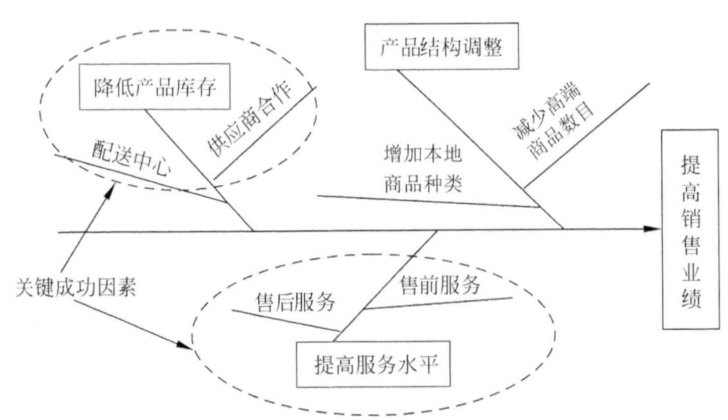

图 10-3　关键成功因素的树枝图

在运用关键成功因素法时，由于将来自众多工作人员的成功因素汇集起来，有可能表达了某些相互冲突的目标。对于这一类组织机构，就意味着最终可能选择了并不支持组织机构整体目标的个别的关键成功因素，其结果会导致信息系统无法满足组织机构的需求。

CSF 方法能抓住主要矛盾，使目标的识别突出重点。用这种方法所确定的目标和传统的方法衔接得比较好。

3. 业务系统规划法(Business System Planning，BSP)

这是通过全面的调查，分析组织机构的信息需求，制定信息系统总体方案，把组织机构目标转化为信息系统战略目标的过程。

由于关键成功因素法只能支持现有的信息需求，对未来的信息需求支持存在一定困难。IBM 公司于 20 世纪 70 年代初将 BSP 作为用于内部系统开发的一种方法，它主要是基于用信息支持企业运行的思想。在总的思路上它和上述的方法有许多类似之处，它也是自上而下识别系统目标、识别业务过程、识别数据，然后再自下而上设计系统以支持目标。

业务系统规划法的步骤为：

第一步，定义管理目标，统一各部门目标服从总体目标；

第二步，定义业务过程，识别业务在管理过程中的主要活动；

第三步，定义数据分类，在定义业务过程的基础上，把数据分成若干大类；

第四步，定义信息结构，划分子系统，确定信息系统各个部分及其相关数据之间的关系，确定各子系统实施的先后顺序。

BSP 实施的工作步骤如图 10-4 所示。其结果能够得到规划后的建议和行动计划，这成为信息系统规划的工作文档。其组成内容有：

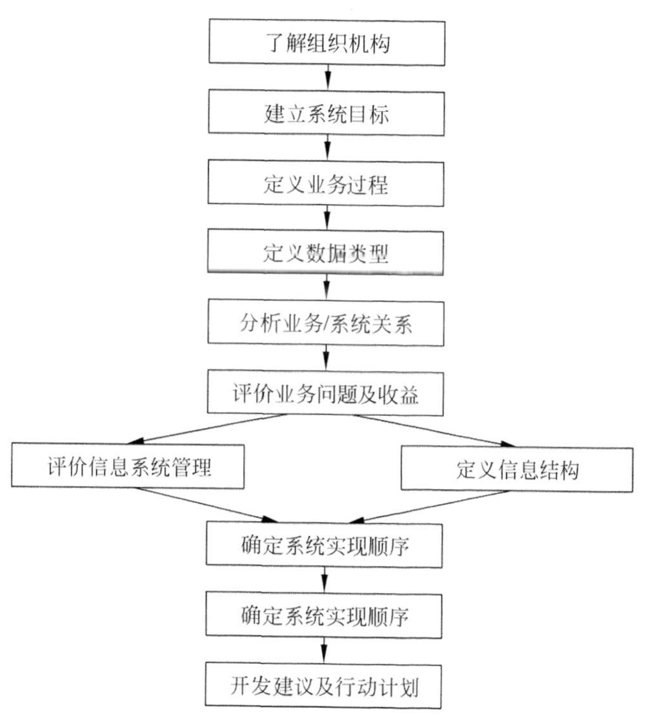

图 10-4 BSP 实施的工作流程

(1) 业务背景分析，包括组织结构、已有信息系统的现状、存在的问题分析等。

(2) 信息系统实施的目标。

(3) 新信息系统的技术规划，如功能、数据、网络拓扑结构等规划，新系统的总体结构。

(4) 新信息系统开发。

(5) 新信息系统开发的进度安排。

(6) 新信息系统开发预算。

(7) 新信息系统开发的经济可行性、进度可行性、技术可行性分析。

例如，某企业的业务过程和信息类型的关系可以用一个 U/C 矩阵来表示，如图 10-5 所示。U 代表着使用某个特定的信息类，C 则代表着会创建某个特定信息类的过程。开始时信息类和业务过程的先后次序是随机排列的，U 和 C 在矩阵中的排列也是分散的。然后可以调换信息类及业务过程的顺序的方法尽量使 U 和 C 集中到对角线上排列，如图 10-5 所示。把 U、C 比较集中的区域用粗线条框起来，这样形成的框就是一个子系统。

信息类 业务过程	市场研究	顾客调查	原材料	产成品库存	顾客订单	装运	单据	应收款	供应商	员工工资
营销产品	C	C								
获得订单				U	C			U		
检查库存				U	U					
运送产品						C				
生产制造			U	C		U				
对顾客开票							C			
收款							U	C		
新产品设计	U	U	C							
验证供应商									C	
评审供应商									U	
支付工资										U
人事管理										C

一个潜在的信息子系统

图 10-5 业务过程和信息类型的 U/C 矩阵

运用业务系统规划法中的 U/C 矩阵一个主要优点就是找出信息的使用者和创建者，而且能够区分信息的归属。所以它不仅能够识别信息系统，还能够识别信息系统所支持的信息。

在业务系统规划方法中，识别业务过程是其战略规划的中心。虽然业务系统规划方法也首先强调目标，但它没有明显的目标引出过程。它通过管理人员酝酿“过程”引出了系统目标，业务目标到系统目标的转换是通过组织/系统、组织/过程以及系统/过程矩阵的分析得到的。这样可以定义出新的系统以支持业务过程，也就把业务处理的目标转化为系统的目标。

4. 信息系统战略规划的步骤

在实际工作中，完全可以把以上的方法结合起来应用。例如，先用 CSF 方法确定组织机构的目标，然后用 SST 方法补充完善其目标，并将这些目标转化为信息系统目标，用 BSP 方法校核两个目标，并确定信息系统结构，这样就弥补了单个方法的不足。当然这会使得整

个实施过程过于复杂，而削弱了单个方法的灵活性。

由于战略规划本身的非结构化特性，进行任何一个组织机构的信息系统规划均不应照搬以上方法，而应当具体情况具体分析，选择以上方法中可取的思想，灵活运用。

综上所述，信息系统的战略规划一般要经历如下几个步骤：

第一步，确定规划的基本问题，如规划的年限、规划的方法等。

第二步，收集初始信息，包括从各级管理人员、本组织机构内部各种文件，以及组织机构外部的市场、政策等中收集信息。

第三步，现存环境的评价和现存条件约束的识别，包括目标、系统开发方法、计划活动、现存硬件和它的质量、现存软件及其质量、信息部门人员、运行和控制、资金、安全措施、人员经验、手续和标准、中期和长期优先次序、外部和内部关系等，如有必要还要分析组织机构的文化和员工道德状况。

第四步，设置目标。主要由组织机构的最高领导和信息系统的领导小组来设置，包括服务的质量和范围、政策、组织及人员等，它不仅包括信息系统的目标，而且应有整个组织机构的目标。

第五步，列出信息系统规划内容之间相互关系所组成的矩阵，确定各项内容，以及它们实现的优先顺序。

第六步，反复识别上面所列的各种活动，判断是一次性的工程项目性质的活动，还是一种重复性的经常进行的活动。由于资源有限，不可能所有项目同时进行，只有选择一些好处最大的项目先进行，要正确选择工程类项目和日常重复类项目的比例，正确选择风险大的项目和风险小的项目的比例。

第七步，确定项目的优先权和估计项目的成本费用，依此编制项目的实施进度计划。

第八步，在不断与用户、信息系统工作人员，以及信息系统开发小组的领导交换意见过程中，形成战略规划报告报批。

10.1.4 信息系统分析

信息系统的实现必须要经历分析阶段，这个阶段的工作不能省略。因为随着工作的不断深入，会遇到各种功能需求要在系统中加以实现。如果系统分析不具体，不完整，会使后续的开发工作出现偏差。此外，这个阶段会有大量工作需要认真细致地完成。

1. 需求分析与确认范围

需求分析是信息系统开发早期的一项重要工作。通俗地说，就是要解决“新系统做什么”的问题。它的基本任务就是系统分析人员和用户一起完全搞清楚组织机构内各级用户对信息系统的确切要求。

需求分析就是描述信息系统要完成的功能和要处理的数据，确定信息系统设计的限制和同其他系统的接口细节，定义信息系统的其他有效性需求，通过逐步细化对系统的要求，描述系统要处理的数据，并给系统开发提供一种可以转化为数据设计、结构设计和过程设计的数据与功能表示。对用户提出的要求需要经过甄别，采纳其中的合理要求，对于无法实现的要求要向用户做充分的解释。最后将信息系统的需求准确地表达出来，形成信息系统开发的文档资料——系统需求说明书。完成这个说明书，需要完成以下几个任务：

任务一，确定新系统影响的业务范围。这是要详细分析新的目标系统将会影响到的业务，界定目标系统的范围。因为确定范围不仅与对目标系统较好地理解有关，而且还与目标系统将对组织机构产生怎样的影响有关。

任务二，成立信息系统项目开发小组。该开发小组应包括项目经理(通常是有经验的信息技术专家或组织机构负责人员或管理人员)、受目标系统影响的业务人员、信息系统开发技术人员和最终用户。这里的每个人都将为项目小组带来特殊的专长和知识。

任务三，评价现行系统，以便确定需要的改进。现行系统包括两个方面：一是已经在运行的信息系统；二是相对应的人工处理系统。因为信息系统不是一个信息孤岛。在组织机构中几乎不存在一个与其他信息系统没有联系的独立应用系统。对于新的信息系统而言，必须考查新系统与现行系统的联系，确定需要的接口。

任务四，进行新系统开发的可行性评估。在进行新系统开发的可行性评估时，不能单纯地从成本和效益的角度分析，还必须考虑技术、时间、环境的可行性。例如，是否拥有拟采用的硬件和软件，是否拥有应用这些软件的工作经验，是否具有投入目标系统开发所需的时间和人员等。

任务五，制定信息系统开发进度计划。这份计划就是开发信息系统的项目计划，它包括了参与开发小组的成员名单、初始预算、完成后续各阶段任务的时间表等。在实际编制计划的过程中，可能会多次修改这个计划，并在项目小组中增加和调整成员。

信息系统分析这一阶段的工作就是要开始进行详细的分析了，但要强调的是必须在规划报告得到批准，需求分析报告及开发进度计划得到认可并授权后才能进行。因为这一阶段的工作量很大，所涉及的面很广，要处理的关系也比较复杂。

2. 信息系统分析的目的和任务

信息系统分析的目的是为了确定目标系统的逻辑需求，并建立起新系统的逻辑模型。它的主要工作是在逻辑上，而不是物理上进行，因为相关的新系统需求分析工作并不涉及任何系统实施或技术细节，而是从逻辑视图的角度着眼于信息输入、信息输出和信息处理过程。这阶段的主要任务包括：

任务一，对现行系统和业务处理过程建模、分析和研究。在新信息系统尚未建立前，开发小组的成员必须对现行系统有比较充分的了解。随着这个阶段工作的逐步展开和不断推进，现行系统的处理模型会逐渐明晰。其中，包括每个过程步骤一步步具体地建立起模型和相关的数据描述。例如，现在系统中用户的输入输出界面、启动结束处理过程、出错处理、系统性能、其他限制等。

任务二，定义新系统的信息需求和处理过程。新信息系统开发的目的就是要建立一个能够满足组织机构眼下及未来经营过程中对信息的各种需求。所以必须对现行系统的模型有充分的了解，在此基础上研究分析现有系统不能满足信息需求和处理过程的原因，找出解决办法。这个阶段，需要开发人员与各级用户进行深入的沟通和交流，然后再详细定义新系统的信息需求、处理过程和数据描述。例如，目前用户所用的手机大部分都是智能手机，因此在定义信息需求和处理过程时就要考虑为用户提供移动的数据查询，包括用户的移动输入数据量、移动查询界面、移动输出的内容。若为了向用户提供移动办公的功能，需要了解用户在这方面对信息的需求。虽然在前述的需求分析完成时已经确定了问题的范围，但在本阶段的系统开发中，还需要对用户的需求进行更详细、更全面的调查，尤其对其中模糊的需求要进一步澄清。

任务三，建立新系统的逻辑模型。在确切了解和掌握了现行系统模型和定义了新系统的信息需求和处理过程后，就是将二者结合起来建立起一个新信息系统模型的时候了。这个新系统的模型将从逻辑的角度建立，突出的是新系统所要完成的功能，而非在技术或物理设备上的运行。因此这是个新系统的逻辑模型，将为下一阶段信息系统的全面及详细设计提供基础。例如，对于满足用户移动信息操作的需求，在逻辑模型中，主要是说明能够完成的功能，如能提供什么类型的数据输入，提供什么类型的查询服务等。

任务四，更改项目计划和范围。一旦完成了纷繁复杂的系统分析的各项任务，就需要修订项目计划和项目范围。主要的工作就是修改原先的预算、修改可行性评估，以及开发的时间安排，当然也会涉及调整或增加项目小组的成员和修正问题的范围。

3. 系统需求说明书

这一阶段任务的特点就是面广量大。通过系统分析、功能分析、流程分析、数据分析，对用户的每个需求都必须有一个全面、清楚的理解。最后才能形成新信息系统的开发文档——系统的需求说明书，也叫用户需求规格说明书。这个文档资料不仅是下一个阶段工作的基础，也是用户方、投资方在验收新系统时的主要参考标准。

系统的需求说明书包含以下一些内容：

(1) 新系统的总体描述；

(2) 新系统的功能；

(3) 加工处理描述；

(4) 数据字典；

(5) 为用户输出的信息；

(6) 系统需要的输入数据；

(7) 系统与用户的界面；

(8) 用户的一些特殊要求。

如果还有未解决的问题，则需要与用户进一步沟通和交流，力争把存在的问题解决完毕。

10.1.5 信息系统设计

进入到这一阶段，必须把对系统的各种需求分析全部完成，并经过确认以后才能开始本阶段的各项工作。

1. 信息系统设计的任务

信息系统的设计主要目的是建立起一个目标系统的技术蓝图。这一阶段的工作是在“做什么”的基础上向“怎么做”转变。主要任务是：

任务一，识别可供选择的技术方案。在信息系统分析的基础上要构建未来新系统的技术蓝图，需要系统的设计人员对当前信息技术的发展状况有相当清楚的把握，因为设计人员必须根据新系统的需求说明书，结合当前的信息技术现状研究多种不同的系统方案。现代信息技术已经为系统开发提供了各种硬件、软件的平台，对它们进行全面、深入的探讨是系统开发过程中相当重要的一个环节。例如，对于用户的移动办公要求，所采用的技术方案就要兼顾不同手机运行平台的环境，尽可能地使未来开发出的 App 能在不同的手机平台上高效、快速、流畅地运行。

任务二，对各种可选方案进行分析，并进行优选。一旦设计出多种可供选择的技术方案，就必须根据时间、成本、技术等多方面的可行性对每一种技术方案进行分析和研究，从中选出最佳方案。在识别过程中，设计人员不得不考虑技术的成熟度和稳定性的问题，因为信息技术发展是日新月异的；同时还要为新系统上线后一段比较长的时期内的运行维护提供技术保证。实际上要考虑的因素很多，设计人员必须在各种因素的制约中(如开发成本的限制、时间的限制等)，并在满足用户需求的情况下，在众多的技术中求得平衡。例如，如果组织机构还有一部分现有的设备能够继续使用，于是设计人员就要考察这些设备的性能，尤其是这些设备在眼下甚至在未来的技术环境中能否继续发挥作用。又如，现有系统的接口能否与新系统的接口完美对接等。

任务三，修改项目计划和范围。一旦选择了最佳技术方案，就必须对项目计划进行修改，包括修订时间安排、修改可行性评估。修改项目计划和范围会使该计划更符合实际情况。在修改计划时，还要指定新系统开发小组成员进行信息系统的编程。

任务四，进行信息系统的数据库设计。数据库设计的首要任务是建立规范的数据组织模型，使数据在数据库运行时，能够满足复杂的存取、利用和变换等的要求，并始终保持其完整性、一致性和应变能力。具体地说，数据库的设计应满足：符合用户的要求，既能正确地反映用户的工作环境及其变化，该环境包括用户需要处理的所有数据，又能支持用户需要进行的所有加工处理；与所选用的数据库管理系统所支持的数据组织相匹配；数据组织合理，应当易操作、易维护、易理解。

例如在数据库设计时，需要考虑移动办公用户对数据的要求，如用户通过移动终端输入的数据量，查询时向用户提供何种类型的数据及数据量等。

任务五，进行新系统的代码设计。由于目前的信息设备还无法直接识别客观世界中的任何一种具体的事物，它只能直接识别二进制码。因此信息系统设计的一项基本工作就是把管理对象数字化或字符化，这就是代码设计。用于表征客观事物的实体类别和属性的一个或一组易于计算机识别和处理的代码，可以是字符、数字、某些特殊符号或它们的集合。代码的作用如下：

(1) 标识作用——可用来标识和确定某个具体的对象，以便于计算机的识别。

(2) 统计和检索作用——当按对象的属性或类别进行编码时，易于进行对象的统计和检索。

(3) 对象状态的描述作用：代码可以用来标明事物所处的状态，便于对象的动态管理。

2. 代码设计的原则

代码设计的任务就是要把信息系统处理的全部客观事物用特定的代码来描述。其设计的原则如下：

(1) 适应性。在设计时必须考虑要适应计算机的处理。

(2) 可扩充性。必须留有一定的后备余量，以适应业务发展及未来变化的需要。

(3) 简明性。设计时要尽可能简单、明了，从而降低误码率，提高工作效率。

(4) 系统性。代码应根据一定的规则进行分组，从而在整个系统中使代码具有通用性和一贯性。

(5) 稳定性。代码的定义和描述应具有相对稳定性，要尽可能避免过多改动。

(6) 标准化。尽可能使用国际、国家或行业的有关标准是来设计代码，特别是系统内部使用的代码也要统一。

(7) 便于识别和记忆。为了能同时适合人使用及计算机处理,代码不仅要有逻辑含义,而且还应便于识别和记忆,如代码的长度(即位数)不要太长,应尽量少采用容易混淆的字符和数字。

代码设计是一项比较烦琐、需要反复推敲的工作。另外还要考虑与现有系统进行合理、有效的对接,以便现行的信息系统中的各项数据信息能够快速、平稳地导入到新开发的信息系统中。

3. 用户界面设计

这个阶段的设计工作还需要完成用户界面设计,包括输入设计、输出设计、人—机对话设计等,最后形成新系统的设计说明书,作为新系统开发的文档资料。

此外,在确定技术环境及平台的基础上,需要逐步采购相应的硬件和软件,搭建系统的运行平台和网络环境,为开展下一步工作做好准备。

10.1.6 信息系统编程和测试

系统编程将新系统需要完成的功能转变成计算机可以执行的一段段程序或是一条条指令,也就是把新系统的逻辑模型转变成真正的物理模型。

1. 程序设计任务

以前,新系统中的应用程序要由专业的计算机人员逐行编写程序代码,不仅周期长、效率低、质量差,而且经常需要重复劳动,特别是比较大的程序,编写与修改是一项艰巨、复杂的劳动。随着信息技术的不断发展,大量的软件生成工具,如报表生成器、屏幕生成器、程序生成器等已经被研制出来。利用这些软件生成工具进行信息系统开发不仅大大地减少了人工编写程序所花费的时间,而且编程的错误也大大减少了,从而极大地提高了信息系统开发效率。

2. 程序功能调试任务

程序功能调试的目的是发现程序中可能存在的错误并及时予以纠正。完成这一工作,先要对程序代码进行测试,即利用精心挑选的测试数据。测试数据既要包括正常的数据,也要包括异常数据,更需要有错误数据,使程序中的每一语句都能得到执行,这一步就是测试程序中的任一逻辑通路,同时也测试了程序对错误的处理能力。然后要根据开发文档中所标明的应完成功能对这部分程序实现的功能进行测试。

3. 系统功能调试任务

系统的功能可能是由多个程序共同完成的。虽然每个程序都经过调试和测试,但将它们按次序连接起来还要测试其整体功能。这种调试和测试就是要保证系统内各程序之间具有正确的控制协调关系,同时还要测试整体的运行效率。这一过程往往称为分调。分调完成后需要进行总调。总调分两步完成:先将预先设立的联系程序替代控制程序所要调用的程序,由这些联系程序直接送出处理结果。这一测试主要是为了验证控制接口和参数设置的正确性;然后还要进行系统程序的总调,即将主控程序和调度程序与其他各功能程序连接起来进行总体调试。这是对系统各种可能的使用形态及其组合在软件中的流通情况进行测试。

最后要进行特殊测试。这一测试是根据系统需求选择进行的,如峰值负载测试、容量测试、响应时间测试等;同时要严格核对新信息系统处理和事先人工处理的两种结果。另外在将系统投入使用之前,还要进行实况测试,即用实际的数据进行测试。

4. 用户培训任务

经过调试的系统,需要开发小组人员对用户进行培训,一是扭转用户对新系统的抵触情绪,纠正用户对新系统存在的误解;二是使所有用户了解新系统能够完成的功能,达到开发建设新系统的目的,并使新系统早日发挥出更大的效益。用户培训从几个方面进行:应从信息系统应用的全局出发,不仅要注意技术开发人员的培训,更要重视系统维护人员的培训;培训工作及内容需要有一定的超前性;培训工作应分阶段、分层次进行;培训的主要内容应包括系统的背景、系统结构、系统文档、典型的用户问题、故障解决指导、处理突发事件、联机和外部帮助等。

对用户培训信息系统使用人员是信息系统建设过程中不可缺少的重要环节。可以根据实际情况,对人员的培训可尽早进行,一是可以在开发的各个阶段用户的参与,二是有助于用户接受培训后能更好地配合开发人员进行信息系统的测试。

10.2 实现信息系统的方法

信息系统开发的方法有多种。根据前述的开发策略,结合组织机构自身的情况进行选择。这里介绍常用的几种开发方法。

10.2.1 实现信息系统的生命周期法

传统的信息系统开发方法就是生命周期法(System Development Life Cycle,SDLC)。虽然这个方法出现最早,但因其经典,如今在开发大中型信息系统时仍然会被采用。

系统生命周期法的过程大致可以分成六个阶段,如图10-6所示。这一方法的最大特点就在于每一阶段的活动都必须在下一阶段开始前完成,而且每个阶段结束时都有相应的开发文档资料,这些文档资料就是下一个阶段工作的基础。表10-2是SDLC方法的优缺点。

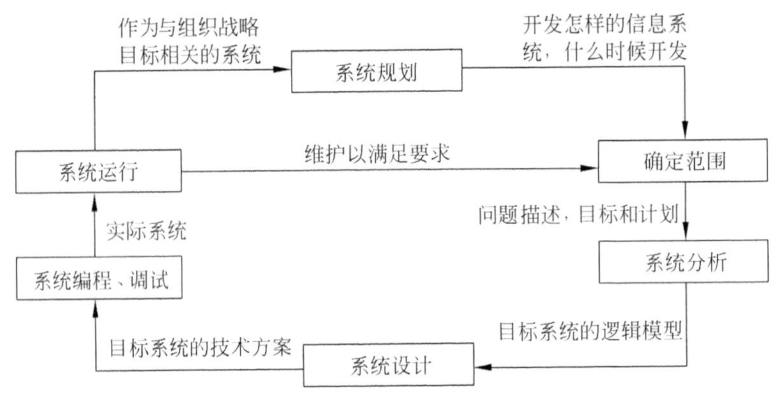

图10-6 系统开发生命周期的六个阶段

表10-2 SDLC开发方法的优缺点

优　点	缺　点
允许组织根据自身的精确需求开发一个系统	获得精确的需求要花费大量时间
多个阶段逐一进行的结构化方法	有些较小的项目不适合用结构化方法
信息技术专业人员(技术责任)与最终用户(组织机构业务)之间责任明确	信息技术专业人员和最终用户各自使用的语言不同,可能产生交流和沟通障碍
在进入下一阶段之前,要求有可交付使用的成果	如果在系统开发的初期遗漏了一个需求,那么在后面更正该错误时,代价可能会很高

10.2.2 实现信息系统的原型法

这一方法是根据用户的最基本要求，通过使用各种现代的软件工具先建立起功能简单的原型(Prototype)。该原型可在很短的时间如几天或几周的时间里迅速建立起来。当用户在使用这原型系统时，会发现一些被忽视的需求，或提出某些改进建议，抑或是再提出一些新需求。当这些意见、建议被融入到原型的系统中，就会扩大原型系统的功能和使用范围。在用户继续使用改进的原型系统以后，又会提出更高的需求……如此反复，使原型系统的规模不断扩大，功能不断完善，直到完全满足用户的需求为止。

1. 原型法的实施过程

与生命周期法相比，使用原型法开发系统来解决问题，特别是一些比较复杂的问题，是一个循序渐进的过程。原型法在实施过程中是一个交互的过程，是一种允许最终用户直接参与评价模型，对模型提出改进意见，最终实现目标系统的动态过程。其实施流程如图 10-7 所示。

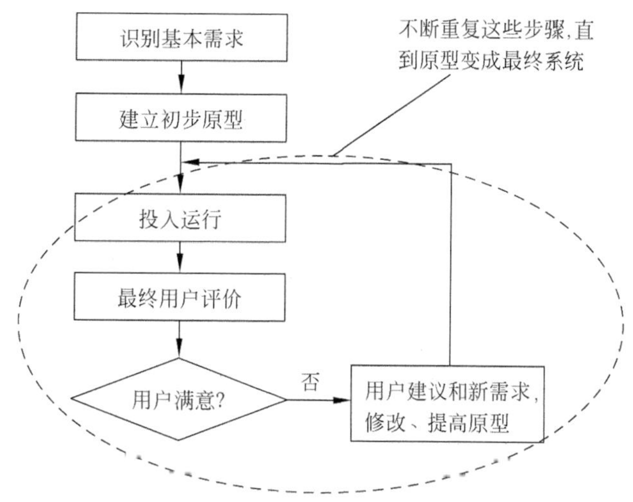

图 10-7 原型法开发信息系统的流程

1) 识别基本需求

在这一步工作中，要收集对目标系统的基本需求。这些基本需求包括输入、输出信息，可能还有一些简单的过程。但基本不涉及复杂的操作规则、系统的安全问题等。

2) 建立初步原型

在获得基本需求的基础上，着手建立一个初始原型。通常初始原型只包括用户界面，如数据输入屏幕和一些基本的或是简单的加工处理。

3) 投入运行和最终用户评价

这一阶段开始了真正的循环过程。当系统投入运行后，用户的体验及感受是最直接的。他们要对原型进行评价，并提出修改、改进意见。在融入了用户的修改等意见后，改进的系统将再次投入运行，最终用户将对新的原型进行再次评价，如此反复循环。所以在此循环过程中尽可能邀请更多的最终用户参与就显得非常重要，因为这将有助于开发人员与用户更多地交流，消除各种差异，这样系统的功能才能不断得到改进和完善。

4）修改和提高原型

用户在使用了系统以后会提出各种改进要求。按照最终用户提出的意见和对系统的新需求，开发人员修改、提高和完善已经运行的原系统。然后继续让用户使用改进后的系统，并由最终用户对改进的原型再次进行评价。

经过不断循环，直到最终用户对运行的系统表示满意为止。

2. 原型法的优点

与传统的生命周期法相比较，使用原型法开发的信息系统，用户能在比较短的时间内就可以运行和使用自己所想象的系统了，尽管可能还存在着许多问题；而生命周期法在整个开发过程中用户是无法使用系统的，哪怕是已经初步成型的系统。除此之外，原型法开发信息系统还具有其他的优点：

(1) 获得需求。在很多系统开发过程中，最终的用户往往只能表述现行的系统不能满足他们的需求，但同时又难以确定甚至表达自己究竟需要什么。采用原型法，使最终用户能够从基本的使用体验开始感受到信息系统给工作带来的好处，因为原型法帮助最终用户确定了他们的确切需求。

(2) 循序渐进。原型法开发信息系统，比较符合人们解决问题的思维方法。通常人们对要完成一堆复杂的相互牵制的任务，都会把问题分解开来，各个击破。原型法一开始就是从最终用户的最基本的需求入手。随着系统功能的日益扩充和改进，复杂的问题也可以慢慢地得到解决。

(3) 证明了技术的可行性。如果对所应用的技术情况不能肯定，那就要先建立它的原型，利用原型来证明一个目标系统的技术是可行或是不可行。

(4) 推广目标系统的思想。由于人们的习惯性思维，往往认为现行系统看上去运行良好，从而体会不到需要开发和学习使用新系统的好处。如何改变这些人的思维呢？由于原型法相对而言开发的速度快，因此无须投入太多的时间就能建立起一个原型并投入运行，以使人们能够很快看到利用信息技术所带来的工作便利和效率的提高。

3. 原型法的缺点

不可否认，原型法的缺点也是明显的：

(1) 原型法对较小范围的应用系统是比较有效的。但对于具有复杂指令和加工处理的大型系统，原型法却难以应用。

(2) 原型法较少考虑实际的运行操作环境，这可能就是原型法的最大缺陷。因为它是来自于最终用户的基本需求，而无法站在全局的高度来审时度势，所以就有可能带有“先天”的不足。例如到了实际的运行环境，所建的原型可能无法满足大量用户的登录、并发地处理大量的事务、维护海量的数据等需求。所以在建立原型时，除了考虑界面和过程外，如何考虑未来的操作环境也是迫切需要的问题。

(3) 项目开发小组成员很可能会忽视对系统进行彻底的测试和建立健全的文档资料。因为有很多人认为在使用原型法进行系统开发时，由于功能简单、操作容易，往往就放弃或忽视了对系统的测试和建立起开发文档。或者会有人认为，他们已对原型进行了测试，为什么不用原型作为系统的文档资料呢？以上种种，久而久之就会导致所开发的系统没有经过彻底的测试，相关的开发文档也会不健全。

如果现行的信息系统正在运行，若要增加其他移动办公系统，不妨可以采用原型法来实

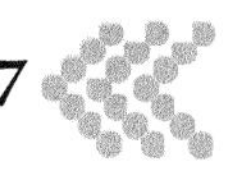

施。根据原型法的思想，先开发移动办公中的一些小应用，作为 App 的 1.0 版，邀请部分员工和管理人员进行测试或试用，并收集他们的使用感受和意见需求，然后对 1.0 版加以改进提升，开发出 App 的 2.0 版，扩大测试和试用人员的范围，再收集意见和建议……如此反复，以期尽快在组织机构内部普及移动办公 App，提升办公效率。

10.2.3　实现信息系统的面向对象开发方法

目前应用比较广泛的一种开发方法就是面向对象(Object-Oriented ，OO)的方法。面向对象是一种分析方法、设计方法和思维方法。它的出发点和所追求的基本目标是使人们分析、设计与实现一个系统的方法尽可能接近人们认识一个系统的方法，也就是使描述问题的问题空间和解决问题的方法空间在结构上尽可能一致。其基本思想是：对问题空间进行自然分割，以更接近人类思维的方式建立问题域模型，以便对客观实体进行结构模拟和行为模拟，从而使设计出的系统尽可能直接地描述现实世界，构造出模块化的、可重用的、维护性好的软件，同时限制软件的复杂性和降低开发维护费用。

1. 面向对象的开发方法

面向对象的开发方法认为对象是由数据和容许的操作组成的封装体，与客观实体有直接对应关系，一个对象类定义了具有相似性质的一组对象。而继承性是对具有层次关系的类的属性和操作进行共享的一种方式。所谓面向对象，就是基于对象概念，以对象为中心，以类和继承为构造机制，来认识、理解、刻画客观世界和设计、构建相应的软件系统。

面向对象开发方法的发展过程本身是需求驱动的自底向上的发展过程，即先有 OOP 的产生，再在 OOP 的基础上进一步发展了 OOD 和 OOA。由 OOA、OOD、OOP 构成的开发过程的方法覆盖了生命周期法的分析、设计和实现等各个阶段，成为指导软件开发的全面的、完整的方法。OOP 是开发方法的一次革命，它彻底改变了传统的功能分解。其最基本的概念是数据抽象、封闭性和继承性。OOD 是根据 OOA 的结构，对系统进一步细化。其基本步骤有设计问题域部分、设计人机交互部分、设计任务管理部分与设计数据管理部分。OOA 的基本思想是认识客观对象及其属性，认识对象的整体及组成部分和对象类的形成及其区分，主要特点是过程抽象、数据抽象以及信息隐蔽。所以面向对象的方法有其自身的特点，因此在开发过程中分析、设计、编程等阶段就需要使用面向对象的开发工具、技术和方法。

2. 面向对象的开发过程

面向对象开发一般要经历如下过程：

第一是面向对象的分析(Object-Oriented Analysis，OOA)。在繁杂的问题域中抽象地识别出对象以及其行为、结构、属性、方法等。它和其他分析方法一样，是提取系统需求，并建立问题域精确模型的过程。面向对象分析的关键，是识别出问题域内的对象，并分析它们相互间的关系，最终建立起问题域的正确模型。

通常，面向对象分析过程从分析用户需求陈述开始。需求陈述的内容包括：问题范围，功能需求，性能需求，应用环境及假设条件等。总之，需求陈述应该阐明“做什么”，而且应该陈述清晰、准确、到位。接着，系统分析员应该深入理解用户需求，抽象出目标系统的本质属性，并用模型准确地表示出来。面向对象分析大体上按照建立功能模型、建立对象模型、建立动态模型、定义的顺序进行。

第二是进行面向对象的设计(Object-Oriented Design,OOD)。对分析的结果作进一步的抽象、归类、整理,并最终以范式的形式将它们确定下来。因此,面向对象设计就是把分析阶段得到的需求转变成符合成本和质量要求的、抽象的系统实现方案的过程。

第三是面向对象的编程设计(Object-Oriented Programming,OOP)。它的任务是用面向对象的程序设计语言将上一步整理的范式直接映射(即直接用程序设计语言来取代)为相应的应用软件。面向对象程序设计主要包括两项工作:把面向对象设计结果翻译成用某种程序语言书写的面向对象程序;测试并调试面向对象的程序。

3. 几种典型的面向对象的方法

常用的几种典型的面向对象的方法有:

(1) OMT(Object Modeling Technique)。此方法最早是由 Loomis、Shan 和 Rumbaugh 在 1987 年提出的。Rumbaugh 在 1991 年正式把 OMT 应用于面向对象的分析和设计。OMT 方法包含分析、系统设计、对象设计和实现四个步骤,并定义了三种模型。这些模型贯穿于每个步骤,在每个步骤中被不断地精化和扩充。这三种模型是:对象模型,用类和关系来刻画系统的静态结构;动态模型,用事件和对象状态来刻画系统的动态特性;功能模型,按照对象的操作来描述如何从输入给出输出结果。

OMT 方法覆盖了应用开发的全过程,是一种比较成熟的方法,用几种不同的观念来适应不同的建模场合,它在许多重要观念上受到关系数据库设计的影响,适合于数据密集型的信息系统的开发,是一种比较完善和有效的分析与设计方法。

(2) OOD。这是 Grady Booch 从 1983 年开始研究,1991 年后走向成熟的一种方法。Booch 在面向对象的设计中主要强调多次重复和开发者的创造性。方法本身是一组启发性的过程式建议。OOD 的一般过程为:首先在一定抽象层次上标识类与对象;其次标识类与对象的语义;再次标识类与对象之间的关系(如继承、实例化、使用等);最后实现类与对象。

从严格意义上讲 OOD 方法并不是一个开发过程,只是在开发面向对象系统时应遵循的一些技术和原则。此方法是从外部开始,逐步求精每个类直到系统被实现。因此,它是一种分治法,支持循环开发,它的缺点在于不能有效地找出每个对象和类的操作。

(3) RDD(Responsibility-Driven Design)。此法由 Wirfs-Brock 在 1990 年提出。这是一个按照类、责任以及合作关系对应用进行建模的方法。首先定义系统的类与对象,然后确定系统的责任并划分给类,最后确定对象类之间的合作来完成类的责任。这些设计将进一步按照类层次、子系统和协议来完善。RDD 分为两个阶段:探索阶段,确定类、每个类的责任以及类间的合作;精化阶段,精化类继承层次、确定子系统、确定协议。RDD 按照类层次图、合作图、类规范、子系统规范、合同规范等设计规范来完成实现。

RDD 是一种用非形式的技术和指导原则开发合适的设计方案的设计技术。它用交互填写 CRC(Class-Responsibility-Collaboration)卡片的方法完成设计,对大型系统设计不太适用。RDD 采用传统的方法确定对象类,有一定的局限性。另外,均匀地把行为分配给类也十分困难。

(4) OOAD(Object-Oriented Analysis and Design)。这是由 Peter Coad 和 Edward Yourdon 在 1991 年提出的一种面向对象方法,是一种逐步进阶的面向对象建模方法。它使用了基本的结构化原则,并把它们同面向对象的观点结合起来。通过确定类与对象、标识结构、定义主题、定义属性和定义服务等一个步骤完成 OOA。通过设计问题域(细化分析结果)、设计人机交互部分(设计用户界面)、设计任务管理部分(确定系统资源的分配)和设计数据管理部分(确定持久对象的存储)四个步骤实现 OOD。

在 OOAD 方法中,OOA 把系统横向划分为五个层次,OOD 把系统纵向划分为四个部分,从而形成一个清晰的系统模型。OOAD 适用于小型系统的开发。

(5) OOSE(Object-Oriented Software Engineering)。这是 Ivar Jacobson 在 1992 年提出的一种使用事例驱动的面向对象开发方法。OOSE 开发过程中有以下五种模型,这些模型是自然过渡和紧密耦合的。

① 需求模型包括由领域对象模型和界面描述支持的参与者和使用事例。对象模型是系统的概念化的、容易理解的描述。界面描述刻画了系统界面的细节。需求模型从用户的观点上完整地刻画了系统的功能需求,因此按这个模型与最终用户交流比较容易。

② 分析模型是在需求模型的基础上建立的。主要目的是要建立在系统生命期中可维护、有逻辑性、健壮的结构。模型中有三种对象:界面对象刻画系统界面;实体对象刻画系统要长期管理的信息和信息上的行为;实体对象生存在一个特别的使用事例中。第三种是按特定的使用事例作面向事务的建模的对象。这三种对象使得需求的改变总是局限于其中一种。

③ 设计模型进一步精化分析模型并考虑了当前的实现环境。块描述了实现的意图;分析模型通常要根据实现作相应的变化;在设计模型中,可进一步使用事例模型来阐述界面和块间的通信。

④ 实现模型主要包括实现块的代码。OOSE 并不要求用面向对象语言来完成实现。

⑤ 测试模型包括不同程度的保证。这种保证从低层的单元测试延伸到高层的系统测试。

OOSE 能够较好地描述系统的需求,是一种实用的面向对象的系统开发方法,适用于商务处理方面的应用开发。

(6) VMT(Visual Modeling Technique)。这是由 IBM 公司于 1996 年公布的。VMT 方法结合了 OMT、OOSE、RDD 等方法的优点,并且结合了可视化编程和原型技术。VMT 方法选择 OMT 方法作为整个方法的框架,并且在表示上也采用了 OMT 方法的表示。VMT 方法用 RDD 方法中的 CRC 卡片来定义各个对象的责任(操作)以及对象间的合作(关系)。此外,VMT 方法引入了 OOSE 方法中的使用事例概念,用于描述用户与系统之间的相互作用,确定系统为用户提供的服务,从而得到准确的需求模型。

VMT 方法的开发过程分为三个阶段:分析、设计和实现。分析阶段的主要任务是建立分析模型。设计阶段包括系统设计、对象设计和永久性对象设计。实现阶段就是用某一种环境来实现系统。

VMT 基于现有面向对象方法中的成熟技术,采用这些方法中最好的思想、特色、观点以及技术,并把它们融合成一个完整的开发过程。因此 VMT 是一种扬长避短的方法,它提供了一种实用的能够处理复杂问题的建模方法和技术。

此外,UML(Unified Modeling Language)语言是面向对象技术领域内占主导地位的标准建模语言,它统一了 Booch、OMT 和 OOSE 等方法中的基本概念,同时还吸取了面向对象技术领域中其他流派的优秀思想,其中也包括非 OO 方法的影响。UML 能够用来描述其他的开发过程,产生新的软件开发方法。它的目标就是以面向对象图的方式来描述任何类型的系统。总之，UML 是一个通用的标准建模语言，适用于以面向对象技术来描述任何类型的系统，而且适用于系统开发的不同阶段，从需求规格描述直至系统完成后的测试和维护。

10.2.4 信息系统转换方法

在新系统测试通过以后，并不能立刻投入运行，因为还存在着新旧系统如何接替的问题。把新系统替换旧系统的过程就是系统转换。如何保证新旧系统平衡而可靠地过渡，最后保证整个新系统正式投入使用就是系统转换的任务。转换过程中需要开发人员、操作人员、组织机构内部从上至下的各级管理人员及各个职能部门通力协作才能完成。

1. 直接转换

顾名思义，在某个时刻，旧系统全部停止，新系统立即全部上线运行，因此也称之系统直接切换，如图 10-8 所示。

直接转换的最大特点是简单，转换效率高，转换的费用低，能够从心理上克服用户对旧系统运行的依赖，但是其风险最大，因为一旦新系统运行时发生严重的问题而"趴窝"时，将会给组织机构的正常运作带来很大的影响，从而引起混乱，甚至造成不良影响。为此，若采取这种系统转换方式，应该有谨慎、周密的计划，做好各种准备工作以应对不测之需。例如在系统测试时，要经过严格的、完整的测试，包括在模拟运行时要有正常情况的数据测试，更要有特殊情况的数据测试。另外需要做到在一段时期内保持旧系统能够随时启动的状态。

直接转换方式，主要适用于小型的、不太复杂的信息系统，或是信息的时效性要求不高的系统。

2. 并行转换

这种转换方式就是使新旧系统在一个时间段内同时运行。在这个时间段内，新系统实际上就处于试运行的状态。然后新系统正式地、全面地替代旧系统，如图 10-9 所示。

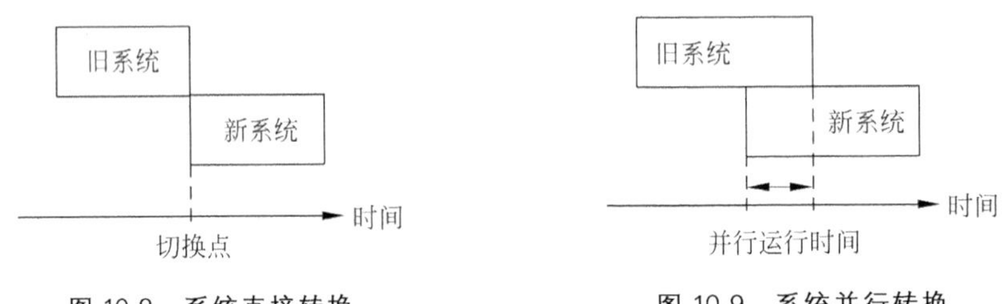

图 10-8 系统直接转换　　　图 10-9 系统并行转换

并行转换的方式，一方面用户能继续以原来的习惯方法使用旧系统，这样对业务工作不会产生任何影响；另一方面用户也在不断接触新系统，逐步习惯新系统的操作环境。因此，两套系统同时运行，可以很好地保证业务工作的延续性，同时可以互相校对两套系统的运行结果。

并行转换方式避免了直接转换方式所带来的巨大风险，因此新旧系统的转换过程可以做到平稳、可靠。但是，这种转换方式费用高，业务工作量比正常情况下会增加一倍甚至更多，在人员的配备上也会增加不少，因此转换过程所经历的时段不能太长，一般几个月就应该完成过渡。

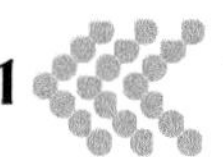

3. 分段转换

这种转换方式综合了直接转换方式与并行转换方式的特点。在转换过程中，从某个时间段开始，停止旧系统中某一部分功能，用新系统相应的功能进行代替，如此重复进行达到逐步的用新系统完全替代旧系统，如图 10-10 所示。

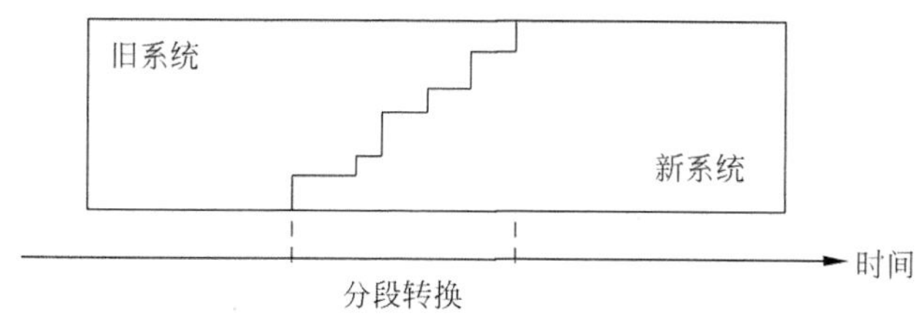

图 10-10　系统分段转换

由于这是一个渐近的过程，转换过程中没有正式替代的部分功能可以在部分并行的模拟环境下进行测试和考验。这就有效地避免了上述两种方式的不足，转换过程可靠且费用也不高。但出现了一个新问题：由于是新旧系统混合运行，这就大大增加了转换过程中的新旧系统的衔接问题，即新旧系统部分功能和接口问题。这类接口问题有时候会相当麻烦，甚至需要人工介入，还有可能需要临时设计一些接口转换程序，以保证数据能在新旧系统之间快速地传递。

还有一种转换方式——试点过渡。这是先选用新系统的某一部分代替旧系统作为试点，进而逐步代替整个旧系统。只让少部分人员使用新系统，直到确信系统正常运行之后，再让其余人员使用新系统。其实这是分段转换方式的变种。

10.2.5　信息系统试运行

不论采用哪种系统的转换方式，当系统投入运行的初期，开发人员及用户双方就要关注新旧系统的维护、新旧系统的数据一致性、试运行中遇到的重大问题及解决办法、在线支持与问题响应处理等问题。可以用一定的管理方法来保证系统试运行的工作质量：

(1) 组成一个由主要业务部门领导挂帅、各方人员参加的强有力的试点工作支持小组，全面负责解决试点中出现的问题。

(2) 采用定期汇报试运行结果的形式，由各试点单位定期全面反映试运行情况，如系统的正确性指标、响应速度指标、修改调整指标、用户对系统的满意度指标、用户对试点工作组和工作及问题解决的满意度指标、各指标与旧系统的对比情况等。

(3) 采取及时汇报试运行中所遇问题的方式，包括问题的现象、问题的原因分析、已采取的措施、结果、希望得到的支持和建议。

(4) 成立热线支持小组，快速解决试运行中突发的各种问题，并收集试运行中出现的各种结果，为今后分析改进系统做准备，同时要保留所有的试点报告。

综上所述，不论采用何种策略、方法来实现系统，都需要经历如图 10-11 所示的几个阶段。其中规划与分析成为系统实现过程的重要阶段，应该引起组织机构中各级管理人员的高度重视。

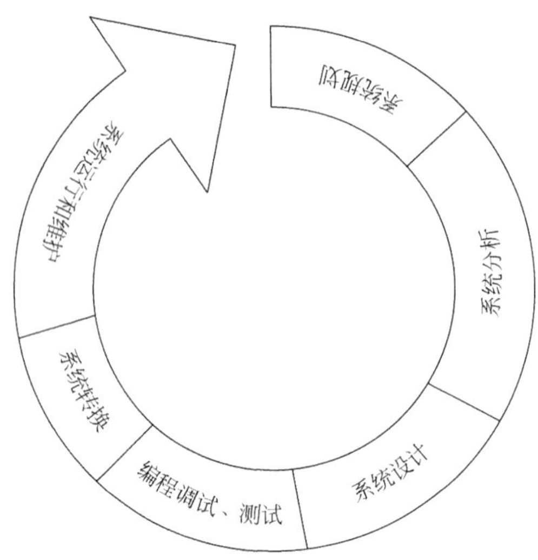

图 10-11 实现信息系统必须经历的几个阶段

10.3 信息系统的运行和维护

信息系统一旦成功投入运行，组织机构就实现了计算机化的信息系统。于是经营过程中的各项工作就要以保证信息系统能够正常运行为中心而展开。要让信息系统在运行中不断发挥作用，不断产生效益，就需要对信息系统的运行和维护，加强管理。

10.3.1 信息系统的运行和维护管理

信息系统正式投入运行后，为了能长期高效地工作，必须加强对信息系统运行和维护管理。

1. 信息系统运行的日常管理

信息系统运行的日常管理绝不仅仅是保持机房环境的整洁，也不仅仅是保证各设施正常运行的管理，更主要的是对信息系统每天运行状况、数据输入和输出情况以及系统的安全性做到及时、如实地记录在案并加以正确地处置。除了记录正常的情况（如处理效率、文件存取率、更新率等）外，还要记录处理时间、原因与处理结果。

2. 信息系统的维护类型

信息系统的维护有以下几种常见的类型：

1）更正性维护

虽然信息系统在投入运行之前已经经过了严格的测试，但系统测试不可能发现系统中的所有错误，还有许多潜在的错误。这些错误只有在系统投入运行中具备一定的激活条件时才可能出现，诊断和改正这类错误的维护工作就是更正性维护，也叫纠错性维护。

出现这些错误的原因通常是由于遇到了调试阶段从未使用过的输入数据的某种逻辑组合或判断条件的某种组合，即没有测试到这些情况。在系统运行期中遇到的错误，有些可能不太重要或者很容易处理或回避，有的可能相当严重，甚至会使系统无法正常工作。但无论错误的严重程度如何，都要设法去改正。修改工作需要制定修改计划，提出修改要求，经审查批准后，并在严格的管理和控制下进行系统的更正性维护。

2）适应性维护

适应性维护是指信息系统的外部环境发生变化时需要进行的系统维护。信息技术（包括硬件和软件）的发展速度非常快，而一般的系统使用寿命都超过最初开发这个系统时的系统环境的寿命。硬件系统的不断更新，新的操作系统或操作系统新版本的出现，都要求对系统做出相应的改动。此外，数据环境的变化（如数据库管理系统的版本升级、数据存储介质的变动等）都要求系统进行适应性维护。适应性维护也要制定维护计划，有步骤、分阶段地组织实施。

3）完善性维护

当信息系统投入使用以后，由于组织机构的业务需求会随着环境变化而变化和扩展，使用者可能会提出修改某些功能、增加新的功能等要求，这种系统维护就称为完善性维护。其目的是为了改善和加强信息系统的功能，满足组织机构对系统日益增长的需求。

此外，还有一些其他的完善性维护工作，例如，系统经过一段时间的运行，发现系统某些地方运行效率太低而需要提高，或者某些功能界面的可操作性有待提高，或者需要增加一些新的安全措施等，这类维护也属于完善性维护。

4）预防性维护

预防性维护是一种主动性的预防措施，对一些使用时间较长，目前尚能正常运行，但可能要发生变化的部分进行维护，以适应将来的修改或调整。与前三种维护类型相比，预防性维护工作相对较少。

各种维护在整个系统运行期间所占维护工作量的大致百分比，如图 10-12 所示。

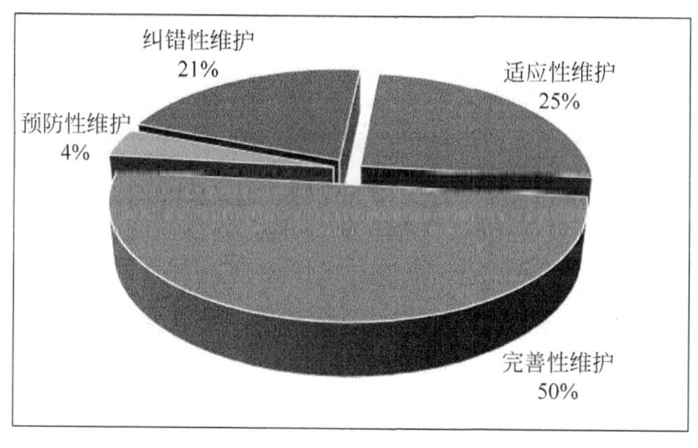

图 10-12 各类维护所占的百分比

3. 信息系统运行的系统维护

虽然信息系统投入了正常运行，但是要让其不断地发挥作用，所编制的程序、数据及相关的资料就必须跟随着系统维护而时时进行更新。因为信息系统的维护人员需要根据外部环境及业务规模和内容的变化，及时对信息系统进行维护。信息系统维护的对象主要是程序维护、数据文件维护、代码维护、硬件设备维护、系统安全维护等。

1）程序维护

如果组织机构的经营规模及业务要求发生变化，或者是组织机构外部的环境发生变化，抑或是硬件设备的增减变化等，这时就需要维护人员根据实际变化的情况对系统中的相关程序做出部分或是全部的调整、修改或是完善的维护。在这个维护过程中，要及时地填写程序修改登记表，在程序变更的说明书中注明所修改程序运行前后的不同之处。信息系统中的各种程序的维护是系统维护中最主要的内容。上述的完善性维护、纠错性维护、适应性维护和预防性维护都能在程序维护中得以体现。

2）数据文件维护

数据文件的维护往往是不定期的，必须在现场要求的时间内维护好。维护时可以使用开发商提供的文件维护程序，也可以自行编制专用的文件维护程序。在系统运行过程中，随着业务流程的变化，对数据的要求也在不断改变，因此对数据文件的维护就包括删除过时数据、增加新的数据、调整数据结构、备份和恢复数据等。

3）代码维护

对信息系统中的代码维护主要是增加、删除、修改或是重新设计。代码维护困难往往不在于代码本身的变更，主要在于新代码的使用给信息系统的运行会带来很大的影响。例如组织机构中的人员代码位数的调整，比如原来 9 位的再增加一位，那么信息系统中所有涉及到职工信息处理的部分都会受到影响。同样，产品代码、原材料代码等的调整，都会对信息系统产生不小的影响。

所以代码维护应由业务人员与开发人员或技术人员组成的代码管理小组进行。变更代码的编码规则、调整代码结构等都需要经过详细的讨论，确定之后应以书面的形式记录下来，并要切实地加以贯彻执行。

4）硬件设备维护

信息系统的硬件设备是保障信息系统运行的物质基础，因此，必须重视对硬件设备的维护。操作人员要严格遵守操作顺序和规则，维护人员要做好对设备的日常维护与管理，及时进行易损件的更换及一般故障的处理。在信息系统运行时，必须时刻监视系统硬件的工作情况，及时发现系统不正常运行的现象或苗头，以便采取预防措施。平日要做好对计算机设备的定期检修与维护，有关备品配件的准备及补充。

5）系统安全维护

系统安全主要是指硬件设备的安全，也包括应用软件的安全、文档资料的安全、数据的安全等多个方面。有关信息系统的安全维护和管理在后续章节有详细的叙述，此处不再赘述。

10.3.2 信息系统运行的信息资源管理

信息系统的运维管理，不仅仅是保证信息系统能正常可靠地运行，还要让信息系统在组织机构的经营过程中不断地发挥作用，带来效益。因此，组织机构应该把正在运行和维护的信息系统当作一个资源库来开发和加以利用。

信息资源管理是组织机构为达到预定的目标运用现代的管理方法和手段对与组织机构相关的信息资源和信息活动进行组织、规划、协调和控制，以其达到对组织机构信息资源的合理开发和有效利用的目的。

信息资源的开发，就是不断地发掘信息及其他相关要素的经济功能，及时地将其转化为现实的资源，并努力开拓其在国民经济和社会发展中日益广阔的用途。信息资源的利用，是信息资源利用部门根据所开发的信息资源状况，结合经济运行状况，制定科学、合理的信息资源分配与使用方案，使现实的信息资源充分发挥作用和产生效益的过程，并在科学技术不断发展的情况下，制定信息资源发展的战略和策略。

组织机构开发利用信息资源的目的，就是为了充分发挥信息的效能，实现信息的价值。信息资源的开发利用是一项特殊的工作，也是一项复杂的系统工程。例如在组织机构内部要保证信息能够快速、通畅地传递和利用，不是某些个人或某些部门能独立承担的，需要解决诸如"信息孤岛"、信息陈旧等的问题。可以认为信息资源的开发利用最主要的是思想观念的影响，其次才是技术上实现的问题。

本章小结

建立信息系统是一个复杂的过程。因此需要组织机构中的各级管理人员提高认识、加强领导、制定一整套科学的管理制度，做好各项人才、组织的准备工作，并结合本机构的实际情况制定出实现信息系统的策略。

实现信息系统的策略有购置策略、自主开发策略、合作开发策略、外包开发策略等。

实现信息系统的步骤有以下几种：

(1) 系统规划。具体方法有：如战略目标集转换法(SST)；关键成功因素法(CSF)；业务系统规划法(BSP)等几种。在完成系统规划的基础上，需要确定新系统影响的业务范围；成立信息系统项目开发小组、评价现行系统，以便确定需要的改进、进行新系统开发的可行性评估、制定信息系统开发进度计划。

(2) 系统分析。这一阶段的工作量大、面广，而且需要有耐心，认真、细致地完成分析的每一项任务：对现行系统和业务处理过程建模、分析和研究；定义新系统的信息需求和处理过程；建立新系统的逻辑模型；更改项目计划和范围。

(3) 系统设计。需要完成的工作：识别可供选择的技术方案；对各种可选方案进行分析，并进行优选；修改项目计划和范围；进行信息系统的数据库设计。

(4) 系统的编程与调试。要完成的工作：程序设计，上机运行，程序功能调试，系统功能调试；系统特殊测试如峰值负载测试、容量测试、响应时间测试等。同时需要完成新系统的用户培训。

系统转换方法：直接转换、并行转换、分段转换。

新系统的投入运行后需要进行各项维护工作。具体的实施方法有：更正性维护；适应性维护；完善性维护；预防性维护。

常用的信息系统开发方法有系统生命周期法、原型法、面向对象等几种。

习题

1. 信息系统开发的复杂性体现在哪些方面？为什么？这些复杂的因素会不会影响信息系统帮助组织机构实施创新？

2. 信息系统开发对组织机构的领导有什么样的要求？为什么？

3. 信息系统开发过程中用户参与的重要性体现在哪些方面？

4. 对信息系统而言，组织机构的科学管理制度体现在哪些方面？

5. 系统分析在整个信息系统实现过程中的重要性是怎样体现的？如何把创新要素融合到系统实现过程中？

6. 信息系统实现过程的文档资料是什么？这些资料对组织机构实施创新能起到什么作用？

7. 如何根据组织机构的特性来选择信息系统的实现策略？信息系统能够成功的要素有哪些？你认为什么要素比较关键？

8. 你认为信息系统不论大小，其实现过程主要是不是就是编程？为什么？

9. 信息系统如何帮助组织机构创新？

10. 组织机构如何利用信息技术来创新？

参考文献

[1] 刘兰娟，郑大庆，杜梅先. 管理信息系统. 北京：清华大学出版社 2012.

[2] Grady Booch，Robert A. Maksimchuk 等. 面向对象分析与设计. 第 3 版. 王海鹏，潘加宇 译. 北京：人民邮电出版社，2009.

[3] 刘腾红，刘婧珏. 信息系统分析与设计. 北京：清华大学出版社，2010.

[4] 甘仞初. 信息系统分析设计与管理. 北京：高等教育出版社，2009.

[5] 索瑞霞. 管理信息系统分析与设计. 北京：中国铁道出版社，2014.

第 11 章　你的信息安全吗

本章学习目标

- 为什么信息系统容易出现系统崩溃、出错和被滥用？
- 保护信息资源最重要的工具和技术有哪些？
- 个人防范网络犯罪的基本技巧和建议。

开 篇 案 例

索尼被黑事件——史上最严重的十次黑客袭击，索尼居然两次中招

2011 年 4～5 月期间，索尼频繁登上各大媒体的头版头条。该公司屡次受到黑客的攻击，引发了史上最严重的用户资料“泄露”事故。一个黑客团体公然提出一个新词“Sownage”，意思为“索尼征服计划”，把索尼世界各地的网站当成了自己的“后花园”。

索尼公司提供的在线游戏服务网站 PlayStation 网络(PSN)有超过 7700 万的使用用户(见图 11-1)。PlayStation 网络用来提供索尼的游戏玩家网上对战、聊天或者观看网络视频。2011 年 4 月 19 日，系统管理员开始注意到在其遍及全球的 130 个服务器中，有一些服务器上出现了可疑的活动，互联网历史上最大的单个数据泄露事件就这样发生了。

图 11-1　在线游戏服务网站 PlayStation 网络(PSN)有超过 7700 万的用户

4 月 20 日，索尼的工程师发现一些数据似乎已从他们的服务器传到外面的计算机上。被传输的数据是些什么虽然还不清楚，但是可能包括有 PlayStation 客户的信用卡和个人信息。由于不能确定丢失了什么数据，当索尼意识到这些服务器上存放的个人信息已经失控时，立即关闭了全球的 PlayStation 网络。

4 月 22 日，索尼向 FBI 报警称可能发生了大量数据泄露。4 月 26 日，索尼向有关政府和社会通知或公告了有黑客已经窃取了 7700 万用户中部分用户的个人信息，索尼尚未确切知道哪些个人信息已丢失。黑客可能窃取了 1200 万个用户的信用卡信息。

黑客破坏了索尼的服务器，使得它们会无缘无故地重启，流氓软件删除了所有的日志文件以隐藏其操作。进入索尼的服务器后，流氓软件就窃取了数百万 PlayStation 用户的个人信息和信用卡信息。5 月 2 日，索尼又关闭了其第二项服务——索尼在线娱乐(Sony Online Entertainment)，它是在圣迭戈的一家专门为个人计算机提供玩家游戏的子公司，索尼认为黑客从这些服务器上窃取了客户的个人信息，如姓名、生日及地址等，然而，这还不是该第二次攻击的全部后果，这仅仅是一系列攻击的开始。6 月 1 日，索尼影视娱乐公司的网站也被黑客攻击，几百万用户的个人信息被泄露，75 000 条音乐代码和 350 万张优惠券被窃取。

索尼数据泄露事件涉及的用户总数超过 1 亿人，根据美国的报告，每年在线系统泄露的个人信息大约涉及 1 亿人，而索尼这次事件仅一次就超过了这个数字。

索尼这次数据泄露事件显然是一次“复仇黑客”(revenge hacking)的攻击结果。“复仇黑客”使用互联网来破坏或扰乱政治对手，或对一个组织的公共行为进行反击。目前，还不清楚是否有信用卡信息被黑客滥用。根据索尼的报告，黑客在索尼的服务器上留了一个名为 Anonymous 的文本文件，上面写着“We are legion”(我们是团体)。Anonymous 是一个网络黑客自卫队的名字，他们的座右铭是“We are Anonymous. We do not forgive. We do not forget. Expect us”(我们是匿名者，我们不会饶恕，我们也不会忘记，期待我们的到来)。由于万事达卡公司(MasterCard)和其他一些公司断绝了与维基解密的财务关系，2010 年 12 月，Anonymous 攻击了这些公司的服务器以示报复。维基解密(WikiLeaks)是一家致力于解密美国政府秘密文件的网站。

索尼和其他人都认为这次黑客攻击以及随后几周内对索尼同一服务器发起的拒绝服务攻击，都是 Anonymous 组织所为，其目的是报复对乔治·霍兹(George Hots)的民事诉讼。乔治·霍兹是世界上最著名的黑客之一，他在 2008 年破解了 iPhone 手机的操作系统，在 2010 年破解了索尼 PlayStation 的客户端操作系统，随后还将这些破解方法都公布在他的个人主页上。Anonymous 否认了它作为一个组织盗取了信用卡数据，但是这一声明不能明确其成员是否作为个人参与了攻击。Anonymous 称索尼只是想破坏 Anonymous 的名声，不愿承认自身在计算机安全方面的漏洞。

然而祸不单行，史上最严重的十次黑客袭击，索尼居然两次中招。

2014 年 11 月 22 日，美国索尼影业遭到黑客攻击，事件起因于该公司将要发行的“以刺杀朝鲜最高领导人金正恩”为主题的电影《采访》(The Interview)(见图 11-2)，由于多方介入，此事已经发酵成一起国际政治事件。

在《采访》这部影片中，赛斯·罗根(Seth Rogen)和詹姆斯·弗兰科(James Franco)分别扮演一档电视脱口秀节目的制作人和主持人。他们获得了独家采访金正恩的机会，随后被中情局征召去刺杀金正恩。

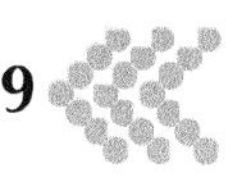

图 11-2 电影《采访》(The Interview)海报

该片自公布起便伴随着极大的争议。当索尼公司正紧锣密鼓地公映该片时，其网络遭到自称“和平护卫队”的黑客团体的攻击，大量信息被泄露：从员工安全信息到影视“大佬”们的“敏感”邮件，以及海量新片种子、电影剧本。黑客们还公布了索尼高管薪酬的详细构成。

黑客于 12 月 16 日发出“最后通牒”，警告所有将要前去观看《采访》的观众，威胁将在放映地点发动袭击，“世界将笼罩在恐惧中，记住‘9·11’事件的教训。”

出于安全考虑，美国多家院线包括 AMC 纷纷决定撤销放映该电影。迫于威胁，索尼影业也在 17 日发表声明，决定正式取消《采访》在美国以及全球其他国家的一切发行计划。

这些黑客让索尼蒙受了相当大的商业损失；一些公之于众的邮件也令公司陷入了尴尬境地。

此事也引起了 FBI 和白宫的注意，在 12 月 18 日的白宫新闻会上，发言人厄内斯特说，就索尼影业受网络黑客攻击一事，美国官员过去几天一直在开会讨论并正在考虑作出“适当的回应”。

第二天，美国联邦调查局(FBI)就发表声明，正式指控朝鲜为这一网络攻击事件的幕后主谋。声明中说：“索尼被黑手法与此前朝鲜对韩国网络攻击行为相似，我们有足够的证据证明朝鲜方面对索尼影业实施了‘毁灭性’的网络攻击，导致索尼影业成千上万的资料泄露。”“朝鲜的行为对美国商业、美国公民的权利造成了侵害，这样的恐吓行为超出了我们可接受的范围，我们将对此进行彻查，并让他们付出代价。我们绝不允许任何其他国家、群体或个人通过网络手段以此来威胁美国，侵犯美国的国家利益。”

但是，FBI 并未透露具体证据，这引起了学界的质疑。美国企业公共政策研究所的朝鲜问题专家尼克·埃伯施塔特(Nick Eberstadt)说：“虽然种种迹象均显示是朝鲜所为，但我还是希望美国政府能公布更有说服力的证据。”

白宫方面对这一网络攻击表态十分谨慎，迟迟未做出正式回应。但是在 19 日 FBI 发表声明的数小时后，奥巴马公开指控朝鲜。奥巴马称有证据表明“索尼被黑”一事的罪魁祸首是朝鲜，并称索尼不应屈服于威胁。“我们能确定这事是朝鲜干的，”奥巴马说道，“对于索尼影业遭受的严重损失和索尼员工所面临的威胁，我感到十分同情，索尼影业只是在一部喜剧电影中'犯下了一个错误'，这个'错误'就是把刺杀朝鲜最高领导人金正恩的情节放入了电影中。""我们绝不允许一个独裁统治的国家在美国的土地上实施审查制度。"奥巴马说。

翌日，国家安全委员会(National Security Council)的发言人马克·斯特罗(Mark Stroh)重申，奥巴马政府相信联邦调查局(FBI)的证据。斯特罗说："我们坚持这个结论，朝鲜政府长期以来惯于推卸破坏性和挑衅性行为的责任。"斯特罗补充说，"如果朝鲜政府想要帮忙，他们可以承认自己的责任，为这次攻击造成的损失向索尼提供赔偿。"

黑客采用了 SQL 注入、DDoS、跨站脚本 XSS 等攻击手法，其攻击手段本身并无新奇和高明之处，那么，为何每次攻击都能让索尼中招？好像全世界的黑客都盯上了索尼。

首先，索尼 PSN 网络被攻击源于一个已知的漏洞，这个漏洞没有被网络管理人员及时修补；其次，被攻击的索尼 PSN 服务器使用的是过时 Apache Web 服务器软件，该软件并没有安装防火墙；最后，索尼大部分网站的数据只有用户密码用了 Hash 算法加密，其他资料全部以明文的形式存储。

事实上，大多数计算机安全危害都是源于没有做好极其简单的安全措施，例如，管理层未能预测到常见的安全风险，在安全措施方面不愿意付出太高的成本，安全措施松散、缺乏培训、粗心大意、使用过时的软件等。很多黑客攻击就采用一些看起来很明显的简单、常见的方式进行。2010 年年底谷歌公司发生的计算机攻击事件，就仅仅是因为公司的一个员工回复了一封钓鱼邮件，他以为该邮件是来自谷歌人事部门的邮件。

11.1 谁偷窃了我们的信息

你能想象如果你连接上一个没有防火墙和反病毒软件的互联网会发生什么吗？你的计算机将会在几秒钟内瘫痪，这会花去你许多天的时间来修复。如果你使用计算机来处理交易事务，当它瘫痪时你可能无法将货物出售给客户或者向供应商下订单。你可能发现计算机已被外来者入侵，入侵者也许会盗窃或毁坏有价值的数据，包括机密的客户付款信息。如果太多数据被毁坏或者被泄露，交易可能会再也无法进行！

在互联网时代，什么会让重要的信息资源处于危险之中呢？当然有无数的可能性：硬盘会毁坏，计算机零件会坏掉，黑客和解密高手能获得接近的机会并且搞破坏，商业间谍可能窃取你的信息，还有不满意的员工或助手也会搞毁坏。一般来讲，这些信息安全的威胁来自于三个方面：人为的错误和失误、恶意的人为活动，以及自然事件和灾害。人为的错误和失误包括人员非恶意造成的意外问题。比如，一名员工错误理解了操作程序，导致意外地删除了客户记录；又如，一名员工在备份数据库的过程中，无意安装了旧版本的数据库并覆盖了最新的数据。应用程序的编写错误等也会造成数据的丢失或错误。导致信息安全问题的第二个来源是恶意的人为活动，包括现有和已离职员工的蓄意窃取和破坏数据，还包括闯入系统的黑客和感染计算机系统的病毒和蠕虫，以及闯入系统窃取经济利益的外部罪犯。另外，它还包括网络恐怖主义。自然事件和灾害是信息安全问题的第三个来源，这个威胁包括火灾、水灾、飓风、地震、海啸、雪崩和其他自然灾害。这类问题不仅包括能力和服务的最初损失，还包括由灾后恢复行为所带来的损失。

这里重点关注几种常见的恶意的人为活动给信息安全所带来的威胁。

11.1.1 为什么系统容易受到破坏

当大量数据以电子形式存储时，它们受到的破坏威胁远高于存储在手工纸质文档的数据。通过通信网络，不同地区的信息系统相互连接在一起。非法进入、滥用或者欺诈的潜在威胁不局限于某个区域，而是在网络中的任何连接点都存在。图 11-3 列举了当前信息系统最常见的威胁。其根源来自于技术、组织和环境等方面的因素，并伴随着不当的管理角色而存在。在图示的多层客户机/服务器计算环境中，每个层次和层次间的通信中都可能有漏洞。在客户机环节，会因用户引入错误或者未经授权访问而对系统产生损害；或通过网络截取数据流，在传输期间盗取有价值的数据，或者未经授权而更改信息；辐射同样会在各个接入点扰乱网络。入侵者可以发动拒绝服务攻击或者恶意软件干扰网站运行，想方设法对企业系统渗透、毁坏或者更改企业存储在数据库或文件中的数据。

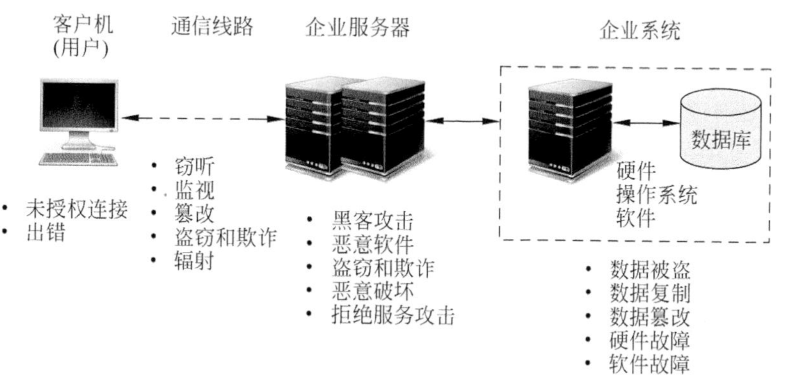

图 11-3 当前的安全挑战和漏洞

系统故障如果不是因配置不当引起计算机硬件崩溃所致，就是因使用不当甚至于是犯罪行为造成的损坏所致。程序错误、安装不当或者未经授权的更改会导致计算机软件失灵。停电、水灾、火灾或者其他自然灾害也会扰乱计算机系统。

如果有价值的信息存储在组织控制之外的网络或者计算机上，那么国内外企业之间的合作也会产生更多的系统漏洞。如果没有强大的安全保障，有价值的数据就会丢失、毁坏或者错误地落入他人之手，从而泄露重要的商业秘密或者个人隐私信息。

越来越多的便携移动设备给企业计算中的应用增添了更多的问题，便携性使得手机、智能手机和平板电脑容易丢失或被盗，智能手机具有与其他互联网设备相同的安全弱点，易受恶意软件和外来者的入侵。企业员工使用的智能手机通常含有一些敏感数据，如销售数据、客户姓名、电话号码和电子邮件地址等，入侵者可以通过这些设备进入企业内部系统。

1. 互联网的漏洞

如互联网这样的大型公共网络，因为对所有人开放，会比内部网络更加易受攻击。互联网如此巨大，以致当滥用发生时会产生四处蔓延的巨大影响，当互联网成为企业网络的一部分，组织的信息系统更容易受到外来者侵入。

通过调制解调器或者数字专线 DSL 与互联网固定连接的计算机更容易被外来者入侵，因为他们使用固定的互联网地址，易于被识别。如果用拨号服务，每次连接会分配一个临时的互联网地址。固定的互联网地址为黑客提供了固定的攻击目标。

以互联网技术为基础的电话服务，如果不是在安全的私有网络中运行，会比语音交换网络更易受攻击。很多由公用互联网传输的 IP 语音，即 VoIP(Voice over Internet Protocol)，其传输信息并没有加密，因此任何人通过网络都可以窃听谈话。黑客可以通过伪造大量的流量来使支持 VoIP 的服务器瘫痪，从而拦截谈话或者关闭语音服务。

电子邮件、即时信息(Instant Messaging，IM)和对等 P2P(Peer-to-Peer)文件共享程序的广泛使用，也会增加网络的漏洞。电子邮件的附件可能被作为恶意软件或未授权访问企业内部系统的入口。员工可能会使用电子邮件来传送有价值的交易机密、财务数据或者客户的保密信息给非授权的接收者。广为消费者使用的即时信息软件对文本信息没有安全层，因此当信息在公用互联网上传输时，就可能被外来者拦截读取。在互联网上的即时信息活动在某些情况下可以用作进入一些不太安全的网络的后门。通过 P2P 网络共享文件，如非法共享音乐文件，也可能传播恶意软件或者把个人或计算机上的信息向外界泄露。

2. 无线网络的安全挑战

在机场、图书馆或者其他公共场所登录无线网络是否安全？这取决于你有多高的警惕性。即便是你家中的无线网络也容易受到攻击，用无线频率的波段很容易被检测到。蓝牙和 Wi-Fi 网络都容易受非法窃听者的入侵。使用 802.11 标准的局域网(LAN)也可能被外部入侵者通过手提电脑、无线网卡、外置天线和黑客软件轻易地侵入。黑客使用这些软件来发现没有保护的网络，监视网络流量，在某些情况下还能够进入互联网或企业网络。

Wi-Fi 传输技术使得一个基站能够很容易被找到并接听另一个基站。Wi-Fi 网络中识别访问点的服务集标识(Service Set IDentifier，SSID)多次广播，能够很容易被入侵者的监听程序窃取(见图 11-4)。很多地区的无线网络没有基本的保护来抵御驾驶攻击(war driving)。在这种入侵方式中，窃听者在外面的建筑物或者公园里进行操纵，拦截无线网络中的传输信息。

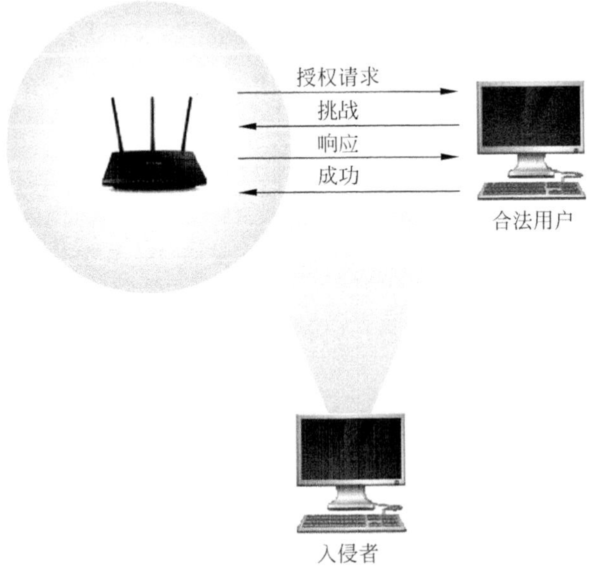

图 11-4 Wi-Fi 的安全挑战

接入点的入侵者通过使用正确的 SSID 就能够访问网络上的其他资源。例如，入侵者可以使用 Windows 操作系统来确定还有哪些其他用户连接到网络，然后进入他们的计算机硬盘，打开或复制其中的文件。

入侵者还会使用另一个不同的无线频道设置欺诈接入点来收集信息。该欺诈接入点的物理位置与用户很靠近，这样强行使用户的无线网络接口控制器(Network Interface Controller，NIC)与该接入点连接起来。一旦连接成功，黑客就可以通过其他接入点获取不知情用户的用户名和密码。

11.1.2 来自员工的内部威胁

人们通常认为安全威胁来自组织外部，事实上，企业内部人员带来的安全问题也很严重。员工具有访问内部信息的权利，如果安全措施不到位，他们就能够遍历组织的整个系统而不留一丝痕迹。

有研究发现，网络安全被侵害的一个最主要的原因是用户缺乏安全知识。许多员工会忘记了访问计算机系统的密码或者允许同事使用他/她自己的系统，这会对系统造成危害。恶意入侵者有时会假装成公司的合法员工因需要信息而向他人骗取密码。

终端用户和信息系统专家也是导致信息系统出错的一个主要来源。终端用户因为输入错误数据，或是不按使用说明处理数据及使用计算机设备而导致计算机出错。信息系统专家在设计和开发新的软件或是维护现有的程序时会引发软件错误。

组织的信息系统因受到来自组织内部和外部的计算机阴谋破坏使组织遭受巨额损失，其中组织内部行为不轨的员工造成的经济损失比来自外部的破坏大得多。据估计，75%的计算机罪行是企业内部人员犯下的，给组织造成真正大损失的是白领犯罪。从《财富》杂志排名前 100 的大公司，到普通的建筑公司或电子商务公司，白领犯罪每年造成美国 4000 亿美元的损失，这个数额比美国国防开支还多 1080 亿美元，信息技术使完成和隐瞒罪行更容易。在白领犯罪的行为中，最主要的损失是由于管理决策不当造成的。管理层人员的各种犯罪行为是其他员工的 4 倍。更令人震惊的是，大多数组织的内部犯罪行为(约为 2/3)没有向司法部门报告。

例如，2013 年 6 月，美国前中情局(CIA)职员爱德华·斯诺登(见图 11-5)复制了美国国家安全局的机密数据，并将其中两份绝密资料交给英国《卫报》和美国《华盛顿邮报》，并告知媒体何时发表。按照设定的计划，2013 年 6 月 5 日，英国《卫报》先扔出了第一颗舆论炸弹：美国国家安全局有一项代号为“棱镜”的秘密项目，要求电信巨头威瑞森公司必须每天上交数百万用户的通话记录。6 月 6 日，美国《华盛顿邮报》披露称，过去 6 年间，美国国家安全局和联邦调查局通过进入微软、谷歌、苹果、雅虎等九大网络巨头的服务器，监控美国公民的电子邮件、聊天记录、视频及照片等秘密资料。美国舆论随之哗然。

涉及计算机的犯罪包括旧有的犯罪形式，比如买主欺诈(向一个根本不存在的买主付款或者向根本没有交货的商品付款)，向虚构的员工支付工资，为根本没有发生的费用退款等。现在又出现了新的犯罪形式，比如窃取密码、信用卡号码、个人资料等，非物质资产是企业内部人员犯罪最热衷的目标，生产计算机监控软件的厂商就指出，购买和安装这类监控软件的公司，多将其用于监控公司的非物质资产，如产品设计草图、各种报表是如何在网上流传的，而不是大量用于监控其员工。

图 11-5 美国前中情局(CIA)职员爱德华·斯诺登

企业内部职业犯罪的检察人员流传着一个“搭便车”理论，即一个企业有10%的员工是诚实的，有10%的肯定会偷东西，剩下的80%其行为取决于环境。大部分的职业犯罪都发生在员工陷入经济危机、员工有机会接触防范不严的资金或员工自认为犯罪行为被发现的可能性不大等情况下。

11.1.3 恶意软件：病毒、蠕虫、特洛伊木马、间谍软件

计算机病毒、蠕虫、特洛伊木马等含有恶意代码的软件称为恶意软件(malware)。计算机病毒(computer virus)是一种通常在用户不知情和许可的情况下，附着在其他软件程序或者数据文件上并可执行的欺诈软件程序。有些计算机病毒仅仅是恶作剧，相对而言可能是无恶意的，如显示一些信息或图片，但多数计算机病毒却具有极强的破坏性，它们毁坏程序和数据、阻塞计算机内存、格式化计算机硬盘，或者导致程序运行不当。当人们发送带有附件的电子邮件、复制或运行已感染病毒的文件和程序时，病毒就可能会借机进行自我复制，并从一台计算机传播到另一台计算机。

蠕虫(worm)病毒是一种独立的计算机程序，可以在网络上将自己从一台计算机复制到另一台计算机。与其他病毒不同，蠕虫并不附着在其他的计算机程序或文件上，蠕虫可以自己运行并进行病毒的传播，对人们行为的依赖性不强。这说明了为什么计算机蠕虫比其他计算机病毒传播得更快。蠕虫会毁坏数据和程序，同样也会扰乱甚至中断计算机网络的运行。

蠕虫和病毒通常在互联网上通过下载进行传播，这也是当今最为盛行的病毒传播方式，即用户有意或无意间得到的下载文件中含有恶意软件，如下载可运行的软件程序、电子邮件的附件文件、电子邮件的附加信息、在线广告、即时信息等时被感染病毒。病毒会从受感染的个人计算机入侵到信息系统中。

黑客不会忽略智能手机，黑客会使智能手机的用户在不知情时下载了恶意文件、删除文件和传输文件，或在后台安装运行程序监控用户操作，并有可能将智能手机转换成僵尸网络中的自动发送机以向他人发送电子邮件和短信。随着智能手机的销量开始超过个人电脑，

并且越来越多地被用作支付设备，智能手机会成为恶意软件发挥作用的一个主要渠道。

针对移动设备的恶意软件尚未像针对大型计算机的恶意软件那样广泛，但这类恶意软件可以使用电子邮件、文本消息、蓝牙通信以及通过 Wi-Fi 或手机网络从互联网上下载文件，其传播能力一点也不低。安全公司迈克菲(MaAfee)在 2012 年发现了近 13 000 个不同类型的针对移动设备的恶意软件，而 2011 年还不到 2000 个，几乎所有攻击的目标设备都使用谷歌的安卓操作系统。移动设备病毒也对企业构成了严重威胁，因为现在许多无线设备都连接上了企业信息系统。

博客、维基以及 Facebook 这样的社交网站已经成为了恶意软件和间谍软件发挥作用的新渠道。这些应用程序允许用户把软件代码作为允许发布内容的一部分来发布，这种代码在浏览页面时可以自动启动运行。2011 年 7 月 4 日，黑客闯入了 Fox New Politics 的推特账户，散播关于巴拉克·奥巴马总统的虚假消息。黑客更改了账户的密码，致使数小时之后网站管理人员才得以将信息纠正。

网络安全公司赛门铁克(Symantec)在 2012 年报告称，2011 年在恶意软件中检测到的新出现的威胁，有 2010 年的 2.86 亿种上升至 4.03 亿种。赛门铁克发现，2007 年世界上有害软件的数量超过了有意软件的数量，网络中每 10 次下载就包含一个有害程序。根据赛门铁克的报告，目前有 36%的恶意软件将小型企业作为其攻击目标，这是因为对小型企业来说，保护自己免受这么多不同类型的攻击是比较困难的。

特洛伊木马(Trojan horse)是一种软件程序，由于它不会自我复制，特洛伊木马本身并不是一种计算机病毒，然而它却将病毒或其他恶意代码带入计算机系统。“特洛伊木马”源于一个历史典故：在特洛伊战争中希腊人将部分士兵藏在巨大的木马中，当特洛伊士兵将截获的战利品——巨大的木马拖入坚固的城堡大门后，也将希腊士兵带入城内。夜幕降临后，希腊士兵从木马中现身，他们打开城堡大门，里应外合占领了城堡(见图 11-6)。特洛伊木马看似良性，但是会做出一些意想不到的事情。

图 11-6 特洛伊木马(Trojan horse)

MMarketPay. A 是特洛伊木马的一个例子。它是一种针对安卓手机的木马,该木马以看似合法的形式隐藏在一些应用小程序中,包括旅行和天气程序。它在未经用户许可的情况下,自动发出预定应用程序和电影的订单,可能导致用户产生意想不到的高额电话费。MMarketPay. A 已经在多个应用小程序商店中被发现,它已蔓延至超过 10 万台设备。

SQL 注入攻击(SQL injection attack)已经成为一种主要的恶意软件威胁。SQL 注入攻击利用一些编程很差的互联网应用软件的漏洞将恶意程序代码引入到企业的系统和网络中。当用户在线订购时,如果互联网应用程序没有适当检验或过滤用户在网页上面输入的数据就会出现漏洞。攻击者利用输入验证错误来向相应的数据库发送流氓 SQL 查询请求,也对数据库进行访问,或者植入恶意代码,或者访问网络上的其他系统。大型互联网应用程序有数百个地方需要用户输入数据,每一次数据输入都为 SQL 注入攻击提供了一个机会。

大量面向互联网的应用程序都会存在 SQL 注入漏洞,黑客可以利用一些工具来检测互联网应用程序的这些漏洞。这种工具能够定位网页表单上的数据输入字段,向其输入数据,然后通过系统响应来检测是否有注入 SQL 查询的漏洞。

间谍软件(spyware)也是一种恶意软件,这些小程序将自己偷偷安装在计算机上监视用户的计算机操作,如上网活动等,偷偷跟踪用户在自己电脑上输入数据时的键盘和鼠标操作,获取个人网上银行、社交网站等敏感的个人信息。目前文献中报告的间谍软件形式有成千上万种。

许多用户发现这种间谍软件很让人讨厌,担心间谍软件会侵犯计算机用户的隐私。这种类型的间谍软件特别邪恶,如键盘记录器(Keyloggers)会记录下计算机键盘的每次击键,以窃取软件的序列号、发动网络攻击、获得对用户电子邮件账户的访问、获取保护计算机系统的密码或者获取如信用卡号码这样的个人信息。例如,宙斯木马(Zeus Trojan)可以偷偷跟踪用户在自己电脑上输入数据时的击键,从网上银行和社交网站上窃取用户的财务和个人资料。其他间谍软件程序会重置浏览器的主页、重定向搜索请求或者通过大量占用内存来降低计算机的性能。

11.1.4 黑客与计算机犯罪

计算机盗贼手上有很多危险的工具——从可以侦查网络软件程序错误的"扫描器"到可以获取口令的"嗅探器",黑客(Hacker)就是一群这样的计算机盗贼,他们通常是一些过度沉迷于计算机,或在未经授权的情况下进入或使用计算机网络系统的人。黑客利用互联网的开放性和易用性等特点,通过寻找网络和计算机系统安全防御的弱点来进行非授权访问。

黑客活动超越了纯粹的系统入侵,黑客会盗窃商品和信息、毁坏系统和网络,黑客也会故意中断、毁坏,甚至摧毁一个网站或企业信息系统,如将一个政府或企业网站变成了网络涂鸦墙,使充满着攻击性的言论和照片占据网站的主页。

1. 电子欺骗和嗅探器

黑客通常通过使用伪造的电子邮件地址或者假冒他人来伪装自己、隐藏自己的真实身份。电子欺骗(spoofing)指通过把欺诈网站伪装成目的网站,从而将用户的网页链接误导入欺骗网站。例如,黑客会建立一个与真实的银行网站无异的山寨银行网站,并将用户的网页访问链接误导入这个伪装的欺骗网站,从而偷走用户的银行卡号和密码等敏感信息。

嗅探器(sniffer)是一种在网络中监控信息传输的窃听程序。在合法使用的情况下,嗅探器程序能帮助发现网络中潜在的问题或者网络犯罪活动,而如果以犯罪为目的,它会具有伤害性,并且十分难以发现。嗅探器程序使黑客能够从网络中任何地方窃取有价值的私有

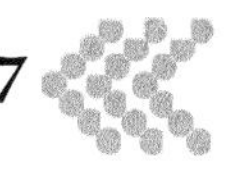

信息，包括电子邮件信息、政府或公司文件、机密报告等。

2. 拒绝服务攻击

在拒绝服务攻击(Denial-of-Service attack，DoS attack)中，黑客向网络服务器发送成千上万的伪通信或服务请求，造成网络阻塞和崩溃，以致网络对合法的请求也不能及时处理，从而实现对网络的攻击。分布式拒绝服务攻击(Distributed Denial-of-Service attack，DDoS attack)则使用许许多多的计算机从无数的发射点来淹没网络(见图 11-7)。

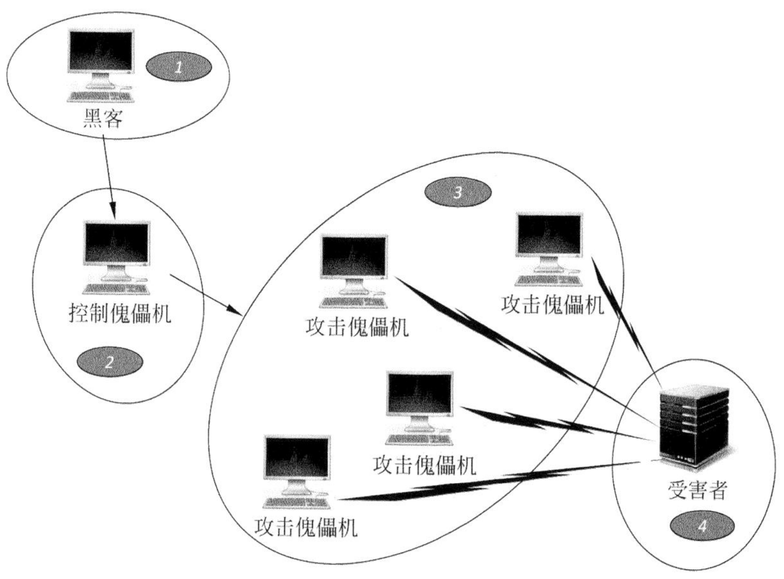

图 11-7 分布式拒绝服务攻击体系结构

其实对网络带宽进行的消耗性攻击只是拒绝服务攻击的一小部分，只要能够对目标造成麻烦，使某些服务被暂停甚至主机死机，都属于拒绝服务攻击。拒绝服务攻击问题也一直得不到合理的解决，究其原因是因为这是由于网络协议本身的安全缺陷造成的，因此拒绝服务攻击也成为了攻击者的终极手法。攻击者进行拒绝服务攻击，实际上让服务器实现两种效果：一是迫使服务器的缓冲区满，不接收新的请求；二是使用 IP 欺骗，迫使服务器把合法用户的连接复位，影响合法用户的连接。

尽管拒绝服务攻击不会破坏信息或者访问公司的信息系统，但通常会导致网站关闭，使合法用户不能访问网站。对于交易繁忙的电子商务网站，这种攻击产生的代价极为高昂，在网站关闭期间用户不能进行交易。由于中小企业对网络的保护往往比大型企业更弱，其网络也更容易受到攻击。

分布式拒绝服务攻击的肇事者经常在网络所有者不知情的情况下，使用成千上万感染上恶意软件的“僵尸”个人计算机(Zombie computer)(俗称“肉鸡”)，把它们组成一个僵尸网络(botnet)。黑客通过利用僵尸恶意软件感染他人的计算机来建立僵尸网。控制僵尸网络的个人或组织称为“僵尸牧人”(Bot Herder)。这种恶意软件能够让受感染的计算机打开一道“后门”，让攻击者发送指令。被感染的计算机成为“奴隶”或者“僵尸”，为属于“他人”的主机服务。一旦黑客感染了足够多的计算机，就可以利用积累起来的僵尸网络资源发起 DDoS 攻击、网络钓鱼攻击或者发送不请自来的“垃圾邮件”。

世界上 90%的垃圾邮件和 80%的恶意软件都是由僵尸网传播的。例如，Grum 僵尸网一度是世界上第三大僵尸网。据报道，在 2012 年 7 月 19 日被捣毁之前，它发送了全球 18%的垃圾邮件(相当于每天 180 亿件垃圾邮件信息)。Grum 曾经感染控制了 56 万～84 万台计算机。

3. 计算机犯罪

计算机犯罪种类繁多，从电子破坏、闯入他人系统到使用计算机恐吓甚至谋杀。大多数的黑客活动都是一种计算机犯罪行为。美国司法部将计算机犯罪定义为“任何涉及利用计算机技术知识实施的刑事违法行为，可以对其调查和起诉”。表 11-1 给出了把计算机作为犯罪工具和目标的例子。

表 11-1 计算机犯罪举例

类别	举例
以计算机为犯罪目标	攻破被保护的计算机保密数据
	未经授权进入计算机系统
	进入受保护的计算机蓄意诈骗
	蓄意进入受保护的计算机，进行肆无忌惮的破坏
	蓄意发送程序、程序代码或命令，以破坏受保护的计算机
	威胁破坏受保护的计算机
以计算机为犯罪工具	盗取商业秘密
	非法复制软件和受版权保护的知识产权(如文章、书籍、音乐和影视等)
	谋划诈骗
	使用电子邮件恐吓或骚扰他人
	蓄意拦截电子通信内容
	非法访问电子通信记录(如电子邮件、语音信箱等)
	利用计算机传播和制作色情作品

没有人知道计算机犯罪问题危害程度的严重性——有多少系统被入侵，有多少人参与了犯罪活动，或是带来了多大的经济损失。大多数公司都不愿意报告其发生的计算机犯罪，因为计算机犯罪可能涉及其内部员工，或担心公开其计算机的易攻击性会使公司的声誉受损。在计算机犯罪中最廉价的攻击类型是拒绝服务攻击、植入病毒、盗用服务、扰乱计算机系统等。

4. 身份盗用

随着互联网和电子商务的发展，身份盗用已经成为一个极为棘手的问题，身份盗用(identity theft)是一种非法获得他人关键信息(如身份证号、银行卡号、账户信息等)并假冒他人的一种犯罪行为。盗用者可利用被盗者的身份开设新账户，从中牟利或让被盗者背黑锅；盗用者还可能利用被盗者的个人信息访问被盗者的个人账户，偷窃信息或财物。

身份盗用可能会侵入我们生活的诸多场合。当有人利用他人的身份证件或其他个人身份识别信息图谋不轨时，身份盗用就随之发生了。身份盗用称之为身份诈骗也许更恰如其分，盗用身份往往出于以下目的：

金融诈骗——这类身份盗用事件包括银行诈骗、信用卡诈骗、计算机和通信诈骗、社交活动诈骗、退税诈骗、邮件诈骗，以及更多其他情况。身份盗用在金融诈骗案件中最为普遍(见图 11-8)。

图 11-8 身份盗用在金融诈骗案件中最为普遍

犯罪活动——这类身份诈骗则涉嫌盗用他人身份实施犯罪、潜入他国、获取某种特许权、蓄意隐瞒本人身份，或实施恐怖活动。这类犯罪活动包括计算机及网络犯罪、集团犯罪、毒品交易、偷渡、洗钱等。

网络更为身份盗用者提供了便利，因为所有的交易无须面对面接触，只需在网上就能完成。例如，在实施身份信息核实前，在 12306 网站上随意用一个化名和利用在线身份证号生成器，生成一个身份证号码就可以网购火车票，导致“黄牛党”们在高峰期间囤票倒票，让真正的旅客出现购票难的情况。为了完善实名制购票工作，从 2014 年 3 月 1 日起，中国铁路客户服务中心网站对互联网注册用户和常用联系人（乘车人）进行身份信息核验。实施身份信息核验后，只能用二代居民身份证等有效身份证件进行注册用户和添加常用联系人身份信息，且身份信息核验状态为“已通过”和“预通过”的注册用户和常用联系人，才可在 12306 网站正常办理购票业务（见图 11-9）。

图 11-9 中国铁路 12306.cn 网站完善实名制购票工作

网络钓鱼(phishing)是一种越来越普遍的电子欺骗手段。网络钓鱼包括仿冒合法企业设置虚假网站或发送电子邮件来获取用户的个人保密数据。邮件内容通常是要求接收者通过回复邮件或者进入一个虚假网站填写信息或回复某一电话号码,来更新或确认某一记录,从而获得接收者的身份证号/社保号、银行卡和信用卡信息及其他保密数据。eBay、PayPal、亚马逊、沃尔玛和很多银行都极易被钓鱼网站盯上。有一种称为鱼叉式网络钓鱼(spear phishing)的欺骗方式更具有针对性,其信息的来源似乎很可信,例如来自收件人自己的公司的同事或者朋友。

被称为"邪恶双胞胎"和"嫁接"的网络钓鱼技术很难被发现。邪恶双胞胎(evil twin)是一种在机场休息室、酒店或咖啡店等场合,伪装成提供可信的 Wi-Fi 互联网连接的无线网络。这种欺骗网络看起来与合法的公共网络完全相同,当用户登录网络时,欺骗者试图在用户不知不觉中获取其密码或信用卡号码。

嫁接(pharming)能将用户引导到一个欺骗网页,即便用户在其使用的浏览器中输入了正确的网址。如果嫁接欺骗者能够访问互联网服务供应商(ISP)存储的互联网地址信息,而 ISP 公司的服务器上运行的软件有缺陷,就有可能让欺诈者侵入系统并更改这些网址。

5. 点击欺诈

在搜索引擎中,当你点击一个显示广告时,就意味着你是该产品的潜在买家,卖家通常需要为每次点击付费。点击欺诈(click fraud)是指个人并没有想更多去了解或者是购买产品的主观意愿,却被计算机程序欺骗性地点击在线广告。在谷歌和其他网站按点击次数付费的在线广告中,点击欺诈是一个严重的问题。

一些公司雇用第三方(通常来自低收入国家)来欺骗性点击竞争对手的广告,通过抬高其营销成本来打击竞争对手。点击欺诈也可以用软件程序进行点击,僵尸网常用于此目的。像谷歌这样的搜索引擎试图监视点击欺诈,但是一直不愿意公布其对这一问题的处理方法。

6. 网络恐怖主义和网络战

发布恶意软件、拒绝服务攻击、网络钓鱼等网络犯罪活动是无国界的,而互联网的全球化特征又使得网络犯罪可以在全世界任何地方实施。

互联网的漏洞使得个人、组织或整个国家极易成为以政治目的为动机的破坏和间谍活动的目标。网络战(cyberwarfare)是一个组织或国家主持的活动,旨在通过入侵其他组织或国家的计算机或网络来造成伤害和破坏,以削弱或击败对手。例如,2014 年 3 月,韩国国防部高调宣布正在对朝鲜实施网络战,他们以此前成功攻击伊朗核设施的"超级工厂病毒"(Stuxnet)为蓝本,正在研发一种类似的网络病毒,旨在对朝鲜核设施造成物理性破坏。

2014 年 11 月 24 日,索尼影业遭到黑客攻击,黑客组织"和平卫士"(Guardians of Peace)公布索尼影业员工电邮,涉及公司高管薪酬和索尼非发行电影拷贝等内容,美国情报官员认为,该网络攻击获得朝鲜政府资助。黑客行动与即将上映的电影《采访》(又名《刺杀金正恩》)有关,影片描绘了一起针对朝鲜最高领导人金正恩的暗杀行动,一旦影片发行,黑客扬言发动恐怖主义行动。索尼影业一度决定取消影片的发行。

在 2015 年 11 月 13 日造成 130 人丧生的巴黎恐怖袭击之后,名为"匿名者"的知名黑客组织宣布对 ISIS 组织正式宣战,并称将会对 ISIS 实行"大规模"的网络攻击(见图 11-10)。

网络战攻击已变得更广泛、复杂和具有潜在的破坏性。自 2008 年以来,每小时就有 25 万次攻击试图进入美国国防部网络,美国联邦机构受到的网络攻击增加了 150%。多年来,

图 11-10 名为"匿名者"的知名黑客组织宣布对 ISIS 组织正式宣战

黑客窃取了多份美国的导弹跟踪系统、卫星导航装置、监视无人机、尖端喷气式战斗机等方面的计划。

因为大部分的金融、医疗、政府和行业机构的日常运营依赖于互联网,网络战对现代社会的基础设施构成了严重的威胁。网络战同时也包括了对这些类型的攻击的防御。

11.1.5 软件漏洞

软件漏洞对信息系统是一种常见的威胁,它会造成无法估量的损失。软件的复杂性日益增加,规模不断扩大,再加上市场需求的即时性,是造成软件缺陷和漏洞不断增加的原因。

软件的一个重大问题是存在着隐藏的漏洞(bug)或程序代码缺陷,而从大型软件中消除所有的漏洞和缺陷几乎是不可能的。大型软件不仅不可能做到零缺陷,而且也不可能对其进行完整的测试。对大型软件进行充分测试,可能需要数千年的时间,即便如此,依然不能确保软件的可靠性。

商业软件的缺陷不仅降低其性能,而且造成安全漏洞,给网络入侵者以可乘之机。安全公司每年都会在互联网和个人计算机软件上发现上千种软件漏洞。

例如,"心脏流血"是 2014 年在全球网络上横行无忌的安全漏洞之一(见图 11-11)。当加密软件失效的时候,最糟糕的结果是某些信息可能会外泄。但是当心脏流血漏洞被黑客利用时,后果要严重得多。

图 11-11 "心脏流血"是 2014 年在全球网络上横行无忌的安全漏洞之一

心脏流血漏洞在 2014 年 4 月被首次曝光时，黑客可以通过它向全球三分之二的网络服务器发动攻击。那些服务器使用了开源软件 OpenSSL，心脏流血漏洞就存在于该软件中。利用这个漏洞，黑客不仅可以破解加密的信息，而且可以从内存中提取随机数据。换句话说，黑客可以利用这个漏洞直接窃取目标用户的密码、私人密钥和其他敏感用户数据。

谷歌工程师尼尔梅赫塔（Neal Mehta）和发现这个漏洞的安全公司 Codenomicon 一起开发出了对应的补丁，但是即便在系统管理员安装好这个补丁之后，用户仍然不能肯定他们的密码是否失窃了。因此，心脏流血漏洞促成了历史上最大规模的修改密码行动。

为了修复发现的软件缺陷，软件公司会编写出称为“补丁”的缺陷修补小程序，对软件打“补丁”不会影响软件的正常运行，或是仅仅短暂影响软件的正常运行。通常情况下，补丁程序是通过软件更新的方式进行的，例如，若使用的是装有 Windows 操作系统的 PC，就会经常看到关于 Windows 的更新提示（见图 11-12），对于这种情况，通常情况下都应当选择更新，以提高系统的运行可靠性和避免软件漏洞的危害。目前流行的个人计算机操作系统是 Windows 10，Windows 10 已经将系统更新设置默认为自动进行，无须使用者的关注和操作（见图 11-13）。如果使用的是 Apple 的智能手机 iPhone，则 iOS（Apple 手机的操作系统）的每次更新都应当进行（见图 11-14）。软件（特别是智能手机的应用 App）的升级多数情况下都是为了功能升级或是软件漏洞修补，如果是后者，则软件升级也是必要的。

图 11-12 Windows 的更新提示

补丁程序都是在软件缺陷发现之后才进行编写和测试，并提供计算机用户的，而恶意软件的产生非常迅速，往往是在发现漏洞和得到补丁程序之前，恶意软件就已经利用漏洞发起了攻击。在此期间，计算机用户很难有充分的时间做出响应。

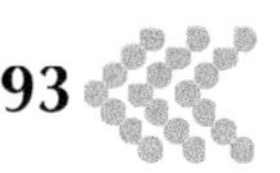

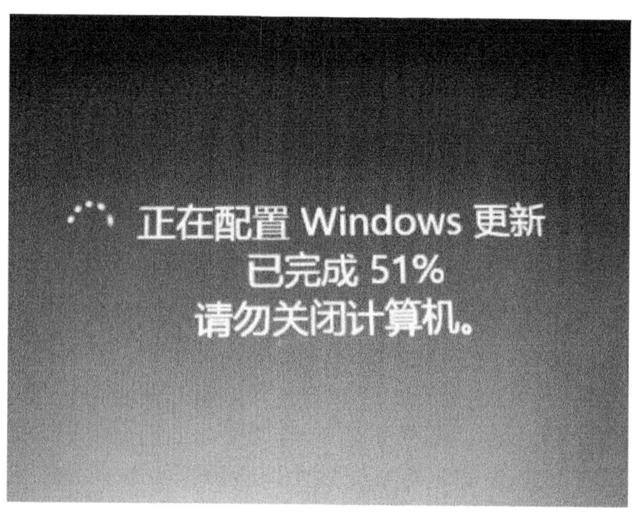

图 11-13　Windows 正在进行系统更新操作

图 11-14　iOS(Apple 手机的操作系统)的软件更新

11.2　如何保障信息资源的安全

任何个人和组织都应当采用相应的技术来保证其信息资源的安全，包括管理用户身份、防止对系统的未授权访问、确保系统有效性和软件质量。

11.2.1　安全与控制的商业价值

很多企业不愿意在系统安全上花费大量钱财，认为这种投入与销售收入无直接关联。但是，保护信息系统与商业运营息息相关，因此，对这一问题需要加以重视。

企业的信息资产非常宝贵，需要采取有效的安全措施去保护。企业系统通常存储着保密信息,如个人税收、财务资产、医疗记录和工作绩效考核记录;也可能存储着企业的业务信息,包括商业秘密、新产品开发计划和营销策略。政府部门系统可能存储着武器系统、情报系统和军事目标的信息。这些信息具有巨大的价值,一旦丢失、毁坏或者被图谋不轨者利用,其影响是灾难性的。由于安全侵害、天灾或者不良技术导致系统无法工作,会对企业的财务状况产生持久性的影响。一些专家认为,如果在系统受损后三天内不能恢复其功能或损失的数据,有40%的企业将难以恢复元气。

安全和监管上的不足会导致企业承担严厉的法律责任。企业不仅要保护其信息资产,还要保护客户、员工和合作伙伴的信息。做不到这一点,企业就会卷入因数据泄露和失窃导致的代价高昂的法律诉讼之中。企业需要对因为没有采取适当的保护措施防止保密信息泄露、数据被毁坏,或者隐私权被侵害等不必要的风险和伤害承担法律责任。例如,美国联邦贸易委员会曾控告 BJ's Wholesale 俱乐部没有采用适当的安全保护措施致使黑客进入其系统,黑客盗用信用卡及借记卡数据进行欺诈性消费。数据被盗取的信用卡和借记卡的发行银行要求 BJ's Wholesale 俱乐部赔偿1300万美元,以弥补银行对持卡人遭受的虚假消费损失的赔偿。拥有良好的安全与控制系统以对企业信息资产进行保护,能够产生较高的投资回报。强有力的安全与控制措施还能提高员工的工作效率,降低运营成本。

11.2.2 身份管理与认证

大中型企业拥有复杂的信息技术基础设施和很多不同的系统,每一类信息系统都有自己的用户群,其身份管理软件会自动保留用户的使用记录及系统权限,并为每个访问系统的用户分配一个唯一的数字标识。除此之外,还需进行用户身份认证、用户身份保护,以及系统资源的访问控制等工作。

要进入一个系统,用户必须得到授权和身份认证。身份认证(authentication)是指能够分辨一个人所声称的身份,即:“你就是你”。最常见的身份认证方式是通过只有用户本人才知道的密码来确认。用户使用密码来登录计算机系统或访问重要的文件和信息。密码应当足够复杂(如:有足够的长度,且同时包含大写字母、小写字母、数字和一些特殊符号,并定期更换),但过于严格的密码系统又会降低用户的使用效率,反而导致用户走捷径,如选择容易被猜到的密码,或是干脆把密码以普通的方式(未加密的明文)保存在工作电脑中或写在即时贴上并放置在办公桌的抽屉内。

为了克服身份认证中的问题,大量新的认证技术被采纳,如:令牌(token)是一种类似于身份证的物理装置,专门设计来验证用户的身份。令牌采用动态口令的技术,即每隔60秒钟,自动依照特别的算法生成一组新的随机密码(又称动态口令),而生成、表现这些密码的载体工具,往往也被称为“令牌”,如手机令牌、硬件令牌等。其中,硬件令牌往往是一个钥匙扣大小的轻巧器具,是一种特别适合于挂在钥匙环上的小玩意儿,上有显示屏可以显示随机密码(见图11-15)。

智能卡(smart card)是一种类似信用卡的塑料卡,内嵌有微芯片。智能卡需要通过读卡器读取卡上的数据,以判断允许或拒绝其访问(见图11-16)。与传统的带有磁条的信用卡、借记卡和 ATM 卡等卡片不同,智能卡有一个微型芯片,这个微型芯片比磁条存储的东西要多得多,其中装满了身份数据。

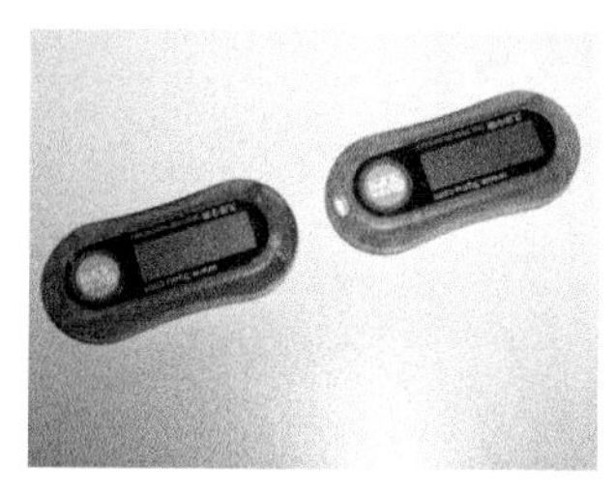

图 11-15　一种动态口令"令牌"

图 11-16　智能卡

生物识别身份认证(biometrics authentication)通过对个人身体特征(如指纹、虹膜、声音等)判断来进行身份认证。生物身份认证以测量每个人都具有的独一无二的身体和行为特征为基础,把每个人的独有特征,如指纹、面部或者视网膜图像,与系统中储存的资料进行对比,以判断两者之间是否相匹配,从而实现用户身份的认证。生物识别身份认证提供了强大的认证功能,但是所需的设备非常昂贵,并且用户通常抵制生物识别身份认证,因为这让他们觉得受到了伤害。生物识别身份认证还处于使用的初期,但是由于它的强大功能,将来可能会有更广泛的使用,例如,很多笔记本电脑配备了指纹识别装置,有些型号的笔记本电脑安装了内置网络摄像机和人脸识别软件,Apple手机可利用指纹进行开机、支付等身份验证,如 Apple Pay就是使用了指纹进行身份的识别和支付。在使用 Apple Pay 时,不需要手机联网,也不需要点击进入 APP,甚至无须唤醒显示屏,只要将 iPhone 靠近有银联闪付标志的读卡器,并将手指放在 Home 键上验证指纹,即可进行支付(见图 11-17)。

图 11-17　Apple Pay 利用指纹进行身份的识别和支付

11.2.3　防火墙和反病毒软件

没有针对恶意软件和入侵者的保护就直接接入互联网是很危险的。防火墙、入侵检测系统和反病毒软件已经成为计算机系统必不可少的工具。

1. 防火墙

防火墙(Firewall)不允许未经授权的用户访问专用网络。防火墙是一种软件和硬件的组合,用来控制传入和传出的网络流量。虽然防火墙也能用于企业内部网络来保护其中一部分与其余部分的连接,但是它通常放置在组织的专用内部网络与像互联网这样信任度不高的外部网络之间(见图 11-18)。

防火墙就像是一个守卫,在每个用户访问该网络前检查其身份。防火墙识别用户名、IP地址、应用程序,以及访问网络的其他特征。网络管理人员事先编写进入系统的访问规则,防火墙则根据这些规则对访问网络的信息进行检查,阻止未被授权的网络通信。

为了创建一个良好的防火墙,管理员必须维护详细的内部规则来识别用户、应用程序或者地址,判断哪些访问允许接收及那些访问需要拒绝。防火墙可以阻止外来者的入侵,但并不能完全阻断这种入侵。防火墙是信息系统安全措施的一部分。

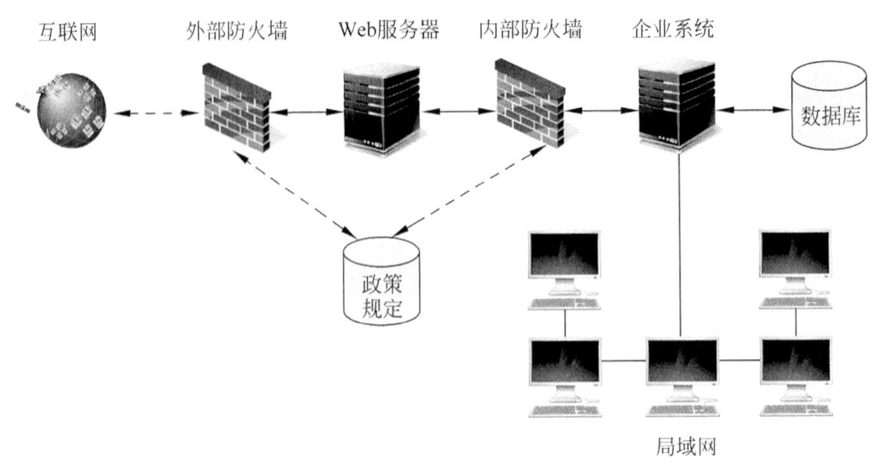

图 11-18 企业防火墙

2. 反病毒软件

为了保证信息系统和信息资源的安全，个人和组织的每台计算机都要有防恶意软件的保护软件。反病毒软件(antivirus software)能防止、检测并删除大多数的恶意软件，包括计算机病毒、蠕虫、特洛伊木马、间谍软件和广告插件。不过，大多数的反病毒软件都是"事后诸葛亮"，反病毒软件无法对新出现的病毒或是变种的病毒进行有效检测和删除，因此，对反病毒软件保持不断的更新维护十分必要。

3. 一体化威胁管理系统

为了帮助企业降低成本和提高可管理性，安全产品供应商把各种安全工具合并成一个统一的工具包，这些安全工具包括防火墙、虚拟专用网络、入侵检测系统、网页内容过滤和反垃圾邮件软件。这种集成的安全管理产品称为一体化威胁管理系统(unified threat management，UTM)。虽然 UTM 最初只是针对中小型企业开发，但是它适用于各种规模的网络。

11.2.4 数据加密

如果希望保护自己的信息，并避开窥探者的眼睛，可以使用加密技术对数据进行加密，这样，即使你的信息被入侵或截获，入侵者也无法解读你的信息内容，从而保证信息资源的安全。加密(encryption)就是将可以读懂的(明码)数据或文件的内容转变为"天书"(暗码)的过程。除了发送者和指定的接收者以外，暗码文件不能被任何其他人阅读。数据利用秘密的数字代码来加密，这种将明码数据转换成暗码文本的秘密数字代码称为密钥。对于加密过的数据，如果没有正确的解密密钥进行解密，则加密过的信息将无法读取。

恺撒密码是一种最简单且最广为人知的加密技术。据传恺撒密码是古罗马恺撒大帝用来保护重要军情的加密系统。它是一种替代密码，通过将字母按顺序推后起 3 位起到加密作用，如将字母 A 换作字母 D，将字母 B 换作字母 E。据说恺撒是率先使用加密函的古代将领之一，因此这种加密方法被称为恺撒密码。

假如有这样一条指令：

```
RETURN TO ROME
```

用恺撒密码加密后就成为：

UHWXUA WR URPH

如果这份指令被敌方截获，也将不会泄密，因为字面上看不出任何意义。

很明显，这种密码的密度是很低的，只需简单地统计字频就可以破译。于是人们在单一恺撒密码的基础上扩展出多表密码，称为“维吉尼亚”密码。

维吉尼亚密码将 26 个恺撒密码表合成一个，如图 11-19 所示。

	a	b	c	d	e	f	g	h	i	j	k	l	m	n	o	p	q	r	s	t	u	v	w	x	y	z
a	A	B	C	D	E	F	G	H	I	J	K	L	M	N	O	P	Q	R	S	T	U	V	W	X	Y	Z
b	B	C	D	E	F	G	H	I	J	K	L	M	N	O	P	Q	R	S	T	U	V	W	X	Y	Z	A
c	C	D	E	F	G	H	I	J	K	L	M	N	O	P	Q	R	S	T	U	V	W	X	Y	Z	A	B
d	D	E	F	G	H	I	J	K	L	M	N	O	P	Q	R	S	T	U	V	W	X	Y	Z	A	B	C
e	E	F	G	H	I	J	K	L	M	N	O	P	Q	R	S	T	U	V	W	X	Y	Z	A	B	C	D
f	F	G	H	I	J	K	L	M	N	O	P	Q	R	S	T	U	V	W	X	Y	Z	A	B	C	D	E
g	G	H	I	J	K	L	M	N	O	P	Q	R	S	T	U	V	W	X	Y	Z	A	B	C	D	E	F
h	H	I	J	K	L	M	N	O	P	Q	R	S	T	U	V	W	X	Y	Z	A	B	C	D	E	F	G
i	I	J	K	L	M	N	O	P	Q	R	S	T	U	V	W	X	Y	Z	A	B	C	D	E	F	G	H
j	J	K	L	M	N	O	P	Q	R	S	T	U	V	W	X	Y	Z	A	B	C	D	E	F	G	H	I
k	K	L	M	N	O	P	Q	R	S	T	U	V	W	X	Y	Z	A	B	C	D	E	F	G	H	I	J
l	L	M	N	O	P	Q	R	S	T	U	V	W	X	Y	Z	A	B	C	D	E	F	G	H	I	J	K
m	M	N	O	P	Q	R	S	T	U	V	W	X	Y	Z	A	B	C	D	E	F	G	H	I	J	K	L
n	N	O	P	Q	R	S	T	U	V	W	X	Y	Z	A	B	C	D	E	F	G	H	I	J	K	L	M
o	O	P	Q	R	S	T	U	V	W	X	Y	Z	A	B	C	D	E	F	G	H	I	J	K	L	M	N
p	P	Q	R	S	T	U	V	W	X	Y	Z	A	B	C	D	E	F	G	H	I	J	K	L	M	N	O
q	Q	R	S	T	U	V	W	X	Y	Z	A	B	C	D	E	F	G	H	I	J	K	L	M	N	O	P
r	R	S	T	U	V	W	X	Y	Z	A	B	C	D	E	F	G	H	I	J	K	L	M	N	O	P	Q
s	S	T	U	V	W	X	Y	Z	A	B	C	D	E	F	G	H	I	J	K	L	M	N	O	P	Q	R
t	T	U	V	W	X	Y	Z	A	B	C	D	E	F	G	H	I	J	K	L	M	N	O	P	Q	R	S
u	U	V	W	X	Y	Z	A	B	C	D	E	F	G	H	I	J	K	L	M	N	O	P	Q	R	S	T
v	V	W	X	Y	Z	A	B	C	D	E	F	G	H	I	J	K	L	M	N	O	P	Q	R	S	T	U
w	W	X	Y	Z	A	B	C	D	E	F	G	H	I	J	K	L	M	N	O	P	Q	R	S	T	U	V
x	X	Y	Z	A	B	C	D	E	F	G	H	I	J	K	L	M	N	O	P	Q	R	S	T	U	V	W
y	Y	Z	A	B	C	D	E	F	G	H	I	J	K	L	M	N	O	P	Q	R	S	T	U	V	W	X
z	Z	A	B	C	D	E	F	G	H	I	J	K	L	M	N	O	P	Q	R	S	T	U	V	W	X	Y

图 11-19　维吉尼亚密码表

维吉尼亚密码引入了“密钥”的概念，即根据密钥来决定用哪一行的密表来进行替换，以此来对抗字频统计。假如以图 11-19 中的第一行代表明文字母，左面第一列代表密钥字母，对如下明文加密：

TO BE OR NOT TO BE THAT IS THE QUESTION

当选定 RELATIONS 作为密钥时，加密过程是：明文第一个字母为 T，第一个密钥字母为 R，因此可以找到在 R 行中代替 T 的为 K，以此类推，得出对应关系如下：

密钥：RELATIONSRELATIONSRELATIONSREL

明文：TOBEORNOTTOBETHATISTHEQUESTION

密文：KSMEHZBBLKSMEMPOGAJXSEJCSFLZSY

历史上以维吉尼亚密码表为基础又演变出很多种加密方法，其基本元素无非是密表与密钥，并一直沿用到第二次世界大战以后的初级电子密码机上。

银行或电子商务等网站会从用户那里获得许多敏感的信息，如用户的信用卡信息等，所以网站需要让所有的用户以加密的方式发送信息。目前对信息加密更为流行和更为安全的加密方式称为公钥加密(public encryption)。公钥加密是使用两个钥匙的加密系统：一个是任何人都有的公钥,另一个是只有接收者才有的私钥,如图 11-20 所示。两个密钥有着数学上的相互关联,因此用一个密钥加密的数据能够用另一个密钥来解密。要发送和接收信息,通信双方首先要独自创建一对私钥和公钥。公钥保存在信息发送者的电脑中,而私钥则秘密保存起来。信息发送者利用信息接收者所给的公钥对信息加密,信息接收者在接收到信息后利用自己的私钥对信息解密。

图 11-20 公钥加密示意图

通过公钥加密,当我们使用网上银行服务时,银行就会给出公钥并利用公钥将要发送的信息进行加密,除了拥有私钥的银行,加密过的信息无人能够破解。这种加密系统类似于保险柜,几乎所有的人都可以关闭保险柜并锁上保险柜,但只有牢记密码的人才能够打开它。

11.2.5 云计算与移动数字平台的安全

尽管云计算和新兴移动数字平台具有产生巨大效益的潜力,但是它们对系统的安全性和可靠性带来了新的挑战。

1. 云计算的安全性

在云处理数据时,保护敏感数据的责任和义务仍然由数据所有者承担。了解云计算供应商怎样组织其服务和管理数据非常重要。

云计算是高度分布的计算模式。云应用驻留在远程大型数据中心和服务器群,这些数据中心和服务器群为多家企业客户提供业务服务和数据管理。为了降低成本,云计算提供商通常在全球各地将处理任务分配到能够最为有效地完成该任务的数据中心。使用云计算的时候,你或许不能准确知道你的数据被送到哪儿去处理。

云计算的分散性使得跟踪未经授权的活动非常困难。几乎所有的云服务提供商都使用加密技术,如安全套接层协议,来确保其处理的数据在传输时的安全。但是,如果存储数据的设备也存放着其他公司的数据,那么对这些存储的数据进行加密也同样重要。

2. 移动平台安全

如果移动设备运用了计算机的许多功能,它们就需要像笔记本电脑和台式电脑那样的安全保护,如预防恶意软件、盗用、意外损失、未经授权的访问和黑客攻击等。

移动设备在访问企业系统和数据时需要特殊的保护措施。企业应确保将移动设备的使用纳入其安全计划,对如何支持、保护和使用移动设备要做出详尽的规定。企业需要移动设备管理工具来对所有使用的移动设备授权,来维护所有移动设备、用户和应用的使用情况的准确记录,控制应用程序的更新,锁定或删除丢失或被盗的设备,使其不能对企业系统产生危害。企业还应该制定指导原则,对允许使用的移动平台、应用软件,以及远程访问企业系统所需要的软件和访问步骤等做出明文规定。

11.3 一个没有黑客的世界：如何防范网络犯罪

相信很多人都有过这样的经历：突然收到一封来自朋友或家人的邮件，几分钟后又收到一条通知，你的朋友或家人说他/她的邮箱账户被黑了，提醒你不要打开或回复之前的邮件。对许多电脑用户来说，这无疑是可怕的经历。其实事实远比想象得更恐怖。虽然你的邮箱账号或者你的手机、平板电脑、微博或微信等账户落入现代窃贼手中，但他们只是利用你的邮箱发送垃圾邮件。不过这时你应该窃喜，因为你遇到的是最善良的黑客。黑客盗用电子邮件并不仅仅向受害者的所有联系人发送垃圾邮件、恶意软件及病毒。受害者电子邮件的使用方式，以及使用时间的长短，决定了它的利用价值。

我们在网上注册时都需要提供电子邮件地址。大多数情况下，只需要申请通过邮箱重置密码，就可以利用注册邮箱重置账户或相关服务密码。想获得与电子邮件关联的银行账户或者社交账户？很简单，黑客控制了邮箱之后，会登录相关网站，申请密码重置，单击密码重置邮件中的链接，即可更改用户之前设定的网站密码，而且请记住，黑客首先会在你发觉异常之前更改你的邮箱登录密码。

即便黑客没时间和精力获取与邮箱关联的所有账户，他也可以在地下网络世界将这些信息出售给他人，这些账户信息究竟值多少钱？地下市场并没有统一报价定价，不过可以参考一下有专门出售非商业账户信息的不法之徒所发布的价格表。

在互联网的灰色领域内，也有类似 eBay、淘宝这样的市场，这里充斥着人们的个人信息，包括 ID、家庭住址、生日等。国外媒体对出售的个人信息做了分析，所得信息来自黑暗网络的著名搜索引擎 Grams（见图 11-21）。那么一个被盗的个人信息究竟值多少钱呢？

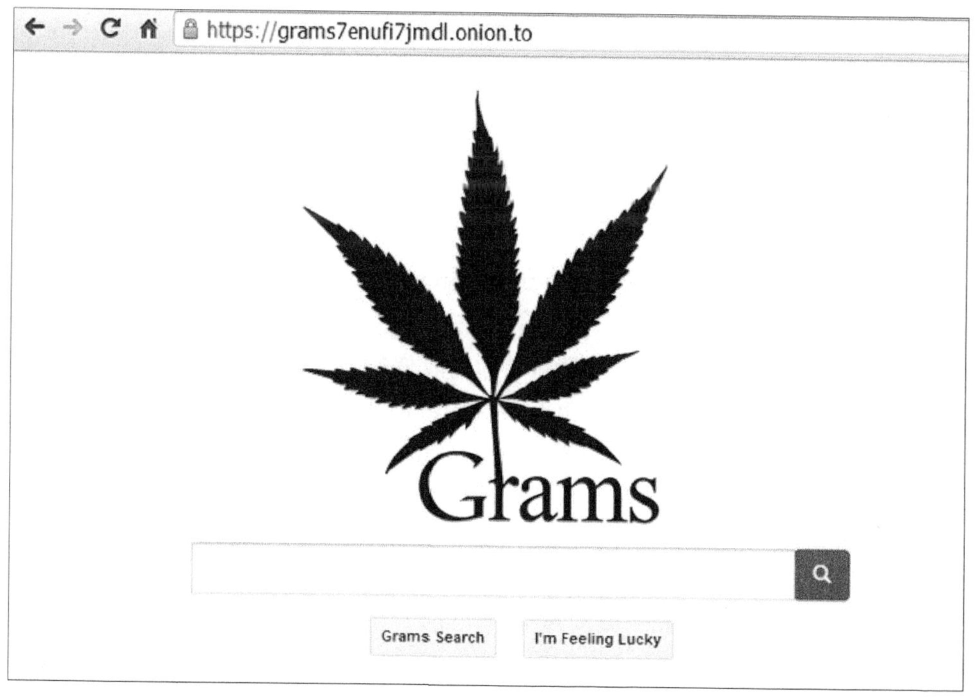

图 11-21 来自黑暗网络的著名搜索引擎 Grams

在 Grams 大约上万数据中，就能找到超过 600 条个人信息详单，其中有一些就包含了信用卡信息等。这些信息标价在不到 1 美元至 450 美元之间——由比特币换算而来。每则个人信息中值大约是 21.35 美元，也就是说，一条个人信息平均标价是 133 元人民币。

虽说这样的情报通常都是非法的，但在网络世界看来，这样的市场显得非常司空见惯。那些被盗的账户信息，其价格也基于质量、可靠性、稳定性和出售者本身的声望信誉而定。

在一次分析的众多数据中，其中发现的最昂贵的数据，是来自名叫 OsamaBinGraudin 的卖家，这份资料标价为 454.05 美元。此卖家在列表中解释说，这条信息伴有较高的信用度："此账户建立时间不久，且已有 720 信用积分甚至更高，没有不良记录，可用于贷款购车购房任何方式。资料中有全名、地址、社会保障号，可用于登录确认信用记录。价格高是因为账户本身已有较高信用积分，想用多久就可以用多久。"

其中售价排名第二高的标价为 248.22 美元，其中有美国的运通卡——卖家宣称其额度有 10 000 美元："下单以后，你就能拥有一个第一手账户信息，来自美国运通，包含完整的信息，如登录信息的 ID、密码、账单信息、名字、地址、城市编号、所在州、电话号码、生日、出生地、社会保险号、母亲婚前姓氏、母亲的生日，信用卡信息则有信用卡号码、过期时间、CVV2 号、E-Mail 地址、密码等等。"

而那些标价相对低一些的就没有这样的吸引力了，它们可能只有一些比较基本的信息，比如被盗用户的名字、地址、社会保险号以及母亲婚前姓氏等。在这些资料中，卖家不会对信用积分、额度做保证，有些时候出售的资料甚至是无效的，被卖家标注为"DEAD"，比如那些早就报销的信用卡。

听起来这点钱似乎算不上什么，但别忘了这些黑客通常利用僵尸网络窃取账户信息，也就是说，他们可以同时从几百或几千台被病毒感染的电脑上获取这些信息。

或许你的邮箱并未与网上商业账户关联，但肯定关联了其他账户。黑客盗取邮箱账户并不只是为了发送垃圾邮件，他们还可以获取你的所有联系人的邮件地址，然后向他们发送恶意软件、垃圾邮件和网络钓鱼攻击。你的朋友甚至会收到你的求助信，信中的你被困国外、身无分文，希望他们汇款急救。事实上，有许多人曾落入这个骗局。毫无疑问，人们好心汇过去的钱直接落进了网络罪犯的钱包。

如果你曾购买过电脑软件，那么你的某一封邮件中就会包含软件密钥注册码。你正在使用诸如 Dropbox、谷歌网盘、微软 OneDrive、百度云盘等云服务来备份、存储你的照片、文件和音乐吗？获取这些私人文件的钥匙就在你的收件箱中。

更可怕的是，如果你的邮箱被黑，而该账户恰巧是其他账户密码重置的备份邮箱，结果会怎么样？你的两个邮箱都会落入坏人的魔爪之中。

希望你看到这里已经能够清楚防贼的重要性，并且意识到有必要为自己的电子邮箱采取一些安全措施。有一些简单可行的方法和技巧能够保护邮箱信息，同时还能给登录邮箱的操作系统上把锁。

以前，一些知名的大众邮箱服务商对邮箱的保护机制仅限于账户和密码。不过近来，这些服务商也逐渐采取多重验证的方法来保护用户邮箱的安全，如 Gmail、Hotmail、网易邮箱等都已付诸行动。通过短信或智能手机应用程序发送验证码就是典型的多重验证机制，用户不仅需要输入账户名和密码，还需同时输入收到的验证码才能登录邮箱。

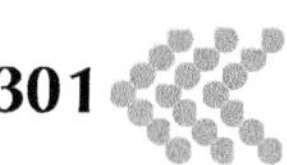

11.3.1 你的密码很好猜

尽管启用双重验证可提高账户安全，但是如果登录密码设置得过于简单，你的邮箱、社交账户等依然会面临被黑客攻击的危险。况且，并非每一个网站都支持双重验证，没有人喜欢复杂的密码，它记起来确实很痛苦。但在安全性更强、能够抵御黑客攻击的其他保护措施出现之前，我们别无选择。值得一提的是，有些数码科技产品采用了更安全的身份识别方法。例如，很多银行在信用卡中内置芯片(见图 11-22)，增加了信用卡欺诈的难度和成本。另一项杰出的安全措施是指纹识别技术(见图 11-23)，如今已应用在智能手机和笔记本电脑中，通过指纹可以锁定或解锁设备。当然，随着科学技术的发展，今后还会出现更多更安全的保护措施。

图 11-22 银行在信用卡中内置芯片

图 11-23 指纹识别技术

如果所设置的密码太简单，则考虑换成更加复杂的密码。下面列举几个设置强密码的技巧。

(1) 设置由单词、数字、特殊符号、大小写字母等组成的密码。

(2) 不要将自己的网名设置成密码。

(3) 不要使用能够轻易被猜到的密码，如：password 或 user。

(4) 不要使用个人信息作为密码，如：自己的生日、身份证号、手机号码、家人或男/女朋友的名字、宠物的名字等一切你会在社交网站上发布的信息，这些信息并不像想象得那样保密，因为往往会在无意中将这些内容放到微博、微信等社交媒体上，而黑客也会使用微博和微信！

(5) 不要使用字典里的词汇作为密码。网上免费的密码破解软件通常都内置字典列表，其中就包括几千个常用名字及密码。如果必须使用这类词汇，可以在单词前或/和单词后，添加标点符号。

(6) 避免使用简单的键盘组合，破解诸如 qwerty、asdzxc 和 123456 这种键盘组合密码易如反掌。

(7) 容易记的密码不一定是单词，还可以是一个短语或一句话，比如你最喜爱的小说的第一句话或最后一句话，或一个笑话的开头。密码越复杂越好，但长度是关键。设置 8～10 位长度的密码是个好习惯。现在，开发强大快速的密码破解软件变得越来越容易，利用这些软件每秒可以测试上千万个可能的密码组合，但记住一点：密码长度每增加一位，暴力破解的难度就上了一个台阶。

(8) 不要在多个网站使用同一密码。一般来说,在不储存用户敏感信息的网站使用相同密码是安全的,但前提是这些密码没有被使用在存储用户敏感信息的网站上。

(9) 绝不要将任何网站密码设置为邮箱密码,否则一旦 Dropbox、百度云等网站被黑客攻破,你的邮箱很快就会落入黑客手中,反之亦然。

(10) 任何情况下都不要以文本形式存储密码。一旦计算机被黑客入侵,就等于亲手将密码发送给黑客。是否可以将密码存在计算机里? 对于这个问题,人们的看法也随着时间而改变。计算机用户无须担心输入密码时被他人看到,关键是不要以文本形式存储密码。一个建议的做法是:在一个有密码的 Excel 文件中将所有需要密码的网站列一个表,写下对应的用户名,以及只有你自己才明白的密码提示。如果忘记密码,则可以向网站申请发送密码重置邮件到电子邮箱,前提是你要记住注册网站时提供的邮箱地址。

11.3.2 多重保护,锁住安全

如果计算机被密码窃取恶意软件感染,那么你的邮箱、微博账户、QQ 账户、微信账户等就在劫难逃了,所有的账户安全工具都无法改变它们的命运。在计算机上安装杀毒软件和防火墙软件可以防患于未然,但也绝非万无一失。现在的病毒本身就可以绕过这些防护措施入侵计算机,尤其在病毒通过垃圾邮件和社交网络散播的最初 12~24 小时之内,更是宛如洪水猛兽。

保护计算机系统最关键的原则是"深度防御",及设置多个防护措施,并不仅仅依赖一种方法或某种技术来抵御所有攻击。

牢记如下的"网络安全三原则"并付诸实施,就可以大幅降低计算机或手机信息泄露的风险。这三个原则简而言之就是:

原则一:"不了解,不安装"。如果黑客想设置网络陷阱以便成功入侵个人计算机,首先要诱使计算机用户采取某些行动,如点击邮件中的链接或打开附件、在浏览器添加自定义的插件或应用程序。常见的网络陷阱包括流氓软件,以及提示计算机中毒的弹出窗口以诱骗计算机用户安装伪安全漏洞扫描工具。另一种常见的骗术是利用视频诱惑计算机使用者安装某种解码器、视频播放器或应用程序才能观看视频。只安装需要的软件或浏览器插件,而且最好从可靠的网站下载,这些可靠的网站都会首先检查软件以确保其无毒才会提供下载链接。在线购物时,为了买到称心的产品,往往都会首先调查产品的质量和性能,而安装软件也一样,先花几分钟的时间浏览一下用户意见和评论,确定它就是所需要的软件。不要直接回复来自(或似乎来自)QQ、微信、学校/公司、银行或其他保存个人信息的网站发来的邮件。当需要访问存有个人信息的网站或管理社交网络时,请通过浏览器的书签进入网站,而不是通过邮件或手机发来的链接进入。

原则二:"安装后,勤更新"。是的,没错,为计算机操作系统安装(由微软公司、苹果公司或谷歌公司等发布的)最新的补丁非常重要。但要想保证计算机的安全,还要悉心照顾计算机系统中运行的其他应用软件,坏人总在不停攻击计算机里安装的软件,如 Java、Adobe 的 PDF 阅读器、Flash、QuickTime 等。每年软件开发商都会推出许多次的更新以修复软件安全漏洞,所以尽快将软件更新为最新版本是很明智的选择。有些开发商也许会通知用户有新版本软件,但通常是在补丁发布几天甚至几周之后。如果你感觉频繁检查更新令人心烦,那么可以试试设置软件的自动更新,目前大多数的软件都可以设置为自动更新。

原则三：“不需要，就删除”。计算机运行慢，硬盘碎片是罪魁祸首。很多计算机厂家会在计算机中预装了大多数用户从来都不会打开的大型软件。除此之外，在使用过程中，用户也会在计算机中安装几十个程序及插件，就是他们拖慢了计算机的运行速度。很多程序还喜欢自作主张，把自己添加到计算机的启动列表中，这样每次重启计算机时，这些软件就会自动开启，这使得重启计算机的过程变得漫长，让人有崩溃的感觉。切记，安装的软件越多，更新软件花费的时间也就越多。

希望以上这些技巧正好能够解决你的问题。

11.3.3　展望未来十年

计算机安全如同猫捉老鼠的游戏，黑客发现了系统的弱点，于是就利用了它，而计算机安全人员发现了这个弱点就建立保障措施以阻止它；黑客再发现新的弱点并利用它，计算机安全人员就再全力阻止，如此下去。接下来的挑战可能来自于 iPhone 和其他移动设备。当其弱点出现并被利用而产生危险时，这些设备的安全将需要得到加强。这种猫捉老鼠的游戏可能会持续至少十年，不会有什么神奇的力量可以阻止计算机犯罪，然而，这种猫捉老鼠行为的技术水平可能会提升，而且是大幅提升。由于操作系统和其他软件安全性的大大提高，以及改进的安全程序和员工培训，对于孤独的黑客而言，寻找一些可利用的弱点变得越来越困难，不是不可能，只是难度大大增加了。

在接下来的十年中，可能会看到僵尸牧人的增加，这些牧人可能会有组织地犯罪。他们可能是恐怖主义者，或者可能是打击其他国家新兴网络的政府成员。考虑到国际贸易、银行、财政和沟通中互联网的重要性，来自僵尸牧人的威胁是很严重的。在未来十年中我们可以看到一个或者更多成功的、大量的攻击，甚至可以看到国家之间的网络战。我们都看到了风险，并做了所能做的准备，当攻击发生时不会惊奇和过度反应。

本章小结

在互联网时代，信息安全的威胁来自于三个方面：人为的错误和失误、恶意的人为活动，以及自然事件和灾害。互联网的漏洞和无线网络的安全挑战使得系统更容易受到破坏。来自员工的内部威胁会给组织的信息系统造成巨大的破坏和损失。计算机病毒、蠕虫、特洛伊木马等恶意软件能使系统和网络瘫痪。黑客能够发动拒绝服务攻击或渗透进企业网络，从而造成严重的系统瘫痪。软件存在的问题是程序错误无法消除，并且软件漏洞能够被黑客和恶意软件所利用。

依靠计算机系统开展其核心业务的企业，如果没有良好的安全与控制措施，将会使其销售和能力受到伤害。密码、令牌、智能卡和生物认证技术用来识别系统用户身份。防火墙防止未授权的用户访问专用网络。反病毒软件检查计算机系统是否受到病毒和蠕虫的侵害，通常能够清除恶意软件。使用加密技术对数据进行加密，使入侵者无法解读信息内容，从而保证信息资源的安全。云计算的广泛性特点使得对未经授权的活动难以进行跟踪或者从远程对其进行控制。

很多人都有过被黑客攻击及个人信息被泄露的经历，无论是个人的邮箱账号还是社交网络账号，都可能成为个人信息进一步泄露的导火索。采取多重验证的方法来保护个人账户的安全是必要的，设置强密码或许是现阶段最简单且最为有效的选择。牢记“网络安全三原则"并付诸实施，可以大幅降低计算机或手机信息泄露的风险。计算机安全的问题会在未来的十年内依旧存在，黑客不会从我们的生活中自动消失。

习题

1. 列出并简述当前信息系统面临的最常见的几种安全威胁。

2. 给出恶意软件的定义，并比较病毒、蠕虫、特洛伊木马之间的区别。

3. 什么是黑客？解释黑客如何带来安全和系统危害问题。

4. 给出计算机犯罪的定义，分别给出两个把计算机作为犯罪目标的例子和把计算机作为犯罪工具的例子。

5. 什么是身份盗用？什么是网络钓鱼？解释身份盗用为什么会成为当今的一大问题。

6. 简述内部员工产生的安全和系统可靠性问题。

7. 简述防火墙、侵入检测系统、反病毒软件在加强安全防御中的作用。

8. 什么是公钥加密？解释加密技术如何保护信息。

9. 云计算引起了哪些安全问题？

10. 启用双重验证是如何提高账户安全的？

11. 设置强密码的技巧有哪些？

12. 什么是"网络安全三原则"？该原则是如何降低计算机或手机信息泄露的风险的？

13. 安全不仅仅是技术问题，还是一个管理问题，请讨论。

14. 假设你公司有一个电子商务网站用来销售商品并且接受信用卡支付，请讨论对于该网站主要的安全威胁及其潜在的影响。用什么措施可以降低这些威胁？

参考文献

[1] 布莱恩·克雷布斯(Brian Krebs). 裸奔的隐私(*Spam Nation: The Inside Story of Organized Cybercrime—from Global Epidemic to Your Front Door*). 曹烨，房小然 译. 广州：广东人民出版社，2016.

[2] 肯尼斯·C. 劳顿(Kenneth C. Laudon). 管理信息系统(原书第13版). 黄丽华 等 译. 北京：机械工业出版社，2015.

[3] 哈格，卡明斯. 信息时代的管理信息系统(原书第8版). 严建援 等 译. 北京：机械工业出版社，2015.

[4] 戴维·M. 克伦克. 管理信息系统(第3版). 王道平 等 译. 北京：电子工业出版社，2012.

[5] 詹姆斯·A. 奥布赖恩(James A. O'Brien)，乔治·M. 马拉卡斯. 管理信息系统(第15版). 叶强 等 译. 北京：中国人民大学出版社，2012.

第12章　互联网＋大数据：隐私不保

本章学习目标

- 了解互联网时代个人隐私保护的诉求及面临的挑战。
- 了解和关注隐私泄露的主要原因、表现形式。
- 了解隐私保护的技术和技巧。

开篇案例

行为定位：你的隐私成为目标

你有没有觉得有人在网上尾随你，跟踪你的每次点击？你是否想知道为什么你刚在网页上搜索一辆车、一件衣服或化妆品，之后就看到相关展示广告和弹出窗口广告？嗯，你是对的，你的行为正在被跟踪，当你在浏览网页时，你已经被定位了，以便让你看到某些“有针对性”的广告。

网络跟踪有多常见？2011年《华尔街日报》刊登了一系列开创性的文章，研究人员调查了50个最受欢迎的美国网站的跟踪文件，揭示了监控系统的普遍性。他们发现访问者的计算机被这50个网站安装了3180个跟踪文件。只有一个网站，即维基百科没有跟踪文件。一些热门网站，如Dictionary.com、MSN和Comcast等都安装了100多个跟踪文件！2/3的跟踪门文件来自131家公司，其主要业务是通过识别和跟踪互联网用户来创建用户画像，画像可以出售给那些寻找特定类型用户的广告公司。其中，最大的跟踪是谷歌、微软和Quantcast，他们都在从事卖广告给广告公司和营销人员的业务。谷歌，这家占统治地位的搜索网站，对你的了解甚至于你的家人。另外，1/3的跟踪文件来自数据库公司，它们搜索并捆绑信息，之后卖给营销人员。许多跟踪工具可以搜索到令人难以置信的个人信息，如年龄、性别、种族、收入、婚姻状况、健康问题（通过你搜索的健康主题）、看过的电视节目和电影、看过的杂志和报纸、购买过的书籍。

2012年的后续研究发现，自2010年以来，网络跟踪量已经翻番，超过300家公司在前50名的网站上放置跟踪文件。价值310亿美元的网络广告行业推动了这种大规模的用户数据搜索，Facebook使用其“Like”按钮，即使在用户退出系统的情况下，也能在网页上跟踪用户，其社交网络是一个巨大的跟踪系统，记住你喜欢什么？你的朋友喜欢什么？以及任何你透露在个人主页上的内容。跟踪公司声称其收集到的资料是匿名的，但这只是表面上的。

很多学者表示，仅通过几条信息，如年龄、性别、邮政编码、婚姻状态等，就可以轻松识别出具体的个人。此外，实施跟踪的公司还将网络数据与其从线下公司购买的线下数据合并，而线下公司跟踪几乎所有美国零售商店的销售数据，其中，个人的名字和其他身份信息都被包括在内。

行为定位的影响力、延伸性以及适用范围的不断扩大引起了个人隐私保护组织、国会议员和联邦贸易委员会的关注。目前，美国并没有相应法律或条例阻止公司在个人计算机上安装跟踪文件来搜索信息，或以任何其喜欢的方式使用该信息，但这种情况正在开始改变。在市民担心隐私被泄露以及网络跟踪缺乏透明度的呼声下，现在立法部门和政府机构开始重点关注保护用户的隐私。2011 年 4 月，参议员约翰·克里和约翰·麦凯恩提出了《2011 年商业隐私权利法案》。该法案将允许用户一个站点一个站点地去要求站点停止跟踪他们、在线出售他们的信息。2012 年 7 月，8 名国会议员对那些搜索线上和线下数据的数据经纪商展开了调查。

2012 年 3 月，联邦贸易委员会基于前两年的工作，发布了最终报告。报告介绍了保护个人隐私的业界最佳做法，并将重点放在了 5 个领域：不跟踪、可移动设备个人隐私、数据经纪商、大型平台提供商（如：网络广告、操作系统、浏览器和社交媒体公司）、发展自律规则和规范。报告呼吁实施一种便于使用的、持久的和有效的不跟踪体系；提升使用移动数据的公开性；使人们更容易看到数据经纪商编辑的关于他们自己的文件；开发一个让数据经济商用来标识自己的中央网站；开发针对大型平台提供者的隐私保护政策，来控制在互联网上的全面跟踪行为；执行自律规则，以确保公司遵守行业行为规范。报告发出的警告称，除非行业在 2013 年年底前为网络浏览器开发出一个“不跟踪”按钮，并且制定政策，抑制数据经纪商在未经用户同意的情况下随意使用网络跟踪，否则联邦贸易委员会将通过寻求立法的方式，迫使这些行业达到这些要求。白宫支持贸易委员会在 2012 年 2 月发表的保护网络隐私的框架报告，这个框架的其中一个条款是开发一个一键式的程序，用户可以通过这个一键式的程序告诉网络公司他们是否愿意被其跟踪线上行为。2012 年 7 月，微软宣布其 IE10 浏览器将会附送一个默认的不跟踪选项，如果用户想被跟踪，就必须选择退出其默认选项。

在面临罚款、国会调查、公众恼怒于自己隐私被侵犯的困境，以及有可能失去部分业务和信誉的情况下，美国电子商务行业的主要参与者已开始改变一些用户数据处理方面的政策。

本章开篇描述了越来越多发生的个人隐私被利用的案例，这说明科技是一把双刃剑，它可以成为许多好处的来源（通过向你展示你感兴趣的广告），也可以对个人隐私造成新的威胁，并肆无忌惮地使用个人隐私信息，而且你不会知道关于你的这些信息已经被使用，你也不能够修改这些信息，你也没有强有力的法律权利来保护个人信息。

12.1 信息的权利：互联网时代的隐私和自由

隐私（privacy）是个人要求独处，而不受他人或相关组织（包括国家）的干扰和监督的诉求。隐私保护的诉求也包含在工作场所：数百万员工们在承受着电子或其他形式的高科技的监督。信息技术和系统威胁到了个人隐私保护的诉求，使侵犯隐私更便宜、更加容易，而且在互联网时代，我们还没有找到一种方法可以完美守护我们的隐私。

12.1.1 在互联网上有没有人知道你是一条狗

信息技术的迅速发展和互联网使用范围的扩大，更先进的信息采集、保存、共享和比较技术的出现，电子商务企业和政府部门对个人信息的大量收集和处理，为企业和国家带来了宝贵的知识与物质财富，与此同时，若不正确地使用这些技术，将对个人隐私和数据安全构成威胁。隐私是一个逐渐为人们熟知和关注的话题。在一个特定的环境和时间点中，相对静态的隐私应该如何处理？

1. Google官司牵出公民隐私之忧

2005年8月，美国司法部以打击网上黄色犯罪为由，要求美国四大网络公司——美国在线、微软、雅虎、谷歌，提供有关网络搜索的数据信息，其中包括随机选择的网址和用户检索结果的数据，以协助调查。

对于政府的要求，除谷歌以外的3家公司很快满足，唯独谷歌坚决加以抵制，理由是：首先，这样将侵犯用户隐私权，损害谷歌和用户建立的互信关系；其次，泄露公司搜索服务的商业秘密。谷歌创始人塞尔吉·布林(Sergey Brin)，表示保护隐私是谷歌的义务。

2006年，司法部将谷歌公司告上法庭。谷歌与政府间的法律纠纷引发了关于互联网安全和公民网络隐私权的争议，网络隐私权的保护成为人们关注的焦点。因此，谷歌与司法部的官司被认为是互联网时代美国网络公司与政府围绕隐私权问题爆发的“世纪大战”。“大战”结果是：谷歌抗争后占得上风。由于舆论的压力，司法部只好做出重大让步。在法庭上，司法部仅要求谷歌提交用户搜索相关的5万个网址以及近5000个搜索项，并承诺只对其中的一个1万个网址和1000个搜索项进行研究。与最初的要求相比，司法部要求谷歌提供的信息量几乎缩小了99.99%。而最终司法部连5000个搜索项的要求也被拒绝了。谷歌的代理辩护律师尼科·翁在公司网站上发表声明称：“裁决表明，无论是政府机构，还是其他任何人，在要求互联网公司提交数据时都没有特权。”一些分析人士认为，裁决对谷歌公司以及隐私权保护者而言是一个巨大的胜利，谷歌的维权行为将给美国的互联网管理规范带来新的启示。不过，围绕互联网安全和公民隐私的争议并没有停止。

2. 互联网上不仅有人知道你是一条狗，而且知道你是 条牧羊狗

互联网的匿名性保护了用户的信息和网络使用安全，曾经网络上流行的一句话：“On the Internet，nobody knows you're a dog”(互联网上没有人知道你是一条狗，如图12-1所示)。这是针对网络的虚拟性、匿名性所作的颇有几分夸张的描述。网络确实改变了过去那种社会交往与控制的模式，给人们创造了前所未有的信息空间。然而，我们也常常能在各种媒体里面了解到发生在互联网上的侵犯隐私的恶性事件。

图12-1 在互联网上没有人知道你是一条狗

当前对用户最大的隐私威胁不是用于跟踪用户的Cookies、间谍软件和用户浏览行为的分析网站，而是我们日常使用的搜索引擎。大部分搜索引擎在用户使用其服务时，都会记录用户的IP

地址、搜索的关键词、从搜索结果中跳转到哪个网站等信息。通过数据挖掘等技术，搜索服务商可以从这些信息中获得用户的身份、用户的爱好以及在网上的行为等隐私信息，并可能使用这些隐私信息进行商业活动。也就是说，今天在网络上，不仅有人知道你是一条狗，而且还知道你是一条猎狗还是一条牧羊狗。

例如，2008 年的央视 3·15 晚会揭露了一条重大消息：分众无线传媒技术有限公司（分众传媒子公司）掌握了中国 5 亿多手机用户中一半的手机用户信息。该公司对机主的信息进行详细分类，精确到机主的性别、年龄、消费水平等，以“精准”发送垃圾短信，其中，仅郑州分众无线传媒技术有限公司的短信日发送量就达 2 亿条（仅仅一个企业，掌握了 2 亿多人的个人信息，如此令人骇然的现实印证了公众长期以来对个人信息保护的担忧）。无论是 2008 年明星们的“艳照门”，2009 年的“艾滋女”闫德利事件，还是 2010 年汽车模特的“兽兽门”，一件件个人隐私信息被泄露后在网上掀起滔天巨浪的事件此起彼伏。而因这些信息泄露而遭到感情上的巨大创伤，更揭示出个人隐私被泄露传播已经成为一种规模化、商业化的运作，足以引起每个人的重视。

例如，Netflix 是一种流行的在线电影租赁服务，为了提高电影推荐的准确性，公司公布了一份包含 50 万用户电影爱好程度的数据集，开放了匿名的评论以及打分的信息，但是有人把它跟国际电影数据库 IMDB 匹配，结果把一个有同性恋倾向的人识别了出来，并导致公司被告。在美国马萨诸塞州，集体保险委员会（Group Insurance Commision，GIC）负责为州政府雇员购买健康保险。截止到 2002 年，GIC 已经收集到约 135 000 政府雇员及其家人的健康数据。由于这些数据被认为是匿名的，GIC 将这些数据的副本转给研究机构，并将另一份副本卖给商业公司。

搜索引擎的查询日志可以进行用户行为分析，分析结果可以有效改进网络信息检索技术。但上述收集的信息包含大量用户敏感信息，如果数据发布者将这些原始数据直接进行发布，会泄露用户敏感信息及身份信息，如图 12-2 所示。

图 12-2 数据泄露与隐私保护

3. 个人数据的权利问题

在网络所带来的隐私权问题当中，一个关键的问题就是有关个人数据的权利问题。所谓个人数据，是用来标识个人基本情况的一组数据，如姓名、年龄、性别、地址、社保号/身份证号、信用卡号、驾照号、手机号、出生年月、收入、职业、个人爱好、银行资料，以及受法律法规保护的其他数据等。

具体而言，个人数据主要包括标识个人基本情况、标识个人生活和工作经历等情况、与网络有关的个人信息等，主要包括以下 4 个方面的信息。

1）个人登录的身份、健康状况

网络用户在申请上网用户、个人主页、免费邮箱，以及申请服务商提供的其他服务（购物、医疗、交友等）时，服务商往往要求用户登录姓名、年龄、住址、身份证号、工作单位等身份和健康状况，服务商有义务和责任保守个人秘密，未经授权不得泄露。

2）个人的信用和财务财产状况

个人的信用和财务财产状况包括信用卡、电子消费卡、上网卡、上网账号和密码、交易账号和密码等。个人在网上消费、交易时，登录和使用的各种信用卡、账号均属个人隐私，不得泄露。

3）邮箱地址

邮箱地址同样是个人隐私，用户大多数不愿将之公开。掌握、收集用户的邮箱并将之公开或提供给他人，致使用户收到大量的广告邮件、垃圾邮件或遭受攻击而不能正常使用，使用户受到干扰，显然也侵犯了用户的隐私权。

4）网络活动踪迹

个人在网上的活动踪迹，如 IP 地址、浏览踪迹、活动内容等，均属个人的隐私。

4. 实名制下的隐私如何保证

实名制，尤其是网络实名制，在虚拟网络世界里以真实身份存在，规范了言行，注重了责任，也增大了个人信息泄露的可能性。如存款实名制、火车票实名制、手机实名制、快递业实名制、微博实名制，可以有效降低因身份虚拟造成的欺诈等现象的发生概率，对于加强监管、保障安全有明显的作用。同时，个人信息保护问题也成为公众关注的焦点。

12.1.2 网络时代隐私面临的主要威胁

个人隐私往往包含具有重要价值的信息，如果这些信息被他人获得，有可能会造成个人经济损失、名誉损失或精神损失，因此，隐私成为个人希望保密的信息。然而，正是由于这些信息的重要价值，又使其成为一些心怀不轨的人垂涎的猎物，尤其是在网络时代，数据信息的传播、复制达到了前所未有的便利程度，这使得个人隐私的泄露也面临着前所未有的巨大威胁。为了能够清楚地认识众多的隐私数据安全威胁，可将隐私面临的主要威胁（泄露途径）归纳为 4 种类型：未经许可的访问、网络传播的泄露、公开数据的挖掘与分析、人肉搜索，如图 12-3 所示。

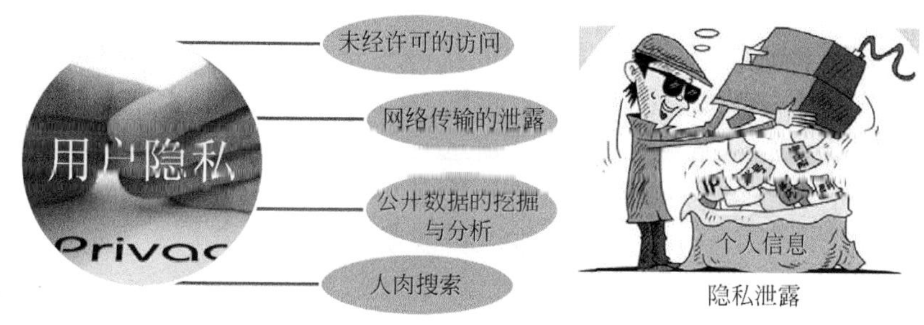

图 12-3 主要的隐私泄露途径

1. 未经许可的访问

未经许可的访问是指保存在本地或远程的个人数据被未经授权的访问所获取，这些访问有可能来自于外部绕过安全机制的攻击，也有可能来自于内部疏于管理的漏洞。例如，存放在本地计算机的用户文件被黑客窃取；用户的操作被木马记录并传递给控制者；存放有公司员工个人资料的数据库服务器暴露在不受保护的网络中；网络管理员违规查看数据库记录等。

这一类型的隐私泄露源于计算机安全措施的缺乏，没有采取足够的主动保护本机或服务器数据存取安全的手段，从而导致大量的安全漏洞，不仅造成信息的泄露，还可能造成信息被篡改。

2. 网络传输的泄露

网络传输的泄露是指包含有个人隐私的数据在网络传输的过程中被窃取。例如，在使用即时通信工具时双方的通信被嗅探器截获；收发电子邮件时，邮件内容被网关非法保留；一个传输个人文件的 TCP/IP 链接被会话劫持；登录网上银行却被伪装成该网银的钓鱼网站蒙骗等。

网络传输中的隐私泄露与未经许可的访问的情形不同，由于网络传输的公开性，无法阻止他人获得这些数据，但是可以通过加密手段避免传输明文数据等，防止他人获得传输数据后重组成有意义的数据。

3. 公开数据的挖掘与分析

公开数据的挖掘与分析是指在数据发布中个人隐私被泄露。例如，未经模糊处理发布的医疗记录情况；经过隐去姓名处理的住房交易信息发布时，通过联系方式确定住房拥有者等。

这类隐私泄露是在公众均可获取明文数据的情况下泄露的。一般情况下，发布的数据都经过了模糊处理或匿名处理，但是别有用心的人（入侵者）仍可以通过公布数据之间（甚至之外）的信息来准确推测个人隐私，这就需要在发布数据上采取更为可靠但是又能保留公布数据可用性的数据匿名技术。

4. 人肉搜索

“人肉搜索”是指利用人工参与来搜索信息的一种机制，实际上就是通过其他人来搜索自己搜不到的东西，更加强调搜索过程的互动。当用户的疑问在搜索引擎中不能得到解答时，就会试图通过其他几种途径来找到答案，或者通过人与人的沟通交流寻找答案。它与百度、谷歌等的搜索技术不同，它更多的利用人工参与来提纯搜索引擎提供的信息，如图 12-4 所示。

图 12-4 人肉搜索

“人肉搜索”会泄露个人网络隐私，目前呈现多样化态势，在使用“人肉搜索”查找事实真相的同时，“人肉搜索”也侵犯了个人隐私，如公布当事人的联系方式、照片、家庭地址、身份证号码、婚姻、职业、教育程度、收入状况、个人健康医疗信息、股东账号等个人隐私信息。

“人肉搜索”是一种特殊的搜索行为，发起者在一个网站里，通过提出一个问题，将被人肉对象的某些线索公布于网络上，发动广大网民提供相关信息进行搜索。广大网民通过分析整理相关线索，确定被人肉对象在现实生活中的真实身份以及相关信息，并将搜索结果公布于网络，是一种网民自发性的、集体完成的行动。

以传统搜索引擎相比，“人肉搜索”依靠广大网民和网络数据库，更多地利用人工参与来提纯搜索引擎查找信息的一种方式，可以找到百度、谷歌等搜不到的信息。其特点是：交互性、自发性、创造性。

“人肉搜索”现象在某种程度上也是一种公民行使监督权、批评权的体现，其积极价值有：一是有利于个人情绪的平衡；二是有利于社会的稳定。“人肉搜索”现象的出现，有利于网络社会的德治与现实社会法治的结合，能使德治和法治双管齐下，社会更稳定。

“人肉搜索”作为一种新的网络现象，如果使用不当，容易引起严重的隐私泄露及网络暴力等消极影响。由于“人肉搜索”时，当被搜索对象的个人隐私被毫无保留地公布，被搜索者所面对的不仅仅是人们在网络上的口诛笔伐，甚至在现实生活中也遭受到人身攻击和伤害。因此，如果“人肉搜索”超越了网络道德和网络文明所能承受的限制，就容易成为网民集体演绎网络暴力非常态行为的舞台，侵犯了个人隐私等相关权益，失去了“人肉搜索”发挥网络舆论监督的作用。

“人肉搜索”处于互联网与现实社会法律监管的真空地带，多年以来事件频发，引起了社会各方强烈关注。若“人肉搜索”中超出了法律的底线，侵害了被搜索人的隐私权行为时，构成侵权行为。我国法律及相关司法解释明确约束了利用互联网进行“人肉搜索”公开他人隐私信息的行为，不恰当的“人肉搜索”行为应向被侵权人承担赔偿责任，情节严重的可能涉嫌触犯我国法律规定。例如，2014 年 10 月 10 日开始实施的《最高人民法院关于审理利用信息网络侵害人身权益民事纠纷案件适用法律若干问题的规定》第十二条规定：“网络用户或者网络服务提供者利用网络公开自然人基因信息、病例资料、健康检查资料、犯罪记录、家庭住址、私人活动等个人隐私和其他个人信息，造成他人伤害，被侵权人请求其承担侵权责任的，人民法院应予支持”。被侵权人因人身权益受侵害造成的财产损失或者侵权人因此获得的利益是无法确定的，人民法院可以根据具体案情在 50 万以下的范围内确定赔偿数额。同时，我国刑法将窃取或者以其他方法非法获取公民个人信息情节严重的行为认定为“非法获取公民个人信息罪”，司法实践中使用计算机手段破解上述信息或利用其他方式骗取上述信息的行为都有可能构成犯罪。

从另一个角度，隐私泄露的方式包括主动和被动两种方式。

主动泄露是指个人为实现某种目的而主动将个人信息提供给商家、公司或他人。例如，个人参加“调查问卷”或抽奖活动，填写联系方式、收入情况、信用卡情况等信息。主动将有关信息泄露给商家，而商家对个人信息没有尽到妥善保管的义务，在使用过程中把个人信息泄露出去。

被动的隐私泄露是指个人隐私被他人采取各种手段收集或贩卖，造成故意或者过失的个人信息披露。

12.1.3　互联网对隐私的挑战

互联网技术对个人隐私保护提出了新的挑战，信息经过这个巨大网络进行传输，可能需要通过许多的计算机系统才能到达最后的目的地，每一个系统均能监视、捕捉和存储通过它的信息。

许多网络行为都可能会被记录，包括一个人访问了什么网站或网页，访问了哪些网络内容、通过网站查找或购买了什么物品，这些监视和跟踪大多数发生在网站访问者不知情的情况下。个人的网络行为不仅被一般的网站跟踪，而且也被微软、雅虎及 DoubleClick 这类网络广告服务商所监控，这些网络广告服务商可能在数千个网站跟踪用户的浏览行为。网站运营商和网络广告行业都在为这种行为辩解，因为这么做能使广告投放更精准，并减少网站运营商的运营成本。

Cookie 是一些小的文本文件，当用户访问网站时，这个文件会被记录并存于用户的计算机硬盘中。Cookie 可以识别访问者的网络浏览器软件，并跟踪访问者在这个网站上的访问活动。当访问者再次访问已保留 Cookie 记录的网站时，网站的软件系统就会查找访问者的基本情况，找到 Cookie 记录，从而可以了解访问者在那个网站做了些什么。基于这次访问的活动情况，Cookie 记录就会被再次更新。有了这个方法，网站可以给每一个访问者定制其感兴趣的内容。例如，你在亚马逊网站购买了一本书，当你通过相同的浏览器再次访问亚马逊网站时，网站会显示你的名字并欢迎你，还会根据你过去的购买记录和网站浏览记录，推荐其他你感兴趣的书籍或物品。图 12-5 描述了 Cookie 是如何运作的。

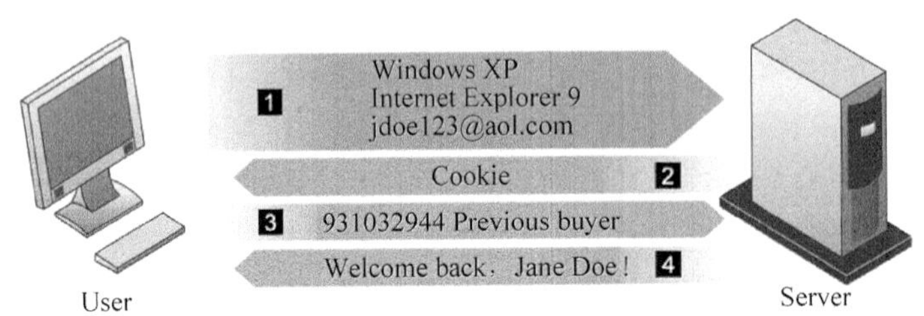

图 12-5　Cookie 如何识别网页访问者

网站利用 Cookie 技术虽不能直接获得访问者的姓名和地址，但如果访问者已经在这个网站登记过，登记的信息可以和 Cookie 数据整合，以此来识别访问者。网站可以整合由 Cookie 和其他网站监控工具收集到的数据，以及其他来源的数据（比如通过第三方所购买的个人信息等方面的数据），来对网站访问者进行非常详细的画像。

Cookie 记录着用户的账户 ID、密码之类的信息，如果在网上传递，通常使用的是 MD5 方法加密。这样经过加密处理后的信息，即使被网络上一些别有用心的人截获，也看不懂，因为他看到的只是一些无意义的字母和数字。然而问题是，截获 Cookie 的人不需要知道这些字符串的含义，他们只要把别人的 Cookie 向服务器提交，并且能够通过验证，他们就可以冒充受害人的身份，登录网站。这种方法叫做 Cookie 欺骗。

监视互联网用户的网络行为还有更狡猾和隐秘的工具。所谓的 Super cookie 或 Flash cookie 不会轻易被删除，并且无论何时，只要有人点击动画视频就会被安装。这些所谓的“本地共享对象”文件正被 Flash 用来播放视频，并在未经用户同意的情况下将其放在用户的计算机上。市场营销人员利用网络信标（web beacons）作为另一种工具，去监视互联网用户的网络行为。网络信标，也称为网络爬虫或“跟踪文件”，是一些小的软件程序，隐藏在电子邮件和网页上，用来记录用户的网络点击流，并传输这些信息到拥有跟踪文件的计算机上。网络信标由第三方公司通过付费方式放置在一些受欢迎的网站上，并能通过这些网络信标来接触网站的受众。

另一类间谍软件（spyware）可以通过搭载较大的应用程序，秘密地自己安装到一个互联网用户的计算机上。一旦安装好，这个间谍软件就可以被拥有该间谍软件的网站用来给用户推送横幅广告和其他未经许可的内容，也可以给第三方网站报告用户在互联网上的行动。

全球大约有 75％的网络用户都在用谷歌搜索及其他谷歌服务，这使谷歌成为全球最大的网络用户数据收集商，无论谷歌在数据处理上怎么做，都会对网络隐私产生巨大影响。谷歌拥有全球最大的个人信息集合，甚至超过了任何政府部门。

谷歌在2007年收购了网络广告服务商DoubleClick，开始使用行为定位，来帮助它推动更多的基于用户搜索活动的相关广告，在用户从一个网站转向另一个网站时也会标识用户，以便于向用户推送展示广告和旗帜广告。谷歌允许跟踪软件存在于它的搜索页上，并且通过DoubleClick能在整个互联网上跟踪用户。谷歌能让广告商基于谷歌用户的搜索历史，及其他用户发送给谷歌的信息，如年龄、人口统计、区域和其他网络活动（如博客）等，来投放有针对性的广告。谷歌的Adsence程序能帮助广告商选择关键词，并基于搜索历史，为不同的细分市场设计广告，如帮助一个服装网站制作和测试针对女性青少年的广告。最新研究发现，40万个网站中88%的网站上都至少有一个谷歌爬虫。

谷歌也一直在扫描它的免费电子邮件Gmail的内容。当用户阅读他们的邮件时，就能看到与邮件内容相关的广告，因为谷歌基于电子邮件内容形成了用户的画像。谷歌目前还在YouTube和谷歌移动应用上推送针对性的广告，同时DoubleClick的网络广告服务还提供有针对性的旗帜广告。

企业搜集市场上的交易信息，并将这些信息用于其他的市场用途，然而，企业所有收集到的信息并未得到信息所有人的知情同意。我们寄希望于网络行业能通过自律来保护用户，少数企业，如微软、Mozilla、雅虎和谷歌等，也发布了公司的政策，努力消除公众对网络跟踪的担心。总体来看，大多数互联网企业在保护用户隐私上做得很少，用户也没有做他们应该做的来保护自己的隐私。对于那些靠广告来支持日常运营的商业网站而言，大多数收入来源在于贩卖用户信息。

有一个关于用户网络隐私态度的深度研究，研究结果发现：人们感觉无法控制他们的信息被收集，且不知道向谁投诉；网站收集各种各样的信息，但又不让用户获取这些信息；网站的政策不清晰，它们与“合作方”分享数据，但从未明确合作方是谁，有多少合作方。网络爬虫比比皆是，用户不知道他们访问的网页上存在跟踪器。用户希望能访问到自己的信息，希望能控制什么信息被搜集，知道信息是怎样用的，具备退出整个跟踪系统的能力，并了解相关的隐私政策。

12.2 大数据知道你是谁及你正在做什么

当代的数据存储和数据分析技术使公司很容易通过许多来源收集到个人的隐私信息，分析这些数据后就可以创建对个人及其行为的详细的电子画像。

12.2.1 隐私泄露的原因和表现形式

20世纪80年代，随着互联网所带来的信息革命，以及网络社交、电子商务、电子政务、网络教育的蓬勃发展，从根本上改变了人们的生活方式和生存方式，给人们的生产生活带来了极大的方便，人们在网上的活动越来越多，如网上浏览查询、聊天、购物、学习、收发邮件等，而这些网络活动中，将涉及大量的个人隐私信息，如IP地址、网址、E-mail地址等，而这些个人信息很容易利用现有的技术手段进行收集和利用。新技术引发新隐私危机，网络用户可能正在网络上“裸奔”。一切能上网的设备都有泄密的可能，用户的工作资料、银行卡账号、支付宝密码，甚至是一些私密照片等，随时有可能落入别人手里。更不幸的是，只要保持在线，用户的一举一动都会被搜索引擎或广告商监控。

1. 隐私泄露的原因

隐私保护越来越成为广大互联网用户关注的问题，造成隐私泄露的原因主要有4项。

1）用户信息安全意识淡薄或技能不高，造成个人的隐私泄露

个人的无意识外泄，包括被迫或自愿地泄密。自愿是网络用户为了一些利益而自愿暴露自己的隐私数据。被迫指在这个社会群体中，我们不得不面临着一次次的“泄密”隐患：不填写身份证、真实姓名办不了银行卡、上不了网游、买不了手机卡；不填写个人基本资料、邮箱账号等就无法注册聊天工具、论坛、博客；不填写工作经历、学历、薪金等就无法提交招聘申请表格。互联网是一个开放的、虚拟的平台，不管是申请注册，还是进行网上购物，都需要填写个人的基本信息。每个人每年都面临着几次十几次甚至更多次小心翼翼填写这些表格的情形，而对方如何处理这些表格的个人信息，我们却从来无法“跟踪到底”。这些都是真实的信息，当这些信息被一些别有用心的人利用时，会导致这些个人隐私信息被恶意发布，甚至用来实施恐吓或威胁。中国青年报调查显示，88%的受访者曾因个人隐私泄露而遭受困扰，个人信息应该如何保护？这也是待研究的问题。

2）网站及企业机构收集个人信息

部分网站和商家企业把网上收集到的个人信息，存放在专门的数据库当中，进行数据整理、分析、挖掘，达到商业价值的再利用，甚至将用户的个人资料转让、出卖给其他的公司企业。侵犯个人隐私在当前社会已经不仅仅是对他人强烈好奇心的体现，而是一种商业利益的驱使，个人资料存在着商业的价值，因而会被收集、利用，甚至是买卖。

3）黑客入侵计算机系统获取个人信息

由于所使用的信息系统或信息安全产品防护能力不够强，缺乏完善的保护机制，给计算机黑客等攻击者造成了窃取用户隐私的机会，网站服务器被黑客侵入获取用户私人信息，并以此牟利。如英国一名黑客通过互联网获得了2.3万多张信用卡的详细资料，并在互联网上将数千张信用卡信息发送出去。

4）发布数据的信息披露

由于数据保护和发布机制的不完善，别有用心者针对发布数据进行分析、挖掘和推理，造成发布数据中个人信息的泄露。

2. 隐私泄露的表现形式

随着互联网的飞速发展，互联网用户数量急剧增加，隐私泄露和入侵形式层出不穷，我们面临着严重的网络安全问题，也成为网络攻击的最大受害者。因此，互联网应用层服务的市场监管和用户隐私保护工作亟待加强。隐私泄露的表现形式主要有以下几种。

1）网站及企业机构收集隐私信息

用户为了获得各种网上服务，在网上注册个人资料之后，遭遇手机号泄露、MSN和邮箱账号密码被盗用等。如申请邮箱、注册抽奖或是网上购物等，网站常常要求用户填写许多个人信息，作为用户利用某项服务的前提条件。这种个人信息一般包括姓名、年龄、性别、地址、身份证号、信用卡号、驾照号、手机号、出生年月、收入、职业、个人爱好、银行资料以及受法律法规保护的数据等。

2）Cookie收集用户的隐私信息

Cookie是服务器存放在客户机上的一个文件，该文件包含用户所访问的网页、访问时间，甚至还有电子邮箱密码等。它的作用就像旅途中“临时签证”上面记录了用户访问的网

页、停留时间以及浏览的偏好习惯。

3）利用GPS定位或IP地址跟踪用户的位置和行踪

任何网站的操作者都可以记录访问者在网站上的每一个举动：访问者看了哪些网页、输入了什么信息、使用了哪些互联网服务。网络安全软件的创始人、被称为安全问题专家的查理德·史密斯把互联网网站比作是录像机，它可以“不断地记录下你何时进入该网站、同什么人谈过话，甚至包括你谈话的内容”。

4）利用恶意软件（木马、蠕虫和僵尸等呈现）窃取隐私信息

当用户从网站上下载免费软件并安装时，如果该软件中含有特洛伊木马病毒，则它可窃取用户的隐私信息并上传给网站。

5）SQL注入窃取隐私信息

由于程序员的水平及经验也参差不齐，大部分程序员在编写代码的时候，没有对用户输入数据的合法性进行判断，使应用程序存在安全隐患。恶意用户可以提交一段数据库查询代码，根据程序返回的结果，获得某些想得知的数据，这就是所谓的SQL注入。这类攻击要通过提高程序员的编程水平，编写程序时过滤用户提交的参数，尽量减少SQL注入的发生。

6）网络钓鱼，窃取隐私

网络钓鱼是通过大量声称来自于银行或其他知名机构的欺骗性垃圾邮件，意图引诱收件人给出敏感信息（如：用户名、口令、账号ID或信用卡详细信息）的一种攻击方式。最典型的网络钓鱼攻击将收信人引诱到一个通过精心设计与目标组织的网站非常相似的钓鱼网站上，并获取收件人在此网站上输入个人的敏感信息，通常这个攻击过程不会让受害者警觉。

7）非法贩卖隐私信息，造成隐私泄露

在进行商品交易时，本应该保密的信息可能被非法出卖，例如，医疗信息网站DrKoop.com在没有征得用户的许可的情况下就将他们的健康信息出售给网站vita2cost.com，结果导致其泄露了他人的隐私而破产。

8）Wi-Fi热点造成隐私泄露

Wi-Fi上网的特点是：成本低、方便。然而Wi-Fi却最容易让用户泄密。2015年的3·15晚会上，央视曝光了免费Wi-Fi的安全问题，并在晚会现场向民众演示了黑客通过Wi-Fi网络轻易截取用户的账号、密码等信息的全过程。随意使用公共Wi-Fi而被黑客窃取个人信息已成为信用卡诈骗的新手段。由于Wi-Fi不设密码的情况下是“明文传输”的，任何人只要下载一款网络监听软件就可以获取用户网上的一切。

9）利用信息恢复，造成泄露隐私

普通用户认为，设备上的重要的数据删除后，清空“回收站”数据就会消失。然而，这种简单删除的数据都可以轻易恢复，造成隐私泄露。

10）通信监管和视频监控的使用，造成隐私泄露

多数国家由执法机构授权并通过电话、电报等形式进行监控窃听。另外，近年来视频监控摄像头（也叫闭路电视）在世界各地的使用已经发展到前所未有的水平。监控探头应用的目的是为了防止非法行为，以保证社会环境的安宁。目前，城市的街道、公共场所、超市、写字楼、ATM取款机、甚至家庭居所都有安装监控探头。但是监控数据的访问安全需要保证监控对象的隐私安全。

12.2.2 引起隐私问题的关键技术趋势

隐私问题先于信息技术出现，但是信息技术加速了隐私问题，影响了已有的社会秩序，使一些法律变得不合时宜或出现了严重的缺陷。引发隐私问题的五类技术趋势如表 12-1 所示。

表 12-1 引发隐私问题的技术趋势

趋势	影响
每 18 个月计算能力翻一番	更多组织的关键运行依赖于计算机系统
数据存储成本快速下降	组织很容易维护个人的详细数据库
数据分析能力突飞猛进	通过分析大量的个人信息，公司能形成对个人行为的详细描述
网络技术迅猛发展	更容易异地复制和远程存取个人数据
移动设备的影响力持续增强	个人手机可能在未经用户同意或知悉情况下被跟踪

每 18 个月计算能力翻一番使大多数公司能将信息系统用于其核心生产过程，其结果是大大增加了我们对系统的依赖性、因系统错误和低质量数据而造成的脆弱性。社会规则和法律还没有对这种依赖性进行调整，保障信息系统的可靠性和准确性的标准还未被普遍接受或推行。

数据存储技术的进步和存储成本的快速下降使私人和公共组织能够维护更大量的数据库，包括关于员工、客户和潜在客户的数据库。数据存储的进步导致日常破坏个人隐私的违法行为更便宜和容易，能够处理数百万兆（TB 级）的海量数据存储系统变得十分便宜，使得大公司可以将之用于识别客户。

海量数据分析技术的进步是另一项引发隐私问题的技术趋势，因商业企业或政府部门都能找到关于个人的非常详细的信息。有了这些现代数据管理工具，公司可以比以往更加容易地汇总和组合存储在计算机里的海量数据，通过合理地收集、汇总和挖掘，这些信息不仅能显示出你的信用信息，而且能显示你的驾驶习惯、你的口味、你的社团、你看什么或读什么，以及你的政治兴趣等。

公司销售产品从这些源头购买信息，以便更精确地定位和开展营销活动。公司通过分析来自多个源头的海量数据，来迅速识别客户的购买行为模式，并提出个性化的响应措施。通过计算机将多源数据进行整合，并建立个人的详细电子档案，这个过程叫做画像（profiling）。

例如，几千个最受欢迎的网站允许一个网络广告服务商 DoubleClick（谷歌旗下公司）跟踪其访问者的行为，以换取基于 DoubleClick 搜集的访问者信息所作的广告收入。DoubleClick 利用这些信息给每个访问者画像，当访问者访问 DoubleClick 相关网站时，就给画像加入了更详细的信息。随着时间的推移，DoubleClick 就能形成一个关于用户网上消费和行为习惯的电子档案，卖给公司，以帮助其获得更准确的网络广告投放目标。

一种叫做不明显关系认知（NonObvious Relationship Awareness，NORA）的新的数据分析技术，已经给政府部门和商业企业提供了更强的画像能力。NORA 可以从各种不同的来源取得关于个人的信息，如求职申请、电话记录、客户名单、信用记录和犯罪记录等，并研究这些信息之间复杂的关系，以发现背后隐藏的联系。例如，若一份工作的申请人和一个已知的罪犯共有一个电话号码，NORA 就会发现这一联系，并向公司的人事招聘管理者发出警报。NORA 的工作过程原理见图 12-6。

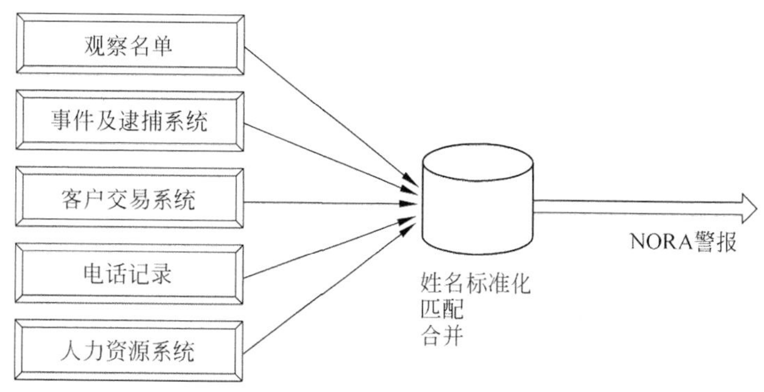

图 12-6　不明显关系认知

NORA 技术可以在数据产生时扫描数据的提取信息，所以当一个人还在机场售票处而尚未登机前，NORA 就可以马上发现他和一个恐怖分子共享了一个电话号码。这个技术被看作是对国家安全和防止恐怖活动很有价值的一个工具，但是 NORA 对隐私有影响，因为 NORA 能提供单个个体详细的活动画面和关联关系。

最后，互联网等网络技术，以及云存储、云计算等技术的进步大大地减少了海量数据流动和存储的成本，提供了普通廉价计算机远程挖掘巨大数据池的可能性，现在人们已经无法想象侵犯隐私的规模和精度了。

12.2.3　大数据泄露你的行踪：数据的价值不在于拥有，而在于挖掘

这是一个被数字吞噬的时代。互联网大行其道、智能手机普及、智能硬件发展、存储技术进步、硬件成本下降，这些要素都推进了信息和数据爆炸性增长的趋势。2000 年以前，人类仅存储大约 12EB 的数据。但是，现如今，每天都将会产生大约 2EB 的数据。换言之，过去两年内人类社会的数据增长量占到全世界所有数据的百分之九十以上。数字不吞噬你，吞噬谁？

从一些行为痕迹和数据挖掘的鲜活案例，例如，如何判断怀孕、如何捕捉阅读趋势、如何通过声音控制枪支犯罪、如何识别路面的坑坑洼洼，使得我们看到，数据的价值不在于拥有，而在于挖掘。

1. 当我们变成一堆数字

不用担心和害怕，也不必觉得冷漠，客观上，我们每个人在商业公司的眼中就是一条或多条数字化的记录。互联网的发展、存储技术的进步和智能硬件对日常生活的渗透，使得任何一家公司都在无时无刻地收集我们数字化的消费和行为痕迹。

例如，结构化痕迹。假设你在银行申请一笔消费贷款，你的年龄、性别、教育、电话、邮箱、收入、家庭、地址、征信、消费、资产、流水等信息都会被传统的二维表结构形式清晰地记录下来。例如，文本痕迹。即时通信的留言、网上发表的帖子、邮件的内容、产品发表的评论、针对某个无良电商的投诉、和微软小冰的聊天、Kindle 的文本标记。例如，声音痕迹。语音投诉、客服的沟通和交流、吵架声甚至枪声。例如，图片和视频痕迹。朋友圈上传的图

片、优酷上传的视频、街头监视器录制的视频。例如，传感器痕迹。智能手环、智能穿戴设备、智能家电、智能药丸、手机、发动机的传感器等。

2. 如何判断女生是否怀孕

美国 Target 零售超市的怀孕预测模型。这是一个较为经典的故事。Target 超市向 15 岁的女生寄送了母婴用品的打折券(例如婴儿服和婴儿床)，这件事情显然惹恼了女孩的父亲。该父亲就向 Target 超市进行投诉，超市也就这件事情正式进行了道歉。但是，两周后该父亲和 Target 的客服人员联系，表达了自己的歉意，委婉地承认，女儿确实出现了点状况，过几个月就要分娩了，而自己一直被蒙在鼓里。

Target 超市是如何做到先于父亲提前知道该女生怀孕的呢？他们通过超市中 25 种关键商品，构建了一个可以为顾客打分的“怀孕指数”，即怀孕预测模型。例如，是否购买不含香料的产品、是否购买能够装得下尿布的手提包、是否购买婴儿随身用品、是否购买一些特定的维生素以及明显的孕妇装等。基于这样的预测，Target 公司就会提前给新妈妈寄送母婴相关的折扣券，从而提前抢占市场。

3. 行为痕迹和消费轨迹

现在很多公司都能够刻画出你部分的消费行为轨迹。百度通过地图、糯米和钱包，能够判断出你的行为轨迹，在哪些场所消费过，消费偏好和习惯等。京东也有一个购物者基因，通过你的消费行为，给你贴上行为标签，刻画出你的消费偏好。其实，商业银行也可以考虑做这样的事情。

客户在银行中留下的行为和消费痕迹，一般来说，包括两类，即静态的地址和动态的地址。前者是指客户在办理各种业务填录的家庭地址、公司地址、户籍地址和账单地址等。后者是客户刷卡、取现、消费时遗留下的行动轨迹和位置信息。换言之，客户和商业银行每一次接触(柜台、ATM、手机银行 APP、自助网点、POS 刷卡等)都会留下行为痕迹，例如，客户通过 ATM 取现，我们就可以通过后台 ATM 交易系统获取客户取现的位置等。又如，客户在不同的地方使用 APP 登录手机银行，我们可以通过 GPS 跟踪到客户的位置和移动轨迹。客户刷卡消费时，我们通过 POS 的地址可以发现客户在哪些商场超市或 4S 店有过消费行为。

基于这些痕迹，银行可以做一些营销和应用。例如，勾勒客户的行为轨迹，刻画客户的工作圈、生活圈和消费圈，识别客户在地里空间上的分布。例如，通过家庭地址可以判断住宅和小区是否高档，通过办公地址判断和估算客户所在写字楼是否高档，通过消费地址可以判断客户消费出入场所是否高档，从而可以综合判断客户的潜力价值。

4. 如何捕捉阅读趋势

数字化阅读。电子书 Kindle 或者一些阅读的 APP，将书籍数字化。用户可以个性化地改变字体，添加备注和标记，高亮显示相关的文本，或者对文本内容进行搜索。

用户的这些行为都会被后台记录、整理和统计。例如，读了什么内容，读了多久，是否跳读，是否在什么页面进行了批注，在哪里进行了高亮标注。这些信息对出版商很有价值。例如，通过分析跳读和阅读暂停情况，出版商会考虑是否需要优化和调整部分内容，来提高消费者的阅读体验。例如，通过分析书本中常常被用户划作重点的段落和词句，识别读者的兴趣和偏好，从而判断和引领新的话题走向和趋势。

5. 如何进行广告的精准推送

通过语音识别技术进行广告精准化投放，捕捉实时的营销机会。美国移动运营商Verizon，通过机顶盒收集观众观看电视的情况，同时他们会收集观众间的对话内容，通过传感器“倾听”和“观看”人们在家中的行为，以便在合适的时机播放合适的广告。

例如，你和妻子发生争吵，机顶盒通过语音识别和分析技术，将婚姻指导方面的广告推送过来。例如，如果你和妻子正在商量去哪里旅游，那么在你最喜欢的节目的广告时间，机顶盒会将某海岛的旅游广告推送过来。

12.2.4 别让可穿戴产品偷走你的隐私：我们能做什么

由于可穿戴设备属于新型产品，很多技术都还不成熟。而且，便宜的价格往往导致可穿戴产品急于进入市场，并没有经过完善的信息安全处理，极易被黑客侵入和利用。而如何保护我们的隐私不被侵害，你知道吗？

想要知道如何保护我们的信息，首先需要知道我们的信息是如何泄露的。目前的智能穿戴产品中，以运动监测设备为主(见图 12-7)，而它的工作模块主要有以下几个部分：运动监测设备；通过蓝牙连接后与智能手机之间的数据传输及网络同步；存储资料的云端服务器。而这三个部分，都非常容易泄露我们的隐私信息。那么，如何尽可能地保证我们的运动监测设备的安全呢？

首先最重要的，是在运动监测设备上不要使用与其他网站相同的用户名和密码，这样才能最大限度地降低一旦信息泄露带来的损失。其次，在不需要的时候关闭设备的蓝牙功能也能很好地降低信息泄露的风险。在阅读服务条款时仔细查看，避免勾选许多不必要的信息分享功能，或被采集分享过多的隐私信息。与这一点类似，我们在使用可穿戴设备的社交分享功能时(见图 12-8)，也要注意保护自己的隐私信息，例如应用程序的权限要求是否过多，分享自己的位置信息是否安全等。如果可能的话，我们也要注意使用完整的加密功能。

图 12-7 智能手环

图 12-8 使用可穿戴设备的社交分享功能

12.2.5 网格上的生活：iPhone 成为了 iTrack

你喜欢你的智能手机吗？基于网格①的生活有其优势。你能用它访问互联网、访问你在 Facebook 上的页面、维护你的社交网站 Twitter、看视频、听音乐等，所有这些都使用同一个“通信和多媒体设备”。多数人未能认识到基于网格的生活意味着你的踪迹、位置、习惯和朋友几乎被持续跟踪。目前，移动互联网会跟踪你和你的朋友，用于营销产品和服务。

智能手机上的新技术可以将你定位于几米的范围之内。通过定位你的位置，就可以产生大量的赚钱机会。使用智能手机执行日常操作就可以一整天都定位到你，这些信息汇集到企业数据库，并被保留和分析，再出售给广告商。无论你是否选择这样被跟踪，许多公司都在采取这种基于智能手机用户行踪的商业模式。大多数流行的应用程序都能报告你的位置。当然，很多时候你愿意报告你的位置，无论是自动的还是你要求的，如果你受伤了，你会希望你的手机自动报告你的位置给相关机构，又或者，如果你在一家餐馆，你可能想通知你的朋友你在哪里、你在做什么。但是，你不希望别人知道你在哪里的时候要怎么办，尤其是对广告商和营销者。

移动电话收集到的定位数据具有巨大的商业价值，因为基于你的位置信息，广告商可以投放针对性很强的广告、优惠券及限时折扣。许多基于定位的服务的基础是技术，这些服务包括：智能手机地图和线标图、购物 App，以及你可以让朋友知道你在哪儿、在干什么的社交 App。据研究机构 Gartner 的统计，截至 2012 年年底，全球基于定位的服务的市场价值达到 38 亿美元，在 2015 年达到 103 亿美元。

但是这些定位数据从哪里来？谁在收集？谁在使用？2011 年 4 月《华尔街日报》发布了其在智能手机跟踪技术和私人数据定位方面的研究结果。他们发现苹果的 iPhone 和谷歌的安卓手机都在为了各种各样的原因收集个人的位置数据。两家公司都搭建了巨型数据库，可以准确定位用户，尽管谷歌已经是搜索领域的领导者，苹果也正在努力建立它在移动广告领域的地位。广告公司为了展示其移动广告，需要向这两家公司支付相应的费用。

苹果每 12 个小时传输用户的定位数据到中央服务器，同时会存储一份副本在 iPhone 上。安卓手机持续不断地传输用户定位数据。苹果在 iPhone 设备上的文件可以存储很多个月。苹果和谷歌公司都否认与第三方共享这些信息，以及这些信息可以识别到个人（而不是手机），并声称这些信息仅用于识别在 Wi-Fi 连接情况下的手机位置，并提高基于定位的服务的用户体验。苹果的技术是通过读取附近的 Wi-Fi 发射器的信号强度来定位用户，并绘制地图，然后计算出 iPhone 设备的位置，结果形成了一个非常巨大的美国 Wi-Fi 热点的数据库和不依赖于 GPS 信号的 iPhone 定位方法。两家公司都称定位数据是用于提升服务的。定位跟踪也在自我优化：新的跟踪技术能自动侦查用户所到过的地方，知道用户何时到达或离开，跟踪用户曾经来过多少次，甚至知道用户是坐车、走路，还是开车。除了苹果和谷歌，还有许多公司都在开发下一代跟踪技术，这种技术能让用户使用智能手机产生的数据

---

① 网格是利用互联网把地理上广泛分布的各种资源（包括计算资源、存储资源、带宽资源、软件资源、数据资源、信息资源、知识资源等）连成一个逻辑整体，就像一台超级计算机一样，为用户提供一体化信息和应用服务（计算、存储、访问等），虚拟组织最终实现在这个虚拟环境下进行资源共享和协同工作，彻底消除资源“孤岛”，最充分地实现信息共享（摘自：百度百科）。

产生更多的价值。

提供基于定位的服务的智能手机 App 也是个人位置信息的来源。Foursquare 是一款非常流行的移动社交应用，允许用户在一个餐厅或地点“签到”，这个 App 会自动让用户在 Facebook 或其他网站上的朋友知道自己在哪里。假如你在一个新的城镇，App 会发送你的地点，并把你所在地点周边的热门场所推送给你，同时附上其他 Foursquare 用户的评价。在智能手机上启动 Foursquare 后，你将看到基于你手机 GPS 定位的当地酒吧、餐厅，选择一个并“签到”，它就会发送消息给你的朋友。Foursquare 有一个被广泛认可的忠诚度计划，每一个签到将奖励用户积分和徽章，这些奖励可以在用户稍后去到的各种场所中，折算成消费折扣。用户可以基于一个月期间签到多少次来竞争这个场所的“镇长”，“镇长们”会收到特别的奖励。

随着 Foursquare 这类基于定位的服务的受欢迎程度持续增长，也伴随着对于用户以及他们在 Facebook 或其他网站上的朋友的个人隐私的担心，许多观察家担心这类服务是在未经用户许可或者用户没有意识到的情况下自动运行的。2011 年，苹果和谷歌被揭露出都在暗中不断收集个人的位置数据，这促使隐私保护团体和国会展开调查。大多数手机用户都不知道他们的位置数据通过随时向执法机构发送一个简单的电子邮件请求即可获取，没有司法审查，只需要一点传输的费用。2012 年 6 月，加州的地区法官裁定，苹果须对秘密跟踪上百万 iPhone 和 iPad 用户的位置数据的指控进行辩护，最高法院裁定，在没有相关许可的情况下，执法机构可能无法使用安置在车辆的 GPS 设备来跟踪疑犯。

至今，基于无线定位的服务仍然存在很大的不规范性。2011 年，联邦通信委员会协同联邦贸易委员会发起了一个研讨会，与网络行业及隐私团体一起讨论了基于定位的服务的正面及负面影响。来自 Facebook、谷歌及 Foursquare 的行业代表认为，现有的 App 和公司制度足以保护个人隐私，因为它们都得到了用户的同意（选择参与服务），才分享其位置数据。同时，网络行业认为，用户也从分享未知数据中得到了好处，否则他们不会自愿分享这些数据。隐私保护专业人士质疑，用户是否知道他们在分享位置信息，以及采取了什么样的“知情同意”措施。隐私保护倡导者指出，排名前 30 的 22 个 App 没有隐私保护政策，大多数受欢迎的 App 发送位置数据到它们的开发者那里，却没有被很好地监控，这些服务造成了这样一个结果，即所有的政府机构、市场人士、债权人和通信公司几乎都知道一切关于居民的位置信息。他们认为，最大的危险是这些服务自动并持续给用户定位，而不给用户退出网格的机会或关闭其手机定位功能的能力。

12.3 保护隐私，我们能做什么

隐私保护的诉求在世界许多国家通过宪法或法律条例等形式受到保护。然而，依靠现有法律规范来约束是远远不够的，必须采用必要的技术手段来解决隐私保护问题。

12.3.1 技术解决方案

已经有一些新技术能在用户和网站进行互动活动时保护用户的隐私。这类工具被用于加密电子邮件、匿名使用电子邮件或浏览网页，从而保护用户的计算机不接受 Cookie，还有一些技术可以查出并删除间谍软件。但是，技术解决方案还不能保护用户在网站间转换时不被跟踪。

鉴于公众对网络跟踪行为和广告投放日趋猛烈的抨击，以及网络行为的缺乏自律，大家的注意力转移到了浏览器上，许多浏览器都有“不跟踪”选项，对那些选择了“不跟踪”浏览器选项的用户而言，他们的浏览器会发送申请给网站，要求自己的行为不会跟踪。微软IE9、Edge和Mozilla的Firefox都提供了“不跟踪”选项（见图12-9），然而，这些浏览器仍然把跟踪作为默认选项。大多数用户都不会点击查看它的浏览器上的“隐私选项”。网络广告行业强烈反对微软的计划，并称网站没有义务遵守用户的不跟踪要求。目前，对于如何应对用户的不跟踪要求，网络广告行业还没有达成一致的意见，同时，也没有相应的政策法规要求网站停止跟踪。

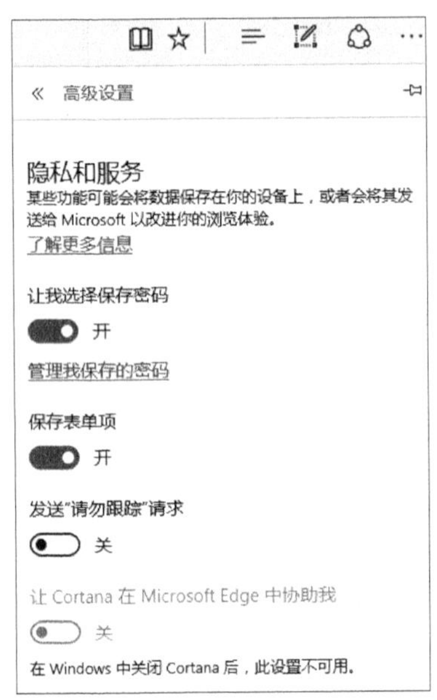

图12-9　Windows 10中Microsoft Edge的“请勿跟踪”请求开关

12.3.2　隐私保护技术——加密技术

加密指将一个信息（明文）经过加密钥匙及加密函数转换，变成无意义的密文，而接收方则将此密文经过解密函数、解密钥匙还原成明文，如图12-10所示。加密技术是网络安全技术的基石。加密使得未授权的用户即使获得了已加密的信息，但因不知道解密的方法，仍然无法了解信息的内容。

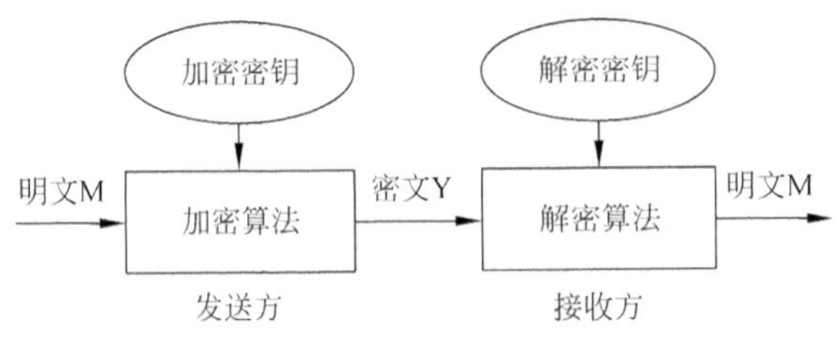

图12-10　加密与解密

先假设发件人和收件人的主机都是安全的，需要处理的威胁主要是来自数据传输通路上的数据监听、窃取、篡改和仿冒。加密最简单的方法莫过于使用加密函数包（Zip、RAR等

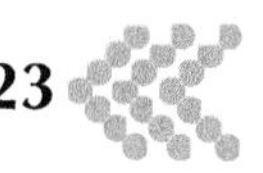

常用压缩格式都支持加密)，然而若采用这种方法，首先要把解压密钥交到收件人手中，但如何安全地交换解压密钥？这就使密钥交换陷入了一个死循环。

加密建立在对信息进行数学编码和解码的基础上。加密类型分为两种：对称加密和非对称加密。

对称加密双方采用共同密钥(当然这个密钥是需要对外保密的)，运算量小、速度快、安全强度高，因而如今仍被广泛采用。然而它们也都不可避免地具有加解密双方必须事先共享对称密钥的先天缺陷。如图 12-11 所示。

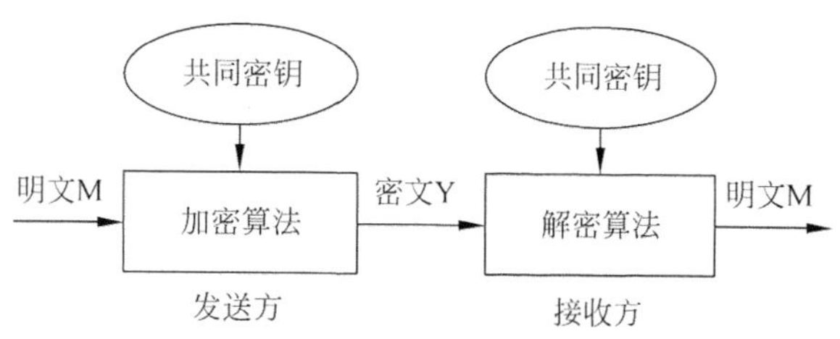

图 12-11　对称加密

非对称加密的加密和解密时使用不同的密钥，即不同的算法，虽然两者之间存在一定的关系，但不可能轻易地从一个推导出另一个。有一把公用的加密密钥，有多把解密钥匙(对外保密)，如 RSA 算法。例如，A 发送信息给 B 时，使用公共密钥加密信息。一旦 B 收到 A 的加密信息，B 则使用私人密钥破解信息密码(被 B 的公钥加密的信息，只有 B 的唯一的私钥可以解密，这样，就在技术上保证了这封信只有 B 才能阅读——因为别人没有 B 的私钥)。使用私人密钥加密的信息只能使用公共密钥解密(这一功能应用于数字签名领域，B 的私钥加密的数据，只有 B 的公钥可以解读)，反之亦然，以确保 A 的信息安全。

借助非对称加密手段，数据的保密性基本得到解决。初始时，收件人生成一对密钥，并将公钥发布给发件人。如图 12-12 所示。

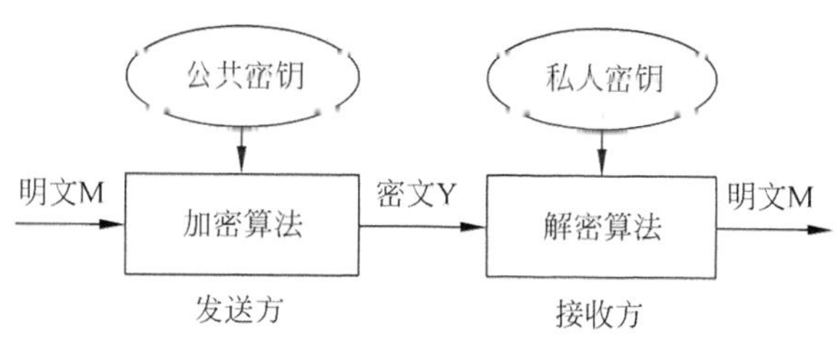

图 12-12　非对称加密

非对称加密存在如下问题：非对称加密虽然克服了需要事先交换对称密钥的问题，但常用的非对称加密算法(如 RSA)都非常慢，无法在短时间内加密较长的数据。假设我们要传输的不是密码这样的短文本，而是诸如大数据集、照片等容量上兆的数据，上述过程就行不通了。对于这个问题，解决的方法也很简单。既然快速加解密是对称加密的优点，那么我们就仍然使用对称加密来对数据进行加密，转而使用非对称加密来对对称密钥进行加密。

加密技术是最常用的安全保密手段，利用技术手段把重要的数据变成乱码(加密)传送，到达目的地后再用相同或不同的手段还原(解密)。加密技术包括两个元素：算法和密钥。算法是将普通的文本(或者可以理解的信息)与一串数字(密钥)的结合，产生不可理解的密文的步骤,密钥是用来对数据进行编码和解码的一种算法。在安全保密中,可通过适当的密钥加密技术和管理机制来保证网络的信息通信安全。

12.3.3 社交网络的隐私保护

社交网络已成为人们生活中密不可分的一部分,想要脱离几乎不大可能,它在人们的生活中扮演着极其重要的角色,影响着人们的信息获得、思考和生活产生方式。就每个用户个人而言,社交网络是获取信息展现自我、营销推广的首要窗口和平台,是他们的第一选择。但是与此同时,社交网络的发展也带来了一些弊端,尤其就是个人隐私数据泄露的问题。社交网络无疑已经成为互联网络中最热门的应用,它提供给互联网用户一种创新的信息分享的方式。但是在用户享受社交网络带来的与世界沟通的便利的同时,社交网络的隐私保护问题也充分暴露出来。2010 年,国内有 3Q 大战,国外从 Facebook 到维基解密,再到基于谷歌街景的应用"I Can Stalk U",使在线数据隐私问题成为全民关注的焦点。

1. 腾讯与 360"大战"引发全民关注隐私问题

2010 年春节,腾讯选择在二三线和更低级别的城市推广 QQ 医生安全软件,也就是一夜之间,QQ 医生占据了国内一亿台左右计算机,市场份额近 40%。腾讯此举俨然"侵入"了 360 的地盘,国庆前夕,360 推出了隐私管家,直指 QQ 涉嫌侵犯用户隐私,随后 360 又发布了 QQ 保镖,该产品除了保护 QQ 用户隐私外,还能屏蔽 QQ 秀、QQ 软件广告、QQ 迷你首页弹窗及 QQ 新闻的弹出。在此情形下,腾讯发出了致广大 QQ 用户的一封信:"亲爱的 QQ 用户:当您看到这封信的时候,我们刚刚作出了一个非常艰难的决定。在 360 公司停止对 QQ 进行外挂侵犯和恶意诋毁之前,我们决定将在装有 360 软件的计算机上停止运行 QQ 软件。"在 3Q 大战正酣之际,网民开始思考自己的数据隐私问题。

2. Facebook 的隐私控制

Facebook 作为绝对主流的社交网络,在 2009 年 12 月之前,大部分用户在 Facebook 上的信息默认都是个人而言对外不可见的。这也是 2004 年 Facebook 在哈佛大学寝室发布时的设计哲学。在 2009 年 12 月,Facebook 宣布将在隐私设置方面采取重大改变:大部分 Facebook 用户的数据被设置成公共可见。用户的姓名、头像、性别、当前所在城市、所处的网络、好友列表和用户订阅的页面等,在 Facebook 上成了公众可以随意获取的信息。虽然好友列表和感兴趣页面的可见性等少部分关键信息的设置权被交还给用户,但是绝大部分用户发表的内容在 Facebook 上的默认设置还是公共可见的。因此,很多人控诉 Facebook 放弃其最基本原则只是为了自己牟利。

迫于舆论压力,在 2009 年 12 月之后的 5 个月,Facebook 撤销了其中的一些改变。

3. 维基解密

2010 年对隐私问题造成最大混乱的组织是由澳大利亚人朱利安·阿桑奇(Julian Assange)创办的维基解密。维基解密收集并发布了上千的政府机密文件。他成为了一种新型的媒体公司,自称为"科学新闻"模型,并寻求政府各项操作的极度透明。各种机密事件都已经发生了数十年以上,但是大量的文件获取和泄露都只是最近的事情。网站、电子邮件、博客、微博客和社交网络为机密的获取和传播同时开辟了绿色通道。维基解密撼动了政府机关通信中的隐私的概念。

4. 谷歌的隐私

作为网页搜索的绝对霸主，谷歌知晓我们大部分人在搜什么以及我们正在点击什么。所以这种公司的隐私问题是不可避免的，而这几年这些问题则尤其多，包括谷歌街景汽车在没有征得别人同意的情况下随意拍摄路人。2010 年，同时在相当多的国家，谷歌被用户的隐私辩驳围绕。即便是谷歌广为流行的安卓移动操作系统，也遭受到了批评。来自大学研究者的一份研究发现，一些安卓应用程序正在将用户的私人数据发给广告商，而且经常是在用户不知情的情况下。而谷歌对这一事件的反应是，这不是一个安卓特有的问题，而是一个影响整个软件业的问题。

综上所述，广大用户越来越关注大公司们会怎样对待他们的数据。

12.3.4 面向电子商务的隐私保护

随着电子商务的不断普及，人们在进行网络购物的过程中，难免浏览网页和填写个人信息。这些信息既包含隐私信息，也包含可以推理出用户隐私的准隐私信息，网络经营者充分挖掘这些数据，将其转换成有用的信息，从而准确地发现潜在客户，有针对性地提供个性化服务，进而创造更多潜在的利润空间。数据挖掘者合理利用客户信息本是无可厚非的，但未经过用户允许的情况下收集和利用这些信息，造成个人信息泄露问题日趋严重，越来越多地出现了由于隐私泄露而造成用户损失的事件。

在电子商务中，用户隐私信息受到威胁的主要形式有：一是电商直接出售个人资料，损害客户的合法权益；二是电商从中挖掘出具有商业价值的信息，有针对性地投放广告；三是木马程序或黑客软件窃取个人信息和隐私数据。为了提高电子商务的效率，促进电子商务持续健康的发展，个人信息保护刻不容缓。

电商数据一般包括消费者的敏感性数据，直接公布这些信息侵犯消费者的隐私。先前的数据挖掘探寻到了知识，但泄露了隐私信息。在各种数据分发应用程序时，如果不采取数据保护措施，直接发布可能会导致敏感数据的泄露，从而为数据的所有者带来伤害。然而，在利益的驱动下，很多企业都有从电商网站获取数据的需求，所以直接销毁用户信息，既会遭到经营者的反对，也不利于电子商务的快速发展。因此，有必要研究隐私保护数据发布技术，一来确保隐私不被披露，二来更有利于数据的应用。

12.3.5 保护个人在线隐私技巧

网络无处不在，一切能上网的设备都有“泄密”的可能，用户的工作资料、银行卡账户、支付宝密码，甚至是一些私密照片等，随时有可能落入他人手里。更不幸的是，只要保持在线，用户的一举一动都会被搜索引擎或广告商监控。因此，普通网络用户应了解最新的隐私危机和保护个人在线隐私技巧。

1. 规范地使用与设置 Cookie

Cookie 原意为“甜饼”，在计算机领域，Cookie 的目的：使 Web 可以提供给用户私人专属的信息，使用户得到私人专属的服务，解决 HTTP 协议在浏览者识别时遇到的困难。Cookie 指当浏览某网站时，网站存储在计算机上的一个小文本文件(例如，IE 的 Cookie 文件实际上就是一个 txt 文本文件)，伴随着用户请求和页面在 Web 服务器和浏览器之间传递。它记录了用户的 ID、密码、浏览过的网页、停留的时间等信息，用于用户身份的辨别。

Cookie 通常以 user@domain 格式命名的，user 是本地用户名，domain 是所访问网站的域名。

因此，规范地使用与设置 Cookie，令其既能够为用户创造利益，又能够预防因其造成的私人信息披露。具体措施如下：

1）使用较新版本的浏览器

因为较新版本的浏览器能够提供各样数据保障能力，并保证消费者的敏感数据不被泄露。

2）在浏览器中进行 Cookie 设置

在 IE 浏览器里设置“选择如何在 Internet 中处理 Cookie”，如替代自动 Cookie 处理。设置方法：设定 Internet 选项，保护浏览器隐私数据安全，如图 12-13 所示。通过“高级”功能来对其进行详细的编辑设定，如图 12-14 所示，并通过站点管理对其进行分类操作，如图 12-15 所示。添加相应站点实现对不同站点的 Cookie 信息进行处理，这样通过对浏览器属性进行调整，就可以在一定程度上对浏览器 Cookie 信息进行编辑和设定。

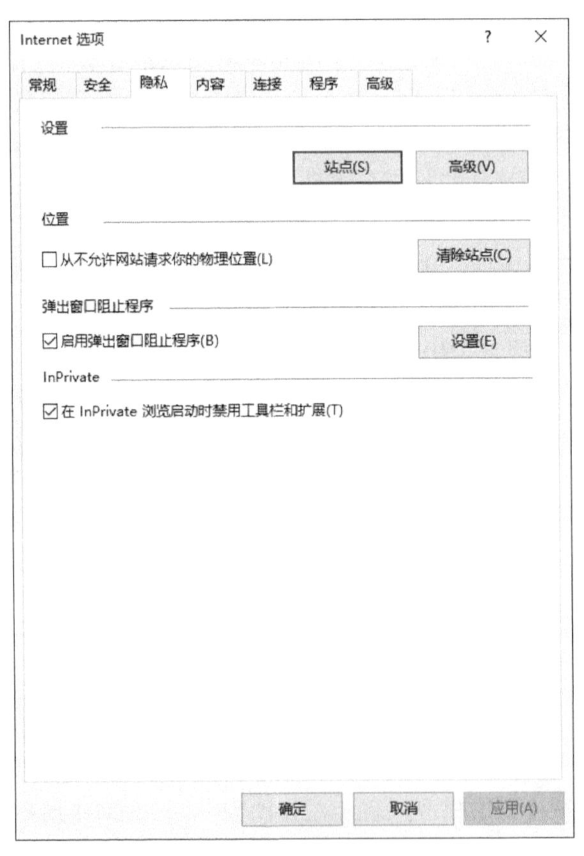

图 12-13　Internet 选项

3）安装和设置 Cookie 控制工具

如 Cookie Crusher 和特警软件诺顿。Cookie Crusher 不仅能够控制（如新增、修正以及删除）计算机里过去新增的 Cookie，而且可以选择是否接纳出自站点的 Cookie。诺顿信息安全特警是一种信息安全保障工具，能够保证计算机抵御黑客或病毒的侵犯，从而很好地预防信息披露。

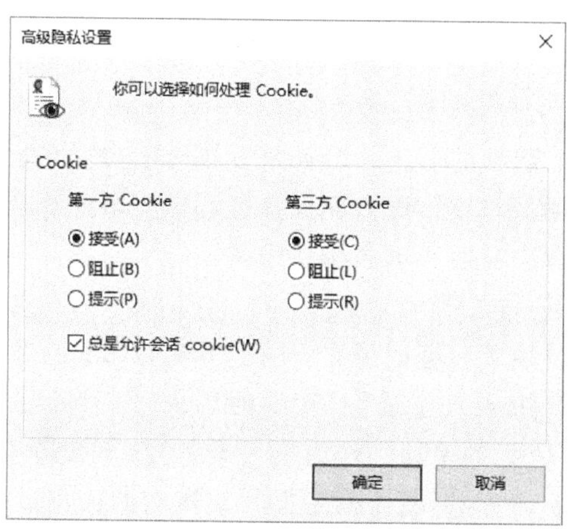

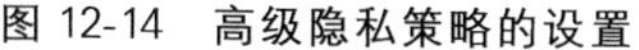
图 12-14 高级隐私策略的设置

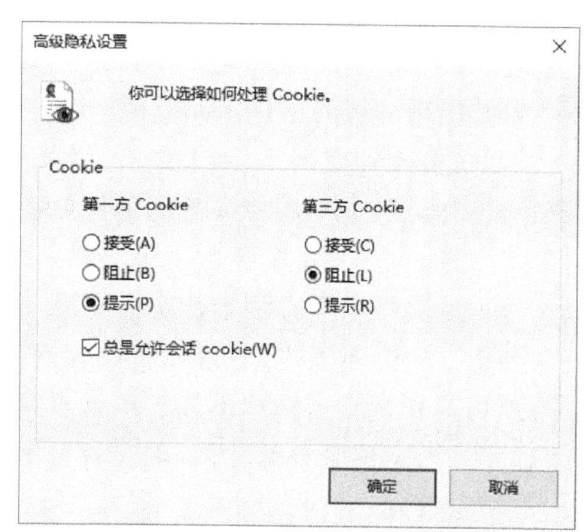

图 12-15 IE 中 Cookie 隐私操作的设置

2. 清除计算机遗留痕迹

因为在用户进入网页的时候，浏览器实时将用户搜索过的数据存储进它的有关设置内，当用户再搜索时能够用较短的时间搜索到，从而加快搜索的速度。所以，使用完计算机以后，应当立刻清理记录方能防止用户数据泄露；对于一些牵扯到隐私的文件，不能简单地放到回收站，必须使用“文件粉碎器”彻底删除。

详细操作如下：用户要经常删除近来浏览网页或查阅资料历史的浏览痕迹；实时删除垃圾站内容，从而预防采取数据恢复的手段得到本已清理的资料；用户要经常删除应用程序产生的记录，如 Word、Excel、Media Player 等，能够从文件菜单里寻找到近期打开的资料，从而导致消费者敏感信息的披露；用户要经常删除路径 C:\windows\temp 下的临时资料，这些临时资料能够协助攻击者推断到使用者的某些偏好，导致攻击者能够推理出使用者的行为；登录上网工具时，勿选取记住密码选项，不然将轻易被披露；实时刷新病毒库，下载木马查杀软件，查处木马程序。

3. 阻止浏览器对隐私信息的收集

上网时，如果需要浏览一些涉及隐私的网页时(如邮箱、通讯录等)，可以使用火狐、谷歌中的浏览器“隐私模式”来限制网站追踪用户的数据。进入该模式后，浏览器不会记录任何的数据，或者留下访问记录。隐私模式确保用户的计算机“干净”，可保证网站不能连续、长时间地追踪用户的信息。

4. 定期更换 IP 地址

搜索服务商还会根据用户搜索时的链接 IP，结合用户的搜索内容来组织收集到的用户信息，通过定期更换 IP 地址的方法即可解决这个问题。对使用静态 IP 的个人或组织用户，可以考虑使用 VPN 等加密链接工具，或者选择互联网上的公开代理服务器。

5. 切勿将全部的生日数据加载在社交网络数据中

身份窃取者一般都是将生日数据作为破解技术的基础，如果用户想让他的朋友知道他的生日，就仅仅告诉他们月份和日期，最好漏掉年份。

6. 不要在美国之外下载 Facebook 上的应用程序

社交网络上的应用程序能够触及大量的个人信息。一些不负责任的实体收集了大量的数据，再释放、滥用或出售。如果这些应用程序的建立者是在美国，它就可能相对比较安全，至少如果有人做了错事，用户可以进行索赔。

7. 使用多样的用户名和密码

尽可能使社交网络、网上银行、电子邮件和网上购物的用户名分开来。如今有独特的密码已经不够了，如果用户在不同的网站上使用相同的用户名，用户在虚拟互联网世界中个人的、专业的、电子商务的生活等就会被一些简单的算法映射和重新构造出来。

8. 对那些定位的服务要谨慎使用

在生活中，智能电话、应用程序和网络服务等会频繁地标记位置，然而，这些涉及隐私的服务，可能用户自己全然不知。应该对"我刚在××饭店入住登记了"的使用进行三思。如果你不知道定位服务是什么，现在就把手机上的定位服务关掉。作为第一准则，在不知道我们的哪种信息会被收集了和怎样被收集了的情况下，绝对不能让第三方收集我们的信息。

9. 粉碎含有隐私的信息

如果你想扔掉过期作废的信用卡、银行对账单、快递包裹单或者是关于房子的复印件，你会先将它们撕成很小的碎片再丢弃。删除电脑或手机中的文件时也是同样，确保文件被彻底粉碎。

10. 在社交网上强化隐私设定和关闭旧账户

高度关注隐私设定，最大限度地强化隐私的设定。例如，Facebook 有一个免费的服务，只要双击就能对隐私进行强化。

对于不再使用的旧账户，如不再使用 Facebook 或人人网，就关闭其账户。不时地进行数字化数据的清理是一种有效减少大量旧数据在外漂流的方法。清除数字印记可以清除用户数字资料被挖掘和分析的风险。

12.3.6 我国网络隐私保护策略及存在的问题

从 20 世纪 90 年代开始，在国家的大力倡导和积极推动下，互联网在经济建设和各项事业中得到日益广泛的应用，使人们的生产、工作、学习和生活方式已经开始并继续发生深刻的变化，对于加快我国国民经济、科学技术的发展和社会服务信息化进程具有重要作用。同时，如何保障互联网的运行安全和信息安全问题已经引起了全社会的普遍关注。为了维护国家安全和社会公共利益，保护个人、法人和其他组织的合法权益，我国颁布并通过了一系列的法律法规。然而，目前我国网络隐私仍然存在如下三个方面的问题。

1. 个人自我保护意识薄弱

我国公民对于法律法规的意识薄弱，尤其是对于迅猛发展的互联网，对于其法律法规更是如此。改革开放以来，中国的经济发展让世界刮目相看，伴随着物质文明的发展，精神文明的发展与欧美各国相比还是具有一定的差距。法律意识的薄弱也让公民在网络隐私遭到泄露时，不知道如何利用法律手段解决，甚至无法注意到自身隐私被泄露的问题。中国互联网络信息中心(CNNIC)在京发布了《第 36 次中国互联网络发展状况统计报告》，截至 2015 年 6 月，我国网民规模达 6.68 亿，我国手机网民规模 5.94 亿，手机上网已成为我国互联网用户的新增长点。网民的权利有时受到了侵害，恰恰正是来自于网民自身的原因，例如，随意在网站上注册个人信息；随意提供给他人个人资料；轻易地提供自己的 IP 地址；在申请微博、QQ 等社交工具时，直接使用真实的姓名。这些行为都容易使得自身的隐私在无意识中遭到泄露。当网络侵权行为发生时，用户也不知道该采取什么手段去维护自身的权利。

2. 法律法规层面上，隐私立法不完善

与欧洲的网络隐私权相比，我国网络隐私权尚未形成完整的体系，相关内容分散、零散，缺乏衔接性、统一性，不利于法律实务中的界定和执行，缺乏从技术、行政、法律等多层次作出明确和系统周详的规定。

3. 管理层面上，政府监管力度不够，行业自律意识不强

在网络环境里，政府为了为国民提供最好的服务，管理国家的事务，谋求国家更大的发展，需要收集大量的资料，涉及金融、医疗、保险、财产、家庭等方面的个人信息隐私资料。然而，搜集资料之后，对公民的隐私信息疏于管理，或者将这些数据用于职责以外的其他目的。

随着信息技术的发展以及人们对网络隐私权保护意识的觉醒，各个网站作为互联网行业的重要群体，也开始注意自己行业的自律，公布张贴了自己的隐私保护声明。新浪网、腾讯网等都公布了自身的隐私权声明，但是还是有许多网站根本没有这方面的声明，与美国的行业自律相对成熟的观念相比，还是存在着许多问题。

本章小结

信息技术和系统威胁到了个人隐私保护的诉求，使侵犯隐私更便宜、更加容易，而且在互联网时代，我们还没有找到一种方法可以完美守护我们的隐私。搜索引擎成为了当前对用户最大的隐私威胁。个人数据的权利问题成为网络所带来的隐私权问题当中的一个关键的问题。实名制下的隐私保证也成为公众关注的焦点。网络时代隐私面临的主要威胁(泄露途径)有：未经许可的访问、网络传播的泄露、公开数据的挖掘、人肉搜索。许多网络行为都可能会在用户不知情的情况下被收集和网络跟踪。

关注造成隐私泄露的主要原因、隐私泄露的表现形式以及引发隐私问题的关键技术趋势。当代的数据存储和数据分析技术使公司很容易通过许多来源收集到个人的隐私信息，分析这些数据后就可以创建对个人及其行为的详细的电子画像。基于网格的生活意味着你的踪迹、位置、习惯和朋友几乎被持续跟踪。

已经有一些新技术能在用户和网站进行互动活动时保护用户的隐私。加密技术是最常用的安全保密手段。社交网络的发展也带来了个人隐私数据泄露的问题。在电子商务中，公司会在未经过用户允许的情况下收集和利用用户的电商信息。普通网络用户应了解最新的隐私危机和保护个人在线隐私技巧。目前我国网络隐私仍然存在有待解决的问题。

习题

1. 隐私权是什么？
2. 界定隐私和合法的信息行为。
3. 阐述互联网如何挑战个人隐私。
4. 网络实名制下的隐私如何保证？
5. 阐述知情同意、立法、行业自律和技术工具如何帮助保护互联网用户的个人隐私。
6. 选择你最喜欢的3个网站，并打印其用户隐私协议，分析其共同点和不同点。
7. 在不侵犯用户隐私的情况下，BAT(百度、阿里、腾讯)能建立一个成功的商业模式吗？请解释你的答案。

8. 讨论允许商业公司使用大量个人信息做行为定位的优点和缺点。

9. 为什么移动电话制造商(苹果、谷歌等)想跟踪其用户？

10. 你认为手机用户应该能关闭跟踪功能吗？用户被跟踪时应该得到提醒吗？为什么？

11. 你认为手机跟踪是对个人隐私的侵犯吗？为什么？

12. 什么是公钥加密？

参考文献

[1] 肯尼斯·C. 劳顿(Kenneth C. Laudon). 管理信息系统(原书第13版). 黄丽华 等 译. 北京：机械工业出版社，2015.

[2] 康海燕. 网络隐私保护与信息安全. 北京：北京邮电大学出版社，2016.

[3] 詹姆斯·A. 奥布赖恩(James A. O'Brien)，乔治·M. 马拉卡斯. 管理信息系统(第15版). 叶强 等 译. 北京：中国人民大学出版社，2012.

[4] 哈格，卡明斯. 信息时代的管理信息系统(原书第8版). 严建援 等 译. 北京：机械工业出版社，2015.

[5] 申琦. 中国网民网络信息隐私认知与隐私保护行为研究. 上海：复旦大学出版社，2015.

[6] 中国科协学会学术部. 大数据时代隐私保护的挑战与思考. 上海：中国科学技术出版社，2015.

[7] 洛丽·安德鲁斯. 我知道你是谁 我知道你做过什么：隐私在社交网络时代的死亡. 李贵莲 译. 北京：中国友谊出版公司，2015.

[8] 王忠. 大数据时代个人数据隐私规制. 北京：社会科学文献出版社，2014.

[9] 丹尼尔·沙勒夫. 隐私不保的年代. 林铮顗 译. 南京：江苏人民出版社，2011.

[10] 赵衍. 互联网时代的信息安全威胁：个人、组织与社会. 北京：企业管理出版社，2013.

[11] 帕克. 全民监控：大数据时代的安全与隐私困境. 关立深 译. 北京：金城出版社，2015.